普通高等教育交通类专业系列教材

交通安全工程

主　编　李　磊
副主编　姚汤伟　章国鹏
参　编　张志鹏　戴宇辰　张小强
主　审　孟学雷

机 械 工 业 出 版 社

随着交通运输行业的不断发展，交通安全问题日益突出。本书介绍了交通安全工程的发展历程、概念、研究内容及方法和相关法律法规，深入阐述了交通安全基本理论（包括可靠性理论、事故致因理论、事故预防理论）；详细介绍了交通安全分析、交通安全评价、交通安全预测等技术，涵盖了统计分析、故障模式和影响分析、事件树、事故树等分析方法，安全检查表、安全综合评价法等评估方法，时间序列预测法、回归分析法、马尔可夫链等预测方法，并结合案例进行深入解析。本书系统介绍了道路交通与铁路交通的安全特点及其管理策略，同时结合实际应用探讨了道路交通安全和铁路交通安全的具体实践。本书注重理论与实践相结合，既体现学科前沿，又突出实用性，为交通运输安全管理与技术研究提供支持。

本书适合作为交通运输类专业本科生和研究生教材，也可作为交通运输类职业本科教材。同时，本书适合安全研究人员、安全工程技术人员，以及从事安全生产与应急管理的专业人士学习参考。此外，本书还可作为交通运输生产单位的安全教育培训教材，为相关从业人员的专业提升提供指导。

图书在版编目（CIP）数据

交通安全工程／李磊主编. -- 北京：机械工业出版社，2025. 5. --（普通高等教育交通类专业系列教材）

ISBN 978 - 7 - 111 - 78668 - 9

Ⅰ. U491

中国国家版本馆 CIP 数据核字第 2025UL5384 号

机械工业出版社（北京市百万庄大街 22 号　邮政编码 100037）

策划编辑：王　婕　　　　　　　　责任编辑：王　婕　丁　锋
责任校对：杜丹丹　王小童　景　飞　封面设计：马精明
责任印制：张　博

固安县铭成印刷有限公司印刷

2025 年 8 月第 1 版第 1 次印刷

184mm×260mm·17.25 印张·424 千字

标准书号：ISBN 978-7-111-78668-9

定价：69.90 元

电话服务　　　　　　　　　　网络服务

客服电话：010-88361066　　　机　工　官　网：www.cmpbook.com
　　　　　010-88379833　　　机　工　官　博：weibo.com/cmp1952
　　　　　010-68326294　　　金　书　网：www.golden-book.com
封底无防伪标均为盗版　　机工教育服务网：www.cmpedu.com

前　言

交通运输作为国民经济的重要支柱，其安全性直接关系到社会的稳定和公众的福祉。随着交通系统的快速扩展、复杂化以及智能化的推进，交通安全工程逐渐成为研究、分析和解决交通安全问题的核心领域。为满足交通安全领域的教学需求、科研发展及工程实践的需要，本书旨在为相关专业的教学与实践提供兼具系统性、科学性和实用性的学习资源。

全书共分为7章，涵盖绪论、交通安全基本理论、交通安全分析、交通安全评价、交通安全预测、道路交通安全和铁路交通安全等内容，系统梳理了交通安全工程的核心理论与应用方法。其中，绪论概述了安全系统工程和交通安全工程的基础理论与研究方法；交通安全基本理论包括可靠性理论、事故致因理论和事故预防理论；交通安全分析介绍了统计图表分析法、安全检查表分析、预先危险性分析、故障模式和影响分析、事件树与事故树分析等多种科学工具；交通安全评价系统梳理了从定性到定量的综合评价方法；交通安全预测涵盖德尔菲法、时间序列预测法、回归分析法、马尔可夫链预测法和灰色预测法等方法；道路交通安全分析了道路交通事故影响因素、处理与应急救援，为管理关键问题提供参考；铁路交通安全探讨了铁路交通事故的特点、影响因素和应急管理技术，为保障铁路运输安全提供理论和技术支持。

本书编写体例新颖。从学生易学、实用、能用的角度出发，突出实例，创新形式，并增加课后复习思考题，提升学习效果，突出对交通安全工程实践能力的培养。本书以解决交通安全实际问题的能力为主线，注重对学生分析事故致因、解决复杂交通安全问题能力的培养。本书配套了丰富的教学资源，包括教学大纲、教学课件、电子教案、习题答案、教学进度表和课程思政教案，并录制了超过400min的微课视频，这些资源为实现线上线下教学、提升课堂教学效果提供便利，可为学生深入理解内容和灵活自主学习创造了条件。

本书建设得到浙江省课程思政示范课建设项目、教育部产学协同育人项目、浙江师范大学混合一流课程重点建设项目和浙江师范大学教材建设基金等给予的支持和资助。本教材主要由浙江师范大学李磊、姚汤伟、章国鹏、戴宇辰，上海交通大学张志鹏，中国国家铁路集团有限公司张小强编写。各章分工：第1章和第2章由李磊编写，第3章由李磊和姚汤伟编写，第4章由李磊和张志鹏编写，第5章由李磊和戴宇辰编写，第6章由李磊和章国鹏编写，第7章由李磊和张小强编写。全书由李磊统稿，兰州交通大学孟学雷主审。浙江师范大学纽未杰、轩百川、姚明、吴欣雅、连正浦协助校对。

编写过程中，编者参阅了大量国内外学术著作、期刊论文和教材，在此一并表达诚挚的谢意。由于编者水平有限，本书难免存在一些疏漏之处，恳请广大读者提出宝贵的修改建议和意见，以便重印或改版时修正。

编　者

目　　录

第 1 章 Chapter 1

绪 论

1.1 安全工程概述

从古至今，安全与人类的生存息息相关。原始人通过在部落周围挖掘沟壕来防范野兽的袭击；在奴隶社会，人们通过狩猎和农业活动认识到生产工具和自然灾害的危险，并采取了一些基本的防护措施；青铜器到铁器时代，防护工具随着生产技术的进步得到了极大改进。

我国历史上有许多关于安全防护技术的记载，如防止瓦斯泄漏、防毒气侵害和防止矿井冒顶等措施。例如，隋代巢元方在《诸病源候论》中提到防止井坑中毒的方法；明代李时珍在《本草纲目》中描述了铅中毒的现象；同时代，宋应星在《天工开物》一书中详细记录了矿井瓦斯处理和顶板防护措施，并明确指出了采煤作业中的劳动保护措施。

随着生产力的提升和技术的不断进步，对安全技术的要求也日益提高。尤其是自 18 世纪 60 年代工业革命以来，蒸汽机的广泛应用导致锅炉爆炸事故频繁发生，每年造成成千上万人死亡。进入 19 世纪末和 20 世纪初，西方工业技术快速发展，工业生产规模迅猛扩大，煤矿、化工、交通、水坝、土木等工程频繁发生大规模的伤亡事故，往往一次就能造成数百甚至上千人死亡。随着生产条件的恶化，工伤事故和职业病问题愈加严重，社会普遍对安全问题感到不安。为了加强安全管理，各国政府纷纷出台相关法律法规，促使企业更加重视安全，并推动对安全技术的研究。

进入 21 世纪，随着工业技术的快速发展，尽管促进了社会的进步，但也带来了更大的安全隐患，进一步引发了人们对安全问题的广泛关注。为防止事故发生，长期实践中，人们总结出了多种有效的预防措施。这些方法大致可以分为两类：一类是问题出发型；另一类是问题发现型。

问题出发型是指在事故发生后吸取经验教训进行事故预防的安全工作法。一个系统发生事故，说明该系统存在某些不安全、不可靠的问题。人们通过对事故的调查、分析，找出事故原因，采取措施防止事故重复发生。通常采取各种管理和技术措施，如制定法律法规和标准、设置安全机构、进行监督检查和宣传教育，以及设置防火防爆措施、安全防护设备、个人防护用品等。这就是通常所说的传统安全工作方法。

问题发现型工作方法从系统内部出发，研究各构成要素之间在安全方面的联系。通过系统分析，识别系统中存在的各种危险，查明可能引发事故的潜在因素及其发生途径。通过优化设计、改造或重建原有系统，降低或消除系统的危险性，从而将事故发生的可能性降至最低。这种方法是利用安全系统工程来控制事故的发生，即安全系统工程工作方法。

传统安全工作方法依赖经验，采取事后被动的方式。然而，安全工作者特别希望能找到

一种方法，在事故发生之前预测其可能性，通过掌握事故发生的规律，进行定性和定量的评价。这种安全工作方法能够在系统的设计、施工、运行和管理过程中识别事故发生的危险，并根据对危险性的评估结果，提出相应的安全措施，从而控制事故的发生。为了实现这一目标，安全系统工程应运而生。

1.1.1 安全系统工程的产生和发展

安全系统工程的正式论述首次出现在 1947 年 9 月美军航空科学院发布的题为"安全工程"的论文中。接下来的 20 多年里，多个标准和规范相继出台，逐步形成了安全系统工程的基本概念、设计、分析与综合原则，深化了人们对系统安全的理解。此外，英国以原子能公司为中心，自 20 世纪 60 年代中期起，开始收集核电站故障数据，并运用概率方法对系统的安全性和可靠性进行评估。这一举措不仅推动了定量评估工作的开展，还促成了系统可靠性服务所和可靠性数据库的建立。

1975 年，美国原子能委员会发布了关于原子能核电站事故评估的报告（WASH-1400）。该项研究由麻省理工学院的拉斯姆逊教授主导，得到了原子能委员会的支持，历时两年，投入 300 万美元，研究团队由十几名专家组成。报告中收集了历年原子能核电站各个部位发生的事故数据，分析了这些事故的发生概率，并采用事故树和事件树分析方法对核电站的安全性进行了评估。该报告的发布引起了全球同行的广泛关注。

日本虽然稍晚引进了安全系统工程的方法，但发展迅速。自 1971 年日本科学技术联盟召开可靠性安全学术讨论会以来，日本在电子、宇航、航空、铁路、公路、原子能、化工、冶金、煤炭等多个领域的研究工作变得非常活跃。1976 年，日本劳动省颁布了《化工厂安全评价指南》，提出的六阶段安全评价法中就已包含了安全系统工程的内容。除此之外，日本还广泛推广了事故树定性分析法，甚至要求每个工人都能够熟练应用这一方法。

我国安全系统工程的研究与开展始于 20 世纪 70 年代中期。最初的工作集中在事故树分析（FTA）的研究与应用，随后，安全系统工程的各种方法逐步在各个领域得到应用。到了 20 世纪 80 年代中后期，研究的重点逐渐转向系统安全评价的理论和方法，开发了多种系统安全评价方法，尤其是在企业安全评价方面，解决了企业危险程度和安全管理水平的评估问题。从 20 世纪 80 年代起，我国陆续将事故树分析（FTA）、事件树分析（ETA）、故障模式和影响分析（FMEA）等方法列入国家标准，推动了安全系统工程的广泛应用。

21 世纪以来，系统安全分析与评价仍然是安全系统工程学的主要内容。随着研究的不断深入，关于系统安全分析、评价和预测的方法日益增多，已远超早期安全系统工程教材中的内容，许多关于分析和评价方法改进的论文也层出不穷。例如，在评价方法方面，动态安全评价的概念应运而生；部分学者提出利用 PHA-Pro 软件指导 HAZOP 方法进行分析；同时，事故树分析软件也得到了应用。

模糊数学和层次分析法是近十多年来安全评价中的主要方法，除此之外，火灾爆炸指数评价法、灰色系统理论、智能优化算法等方法也逐渐成为研究的热点。一些研究人员将这些方法进行组合，形成了综合评价方法，对完善评价技术起到了积极作用。此外，混沌理论、突变理论、机器学习以及计算机辅助安全评价方法的应用，也极大丰富了安全预测和评价的手段，推动了安全系统工程学科的发展。

由于恶性事故常常导致严重的人员伤亡和巨大的财产损失，促使多个国家的政府和立法机关制定或颁布了相关法规法令，要求在工程项目和技术开发项目中进行安全评价，并对安全设计提出明确的要求。例如，日本的《劳动安全卫生法》规定，劳动基准监督署必须对建设项目进行事先审查，并实施许可证制度；美国政府要求，重要的工程项目在竣工和投产前必须进行安全评价；英国政府则规定，任何新建的生产经营单位若未进行安全评价，不能开工。

此外，欧盟的前身欧洲共同体在1982年颁布了《关于工业活动中重大危险源的法令》（Seveso Ⅰ）；国际劳工组织（ILO）也相继发布了《重大事故控制指南》（1988年）、《重大工业事故预防实用规程》（1991年）和《化学制品使用安全在工作中的公约》（1992年），对安全评价提出了具体要求；1996年，欧盟又发布了《重大事故风险防范法令》（Seveso Ⅱ）并要求成员国根据该指令制定相关法律。2002年，欧盟在化学品白皮书中明确规定，危险化学品必须进行登记注册及风险评价，并将其作为强制性指令实施。2012年，欧盟进一步发布了《重大事件与危险物质风险防控法令》（Seveso Ⅲ），明确了危险设施与居民区、公共活动区及特殊敏感区域之间的安全距离，要求各成员国制定相应的法律法规，确保土地使用的安全性与公共安全的适应性。

我国自20世纪80年代起，逐步确立了工业企业的安全评价、安全标准化建设、安全生产应急预案编制、风险分级管控以及事故隐患排查治理双重预防机制，并通过相关法律法规和标准予以规范。这些法规包括《中华人民共和国安全生产法》《安全评价通则》《安全预评价导则》《安全验收评价导则》《企业安全生产标准化基本规范》，以及《标本兼治遏制重特大事故工作指南》等。在这些法律法规的应用过程中，安全系统工程的思想与算法得到了广泛渗透，如在危险源辨识与风险评价等方面。

综上所述，安全系统工程的发展可以分为以下四个主要阶段：

1）研究军事产品的可靠性和安全性问题。安全系统工程的产生与应用源自人类在长期生活和生产中的积累，但其作为正式文献被提出，则始于20世纪40年代末期美国的军事工业。这一阶段产生了可靠性工程和用系统方法来处理的安全性问题。

2）安全系统工程方法的应用开始进入工业安全管理领域。例如，20世纪60年代初，核工业和化工工业开始采用事故树分析（FTA）法以及故障模式和影响分析（FMEA）法等系统安全分析法，以及概率风险评估技术，逐步形成了安全系统工程学科。

3）20世纪70年代以后，工业安全管理和工程领域广泛使用安全系统工程方法，并逐步完善安全系统工程学科。安全系统工程不仅在各生产领域通过管理方法预测和预防事故，还从机器设备的设计、制造到研究操作方法的每个阶段采取预防措施，注重保障人-机系统运行的稳定性，以确保系统安全。

4）进入21世纪后，安全系统工程的理论研究和应用持续发展，新的理论和方法不断涌现，应用领域也不断扩大。内容涉及辨识、预测、评估、控制、安全大数据以及安全管理程序等方面。

当前，我国非常重视安全生产，特别强调"人民至上、生命至上""要牢固树立以人民为中心的发展思想"，为提高安全生产水平所形成的新方针、新体制和新法规不断被推出，安全防护技术和管理方法也在不断创新。

1.1.2 安全系统工程的概念

1. 系统

根据系统论创始人美国学者贝塔朗菲（Bertalanffy）的观点："系统，指由一定要素组成，具有一定层次、结构，并和环境保持关系的统一整体。"1978 年，钱学森描述系统（System）的概念：把极其复杂的研究对象称为系统，即由相互作用和相互依赖的若干组成部分结合成的具有某种特定功能的有机整体，这个系统本身又是它所从属的更大系统的组成部分。

任何一个系统应符合以下几个条件：①必须由两个以上的要素所组成；②要素间互有联系和作用；③要素有着共同的目的和特定的功能；④要素受外界环境和条件的影响。要素，指的是内部相互作用的基本组成部分，是完成某种功能无须再细分的最小单元。由此可见，系统具有整体性、相关性、目的性、层次性、环境适应性和动态性等特征。

为方便理解，对系统的主要特征解释如下。

（1）整体性 "系统是由相互作用和相互依赖的若干组成部分结合成的具有一定功能的有机整体"这一定义充分表达了系统具有整体性的含义。一个系统的完善与否主要取决于系统中各要素能否良好地组合，即是否能构成一个良好的实现某种功能的整体。换言之，即使每个要素不是很完善，但其可以综合、统一成为一个具有良好功能的系统，这就是一个较为完善的系统；反之，即使每个要素是良好的，但构成整体后却不具备某种良好的功能，这也不能称之为完善的系统。

（2）相关性 系统内各要素之间是有机联系和相互作用的，要素之间具有相互依赖的特定关系，是互为相关的。如电子计算机系统是由运算、储存、控制、输入、输出等硬件装置和操作系统软件（要素或子系统）通过特定的关系，有机地结合在一起而构成的。计算机系统的各要素都呈相关关系，否则就无法实现某一特定功能。

（3）目的性 所有系统都是为了实现某一特定的目标。没有目标就不能称之为系统。不仅如此，设计、制造和使用系统，最后总是希望完成特定的功能，而且要效果最好。这就是最优计划、最优设计、最优控制、最优管理和使用等。

（4）层次性 一个复杂的系统由许多子系统组成，子系统可能又分成许多子系统，而这个系统本身又是一个更大系统的组成部分。系统是有层次的，如一个制造企业通常有厂部、车间、班组、个人等层次。系统的结构、功能指的都是相应层次上的结构与功能，而不能代表高层次和低层次上的结构与功能。一般来说，层次越多，系统越复杂。

（5）环境适应性 任何一个系统都处于一定的物质环境之中，系统必须适应外部环境条件的变化，而且在研究和使用系统时，必须重视环境对系统的作用。

（6）动态性 首先，系统的活动是动态的，系统的一定功能和目的，是通过与环境进行物质、能量、信息交流实现的。因此，物质、能量、信息的有组织运动，构成了系统活动的动态循环。其次，系统过程也是动态的，系统本身也处在孕育、产生、发展、衰退、消灭的变化过程中。

2. 工程

传统的"工程"概念指的是生产技术的实践，主要以"硬件"作为目标和对象，如采矿工程、桥梁工程、电气工程等，其研究对象多集中在人力、材料、价格等方面。而系统的

"工程"概念则不仅包括"硬件"，还涵盖了"软件"，如人类工程、生态工程等。其广泛指代所有由人参与、旨在改变系统某一特征的工作过程，相较于传统概念中的工程，其含义更为广泛。

3. 系统工程

系统工程是一种科学方法，涉及组织管理系统的规划、研究、设计、制造、试验和使用，具有对所有系统普遍适用的特性。这个概念包含以下几个方面：①系统工程的研究对象是系统；②系统工程的目标是实现系统的最优目标；③系统工程所应用的方法是工程技术，主要侧重于组织管理工程技术；④系统工程的实施途径是解决系统整体及其全过程的优化问题。

系统工程不仅涉及采矿工程、机械制造工程、电气工程等科学技术领域，还涉及信息论、控制论、运筹学、概率论、数理统计、最优化方法、系统模拟以及社会学、经济学等多种学科。其任务是通过横向整合各个纵向学科，形成一门科学技术。系统工程的目标是应用系统理论和方法，分析、规划、设计新系统或改造现有系统，使其达到最优化的目标，并根据这一目标进行控制和运行。

系统工程的开发和应用并不排斥或替代传统工程，而是以系统的视角和方法为基础，运用先进的科学技术和手段，从全面、整体、长远的角度考察问题，制定目标和功能。在规划、开发、组织、协调各关键时刻，进行分析、综合、评价，以求得优化方案，并采用行之有效的方法进行工程设计、生产、安装，建造新的系统或改造现有系统。

总之，系统工程是一门独特的工程，其不仅是一门应用科学管理技术，也是一门横跨多个学科领域的新兴科学。

4. 安全系统工程

安全系统工程是指应用系统工程的原理和方法，识别、分析、评价系统中的危险性，根据其结果采取工艺、设备、操作、管理等综合性安全措施，并协调系统中各要素之间的关系，使事故发生的可能性降到最低，从而达到最佳的安全状态。

对安全系统工程的定义可以从以下几个方面理解：

1）安全系统工程的理论基础是安全科学和系统科学，是系统工程理论与方法在安全领域的应用。

2）安全系统工程追求的是整个系统的安全和系统全过程的安全。

3）安全系统工程的重点是系统危险因素的辨识分析、系统风险评估、系统安全决策与事故控制。

4）安全系统工程要达到的预期安全目标是将系统风险控制在人们能够容忍的限度以内，也就是在现有经济技术条件下，最经济、最有效地控制事故，使系统风险控制在安全指标以下，即实现最优化的安全状态是根本目的。

1.1.3　安全系统工程研究内容

安全系统工程是专门研究如何用系统工程的原理和方法，确保实现系统安全功能的科学技术。其主要技术手段有事故致因理论、系统安全分析、系统安全评价、系统安全预测、安全决策与事故控制。

（1）事故致因理论　事故致因理论即事故的发生有其自身的发展规律和特点。了解事

故的发生、发展和形成过程，对于辨识、评价和控制危险源具有重要意义。为防止事故的发生，人们在生产实践中不断总结经验和教训，研究探索事故的发生规律，以了解事故为什么会发生，事故怎样发生，以及如何采取措施予以防范，并以模式和理论的形式加以阐述。由于这些模式和理论着重解释事故发生的原因，以及针对事故致因采取措施防止，所以人们把这些模式和理论称为事故成因理论或事故致因理论。事故致因理论就是从事故的角度研究事故的定义、性质、分类和事故的构成要素与原因体系，分析事故致因模型及其静态过程和动态发展规律，阐明事故的预防原则及其措施。事故致因理论是指导事故预防工作的基本理论。

（2）**系统安全分析** 要提高系统的安全性，使其不发生或少发生事故，其前提条件就是预先发现系统可能存在的危险因素，全面掌握其基本特点，明确其对系统安全性影响的程度。只有这样，才有可能抓住系统可能存在的主要危险，采取有效安全防护措施，改善系统安全状况。这里所强调的预先是指：无论系统生命过程处于哪个阶段，都要在该阶段开始之前进行系统的安全分析，发现并掌握系统的危险因素。系统安全分析是使用系统工程的原理和方法，辨别、分析系统存在的危险因素，并根据实际需要对其进行定性、定量描述的技术方法。

（3）**系统安全评价** 系统安全评价要以系统安全分析为基础，了解、分析、掌握系统存在的危险因素，但不一定要对所有危险因素采取措施。而是通过评价掌握系统事故风险的大小，以此与预定的系统安全指标相比较，如果超出指标，则应对系统的主要危险因素采取控制措施，使其降至该标准以下，这就是系统安全评价的任务。评价方法也有多种，评价方法的选择应考虑评价对象的特点、规模、评价的要求和目的，采用不同的评价方法。同时，在使用过程中也应和系统安全分析的使用要求一样，坚持实用和创新的原则。

（4）**系统安全预测** 系统安全预测是指在分析已获得大量事实（如事故及其致因的调查资料）的基础上，运用安全系统工程理论和方法对安全生产的发展（事故发生的可能性、单位安全工作的主攻方向）做出预计、测算和判断，为做好安全工作提供导向，并为制定相应措施提供科学依据。

（5）**安全决策与事故控制** 任何一项系统安全分析技术或系统安全评价技术，如果没有一种强有力的管理手段和方法，也不会发挥其应有的作用。因此，在出现系统安全分析和系统安全评价技术的同时，也出现了系统安全决策。其最大的特点是从系统的完整性、相关性、有序性出发，对系统实施全面、全过程的安全管理，实现对系统的安全目标。

1.1.4 安全系统工程的方法

安全系统工程的方法是依据安全学理论，在总结过去经验型安全方法的基础上日渐丰富和成熟的。概括起来可以归纳为如下五个方面。

（1）**从系统整体出发的研究方法** 安全系统工程的研究方法必须从系统的整体性观点出发，从系统的整体考虑解决安全问题的方法、过程和要达到的目标。例如，对每个子系统安全性的要求，要与实现整个系统的安全功能和其他功能的要求相符合。在系统研究过程中，子系统和系统之间的矛盾以及子系统与子系统之间的矛盾，都要采用系统优化方法寻求各方面均可接受的满意解；同时要把安全系统工程的优化思路贯穿到系统的规划、设计、研制和使用等各个阶段中。

（2）**本质安全方法** 本质安全的含义，从目前的研究来看，有狭义和广义两种阐述。从狭义的角度，本质安全是通过设计手段使生产过程和产品性能本身具有防止危险发生的功能，即使在误操作的情况下也不会发生事故。从广义的角度，本质安全则是通过各种措施（包括教育、设计、优化环境等）从源头堵住事故发生的可能性，即利用科学技术手段使人们生产活动全过程实现安全无危害化，即使出现人为失误或环境恶化也能有效阻止事故发生，使人的安全健康状态得到有效保障。本质安全方法是安全系统工程方法中的核心内容，安全系统工程是研究实现系统本质安全的方法和途径。

（3）**人-机匹配方法** 在影响系统安全的各种因素中，至关重要的是人-机匹配。在产业部门研究与安全有关的人-机匹配称为安全人-机工程，在人类生存领域研究与安全有关的人-机匹配称为生态环境和人文环境问题。显然从安全的目标出发，考虑人-机匹配，以及采用人-机匹配的理论和方法是安全系统工程方法的重要支撑点。

（4）**安全经济方法** 根据安全的相对性原理，安全的投入与安全（目标）在一定经济、技术水平条件下有对应关系。也就是说，安全系统的优化同样受制于经济。但是，由于安全经济的特殊性（安全性投入与生产性投入的渗透性、安全投入的超前性与安全效益的滞后性、安全效益评价指标的多目标性、安全经济投入与效用的有效性等），要求安全系统工程方法在考虑系统目标时，要有超前的意识和方法，要有指标（目标）多元化的表示方法和测算方法。

（5）**系统安全管理方法** 安全系统工程从学科的角度讲，是技术与管理相交叉的横断学科；从系统科学原理的角度讲，是解决安全问题的一种科学方法。安全系统工程是理论与实践紧密结合的专业技术基础，系统安全管理方法则贯穿到安全的规划、设计、检查与控制的全过程。因此，系统安全管理方法是安全系统工程方法的重要组成部分。

1.2 交通安全工程概述

交通安全工程学科是指运用系统论、控制论、信息论等现代科学技术理论，从安全的角度对交通运输系统生命周期的各个阶段（开发研制、方案设计、详细设计、建造施工、日常运行、改建扩建、事故调查等）进行科学研究，以查明事故发生的原因和经过，找出灾害的本质和规律，寻求消灭、减少交通运输事故或减轻事故损失，保障交通安全、畅通的措施和办法。简单地说，交通安全工程主要解决以下问题：

1）分析和研究交通事故的发生机理。
2）总结普遍适用的交通事故理论。
3）提出事故预防的方法。

1.2.1 交通安全工程基本概念

1. 基本概念

（1）**安全** 关于安全的概念，可归纳为两种，即绝对安全观和相对安全观。

绝对安全观是较早时期人们对安全的认识，目前仍然有一部分现场生产管理人员和科技工作者有此认识。绝对安全观认为，安全指没有危险、不受威胁、不出事故，即消除能导致人员伤害、发生疾病、死亡或造成设备财产破坏、损失以及危害环境的条件。无危则安，无

损则全。例如，在《牛津简明英语词典》中将安全定义为"不存在危险和风险"，有的学者认为"安全是免于能引起人员伤亡或财产损失的条件""安全意味着系统不会引起事故的能力""安全即无事故，没有遭受或引起创伤、损失或损伤"。这种安全观认为发生死亡、工伤等的概率为零，这在现实生产系统中是不存在的，其是安全的一种极端理想的状态。由于绝对安全观过分强调安全的绝对性，使其应用范围受到了很大的限制，特别是在分析社会-技术系统的安全问题时更是如此。

与绝对安全观相对应的就是现在人们普遍接受的相对安全观。相对安全观认为，安全是相对的，绝对安全是不存在的。例如，美国哈佛大学的劳伦斯教授将安全定义为"安全就是被判断为不超过允许极限的危险性，也就是指没有受到损害的危险或损害概率低的通用术语"；霍巴特大学的罗林教授指出，所谓安全系指判明的危险性不超过允许限度；《英汉安全专业术语词典》中对"安全"的释义为"安全意味着可接受的风险水平，是相对免于损害威胁和损害概率低的概念"。

由相对安全观的定义可知，安全是在具有一定危险性条件下的状态，安全并非绝对无事故。事故与安全是对立的，但事故并不是不安全的全部内容，而只是在安全与不安全这一对矛盾斗争过程中某些瞬间突变结果的外在表现。安全依附于生产过程，伴随生产过程而存在。但安全不是瞬间的结果，而是对系统在某一时期，某一阶段过程状态的描述，换言之，安全是一个动态过程，是关于时间的连续函数。但在现有理论和技术条件下，确定某一生产系统的具体安全函数形式是非常困难的，通常采用概率法来估算系统处于安全状态的可能性，或者利用模糊数学来说明在非概率情形下的不精确性。

因此，安全是指在生产与生活活动过程中，能将人或物的损失控制在可接受水平的状态，换言之，安全意味着人或物遭受损失的可能性是可以接受的，若这种可能性超过了可接受的水平，即为不安全。该定义具有下述含义：

1）这里所讨论的安全是指生产领域中的安全问题，既不涉及军事或社会意义的安全与保安，也不涉及与疾病有关的安全。

2）安全不是瞬间的结果，而是对于某种过程状态的描述。

3）安全是相对的，绝对安全是不存在的。

4）构成安全问题的矛盾双方是安全与危险，而非安全与事故。因此，衡量一个生产系统是否安全，不应仅仅依靠事故指标。

5）不同的时代，不同的生产领域，可接受的损失水平是不同的，因而衡量系统是否安全的标准也是不同的。

（2）危险　关于什么是危险，从文献上看，目前还没有十分统一的定义。作为安全的对立面，可以将危险定义为：危险是指在生产与生活活动过程中，人或物遭受损失的可能性超出了可接受范围的一种状态。危险与安全一样，也是与生产过程共存的过程，是一种连续型的过程状态。危险包含了尚未为人所认识的，以及虽为人们所认识但尚未为人所控制的各种隐患。同时，危险还包含了安全与不安全矛盾斗争过程中某些瞬间突变发生时外在表现出来的事故结果。

（3）风险　风险一词在不同场合含义有所不同。就安全而言，风险是描述系统危险程度的客观量，这主要有两种考虑：一是把风险看成一个系统内有害事件或非正常事件出现可能性的量度；二是把风险定义为发生一次事故的后果（损失程度）大小与该事故出现概率

的乘积。一般意义上的风险具有概率和后果的二重性，即可用损失程度 c 和发生概率 p 的函数来表示风险 R

$$R = f(p, c) \tag{1-1}$$

为简单起见，大多数文献中将风险表达为概率与后果的乘积

$$R = p \times c \tag{1-2}$$

上述风险定义中，无论损失或者后果，均是针对事故来定义的，包括已发生的事故和将会发生的事故。风险既然是对系统危险性的度量，则仅仅以事故来衡量系统的风险是很不充分的，除非能够辨识所有可能的事故形式。从整个系统的角度出发，风险是系统危险影响因素的函数，即风险可表达为如下的形式：

$$R = f(R_1, R_2, R_3, R_4, R_5) \tag{1-3}$$

式中，R_1 为人的因素；R_2 为设备因素；R_3 为环境因素；R_4 为管理因素；R_5 为其他因素。

（4）安全性　从系统的安全性能讲，安全性为衡量系统安全程度的客观量。与安全性对立的概念是描述系统危险程度的指标——风险（又称危险性）。假定系统的安全性为 S，危险性为 R，则有 $S = 1 - R$。显然，R 越小，S 越大；反之亦然。若在一定程度上消减了危险因素，就等于提高了安全条件。

由于安全性与可靠性的联系十分密切，在实际应用中存在着将可靠性与安全性混用的现象，因而有必要明确二者之间的差别。可靠性是指系统或元件在规定条件下，规定时间内，完成规定功能的能力，而安全性则是指系统的安全程度。

可靠性与安全性有共同之处，从某种程度上讲，可靠性高的系统，其安全性通常也较高，许多事故之所以发生，就是由于系统可靠性较低所致。但是，可靠性不同于安全性，可靠性要求的是系统完成规定的功能，只要系统能够完成规定功能，它就是可靠的，而不管是否会带来安全问题；安全性则要求识别系统的危险所在，并将其从系统中排除。此外，故障的发生不一定导致损失，而且也存在这样的情形，即当系统所有元件均正常工作时，也可能伴有事故发生。

（5）事故　事故一词极为通俗，事故现象也屡见不鲜，但对于事故的确切内涵，至今尚无一致的认识。牛津词典中，将事故定义为"意外的、特别有害的事件"；美国安全工程师海因里希认为，"事故是非计划的、失去控制的事件"；甘拉塔勒等人从更为一般的意义上提出，"事故是与系统设计条件具有不可容忍的偏差的事件"；吉雷进一步补充说明了"事故是指任何计划之外的事件，可能引起或不会引起损失或伤害"；还有的学者从能量观点出发解释事故，认为事故是能量逸散的结果。现概括如下：

1）事故是违背人们意愿的一种现象。

2）事故是不确定事件，其发生形式既受必然性的支配，但也不可避免地受到偶然性的影响。

3）事故发生的原因，可归结为三类：①目前尚未认识到的原因；②已经认识，但目前尚不可控制的原因；③已经认识，目前可以控制而未能有效控制的原因。

4）事故一旦发生，可以造成以下几种后果：①人受到伤害，物受到损失；②人受到伤害，物未受损失；③人未受伤害，物受到损失；④人、物均未受到伤害或损失。许多工业领域如铁路运输系统，将凡是造成系统运行中断的事件均归入事故的范畴，虽然系统运行中断不一定会造成直接的财产损失或人员伤害，但严重干扰了系统的正常运行秩序，从而将带来

严重的间接损失。

5）事故的内涵相当复杂。从宏观的生产过程看，事故是安全与危险矛盾斗争过程中某些瞬间突变结果的外在表现形式，是时间轴上一系列离散的点；从微观而言，每一个事故均可看作是在极短时间内相继出现的事件序列，是一个动态过程，可以表达为如下形式：

危险触发——→以一定的逻辑顺序出现的一系列事件——→产生不良后果

综上所述，事故是指在生产活动过程中，由于人们受到科学知识和技术力量的限制，或者由于认识上的局限，当前还不能防止，或能防止而未有效控制所发生的违背人们意愿的事件序列。它的发生可能迫使系统暂时或较长期地中断运行，也可能造成人员伤亡、财产损失或者环境破坏，或者其中二者或三者同时出现。

事故的特征主要包括：事故的因果性，事故的偶然性、必然性和规律性，事故的潜在性、再现性、预测性和复杂性。

1）事故的因果性。因果，即原因和结果。因果性即事物之间，一事物是另一事物发生的根据，这是一种关联性。事故是许多因素互为因果连续发生的结果，一个因素既是前一个因素的结果，又是后一个因素的原因。也就是说，因果关系有继承性，是多层次的。

事故的因果性决定了事故的必然性。事故是一系列因素互为因果，连续发生的结果。事故因素及其因果关系的存在决定事故或迟或早必然要发生。其随机性仅表现在何时、何地、何原因意外事件触发产生而已。

掌握事故的因果关系，采取措施中断事故因素的因果连锁，就消除了事故发生的必然性，从而可能防止事故的发生。

2）事故的偶然性、必然性和规律性。从本质上讲，伤亡事故属于在一定条件下可能发生，也可能不会发生的随机事件。就一些特定事故而言，其发生的时间、地点、状况等均无法预测。

事故是由于客观存在不安全因素，随着时间的推移，出现某些意外情况而发生的，这些意外情况往往是难以预知的。因此，掌握事故的原因，可降低事故的概率；掌握事故的原因是防止事故发生的必要条件。但是，即使完全掌握了事故原因，也不能保证绝对不发生事故。

事故的偶然性还表现在事故是否产生后果（人员伤亡、物质损失）以及后果的大小都是难以预测的。反复发生的同类事故并不一定产生相同的后果。事故的偶然性决定了要完全杜绝事故发生是困难的，甚至是不可能的。

事故的必然性中包含着规律性。既为必然，就有规律可循。必然性来自因果性，深入探查、了解事故因果关系，就可以发现事故发生的客观规律，从而为防止事故发生提供依据。应用概率理论，收集尽可能多的事故案例进行统计分析，就可以从总体上找出根本原因，为宏观安全决策奠定基础，为改进安全工作指明方向，从而做到预防为主，实现安全生产的目的。

由于事故或多或少地含有偶然性，因而要完全掌握其规律是非常困难的。但在一定范畴内，用一定的科学仪器或手段可以找出其近似规律。

从偶然性中找出必然性，认识事故发生的规律性，变不安全条件为安全条件，把事故消除在萌芽状态之中，这就是防患于未然、预防为主的科学根据。

3）事故的潜在性、再现性、预测性和复杂性。事故往往是突然发生的。然而导致事故发生的因素，即隐患或潜在危险早就存在，只是未被发现或未受到重视而已。随着时间的推移，一旦条件成熟，就会显现而酿成事故，这就是事故的潜在性。

事故一经发生，就成为过去。时间一去不复返，完全相同的事故很难再次显现。然而没有真正了解事故发生的原因，并采取有效措施去消除这些原因，就会再次出现类似的事故。因此，应致力于消除事故的再现性，这是能够做到的。

人们根据对过去事故所积累的经验和知识以及对事故规律的认识，通过使用科学的方法和手段，可以对未来可能发生的事故进行预测。

事故预测就是在认识事故发生规律的基础上，充分了解、掌握各种可能导致事故发生的危险因素及其因果关系，推断他们发展演变的状况和可能产生的后果。事故预测的目的在于识别和控制危险，预先采取对策，最大限度地减少事故发生的可能性。

事故的发生取决于人、物和环境的关系，具有极大的复杂性。

（6）事故隐患和危险源 在我国长期的事故预防工作中经常使用事故隐患一词。所谓隐患是指隐藏的祸患，事故隐患即隐藏的、可能导致事故的祸患；这是一个大家在长期工作实践中形成的共识用语，一般是指那些有明显缺陷、毛病的事物，即人的不安全行为和物的不安全状态。

从系统安全的角度来看，通常人们所说的事故隐患包括一切可能对人-机-环境系统带来损害的不安全因素。事故隐患可定义为：在生产活动过程中，由于人们受到科学知识和技术力量的限制，或者由于认知上的局限，而未能有效控制的有可能引起事故的一种行为（一些行为）、一种状态（一些状态）或二者的结合。隐患是事故发生的必要条件，隐患一旦被识别，就要予以消除。对于受客观条件所限不能立即消除的隐患，要采取措施降低其危险性或延缓危险性增长的速度，减少其被触发的概率。

在系统安全研究中，认为危险源的存在是事故发生的根本原因，防止事故就是消除、控制系统中的危险源。

危险源一词译自英文单词 Hazard，按英文词典的解释，"Hazard——a source of danger"，即危险根源的意思。哈默（Willie Hammer）定义危险源为可能导致人员伤害或财物损失事故的、潜在的不安全因素。按此定义，生产、生活中的许多不安全因素都是危险源。根据危险源在事故发生、发展中的作用，把危险源划分为两大类，即第一类危险源和第二类危险源。

1）第一类危险源是指系统中存在的、可能发生意外释放的能量或危险物质，实际工作中往往把产生能量的能量源或拥有能量的能量载体作为第一类危险源来处理。第一类危险源具有的能量越多，一旦发生事故其后果越严重。相反，第一类危险源处于低能量状态时比较安全。同样，第一类危险源包含危险物质的量越多，干扰人的新陈代谢越严重，其危险性越大。

2）第二类危险源是指导致约束、限制能量措施失效或破坏的各种不安全因素，包括人、物、环境三个方面的问题。①人失误可能直接破坏对第一类危险源的控制，造成能量或危险物质的意外释放；同时，人失误也可能造成物的故障，进而导致事故。②物的故障可能直接使约束、限制能量或危险物质的措施失效而发生事故；有时一种物的故障可能导致另一种物的故障，最终造成能量或危险物质的意外释放；物的故障有时会诱发人失误；人失误会造成物的故障，实际情况比较复杂。③环境因素主要指系统运行的环境，包括温度、湿度、照明、粉尘、通风换气、噪声和振动等物理环境以及企业和社会的软环境。不良的物理环境

会引起物的故障或人失误；企业的管理制度、人际关系或社会环境影响人的心理，进而可能引起人失误。

第二类危险源往往是一些围绕第一类危险源随机发生的现象，其出现的情况决定事故发生的可能性。第二类危险源出现得越频繁，发生事故的可能性越大。

2. 相互关系

（1）安全与危险　安全与危险是一对矛盾，具有矛盾的所有特性。一方面双方互相排斥、互相否定；另一方面两者互相依存，共同处于一个统一体中，存在着向对方转化的趋势。安全与危险这对矛盾的运动、变化和发展，推动着安全科学的发展和人类安全意识的提高。

描述安全与危险的指标分别是安全性与危险性，安全性越高则危险性越低，安全性越低则危险性越高。即，二者存在如下关系：

$$安全性 = 1 - 危险性$$

（2）安全与事故　安全与事故是对立的，但事故并不是不安全的全部内容，而只是在安全与不安全矛盾斗争过程中某些瞬间突变结果的外在表现。系统处于安全状态时，并不一定不发生事故；系统处于不安全状态时，也未必完全由事故引起。

（3）危险与事故　危险不仅包含了作为潜在事故条件的各种隐患，同时还包含了安全与不安全的矛盾激化后表现出来的事故结果。事故发生，系统不一定处于危险状态；事故不发生，也不能否认系统不处于危险状态。事故不能作为判别系统危险与安全状态的唯一标准。

（4）事故与隐患　事故总是发生在操作的现场，总是伴随隐患的发展而发生在生产过程之中，事故是隐患发展的结果，而隐患则是事故发生的必要条件。

（5）危险源与事故　一起事故的发生是两类危险源共同起作用的结果。一方面，第一类危险源的存在是事故发生的前提，没有第一类危险源就谈不上能量或危险物质的意外释放，也就无所谓事故。另一方面，如果没有第二类危险源破坏对第一类危险源的控制，也不会发生能量或危险物质的意外释放。第二类危险源的出现是第一类危险源导致事故的必要条件。

在事故的发生、发展过程中，两类危险源相互依存、相辅相成。第一类危险源在事故发生时释放出的能量是导致人员伤害或财物损坏的能量主体，决定事故后果的严重程度；第二类危险源出现的难易决定事故发生的可能性的大小。两类危险源共同决定危险源的危险性。

3. 安全问题的基本特性

作为伴随生产而存在的安全问题，对于所有的技术系统都具有普遍的意义，交通运输系统也不例外。安全问题的基本特性主要表现如下。

（1）安全的系统性　安全涉及技术系统的各个方面，包括人员、设备、环境等因素，这些因素又涉及经济、政治、科技、教育和管理等许多方面。特别对于像铁路运输这样的开放系统，安全既受系统内部因素的制约，也受到系统外部环境的干扰。而安全的恶化状态，即事故，不仅可能造成系统内部的损害，而且可能造成系统外部环境的损害。因此，研究和解决安全问题应从系统观点出发，运用系统工程的方法，进行综合治理。

（2）安全的相对性　凡是人类从事的生产活动，都有安全问题，所不同的只是发生事故的可能性有大有小，危害程度有轻有重。安全的相对性表现在三个方面：①首先，绝对安全的状态是不存在的，系统的安全是相对于危险而言的；②其次，安全标准是相对于人的认识和社会经济的承受能力而言，抛开社会环境讨论安全是不现实的；③最后，人的认识是无限发展的，对安全机理和运行机制的认识也在不断深化，即安全对于人的认识具有相对性。

由安全的相对性可知，各种生产和生活活动过程中的事故或危害事件是可以避免的，但难以完全避免；各种事故或危害事件的不良作用、后果及影响可能部分避免，但难以完全避免。事故是可以预防的，可以利用安全系统工程的原理和技术，预先发现、鉴别、判明各种隐患，并采取安全对策，从而防患于未然。

(3) 安全的依附性　安全是依附于生产而存在的，其不可能脱离具体的生产过程而独立存在，只要存在生产活动，就会出现安全问题。另外，安全是生产的前提和保障，安全工作搞得不好，生产便无法顺利进行。因此，需要持久地抓好安全工作。

(4) 安全的间接效益性　要保证生产安全，必须在人员、设备、环境和管理方面有相应适时的安全投入，但安全投入所产生的经济和社会效益却是间接的、无形的，难以定量计算。因此，安全投入往往被忽视，只有发生了事故造成了损失之后，人们才会意识到安全投入的必要性和重要性。事实上，安全的效益除了减少事故的直接和间接经济损失，更重要的是在提高人员素质、改进设备性能、改善环境质量和加强生产管理等方面所创造的积极的经济和社会效益。

(5) 安全的长期性和艰巨性　人对安全的认识在时间上往往是滞后的，很难预先完全认识到系统存在和面临的各种危险，而且即使认识到了，有时也会由于受到当时技术条件的限制而无法予以控制。随着技术进步和社会发展，旧的安全问题解决了，新的安全问题又会产生。所以，安全工作是一个长期的过程，必须坚持不懈、始终如一地努力才行。

此外，高技术总是伴随着高风险，随着现代科学技术的发展，各种技术系统的复杂化程度增加了。以现代交通运输系统为例，其规模、速度、设备和管理都发生了极大的飞跃，一旦发生事故，其影响之大、伤亡之多、损失之重、补救之难，都是传统运输方式不可比拟的。此外，事故是一种小概率的随机偶发事件，仅仅利用已有的事故资料不足以及时、深入地对系统的危险性进行分析，而现代社会的文明进步又不容许通过事故重演来深化对安全的研究。因此，认识事故机理，不断揭示系统安全的各种隐患，确实是项艰巨的任务。

1.2.2　交通安全工程学科分类

交通运输系统是由道路、水路和航空等多种运输方式组成的综合系统，交通安全工程学科以交通运输系统的安全问题作为研究对象，根据研究对象的不同，可将该学科分为以下几类：道路交通安全工程、铁路运输安全工程、水上交通安全工程、航空运输安全工程、管道运输安全工程。

(1) 道路交通安全工程　道路交通是由人、车、道路与环境等要素组成的复合动态系统，道路交通事故是由构成道路交通的各要素在某一时空范围内的劣性组合造成的。导致道路交通各要素劣性组合的原因有道路条件、车辆安全性能、驾驶人安全素养、参与交通者的安全意识以及交通安全管理的水平等。此外，缺乏对道路交通事故发生规律以及预防对策的深入研究也是导致道路交通事故形势严峻的重要原因。道路交通安全工程通过对道路状况（道路路面、线形、横纵断面，交叉路口以及事故多发地段等）、车辆的结构性能（驾驶视野，警告装置，碰撞保护装置，仪表、照明和信号装置等）、驾驶舒适性及其影响因素（驾

驶人操作环境、制动性能、操纵稳定性、车辆类型等）、交通环境（交通量、特殊气候等）、交通控制（交通安全法规、交通执法设备系统等）以及道路交通事故发生原因等的深入研究，提出预防和减少道路交通事故的有效措施。

（2）铁路运输安全工程　铁路运输作为运送旅客和货物的直接生产系统，是一个高速运转的复杂动态系统，其安全问题尤为突出。铁路运输生产大联动机的特点决定了铁路运输作业过程是由许多子系统相互作用完成的，车务、机务、工务、电务、车辆、工程等部门需要联合作业、协同动作。铁路运输使用的设备数量庞大、种类繁多，此外，自然环境、社会环境等环境因素的影响也不容忽视。可见，铁路运输系统是一个庞大的人-机-环境动态系统。在该系统中，任何一点疏漏都可能会诱发列车冲突、脱轨、火灾或爆炸等铁路运输事故。

铁路运输安全工程主要通过对运输安全有关人员（铁路运输系统内人员、旅客、货主、铁路沿线居民、机动车驾驶人等）、设备（铁路线路、机车、车辆、通信信号、供电供水等铁路运输基础设备和安全监测、监控、事故救援、自然灾害预报与防治等运输安全技术设备）、环境（作业环境、自然环境和社会环境）、管理（安全组织管理、安全法制管理、安全技术管理、安全教育管理、安全信息管理和安全资金管理）的深入研究，发现安全的薄弱环节，进而提出预防和减少铁路运输事故的有效措施。

此外，为了确保列车运行及调车作业安全，还必须对铁路运输作业过程进行深入研究，包括行车调度指挥安全、接发列车作业安全、调车作业安全、中间站作业及运转车作业安全、铁路装卸作业安全、旅客运输安全、机务作业安全、车辆作业安全、工务作业安全、电务作业安全、非正常情况下（恶劣气候、设备故障、电话中断等）的作业安全以及应急处理作业安全（列车火灾应急处理、列车冒进信号应急处理等）。

（3）水上交通安全工程　水上交通事故按性质可划分为火灾与爆炸、碰撞、搁浅与遇风暴，其后果轻则导致船舶破损，重则导致船舶沉没。因此，水上交通安全工程主要通过对船舶性能与结构、船员行为、港口保障设施、水上交通管理等主要影响因素以及水上交通事故发生的原因进行深入研究，提出确保水上运输安全、减少污染水域的有效措施。

水上交通安全工程的研究内容还包括完善的船舶消防系统研究、特殊场所的防火防爆研究、灾害险情应急技术研究、海底地貌测量、遇难船舶的救助和打捞技术研究、船舶安全停泊系统研究、船运政策研究以及船舶避碰研究等。

（4）航空运输安全工程　航空运输是一个具有特定功能的系统，由人（机组人员、乘客）、飞机、航线、机场、航空交通管制等要素组成。各要素必须相互协调，若其中一个要素不能与其他要素协调，系统就会失去平衡，可能导致失控、碰撞、失火等空难事故。

航空运输安全工程主要通过对上述影响因素以及空难事故的深入调查研究，提出确保航空运输安全的有效措施。此外，研究内容还包括驾驶人操作可靠性、空中交通预警防碰管理系统、飞行人员培训理论与方法、空中导航系统、飞行紧急情况（起火、劫机事件、客舱减压等）对策、克服飞机维修失误对策、飞机定期检修和维护的快速、可靠技术以及机场应急救援系统等。

（5）管道运输安全工程　管道运输是用管道作为运输工具的一种长距离输送液态、气态和固态物质的运输方式。特别是专门由生产地向市场输送石油、天然气、煤和化学产品，是统一运输网中干线运输的特殊组成部分。

管道运输系统一般由三部分组成：①管道线路工程，包括管道本体工程、防护结构工程、穿跨越工程及其他附属工程；②管道站库工程，包括起点站、中间站、终点站，主要设备有驱动和监控货物运行的各种泵站和装置；③其他如通信、供电、道路等附属设施。

美国运输部（DOT）研究与特殊项目委员会（RSPA）将各种致使管道失效的原因分为五类，分别是外力、腐蚀、焊接和材料缺陷、设备和操作及其他原因。欧洲输气管道事故数据组织（EGIG）对输气管道事故进行了统计和分析，表明欧洲输气管道事故主要原因为：①外部影响；②施工缺陷和材料失效；③腐蚀；④地面运动；⑤热处理缺陷；⑥其他。

油气输送管道具有管径大、运距长、压力高、运输量大的特点，一旦发生事故，会给人们的生命财产安全以及生态环境造成很大的影响，因此要重视管道运输的安全问题。

1.2.3　交通安全工程学科研究内容

交通安全工程学科至少应该包含以下几方面的研究内容。

（1）交通安全理论　交通安全理论是揭示交通安全的本质和运动规律的学科知识体系，是交通安全研究的基础，主要内容包括安全科学基本理论、可靠性理论、事故致因理论、事故预防理论等。

（2）交通安全技术　交通安全技术主要研究交通运输中所发生的安全技术问题，是在交通运输设备的设计、选材、制造（建设）、安装、养护、维修、使用（运营）、评价等一系列工程领域中，使交通运输设备实现本质安全化、无害化，以及研制和运用各类专用安全设备和安全装置的科学理论、方法、工程技术和安全控制手段的总和。

我国规定，新建、改建、扩建的基本建设项目（工程）、技术改造项目（工程）和引进建设项目（工程）的安全设施必须符合国家规定的标准，必须与主体工程同时设计、同时施工、同时投产使用，即三同时制度。因此，借助设计的手段控制和消除交通系统中的不安全因素是交通安全工程的重要原则和组成部分。除交通安全设计，交通安全技术的研究内容还包括基于事故预防和避免的安全监控检测技术、基于设备维修养护的安全检测与诊断技术以及事故救援技术等。

（3）交通安全（分析和评价）方法　交通安全（分析和评价）方法主要研究如何运用系统工程的原理和方法，对交通系统中的安全问题进行定性、定量的分析和评价，并采用综合安全措施予以控制，使系统产生交通事故的可能性降到最低，从而达到最佳安全状态。

（4）交通安全管理　交通安全管理主要研究交通安全管理体制、政策、交通安全立法及各种交通安全法规的制定和执行，研究对驾驶人交通安全的教育与培训等，旨在通过先进安全管理体制的建立和事故预防、应急措施等多个手段的有机结合，力争在时间、成本、效率、技术水平等条件的约束下实现系统最佳安全水平的目的。

1.3　交通安全人-机-环境系统工程

1.3.1　交通安全人-机-环境系统工程含义

人-机-环境系统工程是运用系统科学理论和系统工程方法，正确处理人、机、环境三大要素的关系，深入研究人-机-环境系统最优组合的一门科学，其研究对象为人-机-环境系

统，系统中的人，是指作为工作主体的人（操作人员或决策人员）；机是指人所控制的一切对象的总称（线路、车站、信号通信设备、机车车辆、生产过程等）；环境是指人、机共处的特定的工作条件（作业环境、自然环境、政治环境、经济环境等）。

人-机-环境系统工程的最大特点是把人、机、环境看作是一个系统的三大要素，在深入研究三者各自性能的基础上，着重强调从全系统的总体性能出发，通过三者间的信息传递、加工和控制，形成一个相互关联的复杂巨系统，并运用系统工程方法，使系统具有安全、高效、经济等综合性能。所谓安全，是指不出现人体的生理危害或伤害，并尽量减少事故的发生；所谓高效，是指令系统具有最好的工作性能或最高的工作效率；所谓经济，是在满足系统技术要求的前提下，建立系统的开销最少，即保证系统的经济性。

此外，人-机-环境系统工程还抛弃以往把环境作为干扰因素的消极观点，积极主张把环境作为系统的一个环节，并按系统的总体要求对其进行全面的规划和控制。如此，人-机-环境系统工程不仅把人的因素、人体工程学、工程心理学、工效学、人的因素工程、人-机系统等学科纳入一个统一的科学框架，避免概念和术语的混乱，而且从系统的总体高度研究人-机-环境系统各种组合方案的优劣，改变以往分散、孤立的研究局面，把人们设计和研制人-机-环境系统的实践活动推向一个崭新阶段。

应该强调指出的是，人-机-环境系统工程的提出，不是对上述各学科的否定或取代，而是把这些大致相近或相辅相成的研究范畴提到一个更高的层次、更广的视野去分解和综合，从而把该领域的研究水平推进到一个新的水平。

1.3.2　交通安全人-机-环境系统工程研究内容

1. 研究内容

人-机-环境系统工程的研究内容包括七个方面（图1-1）：人的特性研究、机器特性的研究、环境特性的研究、人-机关系的研究、人-环境关系的研究、机-环境关系的研究、人-机-环境系统总体性能的研究。

（1）人的特性研究　主要包括对人的工作能力研究，人的基本素质测试与评价，人的体力负荷、脑力负荷和心理负荷研究，人的可靠性研究，人的数学模型（控制模型和决策模型）研究，人体测量技术研究，人的选拔和训练研究等。

（2）机器特性的研究　主要包括被控对象动力学的建模技术，机器的防错设计研究，机器特性对系统性能影响的研究等。

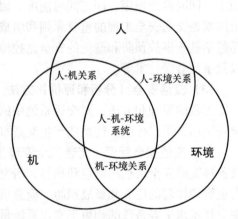

图1-1　人-机-环境系统工程研究范畴示意图

（3）环境特性的研究　主要包括对环境监测技术的研究，环境控制技术的研究，环境建模技术的研究等。

（4）人-机关系的研究　主要包括静态人-机关系研究、动态人-机关系研究等。静态人-机关系研究主要指作业域的布局与设计研究；动态人-机关系研究主要有人、机功能分配研究（人、机功能比较研究，人、机功能分配方法研究，人工智能研究）和人-机界面研究

（显示和控制技术研究，人-机界面设计及评价技术研究）等。

（5）人-环境关系的研究 主要包括环境因素对人的影响，个体防护技术的研究等。

（6）机-环境关系的研究 主要包括环境因素对机器性能的影响，机器对环境的影响等。

（7）人-机-环境系统总体性能的研究 主要包括人-机-环境系统总体数学模型的研究，人-机-环境系统全数学模拟，半物理模拟和全物理模拟技术的研究，人-机-环境系统总体性能（安全、高效、经济）的分析、设计和评价等。

2. 研究方法

人-机-环境系统工程的研究方法可以概括为 4 句话 24 个字：基于三个理论（控制论、模型论、优化论），分析三个要素（人、机、环境），历经三个步骤（方案决策、研制生产、实际使用），实现三个目标（安全、高效、经济）。

（1）基于三个理论 人-机-环境系统工程是一门综合性边缘技术学科，为了形成其理论体系，其从一系列基础学科中吸取了丰富的营养，并奠定了自身的基础理论。人-机-环境系统工程的基础理论可以概括为控制论、模型论和优化论。

1）控制论。控制论的根本贡献在于，其用系统、信息、反馈等一般概念和术语，打破了有生命与无生命的界限，使人们能用统一的观点和尺度来研究人、机、环境物质属性本是截然不同、互不相关的对象，并使其成为一个密不可分的有机整体。

2）模型论。模型论能为人-机-环境系统工程研究提供一套完整的数学分析工具。很显然，人-机-环境系统工程不仅要求定性，而且要求定量地刻画全系统的运动规律。为此，必须针对不同的客观对象，引入适当的数学模型，并通过建模、参数辨识、模拟和检验等步骤，用数学语言来阐明真实世界的客观规律。

3）优化论。优化论的基本出发点是，在人-机-环境系统的最优组合中，一般总有多种互不相同的方法和途径，而其中必有一种或几种最好或较好的，这样一种寻求最优途径的观点和思路，正是人-机-环境系统工程的精髓。优化论正是体现这一精髓的数学手段。

（2）分析三个要素 主要是研究如何运用人、机、环境三个要素来构成所需要的、具有特定功能的人-机-环境系统。通常，根据各种系统的性能特点及复杂程度，又可将人-机-环境系统分为三种类型：简单（或单人、单机）人-机-环境系统，复杂（或多人、多机）人-机-环境系统以及广义（或大规模）人-机-环境系统。

很显然，无论是简单的，复杂的，还是广义的人-机-环境系统，都是一个复杂的巨系统。这是因为，人体本身是一个巨系统，机器（或计算机）也是一个巨系统，再加上各种环境因素的作用和影响，因而形成人-机-环境这个复杂巨系统。

实践证明，对任何一个系统，系统的总体性能不仅取决于各组成要素的单独性能，更重要的是取决于各要素的关联形式，即信息的传递、加工和控制方式。因此，要实现人、机、环境的最优组合，其难度是相当大的。而且，人们对人、机、环境要素的研究，原先都是隶属于不同的学科领域，其研究方法和研究思想也大不相同。

现在，为了将它们组合成一个复杂巨系统，必须有一个能够统一描述人、机、环境各自能力及相互关系的理论，没有理论作指导，根本谈不上对整个系统的深入研究，更谈不上实现全系统的最优化设计。所以，人-机-环境系统工程正是针对这种现实应运而生的。

（3）历经三个步骤 为了将人-机-环境系统工程理论应用于各个领域，一般都应经历方案决策、研制生产和实际使用阶段。

1）方案决策阶段。方案决策阶段是属于理论分析范畴，也是最关键的步骤。在这个阶段，人-机-环境系统工程能为人-机-环境系统的总体方案设计提供一套完整的决策理论，其中最主要的任务是建立人、机、环境各自数学模型和系统的总体模型，并借助计算机进行全系统的数学模拟和优化计算，以确定人、机、环境的最优参数和系统的最优组合方案。

2）研制生产阶段。在研制生产阶段，人-机-环境系统工程的任务是确定实现最优方案的最佳途径。在这个阶段，始终强调把作为工作主体的人参与到系统中去，并通过半物理模拟或全物理模拟，不断分析和检验人-机-环境系统的整体性能和局部性能，并协调各分系统的技术指标，使总体性能达到最佳状态。

3）实际使用阶段。在实际使用阶段，人-机-环境系统工程的任务是通过实际使用的验证，提出充分发挥现存系统性能的意见（如选拔操作人员的标准和训练操作人员的方案和计划），全面做到物尽其用、人尽其才，并为进一步改善和提高系统性能提出新的建议。

（4）实现三个目标 一般而论，要同时满足安全、高效、经济指标是困难的，而且有时是矛盾的。因此，为了用系统工程方法来使所建造的人-机-环境系统实现安全、高效、经济的目标，首先需假设几种设计方案，然后针对每种方案用全数学模拟、半物理模拟或全物理模拟方法，获得人、机、环境各种参数对系统性能影响的关系曲线。

1.3.3 交通安全保障系统

交通安全保障系统是指配置在人-机-环境系统上，起保障系统安全作用的所有方法和手段的综合，一方面要保证系统内人员和设备的安全性，另一方面要保证系统不会对其外部环境构成威胁。

安全保障系统是一个以管理作为施控主体，以安全直接影响因素（人、机、环境）作为受控客体的控制系统，其目的是实现某一时期的系统安全目标。其中，安全直接影响因素为广义的概念，其不仅包括单独的每个因素，还包括因素间的关系及组合。

从本质上讲，安全保障系统是一个以管理为中枢、以人为核心、以机为基础、以环境为条件组成总体性的以保障系统安全为目的的人-机-环境系统。

1）在这个系统中，管理要素渗透到每一环节，对促使各个要素结合起来成为一个整体起着中枢性的作用。

2）在系统中，人既是管理的主体，又是管理的对象，人在系统中的主导地位不会变，可变的只是管理层次越高，其主导性越强。

3）机是保障系统安全必不可少的物质基础，但这一物质基础的存在还只是一种"可能"的生产力要素，其只有在管理要素的作用下，与人和环境有机结合后，才能成为现实的生产力要素。

4）环境是对系统安全有重大影响的要素群，其中有的以潜移默化的方式影响安全，有的则以雷霆万钧之势影响安全，有的属于系统难以控制的影响因素，有的则属于系统可控的影响因素，而且环境影响安全可以说是无孔不入，但其影响既可能产生正效应，也可能产生负效应。

对安全而言，系统可以发挥管理要素的中介转换功能，即通过改善可控的内部小环境来适应不可控的外部大环境，以强化其正效应或削弱其负效应，并创造保障安全的良好条件。

安全保障系统是对反馈控制和前馈控制的综合，即一种前馈-反馈耦合控制系统。作为反馈控制，将系统输出端的信息通过反馈回路传输到系统输入端，与系统的目标进行比较，找出偏差，采取适当的措施实时控制纠正偏差，使系统达到预期目标，但这种控制是在偏差产生之后进行的，具有滞后性，这是反馈控制本身无法克服的。因此，为加强对偏差产生的预见性，需要前馈控制的作用，即尽可能在系统发生偏差之前，根据预测信息，采取相应的措施，纠正偏差。安全保障系统实施前馈-反馈耦合控制，可以增强系统的抗干扰能力，提高系统的稳定性。

交通运输保障系统输入-输出关系如图1-2所示。

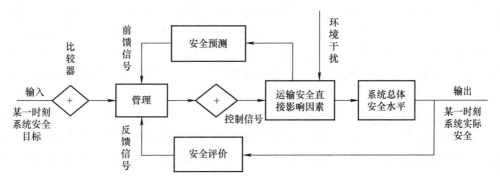

图1-2　交通运输保障系统输入-输出关系

由图1-2可以看出，管理者为了实现对安全直接影响因素的有效控制，一方面必须时刻掌握以往控制效果的信息，进行系统安全评价；另一方面又需要对安全直接影响因素及其相互关系的变化、环境的干扰等进行预测，评价和预测的结果作为进一步实施控制的依据。

在安全保障系统中，安全评价起着反馈回路的作用，安全预测起着前馈回路的作用，其是管理者获取正确控制信息的基础，缺乏该环节，则评价和预测将缺乏科学性，都将使控制变成盲目的行为，难以达到预期效果。所以，科学、合理的安全评价与预测在安全保障系统中起着举足轻重的作用。

1.3.4　交通安全法律法规

1. 交通安全法律法规制度体系

法律法规指我国现行有效的法律、行政法规、司法解释、地方性法规、地方政府规章、部门规章、其他规范性文件及对该法律法规的不时修订和补充。交通安全相关法律法规制度对交通运输组织的管理和安全起重要作用。根据《中华人民共和国立法法》，我国的交通安全法律法规体系包括四个层次：第一个层次为国家法律；第二个层次为法规，法规包括行政法规和地方性法规，行政法规的适用效力高于地方性法规；第三个层面为规章，规章包括部门规章和地方政府规章；第四个层次为规范性文件，规范性文件由交通（铁路、公路、航空、水运等）主管的部委各部门根据工作职责及管理需要制定，经审批后以部委文件的形式发布，如有权法律解释和技术法规。

（1）国家法律　国家法律是指全国人大或者人大常委会制定的适用于全国的规范性文

件，是制定行政法规的规范和其他法规、规章的依据。法律的地位和效力次于《中华人民共和国宪法》，但高于其他国家机关制定的规范性文件。我国道路交通安全法律体系中属于法律的有《中华人民共和国道路交通安全法》《中华人民共和国公路法》等，铁路涉及安全的法律主要有《中华人民共和国铁路法》，交通安全执法必须依据的《中华人民共和国立法法》《中华人民共和国安全生产法》《中华人民共和国突发事件应对法》《中华人民共和国行政处罚法》《中华人民共和国治安管理处罚法》和《中华人民共和国刑法》等。

（2）行政法规 行政法规由国务院制定，适用于全国范围，是制定地方性道路交通安全法规、规章的依据。道路交通安全法规的效力低于法律，高于地方性法规、规章。在道路交通安全法律体系中，属于国务院制定的行政法规主要有《中华人民共和国道路交通安全法实施条例》《机动车交通事故责任强制保险条例》《中华人民共和国道路运输条例》《公路安全保护条例》等。铁路涉及的安全行政法规有《铁路安全管理条例》《铁路交通事故应急救援和调查处理条例》。除此之外，与交通安全相关的还有《国家突发公共事件总体应急预案》《国务院关于特大安全事故行政责任追究的规定》《生产安全事故应急条例》等行政法规。

（3）地方性法规 地方性法规由省、自治区、直辖市的人民代表大会及其常务委员会制定，地方性法规不得与法律、行政法规相抵触。较大市的地方性法规不得与本省、自治区的地方性法规相抵触，地方性法规只在本行政区域内有效，其效力高于本级和下级地方政府规章。

在道路交通安全法律体系中，目前各省、自治区、直辖市制定的属于地方性道路安全法规，如《北京市实施〈中华人民共和国道路交通安全法〉办法》《浙江省实施〈中华人民共和国道路交通安全法〉办法》《广东省道路交通安全条例》《天津市道路交通安全管理若干规定》等。《铁路安全管理条例》颁布后，各地政府也相继制定地方性铁路安全法规，如《广东省铁路安全管理条例》《河南省铁路安全管理规定》《浙江省铁路安全管理条例》《辽宁省铁路安全管理条例》等。截至2024年，在国家法律法规数据库网站检索到的不同省市铁路安全管理条例近30个。这些地方性法规是交通安全法律法规体系中不可缺少的一部分。

（4）部门规章 部门规章是由国务院各部委制定的，在道路交通安全法律体系中法律效力等级低于行政法规，在全国范围内实施。部门规章目前是交通安全法律体系的主要构成部分，道路交通法主要包括公安部出台的《道路交通安全违法行为处理程序规定》《道路交通事故处理程序规定》《机动车登记规定》《机动车驾驶证申领和使用规定》等；交通运输部颁布的《超限运输车辆行驶公路管理规定》《农村公路养护管理办法》《道路旅客运输及客运站管理规定》《道路运输从业人员管理规定》《出租汽车驾驶员从业资格管理规定》《放射性物品道路运输管理规定》《网络预约出租汽车经营服务管理暂行办法》《机动车驾驶员培训管理规定》等。交通运输部、公安部、国家安全生产监督管理总局（现应急管理部）颁布的《道路运输车辆动态监督管理办法》等。商务部、国家发展和改革委员会、公安部、环境保护部（现生态环境部）联合颁布的《机动车强制报废标准规定》等。国家质量监督检验检疫总局（现国家市场监督管理总局）出台的《机动车安全技术检验机构监督管理办法》等。

在道路交通管理行政诉讼中，部门规章由审理案件的人民法院参照执行。属于原铁道部的规章，目前还在使用的，如《铁路交通事故调查处理规则》《铁路交通事故应急救援规则》《铁路主要技术政策》等。2013 年铁路行业体制改革，作为铁路主管部门的铁道部不再保留，组建国家铁路局（归属交通运输部，承担原铁道部部分行政职能）和中国铁路总公司（负责铁路安全生产监督管理等，2019 年 6 月更名为中国国家铁路集团有限公司），交通运输部颁发的新规章有《违反〈铁路安全管理条例〉行政处罚实施办法》《铁路旅客运输安全检查管理办法》《铁路运输企业准入许可办法》《铁路旅客车票实名制管理办法》《高速铁路安全防护管理办法》。

（5）地方政府规章　　地方政府规章由各地省级人民政府、省会市政府以及国务院批准的较大市政府以及经济特区的人民政府制定。地方政府规章在道路交通安全法律体系中效力等级最低，只在本行政区域内有效，如《上海市临时占用城市道路管理办法》《内蒙古自治区治理货物运输车辆超限超载办法》《甘肃省电动自行车残疾人机动轮椅车管理办法》《西宁市查处车辆非法客运办法》《合肥市查处车辆非法客运暂行规定》等。各地政府颁布的有关铁路安全的地方政府规章有《河北省铁路安全管理规定》《湖北省铁路安全管理办法》《内蒙古自治区铁路安全管理规定》《重庆市铁路安全管理规定》《江西省高速铁路安全管理规定》《福建省高速铁路安全管理规定》等。

（6）有权法律解释　　有权法律解释是指依法享有法律解释权的特定国家机关对有关法律文件进行具有法律效力的解释，主要有立法解释、司法解释和行政解释，如《最高人民法院关于审理道路交通事故损害赔偿案件适用法律若干问题的解释》（法释〔2012〕19号）、《最高人民法院关于审理交通肇事刑事案件具体应用法律若干问题的解释》（法释〔2000〕33号）、《最高人民法院关于审理道路交通事故损害赔偿案件适用法律若干问题的解释》（法释〔2020〕17号）等。

（7）技术法规　　技术法规是标准文件的一种形式，是规定适用于产品、工艺或生产方法的专门术语、符号、包装、标志或标签等要求的文件，可以是一项标准（即技术标准）、一项标准的一部分或一项标准的独立部分。这些文件可以是国家法律法规、规章，也可以是其他的规范性文件，以及经政府授权由非政府组织制定的技术规范、指南、准则等，如与道路交通安全及其管理相关的技术规范有《机动车运行安全技术条件》（GB 7258—2017）、《机动车安全技术检验项目和方法》（GB 21861—2014）、《自行车安全要求》（GB/T 3565—2022）、《电动自行车安全技术规范》（GB 17761—2024）、《城市道路工程设计规范》（CJJ 37—2012）、《道路运输车辆综合性能要求和检验方法》（GB 18565—2016）、《道路运输危险货物车辆标志》（GB 13392—2023）和《机动工业车辆　安全标志和危险图示　通则》（GB/T 26560—2011）。

国家铁路局在安全方面的规范性文件如《国家铁路局　公安部关于公布〈铁路旅客禁止、限制携带和托运物品目录〉的公告》（国家铁路局公安部公告第 1 号）、《国家铁路局关于印发〈铁路安全生产违法行为公告办法〉的通知》（国铁安监〔2015〕20 号）等，现行的铁路行业标准由原铁道部时期的标准和 2013 年以后国家铁路局新颁布的标准组成，具体情况见国家铁路局网站铁路技术标准信息服务平台。

2. 交通安全法律法规的作用

交通安全法律法规对交通行为的影响可从规范作用和社会作用两个角度分析。规范作用是指这些法规作为行为规则对交通活动的规范，而社会作用则是其在社会生活中的广泛影响。前者是实现交通秩序的手段，后者则是通过保障安全和提高效率等目标来实现其社会

功能。

（1）交通安全法律法规的规范作用 作为交通行为的规范，交通安全法律法规的作用与其他法律规范类似，即通过规范人们的交通行为，达到维护交通秩序、保障交通安全与畅通，以及保护交通参与者权益的目的，具体表现为以下几方面：

1）指引作用。指引作用是指以交通安全法律法规作为行为规范，为人们提供交通活动中的行为模式，明确规定哪些行为可以做、哪些必须做以及哪些不能做。其对象是交通活动中的人的行为，是规范指引的一部分，对于建立社会交通秩序至关重要。

2）评价作用。评价作用是指交通安全法律法规用于判断和衡量人们的交通行为是否符合规定，以及违法行为的性质和程度。其主要对象是人的交通行为，每个交通行为都依据交通安全法律法规进行合法性评估。这种评价作用实现了他律功能，为交通法治建设提供了必要的支持和基础。

3）预测作用。预测作用是指交通参与者根据交通安全法律法规，预估自己和他人在交通活动中的行为以及相应的法律后果。其对象是人们之间的相互行为，交通参与者通过法律法规预测他人的行为和国家对这些行为的评价。这一作用至关重要，有助于形成对社会交通秩序的预期，并推动交通法治建设。

4）教育作用。教育与处罚相结合一直是交通安全管理行政处罚的原则之一。交通安全法律法规的教育作用指的是通过处罚交通安全违法行为，影响其他交通参与人未来的交通行为。教育作用的对象，主要是普通交通参与人的行为。其实现途径包括：①制裁违法行为人；②保护守法者。通常，及时公正地对交通违法行为进行处罚，比严厉的制裁更能够达到有效的教育效果，公正及时的处罚不仅是对违法行为人的制裁，也是对守法者的奖励与保护。

5）强制作用。强制作用指交通安全法律法规对违反交通安全的行为人实施制裁和惩罚。这一作用通过对违法行为人的制裁来直接体现，具有明显的威慑力。交通安全法律法规的强制性通过约束人们的交通行为、引导其做出合法的选择起作用。

（2）交通安全法律法规的社会作用 社会作用体现了法律法规在执行社会公共事务中的作用。通过规范交通行为，法律法规实现了社会效益，并达成了规范交通行为的目标，主要通过维护交通秩序、保障交通安全、提高通行效率来达到这一目的。其具体表现如下：

1）明确交通安全管理部门的主体地位，确立了依法统一管理的基本原则。例如，《中华人民共和国道路交通安全法》规定："国务院公安部门负责全国道路交通安全管理工作。县级以上地方各级人民政府公安机关交通管理部门负责本行政区域内的道路交通安全管理工作。县级以上各级人民政府交通、建设管理部门依据各自职责，负责有关的道路交通工作。"这是新中国成立以来第一次以法律的名义明确了道路交通安全管理的主体地位。

2）制定交通安全法的基本出发点是保障交通安全和提高通行效率。交通安全法律法规要求管理者依法对交通活动进行有效管理、规范交通行为，尽量减少和避免交通事故所造成的人员伤亡和财产损失，同时确保交通的畅通。

3）规范人们的交通行为，为人们的交通行为提供法律依据。交通安全法律法规作为行为规范，为交通活动提供了法律依据。这些法规明确了交通活动中的权利与义务，同时也作为保护人们合法权益的法律依据。

4）交通安全法律法规有助于减少道路交通事故。交通安全违法行为是交通事故的主要诱因之一，因此，减少违法行为有助于降低事故发生率、保障交通安全、确保道路畅通。通过学习这些法律法规，人们能够提升交通法治意识和自觉遵守法律的意识，从而有助于规范交通行为，保障交通安全与顺畅。

1.4　本章小结

本章主要介绍了安全工程和交通安全工程的基本概念、发展历程及研究内容，为后续的深入学习奠定了理论基础。首先，从安全系统工程的产生和发展入手，阐述了安全系统工程的核心概念和研究内容，并对其研究方法进行了概括性说明。其次，围绕交通安全工程，详细讲解了该学科的基本概念、分类体系及其核心研究内容，强调了交通安全工程在保障社会安全运行中的重要作用。最后，本章引入交通安全人-机-环境系统工程的概念，分析了其研究内容及构成要素，阐述交通安全法律法规制度体系。

知识测评

一、选择题

1. 以下关于风险的理解错误的是（　　　）。

A. 风险是一个主观量

B. 风险具有概率和后果的二重性

C. 风险是对系统危险性的度量

D. 从整个系统的角度出发，风险是系统危险影响因素的函数

2. 与安全相对的是（　　　）。

A. 隐患　　　　　　　B. 事故　　　　　　　C. 危险　　　　　　　D. 风险

3. 安全保障系统是以（　　　）为施控主体。

A. 管理　　　　　　　B. 机　　　　　　　C. 人　　　　　　　D. 环境

4. 下列哪个不是事故的特征：（　　　）。

A. 事故的因果性　　　B. 事故的必然性　　　C. 事故的可控性

D. 事故的预测性　　　E. 事故的潜在性

5. "现实的安全工作中，安全投入往往被忽视，只有发生了事故造成了损失之后才会意识到安全投入的必要性和重要性。"这说明了以下哪种安全问题的基本特性。（　　　）

A. 安全的相对性　　　　　　　　　　　B. 安全的间接效益性

C. 安全的长期性和艰巨性　　　　　　　D. 安全的依附性

二、填空题

1. 我国安全系统工程的研究最早始于_____的研究和应用。

2. ____一般是指由具有特定功能的、相互间具有有机联系的许多要素所构成的一个整体。

3. 人-机-环境系统中的"机"指的是_____。

4. 关于安全的概念，可归纳为两种，即_____和_____。

5. 安全保障系统是一个以保障_____为目的的_____系统。

6. 安全工程是以_____为主要研究对象。

三、判断题

1. 任何一个系统都是由三个以上的要素所组成。　　　　　　　　　　（　　）

2. 相对安全观认为，安全指没有危险、不受威胁、不出事故，即消除能导致人员伤害，发生疾病、死亡或造成设备财产破坏、损失以及危害环境的条件。　　　　（　　）

3. 危险是指在生产与生活活动过程中，人或物遭受损失的可能性超出了可接受范围的一种状态。　　　　　　　　　　　　　　　　　　　　　　　　　　　（　　）

4. 事故是不确定事件，其发生形式既受必然性的支配，但也不可避免地受到偶然性的影响。　　　　　　　　　　　　　　　　　　　　　　　　　　　　　　（　　）

5. 第一类危险源是指导致约束、限制能量措施失效或破坏的各种不安全因素，包括人、物、环境方面的问题。　　　　　　　　　　　　　　　　　　　　　　　（　　）

6. 安全是指在具有一定危险性条件下的状态，安全就是无事故。　　　（　　）

复习思考题

1. 名词解释：系统、系统工程、安全、安全系统、系统安全、安全系统工程。

2. 安全系统工程的主要内容有哪些？

3. 安全系统工程的研究发展对交通安全工程的产生和演变有何影响？

4. 交通安全工程的主要研究内容是什么？如何将这些内容转化为实际应用？

5. 何谓 SHEL 模型？如何利用 SHEL 模型对人的失误进行分析？

6. 交通安全人-机-环境系统工程的研究内容是什么？

7. 什么是危险源？危险源分为哪两类？两类危险源如何共同作用导致事故的发生？

8. 如何理解事故的潜在性、再现性和预测性？这些特性在交通安全管理中有何应用价值？

9. 简述我国交通安全法律法规制度体系？

10. 简述交通安全法律法规的作用。

第2章 Chapter 2
交通安全基本理论

2.1 可靠性理论

2.1.1 可靠性、维修性和有效性

可靠性的经典定义是：产品或系统（设备）在规定条件下和规定时间内完成规定功能的能力。一个设备或系统本身不出故障的概率称为结构可靠性，满足精度要求的概率称为性能可靠性。狭义可靠性通常包括结构可靠性和性能可靠性。

对于可修复的产品，一旦出现故障，修复的能力通常用维修性表示。维修性是指在规定条件下使用的产品，在规定的时间内按规定的程序和方法进行维修时，保持或恢复到能完成规定功能的能力。

产品的狭义可靠性和维修性能反映产品的有效工作能力，这一能力被称为有效性，它是指可以维修的产品在某时刻具有或维持规定功能的能力。考虑产品的有效性和耐久性就可获得产品的广义可靠性。耐久性是指当按照规定的程序和方法进行维修时，产品在规定的使用和维修条件下，达到某种技术或经济指标极限时，完成规定功能的能力。

2.1.2 可靠度、维修度和有效度

1）可靠度是衡量可靠性的尺度，是指产品或系统（设备）在规定条件下和规定时间内完成规定功能的概率。

2）维修度是表示维修难易的客观指标。其定义是在规定条件下和规定时间内，可修复产品或系统（设备）在发生故障后能够完成维修的概率。其中，规定条件无疑与维修人员的技术水平、熟练程度、维修方法、备件以及补充部件的后勤体制等密切相关。

3）有效度是在某种使用条件下和规定时间内，产品或系统（设备）保持正常使用状态的概率。

2.1.3 用时间计量的可靠度、维修度和有效度

（1）故障前平均工作时间（Mean Time to Failure，MTTF） 故障前平均工作时间是指不可修复的产品，由开始工作直到发生故障前连续的正常工作时间。显然时间 t 可以认为是0～∞内的一个任意可能值。因而对某一产品或零件故障前的平均时间，应理解为其连续正常工作时间的数学期望 $E(t)$。即

$$\text{MTTF} = E(t) = \int_0^t tf(t)\,\mathrm{d}t \tag{2-1}$$

式中，$f(t)$ 为寿命 t 的概率密度函数。在可靠性理论中，$f(t)$ 也是故障概率密度函数。

（2）平均故障间隔时间（Mean Time between Failures，MTBF） MTBF 是指相邻两故障间隔期内的平均工作时间。MTBF 的数值一般由生产厂家给出，也可通过实验得出：

$$\text{MTBF} = \frac{\sum_{i=1}^n t_i}{n} \tag{2-2}$$

式中，n 为各单元发生故障的总次数；

t_i 为第 $(i-1)$ 次到第 i 次的故障间隔时间。

（3）平均故障修复时间（Mean Time to Repair，MTTR） MTTR 为平均故障修复时间，即当系统单元出现故障，从开始维修到恢复正常工作所需的平均时间。

$$\text{MTTR} = \frac{\sum_{i=1}^n \tau_i}{n} \tag{2-3}$$

式中，τ_i 为第 i 次故障修复时间。

2.1.4 可靠度函数和故障率

（1）可靠度、维修度和有效度的关系 给定使用时间 t，维修所容许的时间 τ（τ 远小于 t），设某产品的可靠度、维修度和有效度分别为 $R(t)$、$M(\tau)$ 和 $A(t,\tau)$，则它们之间的关系为

$$A(t,\tau) = R(t) + [1 - R(t)]M(\tau) \tag{2-4}$$

式中，$R(t)$ 为时间 t 内不发生故障的可靠度；$[1-R(t)]$ 为时间 t 内发生故障的概率；$M(\tau)$ 为时间 τ 内修好的概率。

为了满足某种有效度，最好一开始就做到高可靠度或高维修度，当然也可以使可靠度较低，通过提高维修度来满足所需的有效度，但这样就会经常发生故障，从而提高维修费用。反之，若采用高可靠度、低维修度，则产品的初始研发和生产费用过高。所以，设计师必须在产品的价值和产品的可靠度之间进行均衡（图 2-1）。

在一定的使用条件下，可靠度是时间的函数。设可靠度为 $R(t)$，不可靠度为 $F(t)$，则：

$$R(t) + F(t) = 1 \tag{2-5}$$

故障（或失效）概率密度函数为

$$f(t) = \frac{\mathrm{d}F(t)}{\mathrm{d}(t)} = -\frac{\mathrm{d}R(t)}{\mathrm{d}(t)} \tag{2-6}$$

$$F(t) = \int_0^t f(t)\,\mathrm{d}t \tag{2-7}$$

$$R(t) = \int_t^\infty f(t)\,\mathrm{d}t \tag{2-8}$$

式中，$f(t)$ 为故障（或失效）概率密度函数，表述在时刻 t 后的一个单位时间内，产品故障数与产品总数之比。

（2）可修复系统的单元故障概率 可修复系统的单元故障概率定义为

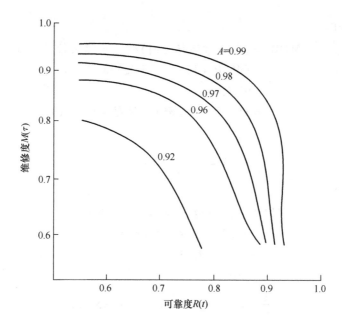

图2-1 可靠度、维修度和有效度

$$q = \frac{\lambda}{\lambda + \mu} \tag{2-9}$$

式中，q 为单元故障概率；λ 为单元故障率，是指单位时间内故障发生的频率；μ 为可维修度，是反映单元维修难易程度的数量标度，等于故障平均故障修复时间 MTTR 的倒数，即 $\mu = \frac{1}{\text{MTTR}}$。

一般情况下，单元故障率 λ 为

$$\lambda = k\lambda_0 \tag{2-10}$$

式中，k 为修正系数，现场条件比实验条件恶劣，须综合考虑温度、湿度、振动及其他条件影响的修正系数，一般 $k = 1 \sim 10$。

λ_0 为故障率的实验值，一般可根据实验或统计求得，等于元件平均故障间隔时间 MTBF 的倒数，即 $\lambda_0 = \frac{1}{\text{MTBF}}$。

一般，MTBF $\gg$ MTTR，所以 $\lambda \ll \mu$，则

$$q = \frac{\lambda}{\lambda + \mu} \approx \frac{\lambda}{\mu} \tag{2-11}$$

【例2-1】 通过对某城市交通信号灯自投入使用以来3个月的故障统计，发现该信号灯系统发生过3次严重故障。这3次故障之间的正常运行时间分别为45天、15天和35天。而3次故障的修复时间分别为2天、1/4天和3/5天。计算：该交通信号灯的 MTBF（平均故障间隔时间）是多少？该交通信号灯的故障率是多少？该交通信号灯的 MTTR（平均故障修复时间）是多少？

1）计算 MTBF：

$$MTBF = (总正常运行时间)/(总故障次数)$$
$$= (45 天 + 15 天 + 35 天)/3$$
$$= 95 天/3$$
$$= 31.67 天(约等于，保留两位小数)$$

2）计算故障率：

$$\lambda = \frac{1}{MTBF} = 0.0316$$

3）计算 MTTR：

$$MTTR = (总修复时间)/(总故障次数)$$
$$= (2 天 + 1/4 天 + 3/5 天)/3$$
$$= 2.85 天/3$$
$$= 0.95 天$$

$$q = \frac{\lambda}{\mu} = \lambda \times MTTR = 0.0316 \times 0.95 = 0.03$$

（3）不可修复系统的单元故障概率　不可修复系统的单元故障概率为

$$q_1 = 1 - e^{-\lambda t} \approx \lambda t \tag{2-12}$$

式中，t 为设备运行时间。

若城市交通中某路口的红绿灯系统平均每 300 天遭遇一次严重故障导致其无法工作，需要重新安装。当该红绿灯系统连续工作 45 天时，其遭遇严重故障导致无法工作的概率是多少？

$$q_1 = 1 - e^{-\lambda t} \approx \lambda t = \frac{1}{300} \times 45 = 0.15$$

2.1.5　系统可靠度计算

（1）串联系统　组成系统的所有单元中，任一单元故障都会导致整个系统发生故障；或者只有当系统中所有单元都正常工作时，系统才能正常工作。这样的系统称为串联系统（图 2-2）。

图 2-2　串联系统

由 n 个独立单元组成的串联系统，假定第 i 个单元的可靠度为 $R_i(t)$，则系统的可靠度为

$$R_s(t) = \prod_{i=1}^{n} R_i(t) \tag{2-13}$$

【例 2-2】　串联系统中有 A、B、C、D 4 个单元，若 A、B、C、D 的可靠度分别为 $R_A(t) = 0.95$、$R_B(t) = 0.97$、$R_C(t) = 0.98$、$R_D(t) = 0.92$，则系统的可靠度：$R_s(t) = R_A(t)R_B(t)R_C(t)R_D(t) = 0.95 \times 0.97 \times 0.98 \times 0.92 = 0.8308244$。系统的失败概率，即不可靠度 $F_s(t) = 1 - R_s(t) = 1 - 0.8308244 = 0.1691756$。

（2）并联系统 并联系统属于工作储备系统（图2-3）。由 n 个单元组成的并联系统具有如下特征：系统中只要有一个单元正常工作，系统就能正常工作；只有系统中所有单元都失效，系统才失效。

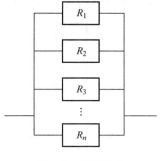

图2-3 并联系统

由 n 个相互独立的单元组成的并联系统，假定第 i 个单元的可靠度为 $R_i(t)$，不可靠度 $F_i(t) = 1 - R_i(t)$。根据定义，只有系统中所有单元均失效，系统才失效，所以有：

$$F_s(t) = \prod_{i=1}^{n} F_i(t) \tag{2-14}$$

根据可靠度与不可靠度的关系，有：

$$R_s(t) = 1 - \prod_{i=1}^{n} F_i(t) = 1 - \prod_{i=1}^{n} [1 - R_i(t)] \tag{2-15}$$

【例2-3】 并联系统中有 A、B、C、D 4 个单元，若 A、B、C、D 的可靠度与【例2-2】相同，分别为 $R_A(t) = 0.95$、$R_B(t) = 0.97$、$R_C(t) = 0.98$、$R_D(t) = 0.92$。则系统的可靠度：$R_s(t) = 1 - [1 - R_A(t)][1 - R_B(t)][1 - R_C(t)][1 - R_D(t)] = 1 - (1 - 0.95) \times (1 - 0.97) \times (1 - 0.98) \times (1 - 0.92) = 0.9999976$。

（3）混合系统 实际系统多为串并联的组合，称为混合系统，如图2-4 所示。在这种情况下，可以先把每一组成单元（串联与并联）的可靠度求出，转换成单纯的串联或并联系统，然后求出系统的可靠度。

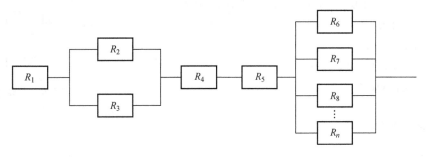

图2-4 混合系统

【例2-4】 图2-5 所示为混合系统示例，若 A、B、C、D 的可靠度与【例2-2】相同，分别为 $R_A(t) = 0.95$、$R_B(t) = 0.97$、$R_C(t) = 0.98$、$R_D(t) = 0.92$。则系统的可靠度：$R_s(t) = R_A(t) \cdot \{1 - [1 - R_B(t)][1 - R_C(t)]\} \cdot R_D(t) = 0.95 \times [1 - (1 - 0.97) \times (1 - 0.98)] \times 0.92 = 0.8735$。

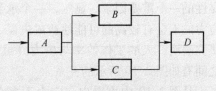

图2-5 混合系统示例

（4）表决系统 表决系统的特征是：系统中的 n 个单元中，至少要有 k（$1 \leqslant k \leqslant n$）个单元正常工作，系统才能正常工作，也称为 k/n 系统，如图2-6 所示。

（5）复杂系统 有些系统中，各单元之间并不能简单归纳为上述哪一类系统模型，而

是一种网络结构可靠性问题，这类系统即为复杂系统，如图 2-7 所示。

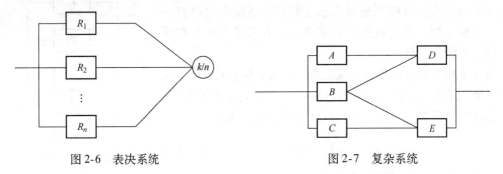

图 2-6　表决系统　　　　　　　　　　图 2-7　复杂系统

【例 2-5】　图 2-8 所示为串联系统，若 A、B、C、D 成功的概率分别为 $P(A) = 0.9$、$P(B) = 0.8$、$P(C) = 0.7$、$P(D) = 0.6$，则系统的成功概率 $P(S)$ 为

$$P(S) = P(A)P(B)P(C)P(D) = 0.9 \times 0.8 \times 0.7 \times 0.6 = 0.3024$$

系统的失败概率，即不可靠度 $F(S) = 1 - P(S) = 1 - 0.3024 = 0.6976$。

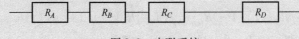

图 2-8　串联系统

同理，计算图 2-9 所示的并联系统的成功概率 $P(S)$。

$$\begin{aligned}
F(S) &= [1 - P(A)][1 - P(B)][1 - P(C)][1 - P(D)] \\
&= (1 - 0.9)(1 - 0.8)(1 - 0.7)(1 - 0.6) \\
&= 0.0024 \\
P(S) &= 1 - F(S) \\
&= 1 - 0.0024 \\
&= 0.9976
\end{aligned}$$

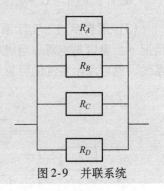

图 2-9　并联系统

2.1.6　人的可靠性

1. 应力

应力（Stress）是影响人的行为及其可靠性的一个重要因素。显然，一个承受过重应力的人会有较高的可能性造成失误。根据研究表明，人的工作效率与应力（或忧虑）之间有如图 2-10 所示的关系。

从图 2-10 中可看出，应力不完全是一种消极因素。实际上，适度的应力有利于把人的工作效率提高到最佳状态。如果应力过小，任务简单且单调，反而会使人觉得工作

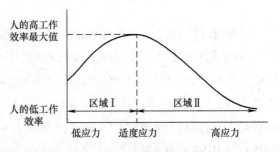

图 2-10　人的工作效率与应力的关系

没有意义而变得迟钝，因而人的工作效率不会达到高峰状态；相反，若应力过大，超过中等应力时将引起人的工作效率下降。引起下降的原因是多方面的，如疲劳、忧虑、恐惧或其他

心理上的应力。图2-10中曲线划分为两个区域：在区域Ⅰ内，人的工作效率随应力的增加而提高；在区域Ⅱ内，人的工作效率随应力增加而降低。

（1）职业应力 职业应力可分为以下四种类型：

1）类型Ⅰ：与工作负荷有关。在超负荷工作的情况下，任务要求超过了个人满足要求的能力；同样，在低负荷工作的情况下，一个人完成的工作调动不起积极性。低负荷工作的例子有不需要动脑筋、没有发挥个人专长和技能的机会、重复性工作。

2）类型Ⅱ：与职业变动有关。职业改变破坏了个人行为、心理和认识上的功能模式。这种应力类型出现在与生产率和增长有关的机构中。职业变动的形式如调整编制、职务提升、科研开发和重新安置等。

3）类型Ⅲ：与职业上受到挫折有关。当工作不能满足预定的目标时，会导致这种情况。如缺乏联系、分工不明确、官僚主义、缺乏职业开发准则等。

4）类型Ⅳ：其他可能的职业性环境因素，如振动、噪声、高温、光线太暗或太亮、不良的人际关系等。

（2）操作人员的应力特征 人都有一定的局限性，当执行某一具体任务时，若超过这些限度，差错的发生概率就会上升。为了使人的差错率降到最小，设计工程师和可靠性工程师应密切配合，在设计阶段应考虑到操作人员的能力限度和特征。操作人员可能受到的应力特征是：①反馈给操作人员的信息不充分，不能确定其工作正确与否；②要求操作人员能够迅速地对两个或两个以上的显示值做出比较；③操作人员要在很短时间内做出决策；④要求操作人员延长监视时间；⑤为了完成一项任务，所要做的步骤很多；⑥有一个以上的显示值难以辨认；⑦要求同时高速完成一个以上的控制；⑧要求操作人员高速完成操作步骤；⑨要求对不同来源收集到的数据做出决策。

（3）个人的应力因素 个人的应力因素是指一般工作人员可能因某种原因造成了心理压力而引起的应力。这些因素中有些是在一个人的一生中遇到的实际问题。将其中一些列举如下：①必须与性格难以捉摸的人在一起工作；②不喜欢做现在的工作或事情；③与配偶或子女有矛盾；④严重的经济困难造成的心理上的压力；⑤在工作中有可能成为编外人员；⑥在工作中得到晋升的机会很少；⑦缺乏完成现在工作的能力；⑧健康欠佳；⑨时间上要求很紧的工作；⑩为了按期完成工作，不得不加班干；⑪工作上上级提出过多的要求；⑫做一项凭自己的能力和经验不屑去做的工作等。

2. 人的差错（失误）

（1）人的差错含义及原因 人的差错是指人在执行规定任务时发生失误（或做了禁止的操作）而可能导致预定任务中断或引起人员伤亡和财产损坏。

人的差错对系统产生的影响随系统的不同而不同，造成的后果也是不一样的。因此，必须对人的差错的特点、类型以及后果加以分析，并定量化地给出其发生的概率。人的差错的发生有各种原因，大多数人的差错发生的原因是基于这样一个事实，即人可以用各种方式去做不同的事情。

按照Meister的观点，人的差错的原因主要包括：工作环境中的光线不合适；操作人员由于培训上的不足而没有达到一定的技能，因而造成失误；仪器设备的设计太差，质量不好；工作环境中的温度太高；高噪声的环境；工作图样的不合理；工作人员的空间太挤；目标不明确；使用工具错误；操作规程写的质量太差或者有错误；管理太差；任务太复杂；信

息和语言交流的质量太差等。

（2）人的差错分类 人的差错一般可按以下几种形式分类：

1）按信息处理过程分类。

① 未正确提供、传递信息。如果发现提供的信息有误，那就不能认为是操作人员的差错。在分析人的差错时，对这一点的确认是绝对必要的。

② 识别、确认错误。如果正确地提供了操作信息，则要查明眼、耳等感觉器官是否正确接收到这一信息，进而是否正确识别到了。如果肯定其过程中某处有误，就判定为识别、确认错误。这里的识别，是指对眼前出现的信号或信息的识别；确认是指操作人员积极搜寻并检查作业所需的信息。

③ 记忆、判断错误。进行记忆、判断或者意志决定的中枢处理过程中产生的差错或错误属于此类。

④ 操作、动作错误。中枢神经虽然正确发出指令，但它未能转换为正确的动作而被表现出来。这种情况包括姿势、动作的紊乱所引起的错误，或者拿错了操作工具及弄错了操作方向，遗漏了动作等。

2）按执行任务性质分类。人的差错按照执行任务阶段的错误性质可划分为以下几种类别：

① 设计错误。这是由于设计人员设计不当造成的错误。错误一般分为三种情况：设计人员设计的系统或设备，不能满足人机工程的要求，违背了人机相互关系的原则；设计时过于草率，设计人员偏爱某一局部设计导致片面性；设计人员在设计过程中对系统的可靠性和安全性分析不够或没有进行分析。

② 操作错误。这是操作人员在现场环境下执行各种功能时所产生的错误，主要有：缺乏合理的操作规程；任务复杂且在超负荷条件下工作；人的挑选和培训不够；操作人员对工作缺乏兴趣、不认真工作；工作环境太差；违反操作规程等。

很多潜在的错误与职责有关。就决策来讲，例如决定不成熟、采用了一些不必要的规则；对一些行之有效的规章制度没采用，对目标变化反应不成熟，操作方向不正确，以及对控制对象的变化反应不及时等都易出现错误。在制定程序时易发生潜在错误，例如安排一些不必要的操作步骤或遗漏了一些重要步骤等。此外，与解决问题有关的潜在错误，如使用错误的公式，识别、检测、分类及制定标准等操作也可能造成人的错误等。

在操作运行中所产生的错误，一般分为两种类型，一种是疏忽型，由于操作人员注意力不集中，没有注意到仪表显示上的变化，或记错、忘记执行某一功能；另一种是执行型，包括操作、识别（判断）和解释错误，例如采取了不必要的控制动作来达到所希望的效果，对信息的判断不正确从而进行了一些有害操作，误将正确的对象当作错误对象处理等。这一类型错误发生的频率较高。

③ 装配错误。生产过程中的装配错误有：使用了不合格的或错误的零件；漏装了零件；零部件的装配位置与图样不符；虚焊、漏焊及导线接反等。

④ 检验错误。检验的目的是发现缺陷或毛病。由于检验产品过程中的疏忽而没有把缺陷或毛病完全检测出来从而产生检验错误，这是允许的，因为检验不可能有100%的准确性。一般认为检验的有效度只有85%。

⑤ 安装错误。没有按照设计说明书、图样或安全手册进行设备安装造成的错误。

⑥ 维修错误。维修保养中发生错误的例子很多，如设备调试不正确、校核疏忽、检修前和检修后忘记关闭或打开某些阀门、某些部位用错了润滑剂等。随着设备的老化，维修次数的增多，发生维修错误的可能性会增加。

2.1.6.1 人的故障模式

人的差错的发生有各种不同的原因，如信息提供、识别、判断、操作等一个或多个人的活动都可能涉及人的差错。这些差错归纳起来为人的故障模式，如图2-11所示。

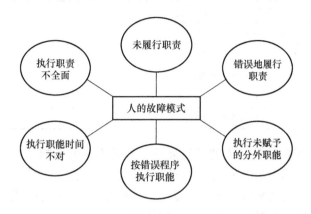

图2-11 人的故障模式

2.1.6.2 人的差错概率估计

人的差错概率是对人的行为的基本量度。其定义如下：

$$P = \frac{E}{O} \tag{2-16}$$

式中，E 为某项工作（作业对象）中，发生的差错数；O 为某项工作中，可能发生差错的机会的总次数；P 为在完成某项工作中，人为差错发生的概率。

（1）人的差错概率（数据） 这里选出一些典型的人的差错概率值，可供参考，见表2-1。

表2-1 典型人的差错概率

序号	操作说明	人的差错概率
1	图表记录仪读数	0.005
2	模拟仪表读数	0.003
3	读图表	0.010
4	不正确地理解指示灯上的指示	0.001
5	在高度紧张的情况下将控制器拧错了方向	0.500
6	把控制器转错了方向（没有违反群体习惯）	0.0005
7	拧上插接件	0.010
8	阀门关闭位置不正	0.002
9	在一组仅靠标签识别的相同控制器中选错了标签	0.003

（续）

序号	操作说明	人的差错概率
10	阅读技术说明书	0.008
11	确定多位置电器开关的位置	0.004
12	安装垫圈	0.004
13	安装鱼形夹	0.004
14	固定螺母、螺钉和销子	0.003
15	准备书面规程中疏忽了一项或书写错了一项	0.003
16	分析真空管失真	0.004
17	分析锈蚀和腐蚀	0.004
18	分析凹陷、裂纹和划伤	0.003
19	分析缓变电压和电平	0.040

（2）人的差错概率的估计 人的差错概率受多种因素的影响，如操作的紧迫程度、单调性、不安全感、设备状况、人的生理状况、心理素质、教育、训练程度、社会影响和环境因素等。因此，进行人的可靠性分析非常复杂，一般要根据操作的内容、环境等因素进行修正，而且在决定这些修正系数时有很大的经验性和主观性。

人们在处理或执行任何一次任务时，例如操作人员（作业者）在操纵使用和处理设备、装置和物料时，都有一个对任务（情况）的识别（输入）、判断和行动（输出）过程，在这个过程中都有发生差错的可能性。因此，就某一行动而言，作业者的基本可靠度 R 为

$$R = R_1 R_2 R_3 \tag{2-17}$$

式中，R_1 为与输入有关的可靠度；R_2 为与判断有关的可靠度；R_3 为与输出有关的可靠度。

R_1、R_2、R_3 的参考值见表 2-2。

表 2-2 R_1、R_2、R_3 的参考值

类别	影响因素	R_1	R_2	R_3
简单	变量不超过几个，人机工程学上考虑全面	0.9995 ~ 0.9999	0.9990	0.9995 ~ 0.9999
一般	变量不超过 10 个，人机工程学上部分考虑	0.9990 ~ 0.9995	0.9950	0.9990 ~ 0.9995
复杂	变量超过 10 个，人机工程学上考虑不全面	0.9900 ~ 0.9990	0.9900	0.9900 ~ 0.9990

由于受作业条件、作业者自身因素及作业环境的影响，作业者的基本可靠度还会降低。例如，有研究表明，人的舒适温度一般是 19 ~ 22℃，当人在作业时，环境温度若超过 27℃，人的失误概率就会上升约 40%。因此，还需要用修正系数 k 加以修正，从而得到作业者单个动作的失误概率为

$$q = k(1 - R) \tag{2-18}$$

式中，k 为修正系数，其计算公式为

$$k = abcde \tag{2-19}$$

式中，a 为作业时间系数；b 为操作频率系数；c 为危险状况系数；d 为生理、心理条件系数；e 为环境条件系数。

$a \sim e$ 取值范围见表 2-3。

表2-3 *a* ~ *e* 取值范围

符号	项目	内容	取值范围
a	作业时间	有充足的富余时间	1.0
		没有充足的富余时间	1.0 ~ 3.0
		完全没有富余时间	3.0 ~ 10
b	操作频率	频率适当	1.0
		连续操作	1.0 ~ 3.0
		很少操作	3.0 ~ 10
c	危险状况	即使误操作也安全	1.0
		误操作时危险性大	1.0 ~ 3.0
		误操作时有产生重大灾害的危险	3.0 ~ 10
d	生理、心理条件	综合条件（教育、训练、健康状况、疲劳、愿望等）较好	1.0
		综合条件不好	1.0 ~ 3.0
		综合条件很差	3.0 ~ 10
e	环境条件	综合条件较好	1.0
		综合条件不好	1.0 ~ 3.0
		综合条件很差	3.0 ~ 10

2.1.6.3 人的差错率预测方法

影响人的差错的因素很复杂，很多专家、学者对此做过专门研究，提出了不少关于人的失误概率估算方法，但都不完善。现在能被大多数人接受的是1961年斯温（Swain）和罗克（Rock）提出的人的差错率预测方法（Technique for Human Error Rate Prediction，THERP），用来分析操作人员在系统运行过程中，采取必要的操作措施时发生失误的概率。这种方法的分析步骤如下：

第一步，根据人的差错定义系统故障或分系统故障。

第二步，辨识和分析有关人的操作，主要采用系统和任务分析方法，即把整个程序分解成单个作业，再把单个作业分解成单个动作。

第三步，确定单人单项操作或多项操作的差错率。可以根据从各种渠道可能得到的数据来估算与系统故障有关的各种人的操作差错率，具体程序为：①根据经验和实验，适当选择每个动作的可靠度；②用单个动作的可靠度之积表示每个操作步骤的可靠度；如果各个动作中存在非独立事件，则用条件概率计算；③用各操作步骤可靠度之积表示整个程序的可靠度；④用可靠度之补数（1-可靠度）表示每个程序的不可靠度，这就是该程序人的失误概率。

第四步，评估人的差错对所考虑系统的影响。

第五步，提出必要的建议。

上述五个步骤是一个累积的过程，而且一直重复到由人的差错引起的系统性能下降达到某个可容许的水平为止。要注意的是，上述步骤未必总是按同样的次序进行重复。在人为差错率预测方法中，需要用事件树分析方法进行分析，该方法可参考本书3.6.4节中的实例。

2.1.6.4　人误差错分析模型

SHEL 模型是由英国学者爱德华兹（E. Edwards）教授在
1972 年提出的，1975 年被霍金斯（F. Hawkins）进一步图表
化，如图 2-12 所示。该模型以人的因素为核心，是一种用于
研究人和系统中其他因素之间相互影响的工具。它通过简化
的方法，直观地展示了复杂系统中人为因素研究的范围、关
键要素及其相互关系，使系统分析更加具体和形象。

SHEL 模型中的各个组成部分分别为：

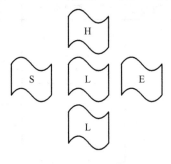

图 2-12　SHEL 模型

1) S——Software（软件）指系统提示的信息，包括手
册、程序、检查单、计算机软件、符号及专业知识等。

2) H——Hardware（硬件）指系统中使用的各种工具和设备，如测试仪器、机器、计
算机硬件和通信设备等。

3) E——Environment（环境）指操作人员所处的各种外部条件，也就是无法被操作人
员直接控制的因素，包括工作条件、工作环境、工作方式以及管理机构等。

4) L——Liveware（生命件）指系统中有生命的组成部分，即系统中的人，如维修人
员、管理人员和计划人员等。

在此模型中，各界面的匹配非常重要，有一处不匹配就意味着是一个人为错误源，人是
这个模式系统中最重要的组成部分。各界面之间的不匹配关系如下：

1) 人-软件（L-S）指的是维修系统中人员与其工作场所软件系统之间的相互关系。软
件主要涉及系统中非物理的部分，包括规章制度、操作规程、手册、检查单和计算机程序
等。常见的问题包括程序被曲解、手册编写不够实用、检查单设计不合理，或者计算机软件
未经充分测试且难以使用等。与硬件不同，软件是无形的，因此难以直观发现和解决问题，
例如对检查单内容和符号理解不正确等。

2) 人-硬件（L-H）指的是维修人员与设备、设施及工具之间的关系。人与硬件之间
的不匹配问题主要体现在设备的维修性设计欠佳、缺乏适用的工具和相应的维修设备等方
面。例如，仪表板的设计应符合人的视觉特征和信息处理习惯，确保易于理解和操作。此
外，在人机关系方面，良好的维修条件能够显著提高工作质量和效率。例如，维修人员在操
作时，工作姿势舒适，维修部位视野良好、触手可及，维修工具适配，设备拆装简单，都会
减少维修失误。然而，由于人类具有适应硬件不匹配的特性，这种缺陷往往会被掩盖而很难
得到根本的解决。

3) 人-环境（L-E）指的是人员与其所处的内外环境之间的关系。这一关系是被航空业
最早认识的。内部环境主要包括灯光照明、噪声、通风、振动和文化氛围等因素。不舒适的
工作场所、不合理的空间设计、过高的温度、过大的噪声、较差的照明等，都可能对人为差
错的发生产生很大影响。外部环境则指社会环境、国家政策等因素。最初，人与环境不匹配
的问题通常通过让人适应环境来解决，但随着时间推移，这一方法逐渐转向对环境进行人性
化的设计和改造方向，以提高工作效率并减少人为错误的发生。

4) 人-人（L-L）指的是维修工作场所中人与人之间的关系，维修人员、质量检验人员
等不同角色之间的互动与协作。这个界面是最复杂且最重要的，因为交通系统维修保障是一
项需要多方专业人员共同协作的集体活动。如果人与人之间的沟通、信任或理解出现问题，

往往会导致人为错误，甚至可能引发灾难性后果。在传统的工作方式中，技术熟练度测试是针对个人进行的，认为每个成员的个人技能都非常熟练，那么由这些成员组成的小组也应该是高效且熟练的。然而，实践表明，团队的有效性不仅仅依赖于每个成员的技术能力，团队合作的质量同样至关重要。因此，近年来，人们越来越多地关注如何提升团队合作效率，并根据团队整体表现来评估其工作能力。

人的行为是环境影响和制度约束的结果，企业文化、单位风气、工作压力以及人与人之间的关系都会对人的思想和行为产生影响。根据 SHEL 模型的观点，差错往往发生在以人为中心，与软件、硬件、环境及其交互作用的过程中。以人为中心的系统中，人与软件、人与硬件、人与环境以及人与人之间的关系和相互作用，会共同产生综合性的结果并表现出来。在这个模式中，人被视为系统的核心，被认为是系统中最重要的，同时人的适应能力被认为是系统中最重要的组成部分，其他系统因素必须适应其并与之匹配。如果系统中的任何一个因素与人之间的关系出现不协调，就可能引发关系失衡，甚至导致系统崩溃，即发生事故。

SHEL 模型告诉我们，无论机器的自动化程度多高，在由软件、硬件、环境与人组成的系统中，人始终是作业系统中的主导因素。然而，由于人自身存在局限性，人在受限系统中的表现可能会出现差异，同时，人也是系统中最容易发生变化和最不可靠的因素。为了减少差错并提高系统的可靠性，我们应从以下几个方面着手：提升维修人员的专业水平，优化工作流程，完善工具和设备，并通过采取自检、互检和复检等预防性措施，最大限度地降低人为错误的可能性。

2.1.6.5 人员安全管理

1. 人员心理生理特征

（1）感觉和知觉 感觉是指外界客观事物作用于人的感觉器官时，在大脑中引发特定属性的反应。感觉的产生需要具备两个条件：一是外界事物的刺激，二是感觉器官的感知能力。外界事物的刺激必须达到一定强度，才能被感觉器官接受；同时，人的感觉器官需要具备高灵敏性，才能及时感知外界的刺激。感觉与交通驾驶行为密切相关，尤其是平衡觉、运动觉和内脏感觉等。平衡觉也叫静觉，是反映头部位置和身体平衡状态的感觉。

知觉是人在感觉的基础上对客观事物各种属性的整体性、综合性反应。知觉可分为空间、时间和运动知觉，这三种知觉对驾驶安全都有重要作用。知觉可分为空间、时间和运动知觉，这三种知觉对交通安全都有重要作用。空间知觉是驾驶人对交通环境中物体的形状、大小、方位等空间特性的知觉。时间知觉是人脑对客观现象延续性和顺序性的反应。运动知觉一般指对物体空间位移和运动速度的知觉。

知觉是在感觉的基础上，个体对客观事物各种属性做出的整体性和综合性的反应。知觉可分为空间知觉、时间知觉和运动知觉，这三种类型的知觉对驾驶安全具有重要影响。空间知觉指的是驾驶人对交通环境中物体的形状、大小、方位等空间特征的感知。时间知觉则是大脑对客观现象延续性和顺序性的反应。运动知觉通常指的是对物体空间位移和运动速度的感知。

（2）记忆和思维 记忆是指人脑对经历过的人和事进行识记、保持和重现的过程。思维则是人脑对现实事物进行间接加工和概括的方式。例如，在运输工作中，如果运输指挥人员忘记及时准确地通知作业人员计划变更的内容，或者因情况变化未能迅速进行分析判断并采取相应对策，就可能因为贻误时机而直接危及交通安全。

（3）**注意和情绪** 注意是指心理活动集中于某一事物的状态，它伴随所有心理活动的进行。根据其功能，注意可以分为三种类型：第一是注意集中，即将心理活动的重点指向特定对象，并抑制对无关事物的关注，避免干扰；第二是注意分配，即在同时进行多项任务时，有目的地分配注意力到不同的对象上；第三是注意转移，即根据需求，主动有序地将注意力从一个对象转移到另一个对象上。注意是确保交通安全的基本心理条件。在工作中，任务通常由多个环节组成，若作业人员无法集中注意力，或者注意力无法及时转移或分配不当，都可能导致交通事故的发生。

人的情绪是心理活动的一种表现，反映了个体对外界事物的态度，它体现了主客观之间的关系。情绪反映了个体对外部事物是否符合自己需求的感受，并对人的认知、意志、行为和个性产生深远影响。情绪具有两极性，包括积极体验和消极体验。在汽车驾驶中，不同的情绪状态会对行车安全产生不同的影响：积极的情绪有助于驾驶安全，而消极的情绪则可能带来负面效果。

（4）**个性心理** 个性是人所具有的个人意识倾向性和比较稳定的心理特点的总称。个性心理特征主要包括气质、性格与能力。

气质指的是个体稳定且典型的心理特征。孔子将人分为"中行""狂""狷"三类，"不得中行而与之，必也狂狷乎！狂者进取，狷者有所不为也"。气质的形成主要受到先天因素的影响，表现为其稳定性，而后天因素则通过教育和社会环境的影响发挥作用。传统的气质类型包括：多血质、胆汁质、黏液质和抑郁质。性格是指个体对周围人和事物的稳定态度及行为方式。气质和性格相互渗透、相互影响，因为其外在表现都与个体对现实的态度和行为方式紧密相关。对于从事运输生产的人员而言，气质和性格直接影响交通安全。良好的气质和性格为作业人员的自控提供了心理保障，而气质较差、性格缺陷的员工可能由于心理障碍导致较差的自控能力，因此应通过有效的安全管理手段，促使这些问题向有利于安全的方向转化。

能力是指个体完成某项任务所需的心理特征。它并非天生具备，而是在一定素质基础上，通过教育和实践逐步培养出来的。例如，在列车技术作业中，列检员通过敲击声音来判断车辆部件或零件的故障，这就是一种能力的体现。运输职工的能力直接关系到运输生产的安全。细致的观察、良好的记忆、沉着的应变能力、敏捷的思维、准确的判断以及清晰的表达，都是员工安全高效完成运输任务的重要保障。相反，如果员工观察不细、记忆差、判断失误、表达不清或反应迟钝，则会增加运输事故的发生概率。

（5）**需要和动机** 需要是个体在生理或心理方面的某种缺乏或不平衡状态，而需要的满足是一个动态平衡的过程。动机是由于某种需要或愿望而引发的心理活动，是激励个体采取行动以实现目标的内部驱动力。需要引发动机，动机则支配行为。人对安全的需要是马斯洛需要层次理论的重要组成部分。由安全需要引发的安全动机有两层含义：一方面是保护自己免受伤害的动机；另一方面是保护他人、财产和设备等免受损害的动机。前者是人的本能，一般情况下，人不可能故意伤害自己，这种自我保护的动机不需要特别培养和激励，但应不断提醒和警告。而后者涉及他人、集体和国家的利益，需要通过教育加强培养和激励。

（6）**疲劳** 在劳动卫生学中，疲劳通常指因过度劳累（体力或脑力劳动）引起的劳动能力下降的现象。具体表现为反应迟钝、动作灵活性降低、注意力分散、协调性差、工作错误增加，并伴随主观感觉疲乏、视力模糊、肌肉酸痛、无力等症状。例如，在铁路运输工作中，由于客货列车高速运行、噪声大、露天作业环境差、连续长时间工作，以及高安全正点要求，生产和管理人员常常面临较大的心理压力，消耗大量身心能量。因此，研究和缓解疲劳对保障交通安全至关重要。

（7）视觉和听觉 视觉特性包括视力、视野、明适应和暗适应等方面。

视力指的是人眼分辨物体形状、大小和颜色的能力，通常分为静视力、动视力和夜视力。静视力是指在充足光线下，观察者和观察对象都处于静止状态时的视力。动视力则是在充足光线下，观察者和观察对象处于运动状态时的视力。夜视力是指在光线较弱的条件下，即暗环境中人的眼睛分辨方向、识别物体大小、形状及其运动状态的能力。

视野是指人在注视某一目标时，两眼能够看到的最大空间范围，分为静视野和动视野。静视野是指在静止状态下，头部不动，两眼注视前方时，眼睛两侧可视的范围。动视野则是在静止状态下，头部不动，但眼球可以转动时所能看到的范围。静视野和动视野通常用角度来表示。对于正常人来说，每只眼睛的垂直视野（上下）为135°~140°，水平视野（左右）为150°~160°。如果双眼同时注视同一目标时，垂直视野不变，水平视野约有60°重叠，两眼水平方向视野约为180°。动视野比静视野大，水平方向左右约增宽15°，上方约宽10°，下方无明显变化。驾驶人视野图如图2-13所示。

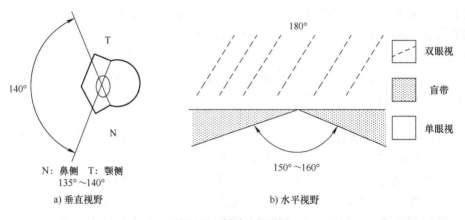

N: 鼻侧　T: 颞侧
135°~140°

a) 垂直视野

180°

- - - 双眼视
▨ 盲带
□ 单眼视

150°~160°

b) 水平视野

图 2-13　驾驶人视野图

视觉适应是人眼在不同光照环境下自动调节的过程，确保人在各种条件下都能保持较好的视力。当光线突然变化时，眼睛会通过瞳孔的收缩或扩张以及视网膜感光细胞的灵敏度变化来进行适应。暗适应指的是从光亮环境进入暗环境时，眼睛逐渐提高感光能力的过程，通常需要3~6min，甚至更长时间。而明适应则是从暗处进入光亮环境时，眼睛对光线变化的快速适应过程，通常在1min内就能适应。在明适应条件下，突然的强光刺激会暂时降低视力，这种现象称为闪光盲。闪光盲持续的时间长短通常与闪光的强度、照射位置和眼睛适应状态等因素有关。在交通安全中，驾驶人的视觉适应能力尤为重要，尤其在从光线较强的环境切换到暗处或从黑暗处过渡到明亮环境时，能够迅速地适应光线变化，保证驾驶人的反应时间和判断力，是保障道路安全的重要因素。

听觉是另一个获取交通信息的非常重要的感知通道，具有反应快速和刺激强的特点。与视觉相比，听觉的反应时间更短，通常为0.12~0.16s，而视觉反应时间则较长，通常为0.5~2.08s。因此，听觉能够在更短的时间内传递信息，使得驾驶人能够更迅速地做出反

应。此外，听觉信号通常较为强烈，尤其在交通环境中，如警报声、交通信号的提示声、其他车辆的鸣笛声等，都能提供及时且具有重要提示意义的信息。这种听觉信息的快速反应和强烈刺激有助于驾驶人及时判断周围环境，避免交通事故的发生。听觉与视觉的协同工作可以显著提升驾驶人的感知能力，提高安全驾驶的效率与精确性。

2. 交通安全心理的保障

人的安全行为是发生在一定条件下，受安全动机指使的主观努力结果。交通安全心理保障的核心问题在于如何加强人的安全意识与动机，促进按标准化作业、遵章守纪的安全行为，从而最大限度减少消极心态对安全生产的负面影响。

(1) 增强安全意识 意识是人对客观事物的认识、思维和需求等心理活动发展到更高阶段的心理沉淀，源于实践，并在实践中不断发展。意识具有自觉性和能动性，能够改变客观现实。牢固的安全意识是交通安全的重要保障，是企业全体人员对交通安全的认识、情感与态度发展到严于律己时形成的思维定式，是安全动机和行为的先决条件。增强个人的安全意识有助于实现安全自控，而提升群体安全意识则能促进安全互控和联控的实现。主要途径有：

1）坚持正面教育。通过不断的安全教育和定期培训，帮助企业员工正确理解并处理安全与效率、效益的关系，安全与国家、集体、个人之间的关系，以及安全与自控、互控、联控之间的关系，从而使安全意识的能动性得到充分激发。

2）强化三种安全管理意识。一是人本意识，人是安全生产中最具主观能动性、创造性和积极性的要素；二是长远意识，保持警觉，长治久安是安全运输的根本，不能有丝毫松懈和麻痹；三是辩证意识，虽然硬性制度、严格检查和加大奖惩力度是必要的，但更需要注重提高员工队伍的综合素质，促进安全习惯的养成。

3）通过典型示范。通过让班组成员有榜样可学，有对象可追赶，牢固树立"安全生产光荣，违章违纪可耻"的观念，激励大家自觉为安全生产做出更多贡献。

4）利用从众心理。充分发挥班组优良作风和集体荣誉的作用，加强制度和纪律的约束力，增强团队的一致性和凝聚力，形成"要我安全变成我要安全"的氛围。

(2) 激励安全动机 激励是通过精神和物质手段激发人的动机的心理过程。一个人拥有多种动机，且不同动机因其强度的差异，对行为的支配作用也不同。交通安全管理必须采取有效的激励措施，确保安全动机在职工的心中占据主导地位。

激励安全生产的目的是通过引导人员的安全需求，强化安全动机，从而促使其采取安全行为。在职工明确角色定位（如职责、任务等）和具备一定思想及业务素质的基础上，利用激励手段鼓励人员忠于职守、努力工作，并在安全生产中取得成绩，进而获得应有的奖励，从而在精神和物质上获得暂时的满足。如果因违章违纪导致事故损失并受到惩罚，人员通过总结经验教训，能够避免事故的再次发生。不论是通过暂时满足还是吸取教训，都能促使人员在面对新机遇和挑战时调整自己的行为。

随着经济和社会的不断发展，激励手段和方法呈现出多元化的趋势，主要包括奖励与惩罚、竞赛与晋升、员工参与民主管理以及对管理行为的监督等。长期的交通安全生产实践表明，将竞赛与奖励结合起来的方法是激发广大企业人员安全生产积极性的有效途径。然而，需要特别指出的是，在激励安全动机的同时，还应注意遏制不安全的动机。例如，一些员工为了省事而简化作业程序，或为逞强好胜而故意违章违纪，甚至为了逃避事故惩罚而推卸责任或隐瞒事故等。消除这些消极心态对于防患于未然也是十分重要的。

（3）提高技术业务能力 能力是一个相对稳定的心理特征，它与知识和技能密切相关。知识是人类历史经验的总结与概括，对个体而言，知识是学习的成果；而技能则是实际操作的技术，是通过训练得到的结果。知识和技能为个人能力的形成奠定基础，并推动能力的进一步发展。为了提升员工的技术业务能力，必须坚持不断地教育与实践。

1）要持续进行全员的业务知识、安全知识及安全技能教育，特别要把新职工和班组长作为培训的重点，强化非正常情况下的作业应变能力，进行系统的超前培训，严格执行"先培训、后上岗"的制度。

2）人员教育应坚持以现场需要为导向，注重实际操作和实际成效，积极改进培训的方式和方法。

3）要经常性地开展学标、对标、达标活动，按照干什么学什么的原则，组织各工种在岗职工根据作业标准进行反复学习、反复教学和反复练习，直到熟知并掌握为止。

（4）改善交通安全环境

1）交通安全的工作环境。工作环境会影响人们的心理状态，而心理状态又决定了工作中的竞技表现。良好的工作环境能让人们以饱满的热情、充沛的精力投入安全生产。如果室温不适宜、噪声超标、照明过亮或过暗，则可能导致人们感到烦躁，或者由于疲劳引发操作失误。因此，在设计和安排不同作业场所时，应考虑人的感知、注意、记忆、思维和反应能力在不同环境因素下的变化规律，特别是照明、色彩、温度、湿度、粉尘、布局等，以达到对人的心理产生积极的效果。

2）交通安全的内部社会环境。在运输生产过程中，除了工作环境，即人与自然的关系，还存在人与人之间的关系，或称人际关系，即运输系统内部的社会环境问题。不同的人际关系会引发不同的情绪体验，产生不同的安全生产效果。融洽的人际关系和良好的内部社会环境是确保交通安全的重要条件。这不仅与职工的个人修养密切相关，还取决于领导的管理行为所营造的氛围。

3. 团队合作与班组管理

（1）团队合作的意义 在现代交通安全管理中，团队合作是至关重要的。良好的团队合作不仅能够激励团队成员，还能对其起到约束作用，从而提高组织效率。在交通运输系统的各个环节，团队合作至关重要，能够确保整体工作效能的发挥，这是形成作业班组概念的原因之一。随着交通运输系统复杂性和自动化程度的不断提高，分工逐渐细化，这种趋势有助于提升其技术水平，但却可能抑制团队合作和信息交流。

交通作业涉及的知识和技能非常广泛。例如，在航空运输领域，完成起落架维修可能需要液压、电气和装配等多个专业的协作。因此，班组是为了适应这种复杂要求而建立的。一个作业班组（如航空器维修班组）包含了完成特定任务所需的各种技能，成员之间需要不断相互支持与沟通，才能有效地推动工作，激发创新思维并解决复杂的问题。

在团队合作中，小组成员之间的竞争往往能激发出积极的动力。这种竞争不仅能推动小组表现的提升，还能促使成员更加努力地发挥自己的优势。在团队中，信息沟通、领导能力、判断和决策的能力，以及应对压力的管理，都是提升工作质量和效率的重要因素。良好的团队合作能够激发成员的主观能动性和创造性，促使他们充分认识到工作的重要性和价值，进而主动参与到决策过程中。这种参与不仅能够提升工作成果，还能增强成员之间的归

属感和责任感，使团队在面对挑战时更加团结高效地完成任务。

（2）**班组管理**　在一个团队中，每个成员都有其独特的性格、经验和技能。优秀的班组能够通过分工合作和协调配合，形成多层次的安全防护系统，而不良的班组则可能因成员间的冲突和互相制约而失去整体效能。为了提高班组的工作效率和安全性，合理搭配班组成员至关重要。通过能力互补、性格匹配、经验互助、沟通协调和作风统一，可以最大限度地发挥每个成员的优势，弥补不足，从而提升班组整体的执行力和凝聚力。为加强对班组成员的合理搭配，可从以下方面入手：

1）性格、能力互补。每名成员都有自己独特的个性，包括气质、性格和处事方式。在班组中，如果每个成员的性格都过于相似，比如全是急性子或脾气暴躁，很可能会导致冲突和不和谐的氛围；而如果班组成员全部性格内向、缺乏沟通，也会导致协作困难，影响工作效率。因此，班组成员的性格应当具有互补性，通过不同性格之间的相互作用和影响，既能促进工作进展，又能避免相互干扰。合理的性格搭配有助于提高班组成员之间的默契与配合，确保团队的高效运作和氛围和谐。

不同人员在能力上各有特点，有的人理论知识扎实，能够处理复杂的理论问题；有的人则在特殊情况的处置上积累了丰富的经验，擅长应对突发事件。通过建立一个互补型的班组，可以充分发挥每个成员的优势，将他们的专业知识和经验相互融合。这样的班组不仅能够实现知识的互用，还能通过能力的互补，扬长避短，弥补个体的不足，提升班组整体效能。

2）年龄、性别互补。班组成员的年龄、性别差异不仅体现在身体状况、心理状态、工作资历和人生经历上，还表现在智力、体力、能力以及工作作用的不同。不同年龄段和性别的成员往往在工作中发挥着不同的优势。年轻成员通常精力充沛、思维敏捷，能适应新技术和新环境；中年成员则具备较强的经验积累和稳定性，能够有效应对复杂问题；而年长成员则在工作中展现出丰富的经验和高超的解决问题的能力。将老、中、青成员合理搭配形成年龄结构的班组，能充分发挥各自的优势，形成互补。

3）职位、资历、能力成梯度搭配。对于职位、资历、能力而言，有的成员高，有的成员低。当高者与低者落差相当大时，即使高者的指令不当，低者慑于高者的威望，一般不敢提出自己的主张，达不到交叉监视和检查的目的。而低者在指挥过程中，往往畏畏缩缩，没有自信心，时刻担心出错，心理压力很大。过于平坦的搭配，有可能互相挑剔，谁也不服谁，产生逆反心理，反其道而行之。不合理的梯度会使成员产生微妙的心理效应，干扰班组成员正常的交流协作。合理的匹配梯度是成员之间有一定的梯度，但不能过于陡峭或平坦，班组长应是资历和能力综合素质的最高者。

（3）**班组管理的实施**　班组管理体现了集体智慧和团队力量，是确保交通安全的重要保障。尽管个人可能会犯错，但通过组建协调默契的班组，可以有效避免和减少错误的发生。集体的力量能够弥补个人失误，从而提升整体安全性和生产效率。成员个人素质是交通安全管理的基础，也是班组资源的根本。班组建设与资源优化直接关系到交通事故率的降低和安全保障的实现。每个成员的知识、技能和经验各有差异，且在信息获取和判断情况时难免会出现偏差或失误。长时间的工作也会导致疏漏，特殊情况的处理难免出现顾此失彼的情况。因此，班组的分工合作、协调配合尤为重要。通过相互提醒、取长补短、相互弥补，班组能够最大限度地发挥整体的强大安全保障作用，确保交通安全和生产的顺利进行。

沟通是班组成员之间有效协作的基础和前提，它如同血液循环对生命体的重要性，能够确保信息在成员间的顺畅流通。沟通不仅有助于提高工作效率，还能促进团队协作与成员之间的信任与默契。在班组管理中，沟通的时效性至关重要。特别是对于需要高度协作和紧密配合的岗位，如空中交通管制、铁路行车调度等，信息的传递必须迅速且准确，以确保各方信息一致。如果沟通存在延迟或误解，可能会导致严重的安全隐患或工作失误。因此，信息的发送与接收必须同步进行，避免发生任何误差或歧义。有效的沟通不仅是信息的传递，更包括态度、情感、思想和意图的交流。

1）切忌固执己见。交通管理工作有明确的分工，其最终目标是一致的——确保交通安全。每个成员应保持开放心态，接纳他人的意见与建议。如果某些人员固执己见，拒绝他人的正确意见，不仅可能导致管理失误，还会破坏班组的团结与协作，影响整体工作效率与安全水平。

2）在交通管理过程中，面对动态变化或有疑问时，团队成员应勇于表达观点并提出建议。公开、及时、坦诚地提出来，不仅有助于大家共同讨论和分析，也能够为决策提供更多视角与参考，避免盲目操作和决策失误。

3）先接受补救措施，再追究个人失误原因。当发现安全隐患或事故苗头时，必须无条件、迅速地采取补救措施，确保不发生更大的问题。此时，不应让情绪或侥幸心理影响决策，处理问题的首要任务是稳住局面。至于追究失误原因，可以在问题解决后进行，确保安全第一。

4）不过分干涉成员力所能及的工作，多建议、少命令和指责。良好的班组管理应该鼓励成员自主发挥，尤其是在他们能够独立完成的工作时，避免过度干预。更多地给成员提供建议和指导，而非命令和指责，激励成员自主思考并提出解决方案。这样能够形成一个更加开放和透明的工作环境，有利于增强成员的责任感、积极性和创造性，同时也能促使组内的监督与配合更为高效。

2.2　事故致因理论

2.2.1　事故频发倾向论

1919 年，由格林伍德（M. Greenwood）和伍兹（H. Woods）提出"事故倾向性格"（Accident Proneness Theory）论。他们对许多工厂伤亡事故数据中的事故发生次数按不同的分布进行了统计。结果发现，工人中的某些人比其他人更容易发生事故。从这种现象出发，法默（Farmer）等人于 1939 年提出事故频发倾向概念。所谓事故频发倾向，是个人容易发生事故的、稳定的、个人的内在倾向。根据这种观点，事故频发倾向是由个人内在因素决定的，并且长时间容易发生事故的倾向不会变化。也就是说有些人的本性就是容易发生事故，具有事故频发倾向的人被称为事故频发者。

事故频发倾向论过分强调了人的个性特征在事故中的影响。关于事故频发倾向者存在与否的争议持续了半个多世纪，近年来也有许多研究结果表明，事故频发倾向者并不存在。

在交通安全研究领域，驾驶人的事故倾向也成了众多研究者关注的对象。国内学者对60 名公交车驾驶人的人格特征进行了研究，通过对事故组驾驶人与安全组驾驶人进行人格

特征的比较，发现：

1）事故组驾驶人与安全组驾驶人在五个人格特征上存在显著性差异，其中事故组驾驶人攻击性、神经质倾向较强，而持久性、协调性和共情性较差。

2）男性事故组驾驶人与安全组驾驶人在四个人格特征上存在显著性差异，其中事故组驾驶人攻击性和神经质倾向较强，但持久性和协调性较差。

3）女性事故组驾驶人与安全组驾驶人在两个人格特征上存在显著性差异，前者较后者攻击性强，但缺乏共情性。

对驾驶人事故多发倾向的研究，多数集中在驾驶人的某项心理或生理特征与事故的关系，对驾驶人中是否有事故频发倾向者还没有明确的结论。国内外对优秀驾驶人的研究发现，优秀驾驶人在智力和体力上与普通驾驶人没有多大差别，但他们热爱自己的工作，在工作单位里是可靠、忠实和勤奋的职工，在家里是忠实、可靠、节俭和谨慎的成员，无论在什么场合，都没有攻击性，总是礼让别人，具有被社会所接纳的良好人格特征。

尽管事故频发倾向论把事故的原因归因于少数事故频发倾向者的观点有较大的局限性，然而从职业适合性的角度来看，关于事故频发倾向的认识也有一定可取之处。

2.2.2 事故因果连锁论

1. 海因里希事故因果连锁

海因里希首先提出了事故因果连锁，用以阐明导致事故的各种因素之间与事故、伤害之间的关系。该理论认为，伤害事故的发生不是一个孤立的事件，尽管伤害可能发生在某个瞬间，却是一系列互为因果的原因事件相继发生的结果。海因里希把工业伤害事故的发生、发展过程描述为具有一定因果关系的事件的连锁，即

1）人员伤亡的发生是事故的结果。

2）事故的发生是由于人的不安全行为或物的不安全状态造成的。

3）人的不安全行为或物的不安全状态是由于人的缺点造成的。

4）人的缺点是由于不良环境诱发的，或者是由先天的遗传因素造成的。

海因里希最初提出的事故因果连锁过程包括如下五个因素：

（1）遗传及社会环境 遗传因素及社会环境是造成人性格缺点的原因。遗传因素可能造成鲁莽、固执等不良性格；社会环境可能妨碍教育，助长性格上缺点的发展。

（2）人的缺点 人的缺点是使人产生不安全行为或造成机械、物质不安全状态的原因，包括鲁莽、固执、过激、神经质、轻率等性格上先天的缺点，以及缺乏安全生产知识和技能等后天的缺点。

（3）人的不安全行为或物的不安全状态 所谓人的不安全行为或物的不安全状态是指那些曾经引起过事故或可能引起事故的人的行为或机械、物质的状态，这是造成事故的直接原因。

（4）事故 事故是由于物体、物质、人或放射线的作用或反作用，使人员受到伤害或可能受到伤害的、意料之外的、失去控制的事件。坠落、物体打击等能使人员受到伤害的事件是典型的事故。

（5）伤害 伤害是直接由于事故产生的人身伤害。人们用多米诺骨牌来形象地描述事故因果连锁关系，得到如图2-14所示的海因里希事故因果连锁。在多米诺骨牌系列中，一

颗骨牌被碰倒了，则将发生连锁反应，其余的几颗骨牌相继被碰倒。如果移去连锁中的一块骨牌，则连锁被破坏，事故过程被中止。海因里希认为，企业事故预防工作的中心就是防止人的不安全行为，消除机械的或物质的不安全状态，中断事故连锁的进程而避免事故的发生。

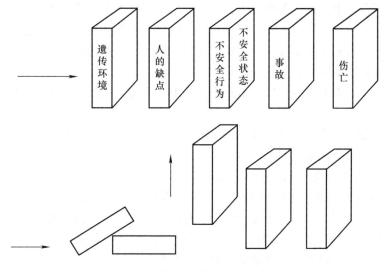

图 2-14　海因里希事故因果连锁

海因里希的因果连锁理论认为，事故发生的直接原因是人的不安全行为和物的不安全状态，而这又是一系列间接原因和基础原因连续作用的后果，用变化的观点认识了事故演化的过程，强调了事故的因果关系，能够很好地揭示事故的本质特征。但是他将事故的基础原因归结为遗传和环境因素，强调以先天性格缺陷等人的缺点作为事故基点，具有时代的局限性，是不可取的。

2. 博德的事故因果连锁

在海因里希的事故因果连锁中，把遗传和社会环境看作事故的根本原因，表现出其时代的局限性。尽管遗传因素和成长的社会环境对人员的行为有一定的影响，却不是影响人员行为的主要因素。在企业中，如果管理者能够充分发挥管理机能中的控制机能，则可以有效地控制人的不安全行为、物的不安全状态。博德在海因里希事故因果连锁的基础上，提出了反映现代安全观点的事故因果连锁，如图 2-15 所示。

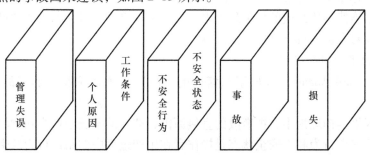

图 2-15　博德的事故因果连锁

（1）**本质原因——管理失误**　事故因果连锁中一个最重要的因素是安全管理。安全管理者应该懂得管理的基本理论和原则。控制是管理机能（计划、组织、指导、协调及控制）中的一种机能。安全管理中的控制是指损失控制，包括对人的不安全行为、物的不安全状态的控制。控制是安全管理工作的核心。

大多数生产企业中，由于各种原因，完全依靠工程技术上的改进来预防事故既不经济也不现实。只有专门的安全管理工作，经过较长期的努力才能防止事故的发生。管理者必须认识到，只要生产没有实现高度安全化，就有发生事故及伤害的可能性，因而其安全活动中必须有包含针对事故连锁所有要因的控制对策。

管理系统总是随着生产的发展而不断变化。由于管理上的欠缺，才导致事故基本原因的出现。

（2）**基本原因——个人及工作条件原因**　为了从根本上预防事故，必须查明事故的基本原因，并针对查明的基本原因采取对策。基本原因包括个人原因及与工作有关的原因。

1）个人原因包括缺乏知识或技能，动机不正确，身体或精神问题。

2）与工作有关的原因包括操作规程不合适，设备、材料不合格，通常的磨损及异常的使用方法等，以及温度、压力、湿度、粉尘、有毒有害气体、蒸汽；通风、噪声、照明、周围的状况（容易滑倒的地面、障碍物、不可靠的支持物、有危险的物体）等环境因素。

只有找出这些基本原因才能有效地控制事故的发生。

（3）**直接原因——不安全行为和不安全状态**　不安全行为或不安全状态是事故的直接原因，必须追究其原因。但是，直接原因不过是深层原因的征兆，是一种表面的现象。一方面，在实际工作中，如果只抓住了作为表面现象的直接原因而不追究其背后隐藏的深层原因，就永远不能从根本上杜绝事故的发生。另一方面，安全管理人员应该能够预测及发现这些作为管理缺陷征兆的直接原因，采取恰当的改善措施；同时，为了在经济上可能及实际可能的情况下采取长期的控制对策，必须努力找出其直接原因。

（4）**事故**　从实用的目的出发，往往把事故定义为最终导致人员损伤、死亡、财物损失的不希望事件。但是，越来越多的安全专业人员从能量的观点把事故看作是人体、结构物或设备与超过其阈值的能量接触，或人体与妨碍正常生理机能的有害物质接触。因此，防止事故就是阻断此类接触。具体措施包括：通过工程技术改进装置、材料及设施防止能量意外释放，通过培训提高人员风险辨识与应急处置能力；通过工程控制（如能量隔离）、行政管理（如作业审批）及个体防护装备等多层级手段实现全面防护。

（5）**损失**　事故后果包括人员伤害和财物损坏，二者统称为损失。在许多情况下，可以采取恰当的措施使事故造成的损失最大限度地减少。例如，对受伤人员的迅速抢救，对设备进行抢修以及对人员进行日常应急演练等。

3. 亚当斯的事故因果连锁

亚当斯（Edward Adams）提出了与博德的事故因果连锁论类似的事故因果连锁模型（表2-4）。

在亚当斯因果连锁理论中，把事故的直接原因，即人的不安全行为和物的不安全状态称作现场失误。不安全行为和不安全状态是操作者在生产过程中的错误行为及生产条件方面的问题，采用现场失误这一术语，其主要目的在于提醒企业人员注意不安全行为及不安全状态的性质。

表2-4 亚当斯事故因果连锁论

管理体制	管理失误		现场失误	事故	伤害或损坏
目标	领导者在下述方面决策错误或没做决策	安全技术人员在下述方面管理失误或疏忽	不安全行为		伤害
组织	政策 目标 权威 责任 职责	行为 责任 权限范围 规则 指导	不安全状态	事故	损坏
机能	考核 权限授予	主动性 积极性 业务活动			

亚当斯连锁论的核心在于对现场失误的背后原因进行了深入的研究。操作者的不安全行为及生产作业中的不安全状态等现场失误，是由于企业领导者及事故预防工作人员的管理失误造成的。管理人员在管理工作中的差错或疏忽，企业领导人决策错误或没有及时做出决策等失误，对企业经营管理及事故预防工作具有决定性的影响。管理失误反映企业管理系统中的问题，它涉及管理体制，即如何有组织地进行管理工作、确定怎样的管理目标，如何计划、实现确定的目标等问题。

4. 北川彻三事故因果连锁

上述事故因果连锁模型把考察的范围局限在企业内部，用以指导企业的事故预防工作。实际上，工业伤害事故发生的原因是很复杂的。企业是社会的一部分，还包括一个国家、一个地区的政治、经济、文化、科技发展水平等诸多社会因素，对企业内部伤害事故的发生和预防有着重要的影响。

日本的北川彻三正是基于这种考虑，对海因里希的理论进行了一定的修正，提出了另一种事故因果连锁论，见表2-5。

表2-5 北川彻三事故因果连锁论

基本原因	间接原因	直接原因		
管理原因 学校教育原因 社会历史原因	技术原因 教育原因 身体原因 精神原因	不安全行为 不安全状态	事故	伤害

日本广泛采用北川彻三的事故因果连锁论作为指导事故预防工作的基本理论。北川彻三从四个方面探讨事故发生的间接原因：

1）技术原因。机械、装置、建筑物等的设计、建造、维护等技术方面的缺陷。

2）教育原因。由于缺乏安全知识及操作经验，不知道、轻视操作过程中的危险性和安全操作方法，或操作不熟练、习惯操作等。

3）身体原因。身体状态不佳，如头痛、昏迷、癫痫等疾病，或近视、耳聋等生理缺陷，或疲劳、睡眠不足等。

4）精神原因。消极、抵触、不满等不良态度，焦躁、紧张、恐怖、偏激等精神不安定，狭隘、顽固等不良性格，以及智力缺陷等。

在工业伤害事故的上述原因中，前两种原因经常出现，后两种原因相对较少出现。

北川彻三认为，事故的基本原因包括下述三个方面的原因：

1）管理原因。企业领导者不够重视安全，作业标准不明确，维修保养制度方面有缺陷，人员安排不当，职工积极性不高等管理上的缺陷。

2）学校教育原因。小学、中学、大学等教育机构的安全教育不充分。

3）社会历史原因。社会安全观念落后，工业发展到一定阶段，安全法规、安全管理、监督机构不完备等。

在上述原因中，管理原因可以由企业内部解决，后两种原因需要全社会的共同努力才能解决。

海因里希理论确立了事故致因的事件链概念，开创性地用骨牌形象直观地描述了事故发生的因果关系，同时提出了抽除一副骨牌，即可破除事故链而达到防止事故发生的思路。尽管这一理论没有摆脱将事故归因于人的遗传因素的历史局限，但其指出的分析事故应从事故现象入手，逐步深入各层次中去的简明道理，十分具有吸引力，使这一理论成为事故研究科学化的先导，具有重要的历史地位，并在实践中得到广泛应用。

随后的几种事故致因理论在不同程度上对海因里希的事故因果连锁论的缺陷和不足进行了补充。海因里希认为事故的根本原因是人的遗传因素，博德认为事故的根本原因是管理失误，即管理方面的控制不足。亚当斯则进一步研究了管理失误的个人因素和组织因素。这使事故的归因研究从追究个人原因和责任转向对组织中管理体制缺陷的探索，使这一因果链模型得到进一步发展。在北川彻三的因果连锁论中，基本原因中的各个因素，已经不完全局限于企业安全工作的范围。充分认识这些基本原因因素，对综合利用可能的科学技术、管理手段来改善间接原因因素，达到预防伤害事故发生的目的，是十分重要的。

2.2.3 能量意外释放论

人类社会的发展就是不断地开发和利用能量的过程，但能量也是对人体造成伤害的根源，没有能量就没有事故，没有能量就没有伤害。20世纪60年代，吉布森（Gibson）、哈登（Haddon）等人提出了解释事故发生物理本质的能量意外释放论。其基本观点是：事故是一种能量的不正常或不期望的释放。

能量按其形式可分为动能、势能、热能、电能、化学能、原子能、辐射能（包括离子辐射和非离子辐射）、声能和生物能等。人受到伤害都可归结为上述一种或若干种能量的不正常或不期望的转移。在能量意外释放论中，把能量引起的伤害分为两大类。

1）第一类伤害是由于施加了超过局部或全身性损伤阈值的能量而产生的。人体各部分对每一种能量都有一个损伤阈值。当施加于人体的能量超过该阈值时，就会对人体造成损伤。大多数伤害均属于此类伤害。例如，在工业生产中，一般都以36V为安全电压。即在正常情况下，当人与电源接触时，由于36V在人体所承受的损伤阈值之内，就不会造成伤害或伤害极其轻微；而由于220V电压远超过人体的损伤阈值，与其接触，轻则灼伤或某些功能暂时性损伤，重则造成终身伤残甚至死亡。

2）第二类伤害则是由于影响局部或全身性能量交换引起的。譬如因机械因素或化学因素引起的窒息（如溺水、一氧化碳中毒等）。

能量意外释放论的另一个重要概念是：在一定条件下，某种形式的能量能否造成伤害及事故，主要取决于人所接触的能量的大小，接触的时间长短和频率，力的集中程度，受伤害的部位及屏障设置的早晚等。

能量意外释放论阐明了伤害事故发生的物理本质，指明了防止伤害事故就是防止能量意外释放，防止人体接触能量。根据这种理论，人们要经常注意生产过程中能量的流动、转换以及不同形式能量的相互作用，防止发生能量的意外释放或逸出。用能量转移的观点分析事故致因的基本方法是：首先确认某个系统内的所有能量源，然后确定可能遭受该能量伤害的人员及伤害的可能严重程度；进而确定控制该类能量不正常或不期望转移的方法。

能量意外释放论与其他事故致因理论相比，具有两个主要优点：一是把各种能量对人体的伤害归结为伤亡事故的直接原因，从而决定了以对能量源及能量输送装置加以控制作为防止或减少伤害发生的最佳手段；二是依照该理论建立对伤亡事故的统计分类，可以全面概括、阐明伤亡事故类型和性质。

能量转移论的不足之处是：由于机械能（动能和势能）是工业伤害的主要能量形式，因而使得按能量转移的观点对伤亡事故进行统计分类的方法尽管具有理论上的优越性，在实际应用上却存在困难。其实际应用尚有待于对机械能的分类做更为深入细致的研究，以便对机械能造成的伤害进行分类。

从能量意外释放论出发，预防伤害事故就是防止能量或危险物质的意外释放，防止人体与过量的能量或危险物质接触。约束、限制能量，防止人体与能量接触的措施叫作屏蔽。这是一种广义的屏蔽。在工业生产中经常采用防止能量意外释放的屏蔽措施主要有以下几种：

1）用安全的能源代替不安全的能源。有时被利用的能源具有的危险性较高，这时可考虑用较安全的能源取代。例如，在容易发生触电的作业场所，用压缩空气动力代替电力，可以防止发生触电事故。但是应该注意，绝对安全的事物是没有的，以压缩空气做动力虽然避免了触电事故，但压缩空气管路破裂、脱落的软管抽打等都带来了新的危害。

2）限制能量。在生产工艺中尽量采用低能量的工艺或设备，这样即使发生意外的能量释放，也不致发生严重的伤害。例如，利用低电压设备防止电击，限制设备运转速度以防止机械伤害等。

3）防止能量蓄积。能量的大量蓄积会导致能量突然释放，因此，要及时释放多余的能量，防止能量蓄积。例如，通过接地消除静电蓄积，利用避雷针放电保护重要设施等。

4）缓慢地释放能量。缓慢地释放能量可以降低单位时间内释放的能量，减轻能量对人体的作用。例如，各种减振装置可以吸收冲击能量，防止人员受到伤害。

5）设置屏蔽设施。屏蔽设施是一些防止人员与能量接触的物理实体，即狭义的屏蔽。屏蔽设施可以被设置在能源上（例如安装在机械传动部分外面的防护罩），也可以被设置在人员与能源之间（例如安全围栏等）。人员佩戴的个体防护用品，可被看作是设置在人员身上的屏蔽设施。

6）在时间或空间上把能量与人隔离。在生产过程中也有两种或两种以上的能量相互作用引起事故的情况。例如，一台吊车移动的机械能作用于化工装置，使化工装置破裂导致有毒物质泄漏，引起人员中毒。针对两种能量相互作用的情况，可考虑设置两组屏蔽设施：一组设置于两种能量之间，防止能量间的相互作用；一组设置于能量与人之间，防止能量波及人体。

7）信息形式的屏蔽。各种警告措施等信息形式的屏蔽，可以阻止人员的不安全行为或避免发生行为失误，防止人员接触能量。

根据可能发生意外释放的能量的大小，可以设置单一屏蔽或多重屏蔽，并且应该尽早设置屏蔽，做到防患于未然。从能量的观点出发，按能量与被害者之间的关系，可以把伤害事故分为三种类型，相应地，应采取不同的预防伤害措施：

1）能量在规定的能量流通渠道中流动，人员意外地进入能量流通渠道而受到伤害。设置防护装置等屏蔽设施防止人员进入，可以避免此类事故。警告、劝阻等信息形式的屏蔽可以约束人的行为。

2）在与被害者无关的情况下，能量意外地从原来的渠道里逸脱出来，开辟新的流通渠道使人员受伤害。按事故发生时间与伤害发生时间之间的关系，又可分为两种情况：①事故发生的瞬间人员即受到伤害，甚至受害者尚不知发生了什么就遭受了伤害。这种情况下，人员没有时间采取措施避免伤害。为了防止伤害，必须全力以赴地控制能量，避免事故的发生。②事故发生后人员有时间躲避能量的作用，可以采取恰当的对策防止受到伤害。例如，在发生火灾、有毒有害物质泄漏的场合，远离事故现场的人们可以采取隔离、撤退或避难等行动，避免遭受伤害。这种情况下人员行为正确与否往往决定他们的生死存亡。

3）能量意外地越过原有的屏蔽而开辟新的流通渠道；同时被害者误进入新开通的能量渠道而受到伤害。这种情况实际上较少发生。

2.2.4 瑟利模型

瑟利模型是在1969年由美国人瑟利（J. Surry）提出的，是一个典型的根据人的认知过程分析事故致因的理论。

该模型把事故的发生过程分为危险构成（指形成潜在危险）和危险显现（指危险由潜在状态变为现实状态）两个阶段，每个阶段都包含一组类似心理-生理成分，即对事件信息的感觉、认识和行为响应的过程。

1）在危险构成阶段，如果人信息处理的每个环节都正确，危险就能被消除或得到控制；反之，只要任何环节出现问题，就会使操作者直接面临危险。

2）在危险显现阶段，如果人信息处理过程的各个环节都是正确的，尽管面临着已经显现出来的危险，仍然可以避免危险释放，不会带来伤害或损害；反之，危险就会转化成伤害或损害。

瑟利模型如图2-16所示。

由图2-16中可以看出，两个阶段具有相类似的信息处理过程，每个过程均可分解为6个问题。

1）问题1：对危险的出现有警告吗？这里的警告是指工作环境中对安全状态与危险状态之间差异的指示。任何危险的出现或释放都伴随着某种变化，只是有些变化易于察觉，有些则不然。而只有使人感觉到这种变化或差异，才有避免或控制事故的可能。

2）问题2：感觉到了这个警告吗？问的是如果环境中有警告信号，能否被操作者察觉到。这个问题有两方面含义：一是人的感觉能力（如视力、听力、动觉性）如何，如果人的感觉能力差，或者过度集中精力于工作，那么即使客观有警告信号，也可能未被察觉；二是

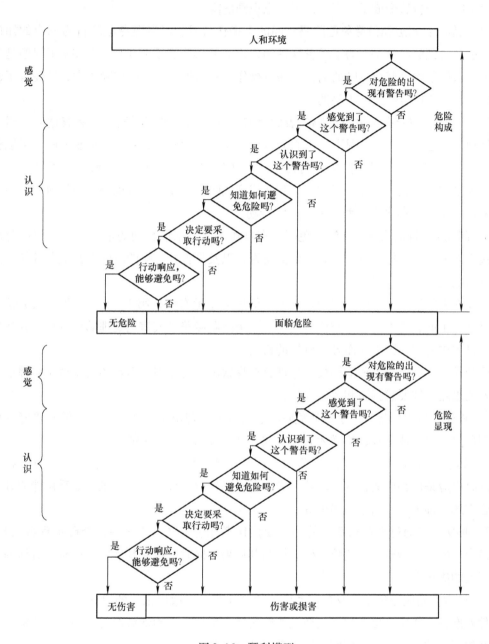

图2-16 瑟利模型

"干扰"（环境中影响人感知危险信号的各种因素，如噪声等）的影响如何，如果干扰严重，则可能妨碍对危险线索的发现。由此得到的启示是，如果存在上述情况，则应安装便于操作者发现危险信号的仪器（譬如能将危险信号加以放大的仪器）。

3）问题3：认识到了这个警告吗？问的是操作者是否知道危险线索都是什么，并且知道每个线索都意味着什么危险。即操作者是否能接收客观存在的危险信号（一声尖叫，一

种运动，或者常见的物体不见了，对操作者而言都可能是一种已知的或未知的危险信号），在经过大脑的分析后变成了主观的认识，意识到危险。

4）问题4：知道如何避免危险吗？问的是操作者是否具备避免危险行为响应的知识和技能。由此得到的启示是，为了具备这种知识，应使操作者受到训练。第3~4问题是紧密相连的。认识危险是避免危险的前提，如果操作者不认识、不理解危险线索，即使有了避免危险的知识和技能也是无济于事的。

5）问题5：决定要采取行动吗？表面上看，这个问题毋庸置疑，既然有危险，当然要采取行动。但是，在实际情况下，人们的行动是受各种动机中的主导动机驱使的，采取行动回避风险的"避险"动机往往与"趋利"动机（如省时、省力、多挣钱、享乐等）交织在一起。当趋利动机成为主导动机时，尽管认识到危险的存在，并且也知道如何避免危险，但操作者仍然会"心存侥幸"而不采取避险行动。

6）问题6：行动响应，能够避免吗？在操作者决定采取行动的情况下，能否避免危险则取决于人采取行动的迅速、正确、敏捷与否，以及是否有足够的时间等其他条件使人能做出的行为响应有关。

上述6个问题中，前两个问题均与人对信息的感觉有关，第3~5个问题与人的认识有关，最后一个问题与人的行为响应有关。这6个问题涵盖了人信息处理的全过程，并且反映了在此过程中有很多因失误而导致事故的机会。

瑟利模型不仅分析了危险构成、呈现直至导致事故的原因，而且还为事故预防提供了一个良好的思路。即要想预防和控制事故：

1）首先，应采用技术的手段使危险状态充分地显现出来，使操作者能够有更好的机会感觉到危险的出现或释放，这样才有预防或控制事故的条件和可能。

2）其次，应通过培训和教育的手段，提高人感觉危险信号的敏感性，包括抗干扰能力等，同时也应采用相应的技术手段帮助操作者正确地感知危险状态信息，如采用能避开干扰的警告方式或加大警告信号的强度等。

3）再次，应通过教育和培训的手段使操作者在感觉到警告之后，准确地理解其含义，并知道应采取何种措施避免危险发生或控制其后果。同时，在此基础上，结合各方面的因素做出正确的决策。

4）最后，则应通过系统及其辅助设施的设计使人在做出正确的决策后，有足够的时间和条件做准备，并通过培训的手段使人能够迅速、敏捷、正确地做出行为响应。这样，事故就会在相当大的程度上得到控制，取得良好的预防效果。

2.2.5 安德森模型

瑟利模型实际上研究的是在客观已经存在潜在危险（存在于机械的运行和环境中）的情况下，人与危险之间的相互关系、反馈和调整控制的问题。然而，瑟利模型没有探究何以会产生潜在危险，没有涉及机械及其周围环境的运行过程。安德森等人曾在分析60起工业事故中应用瑟利模型，发现了上述问题，从而对其进行了扩展，形成了安德森模型。该模型是在瑟利模型之上增加了一组问题，所涉及的是：危险线索的来源及可察觉性，运行系统内的波动（机械运行过程及环境状况的不稳定性），以及控制或减少这些波动使之与人（操作者）的行为的波动相一致，如图2-17所示。

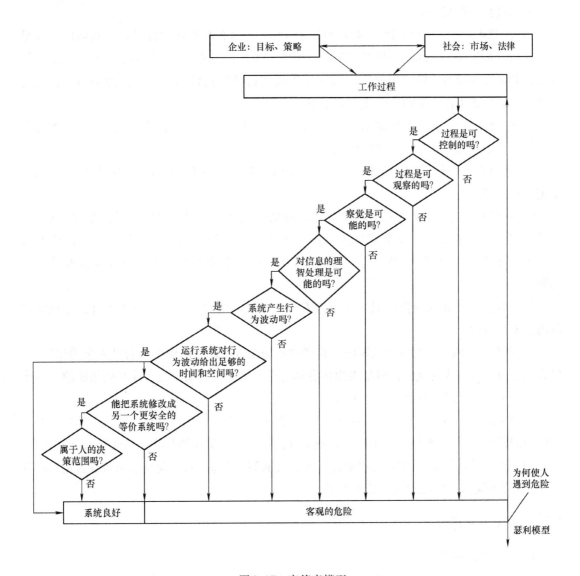

图2-17　安德森模型

企业生存于社会中，其经营目标和策略等都要受到市场、法律、国家政策等的制约，所有这些都会从宏观上对企业的安全状况产生影响。安德森模型对工作过程提出的8个问题分别是：

1）问题1：过程是可控制的吗？即不可控制的过程（如闪电）所带来的危险无法避免，此模型所讨论的是可以控制的工作过程。

2）问题 2：过程是可观察的吗？指的是依靠人的感官或借助于仪表设备能否观察了解工作过程。

3）问题 3：察觉是可能的吗？指的是工作环境中的噪声、照明不良、栅栏等是否会妨碍对工作过程的观察了解。

4）问题 4：对信息的理智处理是可能的吗？此问题有两方面的含义：一是问操作者是否知道系统是怎样工作的，如果系统工作不正常，他是否能感觉、认识到；二是问系统运行给操作者带来的疲劳、精神压力（如长期处于高度精神紧张状态）以及注意力减弱，是否会妨碍其对系统工作状况的准确观察和了解。

上述问题的含义与瑟利模型第一阶段问题的含义有类似的地方，所不同的是，安德森模型是针对整个系统，而瑟利模型仅仅是针对具体的危险线索。

5）问题 5：系统产生行为波动吗？问的是操作者的行为响应的不稳定性如何，有无不稳定性？有多大？

6）问题 6：运行系统对行为波动给出足够的时间和空间吗？问的是运行系统（机械、环境）是否有足够的时间和空间以适应操作者行为的不稳定性。如果是，则可以认为运行系统是安全的（图 2-17 中跳过问题 7、8，直接指向系统良好），否则就转入下一个问题。

7）问题 7：能把系统修改成另一个更安全的等价系统吗？以适应操作者行为在预期范围内的不稳定性。

8）问题 8：属于人的决策范围吗？指修改系统是否可以由操作者和管理人员做出决定。尽管系统可以被改为安全的，但如果操作者和管理人员无权改动，或者涉及政策法律，不属于人的决策范围，那么修改系统也不可能。

对模型的每个问题，如果回答肯定，则能保证系统安全可靠（图 2-17 中沿斜线前进）；如果对问题 1～4、7、8 做出否定回答，则会导致系统产生潜在的危险，从而转入瑟利模型。对问题 5 如果回答否定，则跨过问题 6、7 而直接回答问题 8。对问题 6 如果回答否定，则要进一步回答问题 7，才能继续系统地发展。

2.2.6 动态变化理论

1. 变化-失误理论

变化-失误理论又称变化分析方法，是由约翰逊在对管理疏忽与危险树（MORT）的研究中提出并贯穿其理论之中的。其主要观点是：运行系统中与能量和失误相对应的变化是事故发生的根本原因。没有变化就没有事故。人们能感觉到变化的存在，也能采用一些基本的反馈方法去探测有可能引起事故的变化。而且对变化的敏感程度，也是衡量各级企业领导和专业安全人员安全管理水平的重要标志。

当然，必须指出的是，并非所有的变化均能导致事故，关键在于人们是否能够适应客观情况的变化。一方面，在众多的变化中，只有极少数的变化会引起人的失误，而众多由变化引起的人的失误中，又只有极少数的一部分失误会导致事故的发生。另一方面，并非所有主观上有着良好动机而人为造成的变化都会产生较好的效果。如果不断地调整管理体制和机构，使人难以适应新的变化进而产生失误，必将会事与愿违、事倍功半，甚至造成重大损失。

在变化-失误理论的基础上，约翰逊提出了变化分析的方法。即以现有的、已知的系统为基础，研究所有计划中和实际存在的变化的性质，分析每个变化单独地和若干个变化相结合对系统产生的影响，并据此提出相应的防止不良变化的措施。

应用变化分析方法主要有两种情况：一是当观察到系统发生的变化时，探求这种变化是否会产生不良后果，如果是，则寻找产生这种变化的原因，进而采取相应的措施；另一种情况则是当观察到某些不良后果后，先探求是哪些变化导致了这种后果的产生，进而寻找产生这种变化的原因，采取相应的措施。

在变化分析中，应考虑的变化类型很多，常见的变化有以下9类：

1）计划的变化和未计划的变化。前者是预料之中的，后者则需要采用某种手段进行探测和分析。

2）实际的变化和潜在的变化。实际的变化是通过观察或探测得到的，而潜在的变化则要通过分析才能发现。

3）时间的变化。这是指某些过程，如化学反应因超时或少时而可能产生的变化。

4）技术的变化。新设备、新工艺的引进，特别是那些复杂或危险性大的工艺、设备、产品或原材料等引起的变化。

5）人的变化。这种变化包括许多方面，但主要影响人执行工作的能力。

6）社会的变化。其包括的范围很广，主要指那些与人紧密相关的变化。

7）组织的变化。由于人员调动，机构改变引起的变化。

8）操作的变化。在生产过程、操作方式方面的变化。

9）宏观的变化和微观的变化。前者指系统整体的某些变化，如企业招收新工人等，后者指某一特殊事件的变化。

应用变化的观点进行事故分析时，可由下列因素的现在状态、以前状态的差异来发现变化：

1）对象物、防护装置、能量等。

2）人员。

3）任务、目标、程序等。

4）工作条件、环境、时间安排等。

5）管理工作、监督检查等。

约翰逊认为，事故的发生往往是多重原因造成的，包含着一系列的变化-失误连锁。例如，企业领导者的失误、计划者的失误、监督者的失误及操作者的失误等，如图2-18所示。

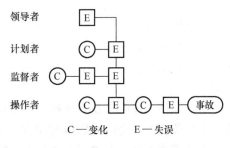

图2-18 变化-失误连锁示意图

2. P 理论

本尼尔（Benner）认为，事故过程包含着一组相继发生的事件。所谓事件是指生产活动中某种发生了的事物；是一次瞬间的或重大的情况变化，一次已经避免了或已经导致了另一事件发生的偶然事件。因而，可以把生产活动看作是一组自觉地或不自觉地指向某种预期的或非预期的结果相继出现的事件，其包含生产系统元素间的相互作用和受变化着的外界的影响。这些相继事件组成的生产活动是在一种自动调节的动态平衡中进行的，在事件的稳定运动中向预期的结果方向发展。

事件的发生一定是某人或某物引起的，如果把引起事件的人或物称为"行为者"，而其动作或运动称为"行为"，则可以用行为者和行为者的行为来描述一个事件。在生产活动中，如果行为者的行为得当，则可以维持事件过程稳定地进行；否则，可能中断生产，甚至造成伤害事故。

生产系统的外界影响是经常变化的，可能偏离正常的或预期的情况，这里称外界影响的变化为扰动（Perturbation）。扰动将作用于行为者。产生扰动的事件称为开始事件。当行为者能够适应不超过其承受能力的扰动时，生产活动可以维持动态平衡而不发生事故。如果其中的一个行为者不能适应这种扰动，则自动动态平衡过程被破坏，开始一个新的事件过程，即事故过程。该事件过程可能使某一行为者承受不了过量的能量而发生伤害或损害；这些伤害或损坏事件可能依次引起其他变化或能量释放，作用于下一个行为者，使下一个行为者承受过量的能量，发生伤害或损坏。当然，如果行为者能够承受冲击而不发生伤害或损坏，则事件过程将继续进行。

综上所述，可以把事故看作是由相继事件过程中的扰动开始，以伤害或损坏为结束的过程。这种对事故的解释称作"P 理论"。

2.2.7 轨迹交叉论

海因里希曾经调查了美国的 75000 起工业伤害事故，发现占总数 98% 的事故是可以预防的，只有 2% 的事故超出人的能力，是不可预防的；在可预防的工业伤害事故中，以人的不安全行为为主要原因的事故占 88%，以物的不安全状态为主要原因的事故占 10%。根据海因里希的研究，事故的主要原因或者是由于人的不安全行为或者是由于物的不安全状态，没有一起事故是由于人的不安全行为及物的不安全状态共同引起的。于是，他得出结论：几乎所有的工业伤害事故都是由于人的不安全行为造成的。

后来，这种观点受到了许多研究者的批判。根据日本的统计资料，1969 年机械制造业休工 8 天（8d）以上的伤害事故中，96% 的事故与人的不安全行为有关，91% 的事故与物的不安全状态有关；1977 年机械制造业休工 4 天（4d）以上的 104638 起伤害事故中，与人的不安全行为无关的只占 5.5%，与物的不安全状态无关的只占 16.5%。这些统计数字表明，大多数工业伤害事故的发生，既是由于人的不安全行为，也是由于物的不安全状态造成的。

对人和物两种因素在事故致因中地位认识的变化，一方面是由于生产技术进步，生产装置、生产条件不安全的问题越发引起了人们的重视；另一方面是人们对人的因素研究的深入，能够正确地区分人的不安全行为和物的不安全状态。正如约翰逊指出的，判断到底是不安全行为还是不安全状态，受到研究者主观因素的影响，取决于他对问题认识的深刻程度。

许多人由于缺乏有关人失误方面的知识，把由于人失误造成的不安全状态看作是不安全行为。

现在，越来越多的人认识到，一起工业伤害事故之所以能够发生，除了人的不安全行为，一定存在着某种不安全条件。斯奇巴（Skiba）指出，生产操作人员与机械设备两种因素都对事故的发生有影响，并且机械设备的危险状态对事故发生的影响更大些。他认为，只有当两种因素同时出现时，才能发生事故。

反映这种认识的理论称作轨迹交叉论。该理论认为，在事故发展进程中，人与物的因素运动轨迹的交点，就是事故发生的时间和空间。即，人的不安全行为和物的不安全状态发生于同一时间、同一空间，或者说人的不安全行为与物的不安全状态相遇，则将在此时间、空间发生事故，如图2-19所示。

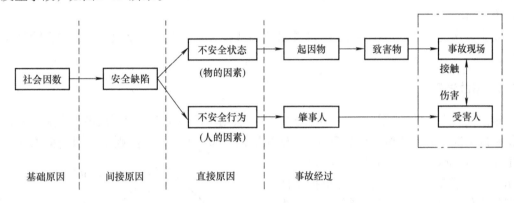

图 2-19　轨迹交叉论

值得注意的是，许多情况下人的因素与物的因素又互为因果。例如，有时物的不安全状态诱发了人的不安全行为，而人的不安全行为又促进了物的不安全状态的发展，或导致了新的不安全状态出现。因而，实际的事故并非简单地按照上述的人、物两条轨迹进行，而是呈现非常复杂的因果关系。轨迹交叉论作为一种事故致因理论，强调人的因素、物的因素在事故致因中占有同样重要的地位。按照该理论，可以通过避免人与物两种因素运动轨迹交叉，即避免人的不安全行为和物的不安全状态同时、同地出现，来预防事故的发生。

根据轨迹交叉论的观点，消除人的不安全行为可以避免事故。但是应该注意到，人与机械设备不同，机器在人们规定的约束条件下运转，自由度较少；而人的行为受各自思想的支配，有较大的行为自由性。这种行为自由性一方面使人具有做好安全生产的能动性，另一方面也可能使人的行为偏离预定的目标，发生不安全行为。由于人的行为受到许多因素的影响，控制人的行为是一件十分困难的工作。

消除物的不安全状态也可以避免事故。通过改进生产工艺、设置有效安全防护装置，根除生产过程中的危险条件，即使人员产生了不安全行为也不致酿成事故。在安全工程中，把机械设备、物理环境等生产条件的安全称作本质安全，在所有的安全措施中首先应该考虑的是实现生产过程、生产条件的本质安全。但是，受实际技术、经济等客观条件的限制，完全杜绝生产过程中的危险因素几乎是不可能的，只能通过努力减少、控制不安全因素，使事故不容易发生。

为了有效地防止事故发生，必须同时采取措施消除人的不安全行为和物的不安全状态。

2.3 事故预防理论

如同一切事物一样，事故也有其发生、发展过程，因而是可以预防的。事故的发展可归纳为三个阶段：孕育阶段，生长阶段和损失阶段。

1）孕育阶段是事故发生的最初阶段，此时事故处于无形阶段，人们可以感觉到他的存在，而不能指出他的具体形式。

2）生长阶段是由于基础原因的存在，出现管理缺陷，不安全状态和不安全行为得以发生，构成生产中事故隐患的阶段，此时，事故处于萌芽状态，人们可以具体指出他的存在。

3）损失阶段是生产中的危险因素被某些偶然事件触发而发生事故，造成人员伤亡和经济损失的阶段。

安全工作的目的，是要避免因发生事故而造成损失，因此要将事故消灭在孕育阶段和生长阶段。

2.3.1 事故法则

事故法则即事故的统计规律，又称1:29:300法则。即在每330起事故中，会造成死亡或重伤事故1次，轻伤或微伤事故29次，无伤害事故300次。这一法则是美国安全工程师海因里希（Heinrich）统计分析了55万起工业伤害事故后提出的。人们经常根据事故法则的比例关系绘制成三角形图，称为事故三角形，如图2-20所示。

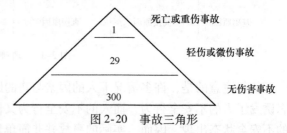

图2-20　事故三角形

事故法则告诉人们，要消除1次死亡或重伤事故以及29次轻伤或微伤事故，必须首先消除300次无伤害事故。也就是说，防止灾害的关键，不在于防止伤害，而是要从根本上防止事故。所以，安全工作必须从基础抓起，如果基础安全工作做得不好，小事故不断，就很难避免大事故的发生。

需要强调的是，上述事故法则是从一般事故统计中得出的规律，其绝对数字不一定适用交通安全事故。为进行交通安全事故的预测和评价工作，有必要对安全事故的事故法则进行研究。

2.3.2 事故预防原则

事故有其固有规律，除了人类无法控制的自然因素造成的事故（如地震、洪水、泥石流等），在人类生产和生活中所发生的各种事故都是可以预防的。事故的预防工作应该从技术、组织管理、安全教育方面考虑，应当遵循的基本原则如下。

1. 技术原则

在生产过程中，客观上存在的隐患是事故发生的前提。因此，要预防事故的发生，就需要针对隐患采取有效的技术措施进行治理。在采取有效技术措施进行治理的过程中，应当遵循的基本原则如下。

1）消除潜在危险原则。即从本质上消除事故隐患，其基本做法是，以新的系统、技术和工艺代替旧的不安全的系统和工艺，从根本上消除事故发生的可能性。例如，用不可燃材料代替可燃材料，改进机器设备、消除人体操作对象和作业环境的危险因素，消除噪声、尘毒对工人的影响等，从而最大可能地保证生产过程的安全。

2）降低潜在危险严重度的原则。即在无法彻底消除危险的情况下，最大限度地限制和降低危险程度。例如，手电钻工具采用双层绝缘措施，利用变压器降低回路电压，在高压容器中安装安全阀等。

3）闭锁原则。在系统中通过一些元器件的机器联锁或机电、电气互锁，作为保证系统安全的条件。例如，冲压机械的安全互锁器，电路中的自动保护器等。

4）能量屏蔽原则。在人、物与危险源之间设置屏障，防止意外能量作用到人体和物体上，以保证人和设备的安全。例如，建筑高空作业的安全网、核反应堆的安全壳等都应起到保护作用。

5）距离保护原则。当危险和有害因素的伤害作用随着距离的增加而减弱时，应尽量使人与危害源距离远一些。例如，化工厂建立在远离居民区爆破时的危险距离外等。

6）个体保护原则。根据不同作业性质和条件，配备相应的保护用品及用具，以保护作业人员的安全与健康。例如，采用安全带、护目镜、绝缘手套等保护用品及用具。

7）警告、禁止信息原则。用光、声、色等其他标志作为传递组织和技术信息的目标，以保证安全。例如，警灯、警报器、安全标志、宣传画等。

此外，还有时间保护原则、薄弱环节原则、坚固性原则、代替作业人员原则等，可以根据需要，采取相关的预防事故发生的技术原则。

2. 组织管理原则

预防事故的发生，不仅要遵循上述的技术原则，而且还要在组织管理上采取相关的措施，才能最大限度地降低事故发生的可能性。

1）系统整体性原则。安全工作是一项系统性、整体性的工作，涉及企业生产过程中的各个方面。安全工作的整体性要体现出：有明确的工作目标，综合地考虑问题的原因，动态地认识安全状况；落实措施要有主次，要有效地抓住各个环节，并且能够适应变化的要求。

2）计划性原则。安全工作要有计划和规划，近期的目标和长远的目标要协调进行。工作方案、人财物的使用要按照规划进行，并且有最终的评价，形成闭环的管理模式。

3）效果性原则。安全工作的好坏，要通过最终成果的指标来衡量。但是，由于安全问题的特殊性，安全工作的成果既要考虑经济效益，又要考虑社会效益。正确认识和理解安全的效果性，是落实安全生产措施的重要前提。

4）坚持合理的安全管理体制原则。在我国，为了使安全管理体制、安全生产责任制及安全教育工作得到顺利实施，需要借助党政工团的协调工作。党制定正确的安全生产方针和政策，教育干部和群众遵章守法，了解和解决工人的思想负担，把不安全行为变为安全行为。政府实行安全监察管理职责，不断改善劳动条件，提高企业生产的安全性。工会代表工人的利益，监督政府和企业把安全工作搞好。青年是劳动力中的有生力量，青年工人中往往事故的发生率高，因此，动员青年开展事故预防活动，是安全生产的重要保证。

5）责任制原则。各级政府及相关的职能部门和企事业单位应当实行安全生产责任制，对违反劳动安全法规和造成伤亡事故的人员应当给予行政处罚，对造成重大伤亡事故的应当追究刑事责任。只有将安全责任落到实处，安全生产才能得以保证，安全管理才能有效。

综上所述，事故的预防要从技术、组织管理和教育多方面采取措施，从总体上提高预防事故的能力，才能有效地控制事故，保证生产和生活的安全。

3. 安全教育原则

安全教育的原则可概括为3个方面，即安全态度教育、安全知识教育和安全技能教育。

1）安全态度教育原则。要想增强人的安全意识，首先应使之对安全有一个正确的态度。安全态度教育包括两个方面，即思想教育（包括安全意识教育、安全生产方针政策教育、法纪教育）和态度教育。

2）安全知识教育原则。安全知识教育包括安全管理知识教育和安全技术知识教育。对于带有潜藏的不能直接感知其危险性的危险因素的操作，安全知识教育尤其重要。

3）安全技能教育原则。拥有了安全技术知识并不等于能够安全地从事操作，还必须把安全技术变成进行安全操作的本领，才能取得预期的安全效果，要实现从"知道"到"会做"的过程，就要借助于安全技能培训。安全技能培训包括正常作业的安全技能培训、异常情况的安全技能培训。

综上所述，事故的预防要从技术、组织管理和教育多方面采取措施，从总体上提高预防事故的能力，才能有效地控制事故，保证生产和生活的安全。

2.3.3 事故预防原理

1. 海因里希工业安全公理

美国安全工程师海因里希在《工业事故预防》一书中，对事故预防工作进行了深入研究，提出了工业事故预防的10项原则，称为海因里希工业安全公理（Axioms of Industrial Safety）。具体内容如下：

1）工业生产过程中人员伤亡的发生，往往是处于一系列因果连锁之末端的事故的结果；而事故常常起因于人的不安全行为或机械、物质（统称为物）的不安全状态。

2）人的不安全行为是大多数工业事故的原因。

3）由于不安全行为而受到伤害的人，几乎重复了300次以上没有造成伤害的同样事故。换言之，人员在受到伤害之前，已经数百次面临来自物方面的危险。

4）在工业事故中，人员受到伤害的严重程度具有随机性。大多数情况下，人员在事故发生时可以免遭伤害。

5）人员产生不安全行为的主要原因有：①不正确的态度——个别职工忽视安全，甚至故意采取不安全行为；②技术、知识不足——缺乏安全生产知识，缺乏经验或技术不熟练；③身体不适——生理状态或健康状况不佳，如听力、视力不良，反应迟钝、疾病、醉酒或其他生理机能障碍；④物的不安全状态及不良的物理环境——照明、温度、湿度不适宜，通风不良，强烈的噪声、振动，物料堆放杂乱，作业空间狭小，设备、工具缺陷等不良的物理环境，以及操作规程不合适、没有安全规程和其他妨碍贯彻安全规程的事物。这些因素是预防不安全行为产生的依据。

6）防止工业事故的4种有效的方法是：①工程技术方面的改进；②对人员进行说服、教育；③人员调整；④惩戒。

7）防止事故的方法与企业生产管理、成本管理及质量管理的方法类似。

8）企业领导者有进行事故预防工作的能力，并且能把握进行事故预防工作的时机，因而应该承担预防事故工作的责任。

9）专业安全人员及车间干部、班组长是预防事故的关键，他们工作的好坏对能否做好事故预防工作有影响。

10）除了人道主义动机，下面两种强有力的经济因素也是促进企业采取事故预防工作的动力：①安全的企业生产效率也高，不安全的企业生产效率也低；②事故后用于赔偿及医疗费用的直接经济损失，约占事故总经济损失的1/5。

随着时代的前进和人们认识的深化，许多新观点、新理论相继问世，该公理中的一些观点已经不再是"自明之理"了。但是该理论中的许多内容仍然具有强大的生命力，在现今的事故预防工作中仍产生重大的影响。

2. 事故预防3E原则

海因里希把造成人的不安全行为和物的不安全状态的主要原因归结为4个方面的问题：①不正确的态度；②技术、知识不足；③身体不适；④不良的工作环境。针对这4个方面的原因，海因里希提出工程技术方面改进、说服教育、人事调整和惩戒4种对策。

这4种安全对策后来被归纳为众所周知的3E原则，即

1）安全技术（Engineering），即利用安全技术手段消除不安全因素，实现生产工艺、机械设备等生产条件的安全。

2）安全教育（Education），即利用各种形式的教育和训练，使职工树立"安全第一"的思想，掌握安全生产所必需的知识和技能。

3）安全管理（Enforcement），即借助于规章制度、法规等必要的行政乃至法律手段约束人们的行为。

这里，安全技术对策着重解决物的不安全状态的问题；安全教育对策和安全管理对策则主要着眼于人的不安全行为的问题，安全教育对策主要使人知道应该怎么做，而安全管理对策则要求人知道必须怎么做。

一般地讲，在选择安全对策时应该首先考虑工程技术措施，然后是教育、训练。实际工作中，应该针对不安全行为和不安全状态的产生原因，灵活地采取对策。例如，针对职工不正确的态度问题，应该在工作安排上考虑心理学和医学方面的要求，对关键岗位上的人员要认真挑选，并且加强教育和训练，如能从工程技术上采取措施，则应该优先考虑；对于技术、知识不足的问题，应该加强教育和训练，提高其知识水平和操作技能；尽可能地根据人机学原理进行工程技术方面的改进，降低操作的复杂程度。为了解决身体不适的问题，在分配工作任务时要考虑心理学和医学方面的要求，并尽可能从安全技术上改进，降低对人员素质的要求。对于不良的物理环境，则应采取恰当的安全技术措施来改进。

即使采取了安全技术措施，在减少、控制不安全因素的情况下，仍然要通过教育、训练和强制手段来规范人的行为，避免不安全行为的发生。

为了防止事故发生，不仅要在上述三个方面实施事故预防与控制的对策，而且还应始终保持三者间的均衡，合理地采取相应的措施，综合使用上述措施，才有可能做好事故预防工作。

3. 事故预防工作五阶段模型

海因里希定义事故预防是为了控制人的不安全行为、物的不安全状态，开展以某些知识、态度和能力为基础的综合性工作，是一系列相互协调的活动。

掌握事故发生及预防的基本原理，拥有对人类、国家、劳动者负责的基本态度，以及从事事故预防工作的知识和能力，是开展事故预防工作的基础。在此基础上，事故预防工作包括以下五个阶段（图 2-21）：

1）建立健全事故预防工作组织，形成由企业领导牵头的，包括安全管理人员和安全技术人员在内的事故预防工作体系，并切实发挥其效能。

2）通过实地调查、检查、观察及对有关人员的询问，加以认真地判断、研究，以及对事故原始记录的反复研究，收集第一手资料，找出事故预防工作中存在的问题。

3）分析事故及不安全问题产生的原因。其包括弄清伤亡事故发生的频率、严重度、场所、工种、生产工序、有关的工具、设备及事故类型等，找出其直接原因和间接原因、主要原因和次要原因。

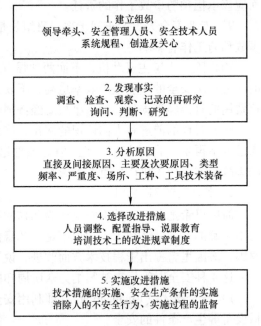

图 2-21　事故预防工作五阶段模型

4）针对分析事故和不安全问题得到的原因，选择恰当的改进措施。改进措施包括安全技术方面的改进、对人员说服教育、人员调整、制定及执行规章制度等。

5）实施改进措施。通过安全技术措施实现机械设备、生产作业条件的安全，消除物的不安全状态；通过人员调整、教育、训练，消除人的不安全行为。在实施过程中要进行监督。

以上对事故预防工作的认识被称作事故预防工作五阶段模型。该模型包括了企业事故预防工作的基本内容。但是，其以实施改进措施作为事故预防的最后阶段，不符合"认识-实践-再认识-再实践"的认识规律以及事故预防工作永无止境的客观规律。因此，对事故预防工作五阶段模型进行改进，得到如图 2-22 所示的模型。

事故预防工作是一个不断循环进行、不断提高的过程，不可能一劳永逸。在这里，预防事故的基本方法是安全管理，其包括资料收集，对资料进行分析来查找原因，选择改进措施，实施改进措施，对实施过程及结果进行监测和评价，在监测和评价的基础上再收集资料，发现问题等。

事故预防工作的成败，取决于是否有计划、有组织地采取改进措施。特别是，执行者工作的好坏至关重要。因此，为了获得预防事故工作的成功，必须建立健全事故预防工作组织，采用系统的安全管理方法，唤起和维持广大干部、职工对事故预防工作的重视，经常不断地做好日常安全管理工作。

海因里希认为，首先建立与维持职工对事故预防工作的兴趣是事故预防工作的第一原则，其次是要不断地分析问题和解决问题。

改进措施可分为直接控制人员操作及生产条件的短期应急措施，以及通过指导、训练和培训逐渐养成安全操作习惯的长期改进措施。前者对现存的不安全状态及不安全行为立即采

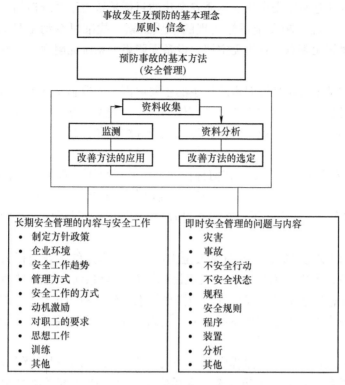

图 2-22 改进的事故预防工作五阶段模型

取解决措施；后者用于克服隐藏在不安全状态及不安全行为背后的深层原因。

如果有可能运用技术手段消除危险状态、实现本质安全，则不管是否存在人的不安全行为，都应该首先考虑采取安全技术上的对策。当某种人的不安全行为引起了或可能引起事故，而又没有恰当的安全技术手段防止事故发生时，则应立即采取措施防止不安全行为重复发生。这些即时的改进对策是十分有效的。然而，我们绝不能忽略造成工人不安全行为的背后原因，这些原因更重要。否则，改进措施仅仅解决了表面的问题，而事故的根源没有被铲除掉，以后还会发生事故。

2.3.4 本质安全化法

1. 本质安全化法的概述

本质安全一词的提出源于20世纪50年代世界宇航领域，这一概念的广泛接受是与人类科学技术的进步以及对安全文化的认识密切相关的，是人类在生产、生活实践的发展过程中对事故由被动接受到积极事先预防，以实现从源头杜绝事故和人类自身安全保护的需要，在安全认识上取得了一大进步。

本质安全包含的安全功能分为两类：一是"失误-安全"功能，设备或系统能阻止人员操作失误或者人员的操作失误不会导致事故的发生；二是"故障-安全"功能，设备或系统有故障时，具备短时间内正常工作或具备自动转化为安全状态的功能。这两种安全功能均是设备、设施和生产技术工艺本身固有的，即在它们的设计阶段就被考虑加入其中的。

从系统安全的角度，追求系统的本质安全是一个最终目标，是一个不断地靠近这个目标

的过程，这个过程就是本质安全化。本质安全化的目标是致力于系统追问、本质改进，强调透过繁复的现象，把握影响安全目标实现的本质因素，找准可牵动全身的"一发"所在，纲举目张，通过思想无懈怠、管理无空档、设备无隐患、系统无阻塞，实现质量零缺陷、安全零事故。

本质安全化的基本思路是针对事故发生的主要原因，采取物质技术措施，使其从根本上消除发生事故的可能条件。本质安全化管理体系是一种全新的安全管理模式，是使人、机、环境达到统一的体系。简单来说，就是通过优化资源配置和提高其完整性，使整个系统安全可靠。

1）一是人的安全可靠性，不论在何种作业环境和条件下，都能按规程操作，杜绝"三违"（违章指挥、违规作业和违反劳动纪律），实现个体安全。

2）二是物的安全可靠性，不论在动态过程中，还是静态过程中，物始终处在能够安全运行的状态。

3）三是系统的安全可靠性，在日常安全生产中，不因人的不安全行为或物的不安全状况而发生重大事故，形成"人机互补、人机制约"的安全系统。它通过加强对危险源的辨识和风险评估，规范管理流程、操作程序和操作标准，施行精细化管理，把人的不安全行为管理和风险管理技术纳入安全管理体系之中，使职业健康、环境保护、全面质量管理等与其得到紧密结合。

本质安全化管理体系在生产过程中要求做到：人员无失误、设备无故障、系统无缺陷，从而达到人员、设备、环境的本质安全。本质安全化并不表明本系统绝对不会发生安全事故。其原因如下：

1）本质安全化的程度是相对的，不同的技术经济条件有不同的本质安全化水平，当前的本质安全化并不是绝对本质安全化。由于经济技术的原因，系统的许多方面尚未安全，事故隐患仍然存在，事故发生的可能性并未彻底消除，只是有了将安全事故损失控制在可接受程度的可能。

2）生产是一个动态过程，许多情况事先难以预料。人的作业还会因为健康或心理因素引起某种失误，工具及设备也会因为日常检查时未能发现的缺陷而产生临时性故障，环境条件也会由于自然的或人为的原因而发生变化。因此，"人-机-环境"系统不确定的一般性事故损失并未彻底消除。

本质安全化法主要是从物的方面考虑，包括降低事故发生的概率和降低事故严重程度。

2. 降低事故发生概率的措施

影响事故发生概率的因素很多，如系统的可靠性、系统的抗灾能力、人的失误和违章等。在生产作业过程中，既存在自然的危险因素，也存在人为的生产技术方面的危险因素。这些因素能否导致事故发生，不仅取决于组成系统各要素的可靠性，而且还受到企业管理水平和物质条件的限制；因此，降低系统事故的发生概率，最根本的措施是设法使系统达到本质安全化，使系统中的人、物、环境和管理安全化。一旦设备或系统发生故障，能自动排除、切换或安全地停止运行。当人发生操作失误时，设备、系统能自动保证"人-机"安全。实施系统本质安全化的措施：

（1）提高设备的可靠性 为了控制事故的发生概率，提高设备的可靠性是基础。为此，应采取以下措施：

1）提高零部件的可靠性。设备的可靠性取决于组成零部件的可靠性，要提高设备的可靠性，必须加强对零部件的质量控制和维修检查，一般可采取：①使零部件的结构和性能符合设计要求和技术条件，选用可靠性高的零部件代替可靠性低的零部件；②合理规定零部件的使用周期，严格检查维修，定期更换或重建。

2）增加备用系统。在规定时间内，多台设备同时发生故障的概率等于每台设备单独发生故障的概率的乘积。因此，在一定条件下，增加备用系统（设备），使每台设备或系统都能完成同样的功能，一旦其中一台或几台设备发生故障，系统仍能正常运转，不致中断正常运行，从而提高系统运行的可靠性，也有利于系统的抗灾救灾。例如运输企业中的一些关键性设备，如供电线路、电动机、水泵等均配置一定量的备用设备，以提高其抗灾救灾能力。

3）采取安全防护措施。对处于恶劣环境下运行的设备采取安全防护措施是为了提高设备运行的可靠性，防止发生事故。如对处于有摩擦、腐蚀、浸蚀等条件下运行的设备，应采取相应的防护措施；对振动大的设备应加强防振、减振和隔振等措施。

4）加强预防性维修。预防性维修可以有效排除事故隐患、排除设备的潜在危险，为此，应制定相应的维修制度，并认真贯彻执行。

（2）选用可靠的工艺技术，降低危险因素的感度　危险因素的存在是事故发生的必要条件。危险因素的感度是指危险因素转化成事故的难易程度。降低危险因素的感度，关键是选用可靠的工艺技术。

（3）提高系统的抗灾能力　系统的抗灾能力是指当系统受到自然灾害和外界事物干扰时，自动抵抗而不发生事故的能力，或者指系统中出现某危险事件时，系统自动将事态控制在一定范围的能力。例如采用漏电保护、安全监测、监控等安全防护装置。

（4）减少人的失误　由于人在生产过程中的可靠性远比机电设备差，很多事故大多是因人的失误造成的。要降低系统事故发生概率，必须减少人的失误，主要方法有：

1）对操作人员进行充分的安全知识、安全技能、安全态度等方面的教育和训练。

2）以人为中心，改善工作环境，为工人提供安全性较高的劳动生产条件。

3）提高机械化程度、尽可能用机器操作代替人工操作，减少现场工作人员。

4）注意用人机工程学原理进行系统设计，合理分配人机功能，并改善人机接口的安全状况。

（5）加强监督检查　建立健全各种自动制约机制，加强专职与兼职、专管与群管相结合的安全检查工作。对系统中的人、事、物进行严格的监督检查，在各种劳动生产过程中是必不可少的。实践表明，只有加强监督检查工作，才能有效地保证企业的安全生产。

3. 降低事故严重度的措施

事故严重度系指因事故造成的财产损失和人员伤亡的严重程度。事故的发生是系统中的能量失控造成的，事故的严重度与系统中危险因素转化为事故时释放的能量有关，能量越高，事故的严重度越大。因此，降低事故严重度具有十分重要的作用。目前，一般可采取的措施有：

（1）限制能量或分散风险　为了减少事故损失，必须对危险因素的能量进行限制。如各种油库、火药库的储存量的限制，各种限流、限压、限速等设备就是对危险因素的能量进行限制。此外，通过把大的事故损失化为小的事故损失可达到分散风险的效果。

（2）防止能量逸散　防止能量逸散就是设法把有毒、有害、有危险的能量源储存在有

限允许的范围内，而不影响其他区域的安全。如防爆设备的外壳、密闭墙、密闭火区、放射性物质的密封装置等。

(3) 加装缓冲能量的装置 在生产中，设法使危险源能量释放的速度减慢，可大大降低事故的严重度，使能量释放速度减慢的装置称为缓冲能量装置。在工业企业和生活中使用的缓冲能量装置较多。如汽车、轮船上装备的缓冲设备、缓冲阻车器，以及各种安全带、安全阀等。

(4) 避免人身伤亡的措施 避免人身伤亡的措施包括两方面的内容，一是防止发生人身伤害；二是一旦发生人身伤害，能够采取相应的急救措施。采用遥控操作、提高机械化程度、使用整体或局部的人身个体防护都是避免人身伤害的措施。在生产过程中注意及时观察各种灾害的预兆，以便采取有效措施，防止事故发生。即使不能防止事故发生，也可及时撤离人员，避免人员伤亡。做好救护和工人自救准备工作，对降低事故的严重度有着十分重要的意义。

2.3.5 人机功能匹配

事故的发生往往因人的不安全行为和物的不安全状态造成。因此，为了防止事故的发生，主要应当防止出现人的不安全行为和物的不安全状态，在此基础上充分考虑人和机的功能特征，使之在工作中相互匹配，对防止事故的发生十分有益。

1. 防止人的不安全行为

为了防止出现人的不安全行为，首先，要对人员的结构和素质情况进行分析，找出容易发生事故的人员层次和个人以及最常见的人的不安全行为。然后，在对人的身体、生理、心理进行检查测验的基础上，合理选配人员。从研究行为科学出发，加强对人的教育、训练和管理，提高生理、心理素质，增强安全意识，提高安全操作技能，从而最大限度地减少、消除不安全行为。可采取的具体措施包括：①职业适应性检查；②人员的合理选拔和调配；③安全知识教育；④安全态度教育；⑤安全技能培训；⑥制定作业标准和异常情况处理标准；⑦作业前的培训；⑧制定和贯彻实施安全生产规章制度；⑨开好班前会；⑩实行确认制；⑪作业中的巡视检查，监督指导；⑫竞赛评比，奖励惩罚；⑬经常性的安全教育和活动。

2. 防止物的不安全状态

为了消除物的不安全状态，应把重点放在提高技术装备（机械设备、仪器仪表、建筑设施等）的安全化水平上。技术装备安全化水平的提高也有助于改善安全管理和防止人的不安全行为。可以说，技术装备的安全化水平，在一定程度上决定了工伤事故和职业病的发生概率。

为了提高技术装备的安全化水平，必须大力推行本质安全技术。具体地说，它包括两方面的内容：

1）失误安全功能，指操作者即使操纵失误也不会发生事故和伤害。或者说设备、设施或工艺技术具有自动防止人的不安全行为的功能。

2）故障安全功能，指设备、设施发生故障或损坏时还能暂时维持正常工作，或自动转变为安全状态的功能。

上述安全功能应该潜藏于设备、设施或工艺技术内部。即在其规划设计阶段就被纳入，而不应在事后再行补偿。

3. 人机功能分配

随着科学技术的进步，人类的生产劳动越来越多地被各种机器所代替。例如，各类机械取代了人的手脚，检测仪器代替了人的感官，计算机部分代替了人的大脑。用机器代替人，既减轻了人的劳动强度，有利于保障安全健康，又提高了工作效率。

人与机器各有自身的特点，对人机特性进行权衡分析，将系统的不同功能恰当地分配给人或机，称为人机功能分配。人机功能分配就是通过合理的功能分配，将人与机器的优点结合起来，取长补短，从而构成高效与安全的人机系统。从人机特性的比较可以看出，人和机各有所长，根据两者特性利弊进行分析，将系统的不同功能合理地分配给人或机器，既能提高人机系统效率，同时又能确保系统的安全性。在人机环境系统中，如何使人机分工合理，从而达到整个系统最佳效率的发挥，这是需要人们进一步研究的问题。人与机器的功能特征可归纳为9个方面进行比较，见表2-6。

表2-6 人与机器的功能特征比较

比较内容	人的特征	机器的特征
创造性	能够产生原创性思维，提出新颖的概念和解决方案，具有灵感和跨领域创新能力	通过数据驱动的模型（如生成模型）展现有限的创造性，但缺乏灵感，无法脱离已有数据
信息处理	擅长复杂情境下的综合分析、抽象思维和灵活应对，但处理速度较慢	处理速度和精度远超人类，擅长大规模数据分析，但情境理解能力不足
可靠性	面对新环境和不确定性时具有灵活性，但工作过程中，人的技术高低、生理和心理状况等对可靠性都有影响	在标准化任务中具有高度可靠性，但在非结构化环境中表现有限
控制能力	能够根据复杂情境和伦理进行灵活决策，适应性强	在明确规则和目标下，操纵力、速度、精密度操作等方面都超过人的能力，但缺乏自主价值判断
工作效能	能够依次完成多种功能作业，但在高阶运算、多任务并行处理和极端环境下表现有限	能在恶劣环境下工作，可进行高阶运算和同时完成多种操纵控制。单调、重复的工作也不降低效率
感受能力	通过多感官（如视觉、听觉、嗅觉、触觉）识别物体的大小、形状、位置、气味、材质，以及分辨音色和某些化学物质，具备情感和社会性体验能力	在超声、辐射、微波、电磁波、磁场等信号的感知和识别方面远超人类，但局限于物理层面，无法感知情感或社会性信号
学习能力	具有很强的学习能力，能够通过阅读、观察、实践和接收口头指令，快速学习新知识，灵活性强，能举一反三并适应不同场景	能够通过人工智能技术具备一定的学习能力，通过大规模数据和算法进行训练，但缺乏主动性和灵活性，依赖预定义的数据和规则，跨场景迁移能力有限
归纳性	能够从复杂情境中提炼出一般性规律，具有灵活的归纳思维能力，能够适应多样化和复杂的任务环境	能够通过算法和数据来对特定事物进行理解，其归纳能力通常受限于训练数据的质量和范围
耐久性	容易受到生理限制，长时间连续工作会导致疲劳和效率下降	耐久性极高，能够长时间连续工作，在高强度环境下性能稳定

为了充分发挥人与机器各自的优点，让人和机器合理地分配工作任务，实现安全高效地生产，应根据人与机器功能特征的不同，进行人和机器的功能分配。其具体的分配原则如下：

1）利用人的有利条件：①能判断被干扰阻碍的信息；②在图形变化的情况下，能识别图形；③对多种输入信息能辨认；④对于发生频率低的事态，在判断时，人的适应性好；⑤解决需要归纳推理的问题；⑥对意外发生的事态能预知、探讨，要求报告欣喜状况时，用人较好。

2）利用机器的有利条件：①对决定的工作能反复计算，能储存大量的信息资料；②迅速地给予很大的物理力；③整理大量的数据；④受环境限制，由人来完成有危险或易犯错误的作业；⑤需要调整操作速度；⑥对机器需要精密的施加力；⑦需要施加长时间的力时，用

机器较好。

概括地说，在进行人机功能分配时，应该考虑人的准确度、体力、动作的速度及知觉能力的基本界限，以及机器的性能、维持能力、正常动作能力、判断能力及成本的基本界限。人适合从事要求智力、视力、听力、综合判断力、应变能力及反应能力较强的工作，机器适合承担功率大、速度快、重复性作业及持续作业的任务。应该注意，即使是高度自动化的机器，也需要人来监视其运行情况。另外，在异常情况下，需要由人来操作，以保证安全。

2.3.6 安全风险伦理

案例：温州动车组列车追尾事故

2011 年 7 月 23 日 20 时 30 分 05 秒，甬温线浙江省温州市境内，由北京南站开往福州站的 D301 次列车与杭州站开往福州南站的 D3115 次列车发生动车组列车追尾事故，造成 40 人死亡、172 人受伤，中断行车 32 小时 35 分，直接经济损失 19371.65 万元。根据国务院公布的调查报告，导致此次特大铁路交通事故的主要原因如下：

通信信号集团所属通号设计院在 LKD2-T1 型列车控制中心设备研发中管理混乱，通信信号集团作为甬温线通信信号集成总承包商履行职责不力，致使为甬温线温州南站提供的 LKD2-T1 型列车控制中心设备存在严重设计缺陷和重大安全隐患。原铁道部在 LKD2-T1 型列车控制中心设备招投标、技术审查、上道使用等方面违规操作、把关不严，致使其在温州南站上道使用。

当温州南站列车控制中心采集驱动单元采集电路电源回路中保险管 F2 遭雷击熔断后，采集数据不再更新，错误地控制轨道电路发码及信号显示，使行车处于不安全状态。雷击也造成 5829AG 区段轨道电路发送器与列车控制中心通信故障，使从永嘉站出发驶向温州南站的 D3115 次列车超速防护系统自动制动，在 5829AG 区段内停车。由于轨道电路发码异常，导致其三次转目视行车模式起车受阻，7 分 40 秒后才转为目视行车模式，以低于 20km/h 的速度向温州南站缓慢行驶，未能及时驶出 5829AG 区段。

因温州南站列车控制中心未能采集到前行 D3115 次列车在 5829AG 区段的占用状态信息，使温州南站列控中心管辖的 5829AG 区段及后续两个闭塞分区防护信号错误地显示绿灯，向 D301 次列车发送无车占用码，导致 D301 次列车驶向 D3115 次列车并发生追尾；上海铁路局有关作业人员安全意识不强，在设备故障发生后，未认真正确地履行职责，故障处置工作不得力，未能起到可能避免事故发生或减轻事故损失的作用。

经调查认定，"7·23" 甬温线特别重大铁路交通事故是一起因列车控制中心设备存在严重设计缺陷、上道使用审查把关不严、雷击导致设备故障后应急处置不力等因素造成的责任事故。

通过该案例，我们可以发现引起交通事故的原因是多方面的，工程内部、工程外部环境以及人为因素都可能引发工程风险问题。在交通安全风险上，有人认为这是一个纯粹的工程问题，仅仅思考"多大程度的安全是足够安全的"就可以了，通过案例不难发现，交通安全风险还涉及工程伦理问题。

1. 伦理

"伦理"一词经常与"道德"概念相关联使用，有时甚至被视为同等。然而，两者之间存在区别。道德注重个体的主观性，侧重于个人的意识、行为、法则及准则之间的关系；而伦理更具社会性和客观性，强调人际关系的重要性，尤其是个体与整体社会的关系。与道德相比，伦理更存在于现实生活，存在形式包括家庭、社会和国家等。在我国文化中，"伦理"中的"伦"既代表"类"或"辈"，也表示"条理"或"次序"，引申为人与人、人与社会以及人与自然之间的关系；"理"指的是道理和规则。

因此，"伦理"可以理解为处理人与人、人与社会及人与自然关系时需要遵循的规范。从"伦理"与"道德"的比较来看，两者的区别在于，道德更强调个人因遵循规则而体现出的"德行"，而伦理则更关注依照规范处理人际关系、人与社会及人与自然之间的互动。二者的共通之处在于，都提倡值得遵循的行为方式，且都将"善"作为最终追求的目标。

2. 伦理责任

要理解"伦理责任"的含义，可以通过将其与其他类型的责任进行对比来分析。

1）首先，伦理责任不同于法律责任。法律责任属于"事后责任"，强调的是对已经发生的事件进行事后追究，而非在行动前基于动机做出事先判断。而伦理责任则属于"事先责任"，其核心特征是，善良的意志不仅出于责任感，而且会根据责任而采取行动。仅受法律约束的义务通常是外在的，而伦理学的立法更具普遍性，它将一切作为义务的内容纳入考量，包括行为背后的动机。在不考虑其他动机的情况下，仅因为"这是一种义务"而行动，这种责任才符合伦理学的定义，也只有在这种情境下，道德的内涵才会更加清晰地体现出来。此外，与法律责任相比，伦理责任对个体提出了更高的要求。法律责任为社会成员划定了一个行为的底线，但这条底线并不足以解决人们日常生活中面临的所有问题。为了更好地应对这些问题，人们需要超越法律责任，提升到更高层次的伦理责任。

2）其次，伦理责任与职业责任也存在区别。职业责任是工程师在履行岗位职责时应承担的岗位责任，而伦理责任则是为了维护公平、正义等伦理原则，必须承担起维护社会和公众利益的责任。一般来说，工程师的伦理责任往往比职业责任更为重要或更具分量。如果工程师在企业做出违背伦理的决策，导致社会和公众利益受到损害，那么仅仅履行职业责任显然是不够的，还必须兼顾伦理责任。在大多数情况下，职业责任与伦理责任并无矛盾，二者是一致的。但在某些特殊情境中，两者可能会发生冲突。例如，当工程师发现公司产品存在质量问题，且这些问题可能威胁到公众的生命财产安全时，他需要在两种责任之间做出权衡：是遵守职业责任要求的保密原则，还是坚持社会伦理责任，把公众的安全、健康与福祉放在首位？这就需要工程师在职业责任和伦理责任之间进行权衡，做出恰当的选择。

3. 伦理责任主体

（1）工程师个人的伦理责任 工程师作为专业人员，具有普通人所不具备的专业工程知识。他们不仅能够更早、更全面地预见某项工程成果给人类带来的利益，而且作为工程活动的直接参与者，工程师也更清楚工程中潜在的风险。因此，工程师个人的伦理责任在预防工程风险方面起着至关重要的作用。

工程师所具备的专业能力使他们在防范工程风险方面肩负着不可推卸的伦理责任。这意味着工程师需要有意识地思考、预测并评估自己所参与的工程活动可能引发的不良后果，主动把握研究的方向；在条件允许的情况下，他们应自觉停止可能带来危害的工作。此外，工程师不仅应在职责范围内履行伦理责任，还应通过适当的方法和途径阻止违背伦理的决策和行动，积极降低工程风险，预防工程事故的发生。

（2）工程共同体的伦理责任　工程事故中的共同伦理责任是指工程共同体各方应共同维护公平、正义等伦理原则的责任。这种责任不是指他们共同的职业责任，也不是说一旦发生工程事故，所有相关人员必须均分责任，而是强调个体需要从整体的角度理解伦理责任，并通过各方协作，主动承担共同伦理责任。积极履行这一责任，有助于工程共同体在工程事故中反思伦理责任问题，增强工程师群体的社会责任感和工程伦理意识，从而营造良好的工程伦理文化氛围。

提出工程共同体伦理责任的原因在于，现代工程本质上是一种集体性的活动。当工程风险出现时，责任往往不能完全归咎于某一个人，而是需要由整个工程共同体共同承担。在工程活动中，科学家、设计师、工程师、建设者各有分工与协作，同时还包括投资者、决策者、管理者、验收者、使用者等利益相关者的参与。每一方都在工程活动中努力实现自身的目标和需求。因此，工程责任的承担者不仅限于工程师个人，而是涵盖了整个工程共同体。

此外，现代工程的多方参与性也导致了工程活动的"匿名性"和"无主体性"。现代工程与技术属于高度复杂的系统，其中组织的整体作用远超过个人的作用，这使得潜藏的巨大风险难以归咎于某一个具体的人。同时，工程的社会影响具有累积性，并且这种累积效应往往无法提前预见。例如，自动驾驶技术的安全风险需要经过长时间的实际测试和观测才能准确评估。这种复杂性使得在发生交通事故时，如何界定责任以及由谁承担责任的问题变得尤为棘手。

4. 伦理责任类型

（1）职业伦理责任　所谓"职业"，是指一个人"公开声称"成为某一特定类型的人，并且承担某一特殊的社会角色，这种社会角色伴随着严格的道德要求。职业活动与非职业活动的主要区别体现在以下几个方面：第一，进入职业通常需要经过长期的训练；第二，职业人员的知识和技能对社会具有重要意义；第三，职业往往具有垄断性或接近垄断的特征；第四，职业人员通常拥有一定的自主权；第五，职业人员受到职业伦理规范的支配。

相应地，职业伦理应当区别于个人伦理和公共伦理。职业伦理是职业人员在自己所从业的范围内所采纳的一套标准。个人伦理则由个人在生活训练过程中，通过反思所形成的一系列承诺的组成。公共伦理是大多数社会成员共同认可和共享的伦理规范。尽管这三种伦理具有不同的内涵，但它们之间通常是交叉的。

职业伦理责任可分为三种类型：一是"义务-责任"，即职业人员应以一种有益于客户和公众，并且不损害自身被赋予的信任的方式，使用专业知识和技能的义务。这是一种积极的责任。二是"过失-责任"，即将错误的后果归咎于某人的责任。这属于一种消极的责任。三是"角色-责任"，即在担任某个职位或管理角色时所应承担的责任。

由于工程往往伴随着风险，因此工程师的职业伦理责任在某种程度上就是对风险承担的责任。为了做到这一点，工程师应当注意以下几点：首先，风险往往难以准确评估，并且可能以微妙且难以预测的方式扩大。其次，对于可接受风险的定义存在差异。与一般公众不同，工程师在处理风险时通常拥有强烈的量化思维，这使得他们对一般公众的关注不够敏感。最后，工程师应有意识地接受相关的工程伦理教育与培训，提升自己的伦理素养，确保工程伦理在实际工作中的有效性。

（2）社会伦理责任　工程师作为企业员工，应对所在企业保持忠诚，这是对其职业道德的基本要求。然而，如果工程师仅仅将责任限定在对企业的忠诚上，就会忽视其应承担的社会伦理责任。工程师对企业利益的要求不应是无条件服从，而应当是有条件的服从，尤其是所在企业进行的工程涉及较大的安全风险时，工程师更应当承担起社会伦理责任。当工程师发现企业的工程活动可能对环境、社会以及公众的安全造成危害时，应当及时反映或指出，使决策部门和公众能够及时了解该工程可能带来的潜在威胁，这正是工程师应当承担的社会责任与义务。

早期的工程师职业章程对社会伦理的重视程度不够。例如，美国早期的工程师职业章程规定，工程师应将保护客户或雇主的利益作为首要职业责任，因此应避免做出与此责任相违背的任何行为，而关于社会伦理责任的表述几乎没有，唯一涉及这一方面的表述是：工程师应努力帮助公众对工程项目有一个基本公正且正确的理解，向公众传播一般的工程知识，在出版物或其他涉及工程的话题中，避免不真实、不公正或夸张的陈述。

自20世纪中叶以来，许多工程师社团的章程开始增加大量关于社会伦理责任的内容。例如，工程师职业发展理事会的章程采纳了"工程师不仅对雇主和客户有责任，也对公众负有诚实的义务"的主张，明确指出工程师"应关注公众的安全与健康"。这一表述后来被修改为"在履行工程师职责的过程中，工程师应将公众的安全、健康和福祉置于首位"。目前，类似的表述几乎在所有工程师职业章程中都可以见到。

（3）环境伦理责任　除了职业伦理责任和社会伦理责任，工程共同体还需要对自然负责，承担起环境伦理责任。具体而言，环境伦理责任包含如下几个方面：

1）评估、消除或减少工程决策对环境的影响。

2）减少工程产品在整个生命周期中的环境及社会负面影响，特别是在使用阶段。

3）建立透明和公开的文化，确保关于工程环境风险的真实信息能够平等地与公众交流。

4）促进技术的正面发展用来解决难题，同时减少技术的环境风险。

5）认识到环境的内在价值，而非将其视为免费的资源。

6）关注国际间以及代际间的资源分配问题。

7）推动合作战略，而非竞争战略。

尽管环境伦理责任已被广泛认识到其重要性，但在现实实践中，由于种种原因，往往难以有效落实。工程师作为多重角色的承担者，在每个角色中都有相应的责任，例如对职业理想、对自己、对家庭、对公司、对用户、对团队成员、对社会以及对环境的责任。这些责任的履行常常让工程师面临多重限制，如公司、职业、社会和家庭的限制等。这些限制使得工程师在面临伦理困境时常常左右为难——是将公司的利益或自身利益置于社会和环境利益之上，还是反之？如何权衡这些利益，成为工程师必须面对并做出抉择的重要问题。因此，为了更好地促使环境伦理责任的实现，工程团体或协会还需要在其章程中制定专门的环境伦理规范。世界工程组织联盟于1986年率先制定了《工程师环境伦理规范》，对工程师的环境伦理责任进行了明确的界定，为工程师在现实中面临伦理困境时如何进行正确的决策提供了指导性的意见。

2.4　本章小结

本章系统介绍了交通安全的基本理论，为深入理解交通安全的核心问题奠定了理论基础。本章介绍了可靠性理论，从可靠性、维修性和有效性等基本概念入手，分析了其度量方

法及系统可靠度的计算，特别是人的可靠性对交通系统安全的重要影响；重点探讨了多种事故致因理论，包括事故频发倾向论、事故因果连锁论、能量意外释放论、瑟利模型、安德森模型、动态变化理论及轨迹交叉论，帮助理解事故发生的不同机制及其规律；介绍了事故预防理论，涵盖事故法则、预防原则、预防原理、本质安全化法、人机功能匹配和安全风险伦理，强调通过系统化和科学化的方法预防事故的重要性。

知识测评

一、选择题

1. 下列选项中，不属于3E原则中"工程措施"的是（　　）。

A. 使用防滑轮胎　　　　　　　　　B. 采用耐撞击的车身结构

C. 使用灵敏可靠的制动器　　　　　D. 限制车速，严禁超速

2. 博得的事故因果连锁论认为事故因果连锁中最重要的因素是（　　）。

A. 安全管理　　　B. 遗传环境　　　C. 人的缺点　　　D. 不安全行为

3. 安全保障系统是以（　　）为施控主体。

A. 工程技术方面的改进　　　　　　B. 人员裁剪

C. 惩戒　　　　　　　　　　　　　D. 对人员进行说服、教育

4. 事故法则中，死亡或重伤事故、轻伤或微伤事故、无伤害事故的比例是多少？（　　）

A. 1:29:300　　　　B. 1:30:300　　　　C. 1:31:300　　　　D. 1:29:270

5. 亚当斯的事故因果连锁论中，"现场失误"指的是什么？（　　）

A. 管理失误　　　　　　　　　　　B. 个人原因

C. 不安全行为和不安全状态　　　　D. 工作条件原因

二、填空题

1. _____的经典定义是：产品或系统（设备）在规定条件下和规定时间内完成规定功能的能力。

2. 变化-失误理论又称变化分析方法，是由约翰逊在对_____的研究中提出并贯彻其理论之中的。

3. _____认为，在事故发展进程中，人的因素的运动轨迹与物的因素的运动轨迹的交点，就是事故发生的时间和空间。

4. 在亚当斯因果连锁论中，把事故的直接原因，即人的不安全行为和物的不安全状态称作_____。

5. 美国安全工程师海因里希在《工业事故预防》一书中，对事故预防工作进行了深入研究，提出了工业事故预防的10项原则，称为_____。

三、判断题

1. 研究表明，人的工作效率随应力的增加而降低。　　　　　　　　　（　　）

2. 博得首先提出了事故因果连锁论，用以阐明导致事故的各种因素之间及与事故、伤害之间的关系。　　　　　　　　　　　　　　　　　　　　　　　　　（　　）

3. 瑟利模型把事故的发生过程分为危险构成（指形成潜在危险）和危险显现（指危险由潜在状态变为现实状态）两个阶段，每个阶段都包含一组类似心理-生理成分，即对事件信息的感觉、认识和行为响应的过程。　　　　　　　　　　　　　　　（　　）

4. 事故的发展可归纳为三个阶段：孕育阶段、生长阶段和损失阶段。　（　　）

5. 事故的发生不是由人的不安全行为和物的不安全状态造成的。　　（　　）

6. 在安全工程中，把机械设备、物理环境等生产条件的安全称作本质安全。（　　）

7. 隐患是事故发生的必要条件，隐患是需要必须消除或处理的。　　（　　）

复习思考题

1. 名词解释：可靠性、维修性和有效性，可靠度、维修度和有效度，故障前平均工作时间，平均故障间隔时间，平均故障修复时间，人的可靠性、人的差错。

2. 分析安全性与可靠性的区别与联系。

3. 简述 THERP 法的步骤和计算方法。

4. 从本质安全的角度出发如何预防交通事故？

5. 由温州动车组列车追尾事故思考包括工程师在内的工程共同体有哪些伦理责任？

6. 交通安全保障的心理条件有哪些？

7. 安德森模型如何描述事故发生的过程？它与瑟利模型相比有哪些特点？

8. 事故预防原则有哪些？请结合交通管理中的实际措施说明。

9. 人机功能匹配的含义是什么？如何通过改善人机交互，提升交通系统的安全性？

10. 某汽车制动系统可靠性连接关系如图 2-23 所示。组成系统各单元的可靠度分别为：$R(A_1) = 0.995$，$R(A_2) = 0.975$，$R(A_3) = 0.972$，$R(B_1) = 0.990$，$R(B_2) = 0.980$，$R(C_1) = R(C_2) = R(D_1) = R(D_2) = 0.995$。求系统的可靠性。

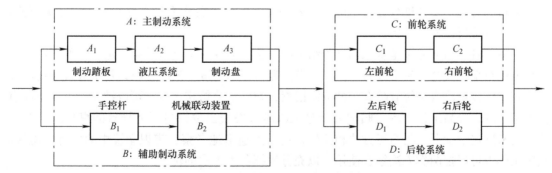

图 2-23　汽车制动系统可靠性连接关系

第 3 章

交通安全分析

Chapter 3

3.1 概述

系统安全分析是安全系统工程的核心内容，它是安全评价的基础。通过这个过程，人们可以对系统进行深入、细致的分析，充分了解、查明系统存在的危险性，估计事故发生的概率和可能产生伤害及损失的严重程度，为确定出哪种危险能够通过修改系统设计或改变控制系统运行程序进行预防提供依据。所以，分析结果的正确与否，关系到整个工作的成败。

1. 交通安全分析的主要内容

交通安全分析是从安全角度对系统中的危险因素进行分析，主要包括如下内容：

1）对可能出现的、直接能够引起事故的各种危险因素及其相互关系进行调查和分析。

2）对与系统有关的环境条件、设备、人员及其他有关因素进行调查和分析。

3）对能够利用适当的设备、规程、工艺或材料，控制或根除某种特殊危险因素的措施进行调查和分析。

4）对可能出现的危险因素采取控制措施，对实施这些措施的最好方法进行调查和分析。

5）对不能根除的危险因素，失去或降低控制可能出现的后果进行调查和分析。

6）对一旦危险因素失去控制，为防止伤害和损害所采取的安全防护措施进行调查和分析。

2. 交通安全分析的方法

目前，安全分析方法有许多种，这些方法可以按实行分析过程的相对时间进行分类，也可按分析的对象、内容进行分类。按数理方法，可分为定性分析和定量分析；按逻辑方法，可分为归纳分析和演绎分析。

简单地讲，归纳分析是从原因推论结果的方法；演绎分析是从结果推论原因的方法，这两种方法在系统安全分析中都有应用。从危险源辨识的角度，演绎分析是从事故或系统故障出发查找与该事故或系统故障有关的危险因素，与归纳分析相比较，可以把注意力集中在有限的范围内，提高工作效率；归纳分析是从故障或失误出发探讨可能导致的事故或系统故障，再来确定危险源，与演绎方法相比较，可以无遗漏地考察、辨识系统中的所有危险源。实际工作中可以把两类方法结合使用，以充分发挥各类方法的优点。

在危险因素辨识中得到广泛应用的系统安全分析方法主要有以下几种：

1）安全检查表（Safety Checklist）。

2）预先危险性分析（Preliminary Hazard Analysis）。

3）故障模式和影响分析（Failure Mode and Effect Analysis）。

4）危险与可操作性研究（Hazard and Operability Analysis）。

5）事件树分析（Event Tree Analysis）。

6）事故树分析（Fault Tree Analysis）。

7）因果分析（Causal Analysis）。

8）管理疏忽与危险树（MORT）。

3. 系统安全分析方法的选择

在系统寿命不同阶段的危险因素辨识中，应该选择相应的系统安全分析方法。例如，在系统的开发、设计初期可以应用预先危险分析方法；在系统运行阶段可以应用危险与可操作性研究、故障模式和影响分析等方法进行详细分析，或者应用事件树分析、事故树分析或因果分析等方法对特定的事故或系统故障进行详细分析。表3-1所列为系统寿命期间内各阶段可供参考的系统安全分析方法。

表3-1 系统安全分析方法

分析方法	开发研制	方案设计	样机	详细设计	建造投产	日常运行	改建扩建	事故调查	拆除
安全检查表		√	√	√	√	√	√		√
预先危险性分析	√	√	√	√			√		
危险与可操作性研究			√	√		√	√	√	
故障模式和影响分析			√	√		√	√	√	
事故树分析			√	√		√	√	√	
事件树分析				√		√	√	√	
因果分析			√	√		√	√	√	

应根据实际情况对系统安全分析方法进行选择，并考虑如下几个方面的问题。

（1）分析的目的 系统安全分析方法的选择应该能够满足对分析的要求。即，系统安全分析的最终目的是辨识危险源，为此应当做到：

1）查明系统中的所有危险源，并列出清单。

2）掌握危险源可能导致的事故，列出潜在事故隐患清单。

3）列出降低危险的措施和需要深入研究的部位清单。

4）将所有危险源按危险大小排序。

5）为定量的危险性评价提供数据。

在进行系统安全分析时，某些方法只能用于查明危险因素，而大多数方法可以用于列出潜在的事故隐患或确定降低危险性的措施，但能提供定量数据的方法并不多，应当根据需要确定分析方法。

（2）资料的影响 资料收集的多少、详细程度、内容的新旧等，都对选择系统安全分析方法有着至关重要的影响。

一般来说，资料的获取与被分析系统所处的阶段有直接关系。例如，在方案设计阶段，采用危险与可操作性研究，或故障模式和影响分析的方法难以获取详细的资料。随着系统的

发展，可获得的资料越来越多、越来越详细，这时，就可以考虑采用故障类型和影响分析的方法。

（3）系统的特点 针对被分析系统的复杂程度和规模、工艺类型、工艺过程中的操作类型等影响来选择系统安全分析方法。

对于复杂和规模大的系统，由于分析需要的工作量和时间较多，应先用较简捷的方法进行筛选，然后根据分析的详细程度，选择相应的分析方法。

对于某些工艺过程或系统应选择恰当的系统安全分析方法。例如，对于分析化工工艺过程，可采用危险与可操作性研究；对于分析机械、电气系统，可采用故障模式和影响分析。因此，应该根据分析对象的类型，选择相应的分析方法。

对于不同类型的操作过程，若事故的发生是由单一故障（或失误）引起的，则可以选择危险与可操作性研究；若事故的发生是由许多危险因素共同引起的，则可以选择事件树分析、事故树分析等方法。

（4）系统的危险性 当系统的危险性较高时，通常采用系统、预测性的方法，如危险与可操作性研究、故障形式和影响分析、事件树分析、事故树分析等方法。当危险性较低时，一般采用经验型的、不太详细的分析方法，如安全检查表等。对危险性的认识，与系统无事故运行时间、严重事故发生次数以及系统变化情况等有关。此外，还与分析者所掌握的知识和经验、完成期限、经费状况等有关。

3.2 统计图表分析法

统计图表分析法，是利用统计图表对交通事故数据进行整理并进行粗略的原因分析，也是在交通安全管理工作中常用的分析方法。

3.2.1 比重图

比重图是一种表示事物构成情况的平面图形。可以在平面图上形象、直观地反映事物各种构成所占的比例。利用比重图可方便地对各类交通事故进行统计分析。

例如，2022 年我国不同类别道路交通事故的死亡构成如图 3-1 所示。

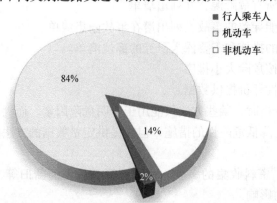

图 3-1 2022 年我国不同类别道路交通事故的死亡构成

3.2.2 趋势图

趋势图是按一定的时间间隔统计数据，利用曲线的连续变化来反映事物动态变化的图形。趋势图借助于连续曲线的升降变化来反映事物的动态变化过程，可以帮助我们掌握交通事故的发生规律，预测其未来的变化趋势，以便采取预防措施，降低事故损失。

趋势图通常用直角坐标系表示，横坐标表示时间间隔，纵坐标表示事故发生数量，根据事物动态数列资料，在直角坐标系上确定各图示点，然后将各点连接起来，即为趋势图。例如，2013—2022 年我国道路交通事故发生次数、死亡人数、受伤人数、直接经济损失统计数据，用趋势图表示如图 3-2 所示。

在绘制趋势图的过程中，如果事物的历史数据变化范围较大，可以用纵坐标轴表示事物数据的对数，即以对数数列为尺度。由于对数数列与数列本身的变化趋势是一样的，这就保证了对数趋势图与原趋势图的总趋势是相同的。由此可解决数据变化范围较大的作图难题。

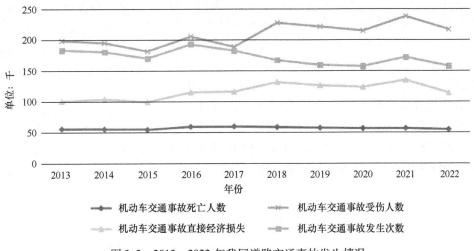

图 3-2　2013—2022 年我国道路交通事故发生情况

3.2.3 直方图

直方图是交通安全分析中较为常用的统计图表。它是由建立在直角坐标系上的一系列高度不等的柱状图形组成，因而也被称为柱状图，如图 3-3 所示。直角坐标系的横坐标表示需要分析的各种因素，柱状图的高度则代表了对应横坐标的某一指标的数值。采用直方图进行交通事故统计分析，可以直观、形象地表示出各种因素对交通事故的影响程度。

3.2.4 圆图法

圆图法是把要分析的项目，按比例画在一个圆内。即整个圆 360° 为 100%，180° 为 50%，90° 为 25%，1° 为 1/360×100%，这样画在一个圆内便可以比较直观地看出各个因素所占的比例。其形式如图 3-4 所示。

3.2.5 排列图法

排列图法全称为主次因素排列图，也称为巴雷特图，可用于确定影响交通安全的关键因

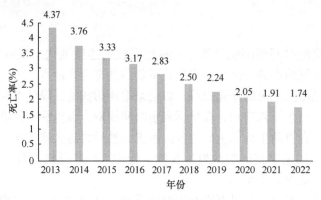

图 3-3　直方图

素，以便明确主攻方向和工作重点所在。

　　排列图法（图 3-5）由两个纵坐标、一个横坐标、若干个直方图和一条曲线组成。左边纵坐标表示事故次数，右边纵坐标表示累积频率（0~100%）。横坐标表示事故原因或事故分类，一般按影响因素的主次从左向右排列。直方图的高低表示某个因素影响的大小，曲线表示各因素影响大小的累计百分数。按主次因素的排列，可分为三类：累积频率在 0~80% 的因素，称 A 类因素，显然是主要因素；累积频率在 80%~90% 的因素，称 B 类次主要因素；累积频率在 90%~100% 的因素，称 C 类次要因素。

图 3-4　道路交通事故原因分析图

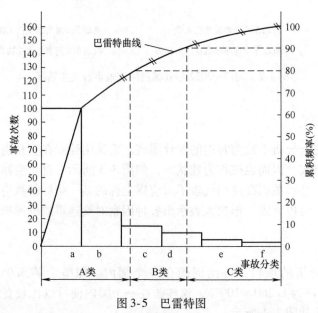

图 3-5　巴雷特图

　　这种排列图法可根据分析目的的不同而改变横坐标中的因素。例如，分析机动车驾驶人事故原因时可以把横坐标设为酒后开车、超速行驶、无证驾驶、违章超车、违章会车等项目；分析道路交通事故现象时可以把横坐标设为汽车与自行车相撞、汽车与行人相撞、汽车与拖拉机相撞、汽车自身事故等项目。但分析时所采用的因素不宜过多，要列出主要因素，去掉累积频率较小的次要因素，以便突出主要原因。

3.2.6 因果分析图

因果分析图也称鱼刺图或特性因素图。运输过程安全与否是交通参与者、运载工具、运输线路等多方面因素综合作用的结果，这些因素与交通安全的关系相当复杂，他们之间也存在着错综复杂的关系。当分析发生交通事故的原因时，可以将各种可能的事故原因进行归纳分析，用简明的文字和线条表现出来，如图 3-6 所示。用鱼刺图分析法分析交通安全问题，可以使复杂的原因系统化、条块化，更直观、逻辑性更强，因果关系更明确，便于把主要原因弄清楚。

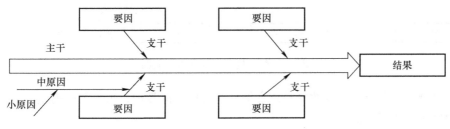

图 3-6 鱼刺图分析法

图 3-6 中，"结果"表示不安全问题，事故类型；主干是一条长箭头，表示某一事故现象；长箭头两边有若干"支干""要因"，表示与该事故现象有直接关系的各种因素，其是综合分析和归纳的结果；"中原因"则表示与要因直接有关的因素。依此类推便可以把事故的各种原因客观、全面地找出来。

图 3-7 和图 3-8 分别是翻车事故鱼刺图和船舶货舱爆炸起火鱼刺图。在运用因果分析图对交通事故原因进行分析时，要从大到小、从粗到细、由表及里、寻根究底，直到能采取具体措施为止。

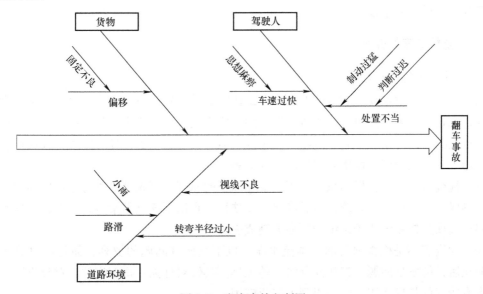

图 3-7 翻车事故鱼刺图

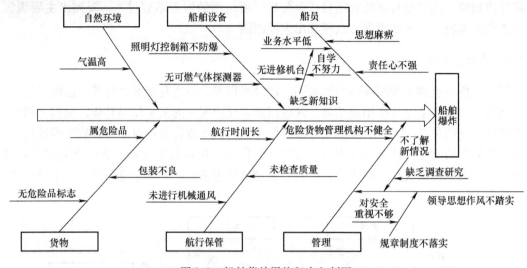

图 3-8　船舶货舱爆炸起火鱼刺图

用因果分析图分析交通事故的具体案例，对吸取事故教训，采取防范措施，防止类似事故的再次发生尤为适用。

3.3　安全检查表分析

安全检查表是交通系统安全分析中的一种常用分析方法。其基本任务是发现和查明系统的各种危险和隐患，监督各项安全法规、制度、标准的实施，制止违章行为，预防事故，消除危险，保障安全。在交通安全管理中，对安全检查是十分重视的。为了使安全检查工作能够正确、及时地发现问题和解决问题，需要有一种按系统工程思想进行检查的方法。安全检查表就是为此目的而编制的。实践表明，安全检查表是进行系统安全检查、预防事故、改善劳动条件的一种重要手段。

3.3.1　安全检查表的介绍

1. 安全检查表的定义

安全检查是运营常规、例行的安全管理工作时，及时发现不安全状态及不安全行为的有效途径，也是消除事故隐患、防止事故发生的重要手段。安全检查表是为系统地发现运输工具、运输线路、港、站、车间、班组、工序或机器、设备、装置、环境以及各种操作管理和组织措施中的不安全因素而事先拟好的问题清单。

安全检查表的定义：根据系统工程分解和综合的原理，事先把检查对象加以剖析，把大系统分割成若干个小的子系统，然后确定检查项目，查出不安全因素所在，以正面提问的方式，将检查项目按系统或子系统的顺序编制成表。

安全检查表不是检查项目的一本流水账，也不是所有问题的罗列，而是通过分析、筛选、简化后，能发现问题、查找问题的一种工具。其针对性强，富有实效，对分析系统的安全状况有较好的指导作用，因而得到了广泛应用。

2. 安全检查表的特点

安全检查表是进行系统安全分析的基础，也是安全检查中行之有效的基本方法。其主要特点如下：

1）安全检查表能够事先编制，可以做到系统化、科学化，不漏掉任何可能导致事故的因素，从而提高安全检查工作的效果和质量。

2）安全检查表是根据现有的规章制度、法律法规和标准规范等检查其执行情况，容易得出相对正确的评估。

3）通过事故树分析和编制安全检查表，将实践经验上升到理论，从感性认识到理性认识，并用理论去指导实践，充分认识各种影响事故发生因素的危险程度（或重要程度）。

4）安全检查表按照原因事件的重要顺序排列，有问必答，通俗易懂，能使人们清楚地知道哪些原因事件最重要，哪些次要，促进职工采取正确的方法进行操作，起到安全教育的作用。

5）安全检查表可以与安全生产责任制相结合，对不同的检查对象使用不同的安全检查表，这易于分清责任，还可以提出改进措施，并进行检验。

6）安全检查表以定性分析的结果为主，是建立在原有的安全检查基础和安全系统工程之上的，简单易学、容易掌握，为安全预测和决策提供了坚实的基础。

3. 安全检查表的适用范围

安全检查表适用于对系统生命周期的各个阶段进行安全分析，适用范围涉及生产、工艺、规程、管理等多方面，对检查内容的列举过程即为危险辨识的过程。

该方法适用范围较广，分析精度相对较低，检查表的质量受编制人员的知识水平和经验影响，且安全检查表需要在生产实践中不断修改完善。

3.3.2 安全检查表的编制

1. 编制安全检查表的主要依据

安全检查表应列举需查明的所有能导致事故的不安全状态和行为。为了使检查表在内容上能结合实际、突出重点、简明易行、符合安全要求，应依据以下 4 个方面进行编制。

1）有关标准、规程、规范及规定。为了保证安全生产，国家及有关部门发布了各类安全标准及有关的文件，这些是编制安全检查表的一个主要依据。为了便于工作，需要将检查条款的出处加以注明，以便能尽快统一不同的意见。

2）事故案例和行业经验。收集国内外同行业及同类产品行业的事故案例，从中发掘出不安全因素，作为安全检查的内容。国内外及本单位在安全管理及生产中的有关经验，也是一项重要内容。

3）通过系统分析，确定危险部位及防范措施，都是安全检查表的内容。

4）研究成果。在现代信息社会和知识经济时代，知识的更新很快，编制安全检查表必须采用最新的知识和研究成果，包括新的方法、技术、法规和标准。

2. 安全检查表的格式

安全检查表的格式，并没有统一的规定，可以根据不同的要求，设计不同需要的安全检查表。原则上应条目清晰、内容全面，要求详细、具体。总体上讲，目前应用较多的有两种

形式，即提问式和对照式安全检查表。

（1）提问式 提问式安全检查表的检查项目内容采用提问的方式进行，其一般格式见表 3-2。

表 3-2　提问式安全检查表

序号	检查项目	检查内容要点	是 "√" 否 "×"	备注
1				
2				
		………		
检查人		时间	直接负责人	

这种格式适用于企业非安全专业的生产人员实施自行检查，只需要按检查表内容和生产实际情况的符合性填 "√" 或 "×"，确定当日或较短时期内的安全情况。

（2）对照式 对照式安全检查表的检查项目内容后面附上对应的合格标准，检查时对比合格标准作答。对照式安全检查表的一般格式见表 3-3。

表 3-3　对照式安全检查表

序号	检查项目	国家技术标准规定项目	检查结果	备注
1				
2				
		………		
检查人				

这种格式适用于企业安全管理或安全监管机构的专业人员，按照行业安全技术标准，对照企业生产条件和设备、操作流程情况设计对应的检查表，填写表格检查结果时需要使用安全术语或相应的数据对比等来明确实际生产状况、安全技术标准或法规间的差距，从而起到准确判断和辅助决策的作用。

此外，在安全标准化实施过程中，也有在安全检查表中增加分值评判等表格项的新格式。总之，安全检查表是应用最广泛、使用最便捷、效果较显著的一种系统性安全分析评价方法，其形式也比较多样。

3. 安全检查表的编制程序

编制安全检查表和对待其他事物一样，都有一个处理问题的程序。图 3-9 所示为编制安全检查表的程序框图。

（1）系统的功能分解 一般工程系统（装置）都比较复杂，难以直接编制出总的检查表。可按系统工程观点将系统进行功能分解，建立功能结构图。这样既可显示各构成要素、部件、组件、子系统与总系统之间的关系，又可通过各构成要素不安全状态的有机组合求得总系统的检查表。

（2）人、机、物、管理和环境因素 如以交通运营管理为研究对象，运营管理系统中的人、机、物、管理和环境是子系统。从安全观点出发，不只是考虑"人-机系统"，应该是"人-机-物-管理-环境系统"。

（3）潜在危险因素的探求 一个复杂的或新的系统，人们一时难以认识其潜在的危险因素和不安全状态，对于这类系统可采用类似"黑箱法"原理来探求，即首先设想系统可能存在哪些危险及其潜在部分，并推论其事故发生的过程和概率，然后逐步将危险因素具体化，最后寻求处理危险的方法。通过分析不仅可以发现其潜在危险因素，而且可以掌握事故发生的机理和规律。

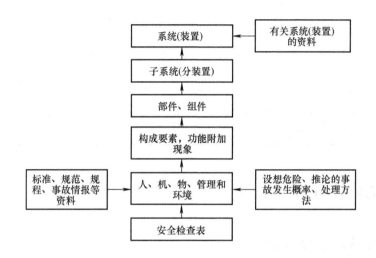

图 3-9　编制安全检查表的程序框图

4. 应注意的问题

1）编制安全检查表的过程，实质是理论知识、实践经验系统化的过程，一个高水平的安全检查表需要专业技术的全面性、多学科的综合性和实际经验的统一性。为此，应组织技术人员、管理人员、操作人员和安全技术人员深入现场共同编制。

2）按照查找隐患要求列出的检查项目应齐全、具体、明确，突出重点，抓住要害。为了避免重复，尽可能将同类性质的问题列在一起，系统地列出问题或状态。另外应规定检查方法，设置合格标准。防止检查表笼统化、行政化。

3）各类检查表都有其适用对象，各有侧重，是不宜通用的。如专业检查表与日常检查表要加以区分，专业检查表应详细，日常检查表则应简明扼要，突出重点。

4）危险性部位应详细检查，确保一切隐患在可能发生事故之前就被发现。

5）编制安全检查表，应将安全系统工程中的事故树分析、事件树分析、预先危险分析、危险与可操作性研究等方法结合进行，把一些基本事件列入检查项目中。

3.3.3 安全检查表应用实例

安全检查表在交通运输系统的安全生产管理、设备管理、人身安全等方面都有很高的实用价值，在预测、预防事故方面发挥了积极的作用。例如，铁路调车作业接班前安全检查表见表3-4。

表 3-4　铁路调车作业接班前安全检查表

检查单位：×××　　　　　　检查人：×××　　　　　　检查时间：×年×月×日

序号	检查项目	检查结果		整改措施（备注）
		是	否	
1	接班前班组长是否从行动、外表检查了职工的思想、精神状态？			
2	接班前班组长是否检查了职工的着装、工具等上岗准备情况？			
3	作业前是否召开了安全预想会，并布置了安全注意事项？			
4	作业前是否明确分工并强调了作业纪律？			
5	调车长、提钩组长、铁鞋组长是否做到了负责全组的安全检查工作？			
6	对危及安全生产的关键因素是否反复强调并对职工进行了相应的布置，做到互相监督确保安全？			
7	对喝酒上岗和身体不适的职工是否采取了有效的解决措施？			
8	当发现有危及安全的情况时，是否立即采取措施并及时制止？			
9	是否按规定巡视了线路、车辆和货物等情况？			

3.4　预先危险性分析

3.4.1　预先危险性分析的基本含义

预先危险性分析（Preliminary Hazard Analysis，PHA），又称预先危险分析，是一种定性分析系统危险因素和危险程度的方法，主要用于交通线路、港、站、枢纽等新系统设计，已有系统改造之前的方案设计、选址、选线阶段，在还没有掌握该系统详细资料的时候，对系统存在的危险类型、来源、出现条件、事故后果以及有关措施等，进行概略分析，并尽可能在系统付诸实施之前找出预防、纠正、补救措施，消除或控制危险因素。

3.4.2　预先危险性分析的内容与主要优点

系统安全分析的目的不是分析系统本身，而是预防、控制或减少危险性，提高系统的安全性和可靠性。因此，必须从确保安全的观点出发，寻找危险源（点）产生的原因和条件，评价事故后果的严重程度，分析措施的可能性、有效性，采取切合实际的对策，把危害与事故降低到最低程度。

1. 预先危险性分析的内容

在进行危险性预先分析时应对偶然事件、不可避免事件、不可知事件等进行剖析，并通过分析和评价，控制事故的发生。分析的内容包括：

1）识别危险的路段、设备、零部件，并分析其发生事故的可能性条件。

2）分析系统中各子系统、各元件的交接面及其相互关系与影响。

3）分析货物、特别是有毒有害物质的性能及贮运。

4）分析操作过程及有关参数。

5）人、机关系（操作、维修等）。

6）对交通安全有影响的环境因素，如大雾、大风、降雪、洪水、高（低）温、振动、线路景观等。

7）有关安全装备，如安全防护设施、冗余系统及设备、灭火系统、安全监控系统、个人防护设备等。

2. 预先危险性分析的主要优点

1）分析工作做在行动之前，可及早采取措施排除、降低或控制危害，避免由于考虑不周造成损失。

2）对系统开发、初步设计、制造、安装、检修等进行分析的结果，可以提供应遵循的注意事项和指导方针。

3）分析结果可为制定标准、规范和技术文献提供必要的资料。

4）根据分析结果可编制安全检查表以保证实施安全改进措施，并可作为安全教育的材料。

3.4.3 预先危险性分析的步骤

进行预先危险性分析时，一般是利用安全检查表、经验和技术，事先查明危险因素的存在方位，然后识别使危险因素演变为事故的触发因素和必要条件，对可能出现的事故后果进行分析，并采取相应的措施。预先危险性分析的一般步骤如图 3-10 所示。

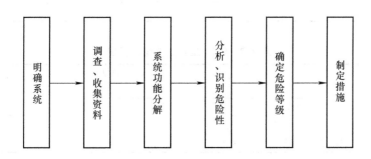

图 3-10　预先危险性分析的一般步骤

具体包括：

1）明确系统。即明确所分析系统的功能及分析范围。

2）调查、收集资料。包括其他类似系统的资料以及使用类似设备、工艺、材料系统的资料。

3）系统功能分解。一个系统往往由若干个功能不同的子系统组成，如铁路运输系统由车务系统、机务系统、工务系统、电务系统、车辆系统等组成，为了便于分析，应将系统进行功能分解，弄清其功能、构造、主要作业过程以及选用的设备、物质、材料等。

4）分析、识别危险性。确定系统中的主要危险因素、危险类型，研究其产生的原因、可能发生的事故及伤害。对潜在的危险点要仔细判定。

5）确定危险等级。在确定每项危险之后，都要按其效果进行分类。在分析系统危险性时，为了衡量危险性的大小及其对系统破坏性的影响程度，可以将各类危险性划分为 4 个等级，见表 3-5。

表 3-5　危险性等级划分

等级	危险程度	可能导致的后果
I	安全的	不会造成人员伤害及系统损坏
II	临界的	系统处于事故的边缘状态，暂时不会造成人员伤害或系统损坏，但应采取措施予以排除或控制
III	危险的	会造成人员伤亡和系统损坏，应立即采取措施排除
IV	灾难的	会导致事故发生，造成人员严重伤亡或财产巨大损失，必须立即设法消除

6）制定措施。针对识别出的主要危险因素，可以通过修改设计、加强安全措施来消除或予以控制，从而达到系统安全的目的。

3.4.4　预先危险性分析的实例

预先危险性分析的记录结果一般采用表格的形式列出。表格的格式和内容可根据实际情况确定。表 3-6 ~ 表 3-8 为几种基本的预先危险性分析（PHA）表格格式。

表 3-6　PHA 工作表

单元：	编制人员：	日期：		
危险	原因	后果	危险等级	改进措施/预防方法

表 3-7　PHA 工作的典型格式表

地区（单元）：		会议日期：		
图号：		小组成员：		
危险/意外事故	阶段	原因	危险等级	对策
事故名称	危险发生的阶段，如生产、试验、运输、维修、运行等			

表 3-8　PHA 表通用格式

系统：1	子系统：2		状态：3			制表者：		
编号：	日期：					制表单位：		
潜在事故	危险因素	触发事件	发生条件	触发事件	事故后果	危险等级	防范措施	备注
4	5	6	7	8	9	10	11	12

注：1. 所分析子系统归属的车间或工段的名称。
2. 所分析子系统的名称。
3. 子系统处于何种状态或运行方式。
4. 子系统可能发生的潜在危害。
5. 产生的潜在危害的原因。
6. 导致产生"危险因素 5"的那些不希望事件或错误。
7. 使"危险因素 5"发展成为潜在危害的那些不希望发生的错误或事件。
8. 导致产生"发生条件 7"的那些不希望发生的事件及错误。
9. 事故后果。
10. 危害等级。
11. 为消除或控制危害可能采取的措施，其中包括对装置、人员、操作程序等几方面的考虑。
12. 有关必要的说明。

碰撞事故预先危险性分析见表3-9。

表3-9 碰撞事故预先危险性分析

危险因素	车辆性能不佳，道路环境状况不良
触发事件	未谨慎驾驶
事故原因	1. 驾驶人 1）观察不周：驾驶人对驶来的车辆、行人、自行车等未观察清楚或判断失误，措施不力、抢道行驶而导致 2）超速驾驶 3）违章操作：违章转弯、占道行驶、违章会车、违章超车、违章停车、酒后开车等 4）疏忽大意：驾驶人思想不集中或专注于与驾驶任务无关的思想活动，没有认真观察和判断外界事物；与车内人员闲谈说笑 5）措施不当：制动使用不及时或使用不当。制动抱死，车辆滑移转向失效 6）其他：药物损伤、疲劳驾驶、驾驶人缺乏经验、反应迟缓、判断错误等 2. 车辆 1）车辆设计、制造中的缺陷及汽车零配件的质量缺陷 2）车辆技术维护保养制度未落实、带病上路 3. 道路环境 1）道路增加的速度不及车辆增加的速度快，致使道路上车流密度越来越大，车间距缩短，当前车突然减速，后车容易措手不及而与前车发生相撞事故 2）路面状态不良，路面强度、稳定性、平整度不够 3）视距不良 4）雨季和冬季，道路摩擦系数低，车辆制动效果差，易发生道路事故
事故后果	车辆损坏，人员伤亡，道路设施破坏，造成重大经济损失
防范措施	1. 驾驶人 1）车辆在转弯、超车及变更车道时，驾驶人要遵守交通规则，遵章驾驶 2）驾驶人和车内人员要使用安全带 3）有效取缔违章停车，特别是在道路交叉口、人行横道、公交车站点等性质恶劣、危险性大，并且敏感性高的地方违章停车 4）对驾驶人开展交通安全教育和指导 2. 车辆 1）在汽车碰撞性能中，考验车辆结构的完整，驾驶人保护系统和汽车碰撞能量的吸收装置，改进后视镜、车辆照明、信号和显示设计，提供可靠的车辆控制器，改进制动转向系统等 2）强化对制动系统和轮胎的检查 3）强化对车辆的周期性检查 3. 道路 1）在道路设施上加大改善力度。增设中央分隔带，避免车辆对向行驶时发生正面相撞 2）对城市部分道路设置公交专用道，以缓解交通流量 3）路侧增设缓冲设施 4）改善道路线形、坡度 5）在雨、雪气象条件下，必须及时提高驾驶人的警惕性和安全意识，在路旁设置预警标志和限速标志，及时清理路面，保障行车畅通有序

3.5 故障模式和影响分析

故障模式和影响分析（Failure Mode and Effect Analysis，FMEA）是对系统各组成部分、元件进行分析的重要方法，它是由可靠性工程发展而来的。这种方法主要分析系统中各子系

统及元件可能发生的各种故障模式，查明各种类型故障对邻近子系统或元件的影响以及最终对系统的影响，提出可能采取的预防改进措施，以提高系统的可靠性和安全性。

早期的故障模式和影响分析只能做定性分析，后来在分析中包括了对故障发生难易程度或发生概率的评价，从而把它与致命度分析（Critical Analysis）结合起来，构成故障模式和影响、致命度分析。这样，若确定了每个元件的故障发生概率，就可以确定设备、系统或装置的故障发生概率，从而定量地描述故障的影响。

3.5.1 基本概念及格式

1. 基本概念

（1）故障　故障是指系统或元素在运行过程中，不能达到设计规定的要求，因而不能实现预定功能的状态。通常情况下，研究系统中相同的组成部分和元素发生的故障并不是不可能相同的。

（2）故障模式　故障模式是指系统中相同的组成部分和元素所发生故障的不同形式，一般可从五个方面来考虑，即：运行过程中的故障；过早地起动；规定时间内不能起动；规定时间内不能停车；运行能力降级、超量或受阻。

（3）故障影响　故障影响是指某种故障类型对系统、子系统，单元的操作、功能或状态所造成的影响。

（4）故障严重度　故障严重度是指考虑故障所能导致的最严重的潜在后果，并以伤害程度、财产损失或系统永久破坏加以度量。

（5）故障等级　故障等级是衡量故障对系统任务、人员和财务安全造成影响的尺度，人们根据故障造成影响的大小而采取相应的处理措施。

2. 格式

表3-10所列为故障模式和影响分析。

表3-10　故障模式和影响分析

子系统或设备部件	故障模式	故障原因	故障影响	故障的识别	校正措施

3. FMEA 方法

（1）FMEA 表格　技术装备 FMEA 方法见表3-11。对于选定的每个系统都须填 FMEA 表格，表中包含有故障模式、故障原因、故障后果、故障概率等级数、故障检测法、故障检测率等级数、采取措施和故障严重程度等级数等。

（2）故障风险优先级数 RF　在找出技术装备的潜在故障以后，还须对其进行比较和排序，以便决定故障的重要性和优先权，为技术决策提供支持。因此而提出故障风险评估的概念。用故障风险优先级数 RF 来对故障进行综合评估，它主要考虑了3方面的评价：①故障后果严重程度，用故障严重程度等级数 YZ 度量；②故障发生的概率，用故障概率等级数 GL 度量；③故障被发现的概率，用故障检测率等级数 JC 度量。

1）故障严重程度等级数 YZ。故障严重程度等级数 YZ 描述了故障严重后果的程度，根据故障后果的严重程度将其分为10级，最严重的故障为等级10，严重程度最轻的故障为等级1，铁路故障后果严重等级的划分见表3-12。

表 3-11 FMEA 表格

原始分析层次____任务____审核____第____页共____页

约定层次____分析者____校准____填表日期____

1	2	3	4	5	6	7	8	9	10	11	12	13	14	15	16
序号	产品名称	功能	故障模式	故障原因	故障后果	故障概率等级数 GL	故障检测法	故障检测率等级数 JC	故障严重等级	故障严重程度等级数 YZ	风险等级	建议措施	采取措施	故障风险优先级数 RF	备注

表 3-12 铁路故障后果严重等级的划分

故障等级	等级名称	严重程度	故障严重程度等级数 YZ	故障损失费用/元
I	特别重大故障	造成 30 人以上死亡 造成 100 人以上重伤 造成 1 亿元以上直接经济损失 繁忙干线客车脱轨 18 辆以上并中断行车 48h 以上 繁忙干线货车脱轨 60 辆以上并中断行车 48h 以上	10 9	≥1 亿
II	重大故障	造成 10 人以上 30 人以下死亡 造成 50 人以上 100 人以下重伤 造成 5000 万元以上直接经济损失 客车脱轨 18 辆以上 货车脱轨 60 辆以上 客车脱轨 2 辆以上 18 辆以下，并中断繁忙干线行车 24h 或其他线路行车 48h 以上 货车脱轨 6 辆以上 60 辆以下，并中断繁忙干线行车 24h 或其他线路行车 48h 以上	8 7	≥5000 万
III	较大故障	造成 3 人以上 10 人以下死亡 造成 10 人以上 50 人以下重伤 造成 1000 万元以上直接经济损失 客车脱轨 2 辆以上 18 辆以下 货车脱轨 6 辆以上 60 辆以下 中断繁忙干线行车 6h 以上 中断其他线路行车 10h 以上	6 5	≥1000 万
IV	一般故障	A 类 造成 2 人死亡 造成 5 人以上 10 人以下重伤 造成 500 万元以上直接经济损失 导致列车及调车作业发生冲突、脱轨、火灾、爆炸、相撞事故 B 类 造成 1 人死亡 造成 5 人以下重伤 造成 100 万元以上直接经济损失 列车及调车作业发生冲突、脱轨、火灾、爆炸、相撞等事故 C 类 列车冲突、火灾、爆炸、相撞、分离、货车脱轨，错误接发车、冒进、溜车、重要部件严重损坏、碰撞线路设施设备、错误关闭折角塞门、接触网错误断电或供电、装载严重超限等 D 类 调车冲突、脱轨、相撞，货车分离，耽误本列客车 1h 以上，耽误本列货车 2h 以上等	4 3 2 1	≥500 万

2）故障概率等级数 GL。故障概率等级数 GL 表示故障发生概率的大小，是对故障发生可能性的评估。表3-13 所列为铁路故障概率等级数 GL 的评价准则。表中将故障概率等级分为 10 级，故障发生概率最高的等级为 10，最低的（不可能发生）等级为 1。

表 3-13　铁路故障概率等级数 GL 的评价准则

故障概率等级 （与现有铁路产品/零部件相比较）	发生的可能性	可能的故障率/ （故障数/h）	故障概率等级数 GL
高：故障持续性出现	经常	$10^0 \sim 10^{-3}$	10 9
中：故障经常性出现	比较可能	$10^{-3} \sim 10^{-5}$	8 7
低：故障较少出现	小	$10^{-5} \sim 10^{-7}$	6 5 4
很低：故障几乎不出现	极小	$10^{-7} \sim 10^{-9}$	3 2
不太可能：故障不太可能出现	不太可能	$< 10^{-9}$	1

3）故障检测率等级数 JC。故障检测率等级数 JC 表示故障被发现的概率的大小，是对故障被发现的可能性评估。表3-14 所列为铁路故障检测率等级数 JC 的评价准则。表中将故障检测率分为 10 级，故障不可能被检测出的故障检测率等级数 JC 为 10，故障肯定能被检测出的 JC 为 1。

表 3-14　铁路故障检测率等级数 JC 的评价准则

评价准则	检测性	故障未被检测出的概率	故障检测率等级数 JC
肯定不能在运行中检测出的故障	几乎不可能	$>1/10$	10
不容易识别故障特征，很难在运行中检测出的故障	很低	$<1/10$	9 8
能识别故障特征，但很难在运行中检测出的故障	低	$<1/100$	7 6
通过计划检查和传感器持续监测得知故障状况	中等	$<1/100$	5 4
在维修中通过目测检查发现，对运行不产生影响的故障	高	$<1/1000$	3 2
肯定能在运行中发现的功能故障	很高	$<1/10000$	1

4）故障风险优先级数 RF 的计算。故障风险优先级数 RF 是故障严重程度等级数 YZ、故障概率等级数 GL 和故障检测率等级数 JC 的乘积，即

$$RF = YZ \times GL \times JC \tag{3-1}$$

根据国内外经验,对轨道交通来说,上式中的故障风险优先级数 RF 的数值不得超过 125,3 个单项评估等级数 YZ、GL 和 JC 中任一项的数值都不能大于或等于 7。如果其中任一项不满足数值条件,则须采取措施降低 RF 值,达到要求为止。

3.5.2 故障模式和影响分析程序

1)调查所分析系统的情况,收集整理资料。将所分析系统或设备部件的工艺、生产组织、管理和人员素质、设备,以及投产或运行以来的设备故障和伤亡事故等情况进行全面的调查分析,收集整理伤亡事故、设备故障等方面的数据和资料。

2)危险源初步辨识。组织与该系统或设备部件有关的工人、技术人员和安全管理人员开展危险预知活动,摆明问题,从操作行为、设备、工艺、环境因素、管理状态等方面进行危险源辨识和分析。

3)故障模式、影响及组成因素分析。危险源列出后,即根据收集整理的设备故障、伤亡事故情况等资料进行故障模式、影响及组成因素分析。

4)故障等级分析。通过危险源辨识、故障模式及组成因素的分析,对系统中危险因素的基本情况有了初步了解,此时需进行故障等级分析,以衡量故障对系统造成的影响程度。一般将故障对子系统或系统影响的严重程度分为 4 个等级,见表 3-15。

表 3-15　故障等级

故障等级	影响程度	危害后果
Ⅰ级	破坏性的	会造成严重人员伤害或系统损坏,必须设法消除
Ⅱ级	危险的	会造成较重人员伤害或系统损坏,需立即采取控制措施
Ⅲ级	临界的	会造成较轻人员伤害或系统损坏,但可排除和控制
Ⅳ级	可忽略	不会造成人员伤害和系统损坏

3.5.3 故障模式影响与危险度分析

故障模式影响与危险度分析(Fault Modes Effects and Criticality Analysis,FMECA)也称故障类型影响及致命度分析,是故障模式影响分析和危险度分析(Criticality,CA)的组合分析方法。该方法综合考虑故障严重度和故障发生的可能性来对故障模式进行评价。在 FMEA 的基础上,对故障等级为Ⅰ级——破坏性的(有时也针对Ⅱ级——危险的)故障类型,一般需进一步做危险度分析。

FMECA 的目的是给出某种故障模式的发生概率及故障严重度的综合度量。可以把概率和严重度分别划分为若干等级。根据经验确定故障发生概率,再用概率和严重度等级的不同组合区分故障模式所导致的风险程度。

对某单元的任一故障模式,其危险度指数可按下式计算:

$$C = \sum_{i=1}^{n} \alpha\beta k_1 k_2 \lambda t \times 10^6 \qquad (3-2)$$

式中,C 为危险度指数,表示相应系统元件每 100 万次运行造成系统故障的次数;n 为导致

系统重大故障或事故的故障类型数目；i 为危险性故障模式的第 i 个序号；λ 为元素的基本故障率；t 为元素的运行时间；k_1 为实际运行状态的修正系数；k_2 为实际运行环境条件的修正系数；α 为导致系统重大故障或事故的故障类型数目占全部故障类型数目的比例；β 为导致系统重大故障或事故的故障类型出现时，系统发生重大故障或事故的概率，β 参考值见表 3-16。

表 3-16 β 参考值

故障影响	β 参考值
实际丧失规定功能	$\beta = 1.0$
很可能丧失规定功能	$0.1 < \beta < 1.0$
可能丧失规定功能	$0 < \beta < 0.1$
没有影响	$\beta = 0$

3.5.4 故障模式影响分析实例

对于铁路客车轴箱轴承，利用表 3-11，对其中滚动轴承的内环松动故障进行故障风险优先级数计算分析。由于该故障可能造成最为严重的后果，因此选择 YZ = 10；但出现的概率很低，取 GL = 2；该故障被发现的概率较大，因此取故障检测率等级数 JC = 3。则

$$RF = YZ \times GL \times JC = 10 \times 2 \times 3 = 60$$

此值虽未超过 125，但由于单项 YZ > 7，则须对此故障格外注意，采取必要的措施，例如采取红外线测温的方法，在轴承温度过高时发出危险信号，使故障产生的后果影响很小，从而满足安全要求。

降低故障风险的主要措施有：

1）确定合适的维修措施。

2）确定或改变维修间隔期。

3）改变产品结构。

4）采用合适的内部或外部诊断和检验措施。

5）如果上述方法和措施从技术和经济上来看无法采用的话，则须重新设计。

3.6 事件树分析

3.6.1 事件树分析的含义

事件树分析（Event Tree Analysis，ETA）是从一个初始事件开始，按顺序分析事件向前发展中各个环节成功与失败的过程和结果。事件树分析是一种时序逻辑的事故分析方法，它以一个初始事件为起点，按照事故的发展顺序，分阶段进行分析，每一事件可能的后续事件只能取完全对立的两种状态（成功或失败，正常或故障，安全或危险等）之一的原则，逐步向结果发展，达到系统故障或事故为止。所分析的情况用树枝状图表示，故称作事件树。

事件树分析是由决策树演化而来的，最初用于可靠性分析。其原理每个系统都由若干个元件组成的，每一个元件对规定的功能都存在具有和不具有的可能。事件树分析既可以定性

地了解整个事件的动态变化过程，又可以定量地计算出各阶段的概率，最终了解事故发展中各种状态的发生概率。

通过事件树分析，可以把事故发生发展的过程直观地展现出来，如果在事件（隐患）发展的不同阶段采取恰当措施阻断其向前发展，就可达到预防事故的目的。

3.6.2 分析步骤

1）确定初始事件。初始事件是事件树中在一定条件下造成事故后果的最初原因事件。

2）找出与初始事件有关的环节事件。环节事件就是出现在初始事件后的一系列可能造成事故后果的其他原因事件。

3）画事件树。把初始事件写在最左边，各个环节事件按顺序写在右面。

具体来说：从初始事件画一条水平线到第一个环节事件，在水平线末端画一垂直线段，垂直线段上端表示成功，下端表示失败；再从垂直线两端分别向右画水平线到下一个环节事件，同样用垂直线段表示成功和失败两种状态；依此类推，直到最后一个环节事件为止。如果某一个环节事件不需要往下分析，则水平线延伸下去，不发生分支，如此便得到事件树。事件树的树形结构如图 3-11 所示。

4）说明分析结果。在事件树最后面写明由初始事件引起的各种事故结果或后果。

绘制事件树必须根据事件的客观条件和事件的特征做出符合科学性的逻辑推理，用与事件有关的技术知识确认事件的可能状态，所以在绘制事件树的过程中就已对每一发展过程和事件发展的途径做了可能性的分析。事件树画好之后，可以找出发生事故的途径和类型以及预防事故的对策。

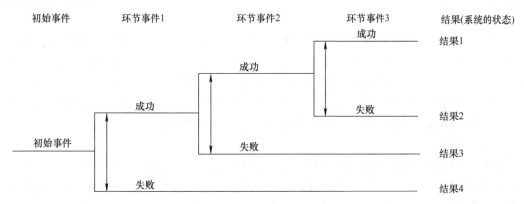

图 3-11 事件树的树形结构

在事件树分析中，大多环节事件都具有成功和失败二元特征，但不是必需的，环节事件可以有多个分支，但各个分支必须是互斥的。如果能够获得初始事件和各环节事件的可靠度/发生概率，就可以计算系统失败的概率，从而实现定量化评估。事件树定量分析如图 3-12所示。

3.6.3 定性与定量分析

1. 事件树定性分析

（1）找出事故连锁 事件树的各分支代表初始事件一旦发生其可能的发展途径。其中，

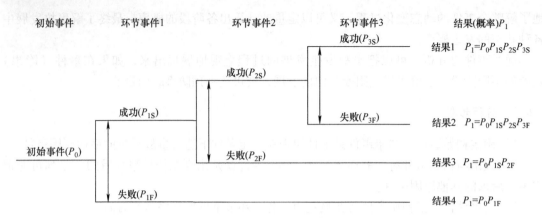

图 3-12　事件树定量分析

最终导致事故的途径即为事故连锁。一般地，导致系统事故的途径有很多，即有许多事故连锁。事故连锁中包含的初始事件和安全功能故障的后续事件之间具有"逻辑与"的关系，显然，事故连锁越多，系统越危险；事故连锁中事件数越少，系统越危险。

（2）找出预防事故的途径　事件树中最终达到安全的途径指导我们如何采取措施预防事故。在达到安全的途径中，发挥安全功能的事件构成事件树的成功连锁。如果能保证这些安全功能发挥作用，则可以防止事故发生。一般地，事件树中包含的成功连锁可能有多个，即可以通过若干途径来防止事故发生。显然，成功连锁越多，系统越安全；成功连锁中事件数越少，系统越安全。由于事件树反映了事件之间的时间顺序，所以应该尽可能地从最先发挥功能的安全功能着手。

2. 事件树定量分析

事件树定量分析是指根据每一事件的发生概率，计算各种途径的事故发生概率，比较各种途径概率值的大小，确定最易发生事故的途径。一般地，当各事件之间相互统计独立时，其定量分析比较简单。当事件之间相互统计不独立时（如共同原因故障，顺序运行等），则定量分析会变得非常复杂。定量分析要以事件概率数据作为计算的依据，而且事件过程的状态又是多种多样的，一般都因缺少概率数据而不能实现定量分析。

3. 事故预防

事件树分析把事故的发生发展过程表述得清楚而有条理，对设计事故预防方案，制定事故预防措施提供了有力的依据。从事件树上可以看出，最后的事故是一系列危害和危险的发展结果，如果中断发展过程就可以避免事故发生。因此，在事故发展过程的各阶段，应采取各种措施，控制事件的可能性状态，减少危害状态的出现概率，增大安全状态的出现概率，把事件发展过程引向安全的发展途径。

采取在事件不同发展阶段阻截事件向危险状态转化的措施，最好在事件发展前期过程实现，从而产生阻截多种事故发生的效果。但有时因为技术经济等原因无法阻截，这时就要在事件发展后期采取控制措施。显然，要在各条事件发展途径上都采取控制措施才行。

3.6.4　事件树分析应用实例

1. 人为差错的事件树分析

设一交通企业某控制室的操作人员要完成4项子任务 A、B、C、D，每个子任务都有可能成功或失败，其操作顺序是：先操作 A，次之是 B，接下来是 C，最后操作 D。在这种情况下，没有成功完成的子任务是可能发生事故的操作，而且一个任务的是否完成不影响其他 3 个子任务。试构造事件树和求出未完成任务的人为差错概率。求解过程如下：

（1）系统的分解与各因素的关系

根据题意表明，系统由 4 项子任务组成，操作人员必须按 A、B、C、D 的顺序依次完成子任务，而不考虑其结果（成功或失败），每项子任务只有两种状态：成功或失败，而且当任何一项子任务失败时，系统都会失败。

（2）画事件树

事件树的根是子任务 A，即从 A 开始，在 A 的节点处画出两个分支，成功分支在上，失败分支在下。接着在 A 的成功分支上画出 B 的节点，再在 B 的节点上画出两个分支，成功分支在上，失败分支在下，同理，画出子任务 C、D 的分支，得到事件树如图 3-13 所示。

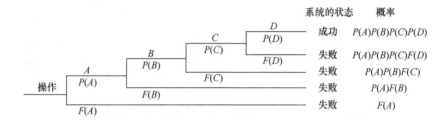

图 3-13　事件树

图 3-13 中，$P(A)$、$P(B)$、$P(C)$、$P(D)$ 分别为完成子任务 A、B、C、D 的成功概率；$F(A)$、$F(B)$、$F(C)$、$F(D)$ 分别为完成子任务 A、B、C、D 的失败概率。

（3）定量计算

根据图 3-13，任务的成功概率 $P(S)$ 为

$$P(S) = P(A)P(B)P(C)P(D)$$

同理，任务的失败概率 $F(S)$ 为

$$F(S) = P(A)P(B)P(C)F(D) + P(A)P(B)F(C) + P(A)F(B) + F(A)$$

因为

$$F(A) = 1 - P(A), \quad F(B) = 1 - P(B), \quad F(C) = 1 - P(C), \quad F(D) = 1 - P(D)$$

代入上式，化简得：

$$F(S) = 1 - P(A)P(B)P(C)P(D) = 1 - P(S)$$

已知各子任务成功概率均为 0.99，则

$$P(S) = 0.99^4 = 0.960596$$

$$F(S) = 1 - 0.960596 = 0.039404$$

2. 火车上有易燃品引起火灾事故的事件树分析

在铁路旅客运输中是严禁旅客携带易燃品上车的，以确保旅客运输安全。但有的旅客违反规定携带易燃品，进站时未查出，将其带上火车，这就可能引起火灾事故，造成人员伤亡和财物损失；若处理得当，也可以避免火灾事故的发生。其事件树分析如图 3-14 所示。

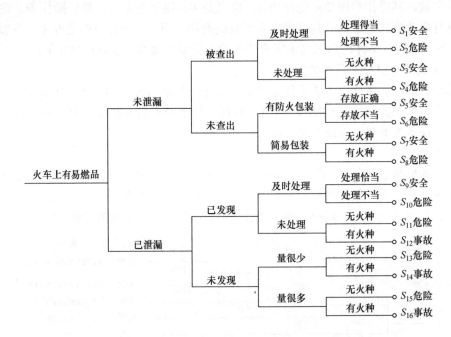

图 3-14 火车上有易燃品引起火灾事故的事件树分析

【例3-1】 行人过马路的事件树分析：行人王某在一处十字路口，虽然已经看到不远处有车辆正在靠近，但王某抱着侥幸心理，未等车辆通过就穿过马路。机动车驾驶人发现时已经来不及制动，撞上正在过马路的王某。请根据事故过程，进行行人过马路事件树分析。

解：经分析可得行人过马路事件树图，如图 3-15 所示。

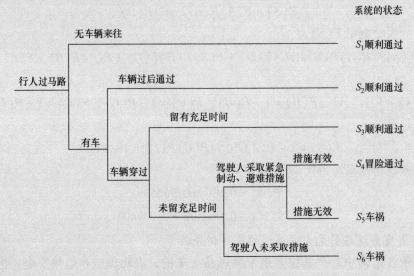

图 3-15 行人过马路事件树图

从该事件树图可直观看出，在前三种情况下，行人均能顺利通过马路：即在无车辆来往时通过、车辆过后通过、留有充足时间通过。但能够保证安全通过的只有前两种情况，因为第三种情况虽然留有充足的估计时间，但万一在穿越时出现意外，如出现被绊倒或摔倒等事件，则可能出现事故。第四种情况虽能冒险通过，但由于此情况取决于驾驶人的行为，行人无法掌控驾驶人的行为，所以不安全。

通过上述的分析可见，最可靠的是第一种和第二种情况。人们可根据这一提示采取适当的技术措施，满足第一、二种情况的要求。例如，在城市主要拥挤的交通要道处，设立立交桥，使人与车辆在空间上避免交叉。对于第二种情况，在无条件设立立交桥的繁华十字路口，可设置交通指挥灯，以避免行人与车辆的时间交叉。这样，就可以从根本上消除事故的发生。

3.7 事故树分析

3.7.1 事故树分析的基本概念

事故树分析（Fault Tree Analysis，FTA）是一种演绎推理法，这种方法把系统可能发生的某种事故与导致事故发生的各种原因之间的逻辑关系用事故树的树形图表示，通过对事故树的定性与定量分析，找出事故发生的主要原因，为确定安全对策提供依据，以达到预测与预防事故发生的目的。事故树分析具有以下特点：

1）事故树分析是一种图形演绎方法，是故障事件在一定条件下的逻辑推理方法。它可以围绕某特定的事故进行层层深入的分析，因而可以在清晰的事故树图形下表达系统内各事件间的内在联系，并指出单元故障与系统事故之间的逻辑关系，便于找出系统的薄弱环节。

2）事故树分析具有很大的灵活性，不仅可以分析某些单元故障对系统的影响，还可以对导致系统事故的特殊原因，如人的因素、环境影响进行分析。

3）进行事故树分析的过程是一个对系统深入认识的过程，它要求分析人员把握系统内各要素间的内在联系，弄清各种潜在因素对事故发生影响的途径和程度，因而许多问题在分析的过程中就被发现和解决了，从而提高了系统的安全性。

4）利用事故树模型可以定量计算复杂系统发生事故的概率，为改善和评价系统安全性提供了定量的依据。

3.7.2 事故树基本结构

事故树基本结构如图 3-16 所示，在事故树中，各事件之间的基本关系是因果逻辑关系，通常用逻辑门来表示。事故树中以逻辑门为中心，其上层事件是下层事件发生后所导致的结果，称为输出事件；下层事件是上层事件的原因，称为输入事件。所要研究的特定事件被绘制在事故树的顶端，称为顶上事件，如图 3-16 表示的事件。导致顶上事件发生的最初的原因事件绘制于事故树下部各分支的终端，称为基本事件，如图 3-16 中 x_i 所表示的事件。处于顶上事件和基本事件中间的事件称为中间事件，它们既是造成顶上事件的原因，又是由基本事件产生的结果，如图 3-16 中 A_1、A_2、A_3、A_4、A_5 所表示的事件。

3.7.3 事故树分析程序

事故树分析是根据系统可能发生的事故或已经发生的事故所提供的信息，去寻找同事故发生的原因，从而采取有效的防范措施，防止事故再发生。这种分析方法一般可按下述步骤进行。分析人员在具体分析某一系统时，可根据需要和实际条件选取其中的若干步骤。

1. 准备阶段

（1）确定所要分析的系统 在分析过程中，合理地处理好所要分析系统与外界环境及其边界条件，确定所要分析系统的范围，明确影响系统安全的主要因素。

（2）熟悉系统 这是事故树分析的基础和依据。对于已经确定的系统进行深入的调查研究，收集系统的资料与数据，包

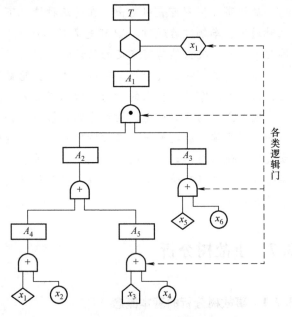

图 3-16 事故树基本结构

括系统的结构、性能、工艺流程、运行条件、事故类型、维修情况、环境因素等。

（3）调查系统发生的事故 收集、调查所分析系统曾经发生过的事故和将来有可能发生的事故，同时还要收集、调查本单位与外单位、国内与国外同类系统曾发生的所有事故。

2. 事故树的编制

（1）确定事故树的顶事件 确定顶事件是指确定所要分析的对象事件。根据事故调查报告分析其损失大小和事故频率，选择易于发生且后果严重的事故作为事故树的顶事件。

（2）调查与顶事件有关的所有原因事件 从人、机、环境和信息等方面调查与事故树顶事件有关的所有事故原因，确定事故原因并进行影响分析。

（3）编制事故树 采用一些规定的符号，按照一定的逻辑关系，把事故树顶事件与引起顶事件的原因事件，绘制成反映因果关系的树形图。

3. 修改、简化事故树

在分析系统故障时，最初建立的故障树往往并不是最简的，可以去掉多余的逻辑事件，对它进行简化。经常采用的简化方法是借助逻辑代数的逻辑法则进行简化。

4. 事故树定性分析

事故树定性分析主要是按事故树结构，求取事故树的最小割集或最小径集，并进行基本原因事件的结构重要度分析，根据定性分析的结果，确定预防事故的安全保障措施。

5. 事故树定量分析

事故树定量分析主要是根据引起事故发生的各基本事件的发生概率，计算事故树顶事件的发生概率；计算各基本事件的概率重要度和关键重要度。根据定量分析的结果以及事故发生以后可能造成的危害，对系统进行风险分析，以确定安全投资方向。

6. 事故树分析的结果总结与应用

必须及时对事故树分析的结果进行评价、总结，提出改进建议，整理、储存事故树定性

和定量分析的全部资料与数据，并注重综合利用各种安全分析的资料，为系统安全性评价与安全性设计提供依据。

3.7.4 事故树的符号及其意义

事故树采用的符号包括事件符号、逻辑门符号和转移符号三大类。

1. 事件符号

在事故树分析中各种非正常状态或不正常情况皆称为事故事件，各种完好状态或正常情况皆称为成功事件，两者均简称为事件。事故树中的每一个节点都表示一个事件。

（1）结果事件　结果事件是由其他事件组合所导致的事件，它总是位于某个逻辑门的输出端。用矩形符号表示结果事件，如图3-17a所示。

结果事件分为顶事件和中间事件：

1）顶事件。顶事件是事故树分析中所关心的结果事件，位于事故树的顶端，它是所讨论事故树中逻辑门的输出事件而不是输入事件，即是系统可能发生的或实际已经发生的事故结果。

2）中间事件。中间事件是位于事故树顶事件和底事件之间的结果事件。它既是某个逻辑门的输出事件，又是其他逻辑门的输入事件。

（2）底事件　底事件是导致其他事件的原因事件，位于事故树的底部，它只是某个逻辑门的输入事件而不是输出事件。

底事件又分为基本原因事件和省略事件：

1）基本原因事件。其表示导致顶事件发生的最基本的或不能再向下分析的原因或缺陷事件，用图3-17b中的圆形符号表示。

2）省略事件。其表示没有必要进一步向下分析或其原因不明确的原因事件。另外，省略事件还表示二次事件，即不是本系统的原因事件，而是来自系统之外的原因事件，用图3-17c中的菱形符号表示。

（3）特殊事件　特殊事件是指在事故树分析中需要表明其特殊性或引起注意的事件。特殊事件又分为开关事件和条件事件。

1）开关事件，又称正常事件。开关事件是在正常工作条件下必然发生或必然不发生的事件，用图3-12d中的屋形符号表示。

2）条件事件。条件事件是限制逻辑门开启的事件，用图3-17e中的椭圆形符号表示。

| a) 结果事件 | b) 基本原因事件 | c) 省略事件 | d) 正常事件 | e) 条件事件 |

图3-17　事故树事件符号示意图

2. 逻辑门符号

逻辑门是连接各事件，并表示其逻辑关系的符号。其中主要有：与门、或门、条件与门、条件或门及限制门。

（1）与门　与门连接表示只有输入事件 x_1、x_2 同时发生的情况下，输出事件 T 才会发生的逻辑关系。两者缺一不可，表现为逻辑积的关系，即 $T = x_1 \cap x_2$。与门符号如图 3-18a 所示。

（2）或门 或门连接表示输入事件 x_1 或 x_2 中，任何一个事件发生都可以使事件 T 发生，表现为逻辑和的关系即 $T = x_1 \cup x_2$。或门符号如图 3-18b 所示。

（3）条件与门 表示只有当输入事件 x_1、x_2 同时发生，且还必须满足条件 A，才会有输出事件 T 发生，相当于三个输入事件的与门。即 $T = x_1 \cap x_2 \cap A$。将条件 A 记入六边形内，如图 3-18c 所示。

（4）条件或门 表示只有输入事件 x_1 或 x_2 中任何一个事件发生，且满足条件 A 的情况下，输出事件 T 才会发生。将条件 A 记入六边形内，如图 3-18d 所示。

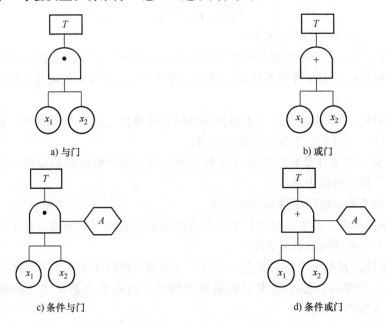

图 3-18　逻辑门符号示意图

3. **转移符号**

当事故树规模很大，一张图样不能绘出全部内容时，可以应用转移符号，在另一张图样上继续完成，或当整个事故树中多处包含有相同的部分树图时，为了简化起见，可以用转出和转入符号标明。

（1）转出符号 转出符号表示向其他部分转出，△内记入向何处转出的标记，如图 3-19a、图 3-20a 所示。

（2）转入符号 转入符号表示从其他部分转入，△内记入从何处转入的标记，如图 3-19b、图 3-20b 所示。

图 3-19　事故树转移符号示意图

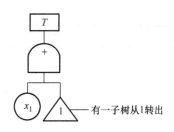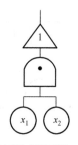

a) 转出符号示例 b) 转入符号示例

图 3-20 事故树转移符号示例

事故树的常用符号主要有事件符号、逻辑门符号和转移符号，汇总见表 3-17。

表 3-17 事故树的常用符号及意义

种类	符号	名称	意义
事件符号	▭	顶事件或中间事件	表示由许多其他事件相互作用而引起的事件 这些事件都可以进一步向下分析，处在事故树的顶端或中间
	◯	基本原因事件	事故树中最基本的原因事件，不能继续往下分析，处在事故树的底部
	◇	省略事件	由于缺乏资料不能进一步展开或不愿继续分析而有意省略的事件，也处在事故树的底部
	⬠	正常事件	正常情况下应该发生的事件，位于事故树的底部
逻辑门符号	与门符号	与门	表示输入事件都发生，上面的输出事件才能发生
	或门符号	或门	表示输入事件只要有一个发生，就会引起上面的输出事件发生
	条件与门符号	条件与门	表示输入事件都发生且必须满足条件 A，输出事件才能发生

（续）

种类	符号	名称	意义
逻辑门符号		条件或门	表示任何一个输入事件发生，同时条件 A 也发生，上面的输出事件就会发生
		限制门	表示一个输入事件发生，同时条件 A 也发生，输出事件就会发生
转移符号		转入符号	表示转入对应的字母或数字标注的子事故树
		转出符号	表示该部分事故树由此转出

3.7.5 事故树的编制

事故树的编制是 FTA 中最基本、最关键的环节。编制工作一般由系统设计人员、操作人员和可靠性分析人员组成的编制小组来完成。通过编制过程能使小组人员深入了解系统，发现系统中的薄弱环节。

1. 事故树编制规则

事故树的编制过程是一个严密的逻辑推理过程，应遵循以下规则：

1）确定系统的顶事件。正确选择顶事件是事故树分析的关键，直接关系到分析结果。顶事件是系统不希望发生的事故事件。在系统危险分析的结果中，不希望发生的事件远不止一个，但是，应当把发生频率高且后果严重的事件优先作为分析的对象，即顶事件；也可以把发生频率不高但后果很严重以及后果虽不严重但发生非常频繁的事件作为顶事件。顶事件在很多情况下是由 FMEA（故障模式和影响分析）、ETA（事件树分析）得出的。

2）合理确定边界条件。在确定了顶事件后，为了不使事故树过于烦琐、庞大，应明确规定被分析系统与其他系统的界面，并作一些必要的合理的假设，即合理确定边界条件。

3）保持门的完整性，不允许门与门直接相连。在顶事件与其紧连的中间事件之间，根据其逻辑关系相应地画上逻辑门。事故树编制时应逐级进行，不允许跳跃，任何一个逻辑门的输出都必须有一个结果事件，不允许不经过结果事件而将门与门直接相连，这将很难保证逻辑关系的准确性。

4）找出中间事件，判明各事件间的因果关系和逻辑关系。在确定了系统的顶事件并合理确定了边界条件后，找出直接导致顶事件发生的各种可能因素或因素的组合即中间事件。

在顶事件与其紧连的中间事件之间，根据其逻辑关系相应地画上逻辑门。然后再对每个中间事件进行类似的分析，找出其直接原因，逐级向下演绎，直到不能分析的基本事件为止，即可得到用基本事件符号表示的事故树。

5）编制过程中及编成后，需及时进行合理的事故树简化。

2. 常用的事故树编制软件

在实际应用中，系统往往由众多复杂的要素构成，手工绘制事故树工作量较大，且对复杂事故树最小割集、最小径集、顶事件概率的计算是一个庞大的工程，基于此，很多学者或机构开发了事故树绘制与分析软件，给安全工程技术和管理人员提供了操作简单、功能丰富、快速实现事故树绘制及分析的工具。

常用的事故树分析软件有：FreeFta、EasyDraw、CAFTA 等。通过应用软件，可以很方便地选择各种事件符号和逻辑门符号，快速绘制事故树，并通过相应的最小割集、最小径集、顶事件概率计算等软件功能，实现快速求解。图 3-21 所示为 FreeFta 分析软件的主界面。

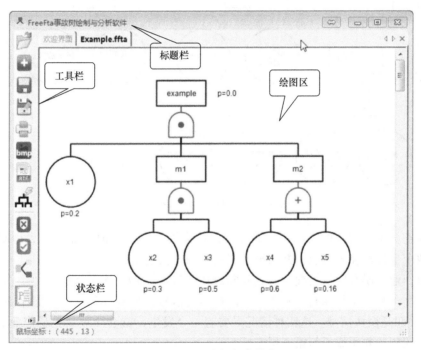

图 3-21　FreeFta 分析软件的主界面

各种事故树软件为事故树的编制及计算提供了简单快捷的工具，但事故树编制是建立在对系统进行全面分析的基础上的。也就是说，事故树软件仅提供了一个绘制和分析的工具，事故树分析的核心内容依然是分析人员运用事故树分析的原理和方法对研究对象进行系统的分析。

3. 事故树编制举例

编制事故树的常用方法为演绎法，它是通过人的思考去分析顶事件是怎样发生的。即首先确定系统的顶事件，找出直接导致顶事件发生的各种可能因素或因素的组合，即中间事件。在顶事件与其紧连的中间事件之间，根据逻辑关系，相应地画上逻辑门。然后再对每个

中间事件进行类似的分析，找出其直接原因，逐级向下演绎，直到不能再分析的基本事件为止。这样就可以得到用基本事件符号表示的事故树。

以列车冒进信号为例编制事故树。

图3-22所示为已经编成的列车冒进信号事故树。列车冒进信号取决于机车乘务员未按信号指示行车、信号突变升级、列车制动装置故障这三个事件，其中只要有一个事件发生就会导致顶事件发生，将他们写在第二层，并用或门与第一层连接起来。

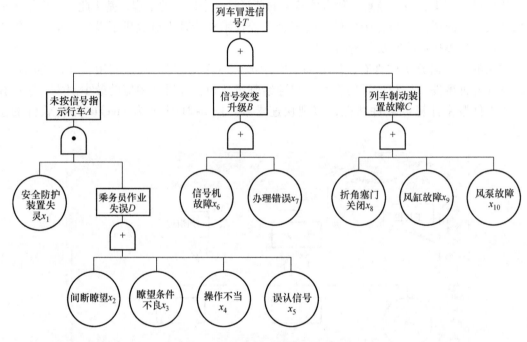

图3-22　列车冒进信号事故树

机车乘务员未按信号指示行车是乘务员作业失误、安全防护装置（三大件等）失灵所致，把这两个事件写在第三层，并与第二层用与门连接起来。

乘务员作业失误有四种情况：一是间断瞭望（瞌睡、做影响瞭望的其他工作）；二是瞭望条件不良（气候、地形条件影响视线），看不清信号，臆测行车；三是操作不当（超速、制动延迟）；四是误认信号。这四种情况只要有一个发生，就会导致乘务员作业失误，因此把其写在第四层，并用或门与第三层连接起来。

信号突变升级可能是信号机故障，也可能是办理错误，这两个条件有一个发生，就出现信号突变升级，将其写在第三层，并用或门与第二层连接起来。

列车制动装置故障有三种情况：一是列车中的折角塞门关闭，造成制动力不足；二是风缸故障；三是风泵故障。三个条件中只要有一个发生，就使制动装置发生故障，将其写在第三层，并用或门与第二层连接起来。

3.7.6　事故树化简

1. 布尔代数简介

布尔代数也叫逻辑代数，它是一种逻辑运算方法，是集合论的一部分。布尔代数与其他数学分支的最主要区别在于，布尔代数所进行的是逻辑运算，布尔代数的数值只有两个：0和1。

在事故树分析中，所研究的事件也只有两种状态，即发生和不发生，而不存在其中间状态。所以，可以借助布尔代数进行事故树分析。把具有某种共同属性的一切事物组成的集合，称为全集合，简称全集，用 Ω 表示；没有任何元素的集合称为空集，用 $\varnothing$ 表示。

（1）集合的运算　由集合 A 和集合 B 的所有元素组成的集合 C 称为集合 A 和集合 B 的并集，记为 $C = A \cup B$。符号"$\cup$"读作"并"或"或"，也可写成"$+$"，记为 $C = A + B$。

由集合 A 和集合 B 中相同元素所组成的新集合 C 称为集合 A 和集合 B 的交集，记为 $C = A \cap B$。符号"$\cap$"读作"交"或"与"，也可以用"$\cdot$"表示，记为 $C = AB$ 或 $C = A \cdot B$。

事故树中，或门的输出事件是所有输入事件的并集，与门的输出事件是所有输入事件的交集。

（2）布尔代数运算律　下面将事故树分析中涉及的布尔代数运算律作一简单介绍。布尔代数中，通常把全集 Ω 记作"1"，空集 $\varnothing$ 记作"0"。

1）结合律：$(A + B) + C = A + (B + C)$，$(A \cdot B) \cdot C = A \cdot (B \cdot C)$。

2）交换律：$A + B' = B' + A$，$A \cdot B = B \cdot A$。

3）分配律：$A \cdot (B + C) = (A \cdot B) + (A \cdot C)$，$A + (B \cdot C) = (A + B) \cdot (A + C)$。

4）互补律：$A + A' = \Omega = 1$，$A \cdot A' = \varnothing = 0$。

5）对合律：$(A')' = A$。

6）等幂律：$A + A = A$，$A \cdot A = A$。

7）吸收律：$A + A \cdot B = A$，$A \cdot (A + B) = A$。

8）德·摩根律：$(A + B)' = A' \cdot B'$，$(A \cdot B)' = A' + B'$。

另外，根据全集的定义不难理解，$1 + A = 1$ 成立。

（3）逻辑式的范式　逻辑式的范式是用布尔代数化简事故树和求最小割集、最小径集的基础。

仅用运算符"$\cdot$"连接而成的逻辑式称为与逻辑式，例如 AB'、ABC 等都是与逻辑式；仅用运算符"$+$"连接而成的逻辑式称为或逻辑式；由若干或逻辑式经过与运算符"$\cdot$"连接而成的逻辑式称为或与范式，例如，$A + BC + C$、$A(B + C)(C + D)$ 都是或与范式。

或与范式不是唯一的。在用布尔代数进行事故树分析时，总是将其化为最简单的形式，即要求或与范式中的项数最少，每项（与逻辑式）中所含的元素最少。

例如：

$$ABC + CD + CE + D + DE$$
$$= ABC + CE + [(D + CD) + DE]$$
$$= ABC + CE + (D + DE)$$
$$= ABC + CE + D$$

2. 事故树化简方法

（1）事故树化简方法　无论是对事故树进行化简，还是对其进行定性、定量分析，都要列出事故树的结构式，即将事故树的逻辑关系用逻辑式表示。

例如，图3-23所示的事故树，其结构式为 $T = a \cdot b$；图3-24所示的事故树，其结构式为 $T = A_1 \cdot A_2 = x_1 x_2 \cdot (x_1 + x_3)$

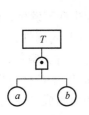

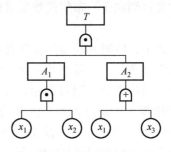

图 3-23　事故树示意图（1）　　　　图 3-24　事故树示意图（2）

（2）事故树的化简方法及示例　对事故树进行化简，即利用布尔代数运算律对事故树的结构式进行整理和化简。通过化简，可以去掉与顶事件不相关的基本事件，并可以减少重复事件。根据化简结果，可以做出简化的、但与原事故树等效的事故树图，这样既便于定量运算，又使事故树更加清晰、明了。

【**例 3-2**】　对图 3-24 所示的事故树进行化简。

根据上面写出的事故树结构式，对其进行化简如下：

$$T = x_1 x_2 \cdot (x_1 + x_3)$$

$$= x_1 x_2 \cdot x_1 + x_1 x_2 \cdot x_3 \quad （分配律）$$

$$= x_1 x_1 \cdot x_2 + x_1 x_2 x_3 \quad （交换律）$$

$$= x_1 \cdot x_2 + x_1 x_2 x_3 \quad （等幂律）$$

$$= x_1 x_2 \quad （吸收律）$$

也可按如下方式对其进行化简：

$$T = x_1 x_2 \cdot (x_1 + x_3)$$

$$= x_1 (x_1 + x_3) \cdot x_2 \quad （交换律）$$

$$= x_1 x_2 \quad （吸收律）$$

这样，就可做出图 3-25 所示的等效事故树，由 x_1 和 x_2 两个基本事件组成，通过一个与门和顶事件连接。这不但使原事故树大大简化，同时表明原事故树中的基本事件 x_3 与顶事件是无关的。另外，通过对顶事件发生概率的计算，可以观察其定量计算的情况。

图 3-25　等效事故树

【**例 3-3**】　设基本事件 x_1、x_2、x_3 的发生概率分别为 $q_1 = q_2 = 0.1$，$q_3 = 0.2$，按化简前的事故树进行计算，顶事件的发生概率为

$$g = q_1 q_2 [1 - (1 - q_1)(1 - q_3)] = 0.1 \times 0.1 \times [1 - (1 - 0.1)(1 - 0.2)] = 0.0028$$

按化简后的等效事故树进行计算，有

$$g = q_1 q_2 = 0.1 \times 0.1 = 0.01$$

计算结果是不同的，其原因是化简前的事故树包括与顶事件无关的基本事件，所以根据化简前事故树算出的顶事件发生概率是错误的。这说明，当事故树的不同位置存在相同的基本事件时，必须先对其进行化简，然后才能进行定量计算。否则，将得到错误的结果。

3.7.7 事故树定性分析

事故树定性分析包括对割集、最小割集、径集、最小径集等的分析。

1. 最小割集及求法

（1）割集和最小割集 事故树顶事件发生与否是由构成事故树的各种基本事件的状态决定的。很显然，当所有基本事件都发生时，顶事件肯定发生。然而，在大多数情况下，并不是只有所有基本事件都发生时顶事件才发生，而只要某些基本事件发生就可导致顶事件发生。在事故树分析中，把引起顶事件发生的基本事件的集合称为割集。如果在某个割集中任意去掉一个基本事件后，就不是割集了，这样的割集称为最小割集。最小割集是引起顶事件发生的充分必要条件。

（2）最小割集的求法 最小割集的求法有多种，但常用的有布尔代数化简法、行列法和结构法。

1）布尔代数化简法。布尔代数化简法也称作逻辑化简法，其理论依据是：事故树的结构完全可以用最小割集来表示。布尔代数化简法求取最小割集，即利用布尔代数运算律化简事故树的结构式，求得若干交集的并集，即最简或与范式。或与范式中有几个交集，事故树就有几个最小割集。

用布尔代数化简法求取最小割集，通常分4个步骤进行：

第一，写出事故树的结构式，即列出其布尔表达式。一般从事故树的顶事件开始，逐层用下一层事件代替上一层事件，直至顶事件被所有基本事件代替为止。

第二，将布尔表达式整理为或与范式。

第三，化简或与范式为最简或与范式。化简方法是，对或与范式中的各个交集进行比较，利用布尔代数运算律（主要是等幂律和吸收律）进行化简，使之满足最简或与范式的条件。

第四，根据最简或与范式写出最小割集。

【例3-4】 用布尔代数求图3-26所示事故树的最小割集。

解：

① 写出事故树的布尔表达式

$$T = A_1 + A_2 = X_1 X_2 B_1 + X_4 B_2$$
$$= X_1 X_2 (X_1 + X_3) + X_4 B_2$$
$$= X_1 X_2 (X_1 + X_3) + X_4 (C + X_6)$$
$$= X_1 X_2 (X_1 + X_3) + X_4 (X_4 X_5 + X_6)$$

② 将布尔表达式整理为或与范式

$$T = X_1 X_2 X_1 + X_1 X_2 X_3 + X_4 X_4 X_5 + X_4 X_6$$

③ 求最简析取标准式

$$T = X_1 X_2 + X_4 X_5 + X_4 X_6$$

即该事故树有三个最小割集：$\{X_1, X_2\}$，$\{X_4, X_5\}$，$\{X_4, X_6\}$。

利用最小割集，原事故树可以化简为一个新的等效事故树，如图3-27所示。

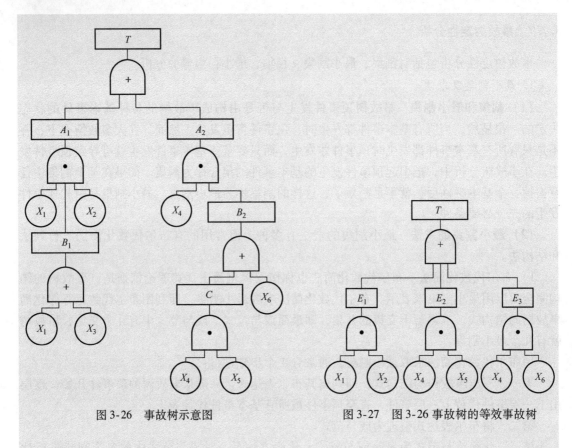

图 3-26　事故树示意图　　　　　　图 3-27　图 3-26 事故树的等效事故树

2）行列法。行列法是福塞尔（J. B. Fussell）和文西利（W. E. Vssely）于 1972 年提出的方法，也称福塞尔法。其理论依据是："与门"使割集容量增加，而不增加割集的数量；"或门"使割集的数量增加，而不增加割集的容量。这种方法求取最小割集时，从顶事件开始，依次用下一层事件代替上一层事件，在代换过程中，把"与门"连接的输入事件，按行排列；把"或门"连接的输入事件，按列排列。这样，逐层向下代换下去，直至顶事件全部由基本事件表示为止。最后列出每一行基本事件的集合，经过简化，若集合内元素不重复出现，且各集合间没有包含的关系，这些集合便是最小割集。

【例 3-5】　用行列法求图 3-26 所示事故树的最小割集。

解：定义顶事件为 T，具体步骤如下：

① 将用或门连接的输入事件 A_1、A_2 成列摆开，即

$$T \xrightarrow{\text{或门}} \begin{matrix} A_1 \\ A_2 \end{matrix}$$

② A_1、A_2 与下一层事件 B_1、B_2、X_1、X_2、X_4 的连结均为"与门"，所以成行排列：

$$\begin{cases} A_1 \xrightarrow{\text{与门}} X_1 B_1 X_2 \\ A_2 \xrightarrow{\text{与门}} X_4 B_2 \end{cases}$$

③ 依此类推：

$$X_1 B_1 X_2 \xrightarrow{\text{或门}} \begin{cases} X_1 X_1 X_2 \\ X_1 X_2 X_3 \end{cases}$$

$$\begin{cases} X_1 B_1 X_2 \xrightarrow{\text{或门}} \begin{cases} X_1 X_1 X_2 \\ X_1 X_2 X_3 \end{cases} \\ X_4 B_2 \xrightarrow{\text{或门}} \begin{cases} X_4 C \xrightarrow{\text{与门}} \begin{cases} X_4 X_4 X_5 \rightarrow \begin{cases} X_1 X_1 X_2 \\ X_1 X_3 X_2 \\ X_4 X_4 X_5 \\ X_4 X_6 \end{cases} \\ X_4 X_6 \end{cases} \\ X_4 X_6 \end{cases} \end{cases}$$

④ 进行布尔等幂、吸收运算，求得最小割集，即

$$\begin{cases} X_1 X_1 X_2 \\ X_1 X_3 X_2 \\ X_4 X_4 X_5 \\ X_4 X_6 \end{cases} \xrightarrow{\text{等幂运算}} \begin{cases} X_1 X_2 \\ X_1 X_2 X_3 \\ X_4 X_5 \\ X_4 X_6 \end{cases} \xrightarrow{\text{等幂运算}} \begin{cases} X_1 X_2 \\ X_4 X_5 \\ X_4 X_6 \end{cases}$$

于是，就得到三个最小割集 $\{X_1, X_2\}$、$\{X_4, X_5\}$、$\{X_4, X_6\}$，与布尔代数法得到的结果一致。

3）结构法。

结构法的理论根据是事故树的结构完全可以用最小割集来表示。

【例3-6】 用结构法求图3-26所示事故树的最小割集。

$$\begin{aligned} T &= A_1 \cup A_2 \\ &= X_1 B_1 X_2 \cup X_4 B_2 \\ &= X_1 (X_1 X_3) X_2 \cup X_4 (C \cup X_6) \\ &= X_1 X_2 \cup X_1 X_3 X_2 \cup X_4 (X_4 X_5 \cup X_6) \\ &= X_1 X_2 \cup X_1 X_2 X_3 \cup X_4 X_4 X_5 \cup X_4 X_6 \\ &= X_1 X_2 \cup X_1 X_2 X_3 \cup X_4 X_5 \cup X_4 X_6 \\ &= X_1 X_2 \cup X_4 X_5 \cup X_4 X_6 \end{aligned}$$

这样，便得到三个最小割集 $\{X_1, X_2\}$、$\{X_4, X_5\}$、$\{X_4, X_6\}$，结果与前两种方法的结果一致。

总的说来，上述三种方法都可应用。其中，布尔代数法较为简单，应用较为普遍。

2. 最小径集及求法

（1）径集与最小径集 在事故树中，当所有基本事件都不发生时，顶事件肯定不会发生。然而，顶事件不发生，并不要求所有基本事件都不发生，而只要某些基本事件不同时发生，顶事件就不会发生。这些不同时发生的基本事件的集合称为径集。最小径集是能够使顶事件不发生的最低数量基本事件的集合。最小径集是保证顶事件不发生的充分必要条件。

（2）**最小径集的求法**　求最小径集是利用它与最小割集的对偶性，就是将原来事故树中的逻辑与门改成逻辑或门，将逻辑或门改为逻辑与门，并将全部事件符号加上"'"，变成事件补的形式，这样便可得到与原事故树对偶的成功树，如图 3-28 所示。然后求出成功树的最小割集，经过对偶变换后就是事故树的最小径集。

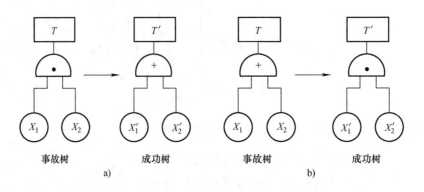

图 3-28　与事故树对偶的成功树的转换关系

【例 3-7】　通过将事故树变为成功树的方法，求图 3-26 所示事故树的最小径集。

首先，将图 3-26 的事故树变为如图 3-29 所示的成功树。

用布尔代数化简法求图 3-29 成功树的最小割集：

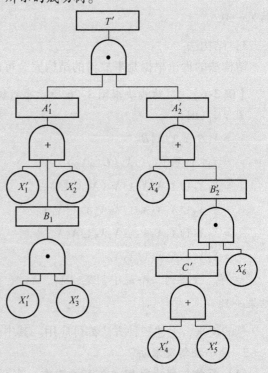

$$T' = A'_1 \cdot A'_2$$
$$= (X'_1 + B'_1 + X'_2)(X'_4 + B'_2)$$
$$= (X'_1 + X'_1 X'_3 + X'_2)(X'_4 + C'X'_6)$$
$$= (X'_1 + X'_2)\{[X'_4 + (X'_4 + X'_5)X'_6]\}$$
$$= (X'_1 + X'_2)(X'_4 + X'_4 X'_6 + X'_5 X'_6)$$
$$= (X'_1 + X'_2)(X'_4 + X'_5 X'_6)$$
$$= X'_1 X'_4 + X'_1 X'_5 X'_6 + X'_2 X'_4 + X'_2 X'_5 X'_6$$

得到成功树的四个最小割集为：$\{X'_1, X'_4\}$ $\{X'_1, X'_5, X'_6\}$ $\{X'_2, X'_4\}$ $\{X'_2, X'_5, X'_6\}$。

经对偶变换得到图 3-26 所示事故树的四个最小径集为

$$\{X_1, X_4\} \{X_1, X_5, X_6\} \{X_2, X_4\} \{X_2, X_5, X_6\}$$

同样，也可以用最小径集表示事故树，如图 3-30 所示。其中 P_1、P_2、P_3、P_4 分别表示四个最小径集。

图 3-29　图 3-26 对应的成功树

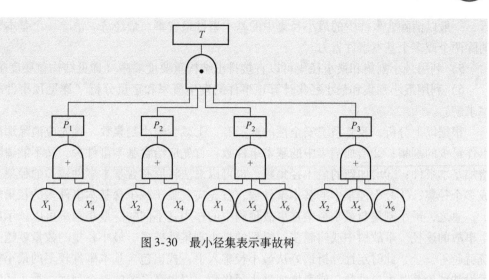

图 3-30　最小径集表示事故树

3. 最小割集和最小径集在事故树分析中的作用

最小割集和最小径集在事故树分析中起着极其重要的作用，其中，以最小割集最突出，透彻掌握和灵活运用最小割集和最小径集能使事故树分析收到事半功倍的效果，并为有效地控制事故的发生提供重要依据。

最小割集和最小径集的主要作用是：

1）最小割集表示系统的危险性。一般认为，事故树的最小割集越多，系统越危险。求出最小割集可以掌握事故发生的各种可能，为事故调查和事故预防提供方便。

一起事故的发生，并不都遵循一种固定的模式，如果求出了最小割集，就可以知道发生事故的所有可能途径。例如：求得图 3-27 所示事故树的最小割集为 $\{X_1, X_2\}$、$\{X_4, X_5\}$、$\{X_4, X_6\}$，并绘出了它的等效图。等效图能直观明了地告诉我们，造成顶事件（事故）发生的途径共三种；或者 X_1、X_2 同时发生；或者 X_4、X_5 同时发生；或者 X_4、X_6 同时发生。这对全面掌握事故发生规律，找出隐藏的事故模式是非常有效的，而且对事故的预防工作提供了非常全面的信息。这样就可以防止头痛医头、脚痛医脚、挂一漏万的问题。

2）最小径集表示系统的安全性。一般认为，事故树的最小径集越多，系统越安全。求出最小径集可以知道，要使事故不发生，有几种可能的方案。例如：图 3-30（最小径集等效表示的图 3-26 中的事故树）共有 4 个最小径集：$\{X_1, X_4\}$ $\{X_2, X_4\}$ $\{X_1, X_5, X_6\}$ $\{X_2, X_5, X_6\}$。从这个等效图的结构看出，只要卡断"与门"下的任何一个最小径集 P_i，就可以使顶事件不发生，也就是说，上述 4 组事件中，任何一组不发生，顶事件就可以不发生。

3）最小割集能直观地、概略地告诉人们，哪种事故模式最危险，哪种稍次，哪种可以忽略。例如，某事故树有 3 个最小割集：$\{X_1\}$ $\{X_1, X_3\}$ $\{X_4, X_5, X_6\}$（如果各基本事件的发生概率都相等）。一般来说，一个事件的割集比两个事件的割集容易发生；两个事件的割集比三个事件的割集容易发生……因为一个事件的割集只要一个事件发生，如 X_1 发生，顶事件就会发生；而两个事件的割集则必须满足两个条件（即 X_1 和 X_3 同时发生），才能引起顶事件发生。

4）利用最小径集可以经济、有效地选择预防事故的方案。从图 3-30 中看出，要消除顶事件 T 发生的可能性，可以有 4 种途径，究竟选择哪种途径最省事、最经济呢？从直观角度

看，一般以消除含事件少的最小径集中的基本事件最省事、最经济。消除一个基本事件应比消除两个或多个基本事件省力。

5）利用最小割集和最小径集可以直接排出结构重要度顺序（详见结构重要度求解）。

6）利用最小割集和最小径集计算顶事件的发生概率和定量分析（详见顶事件的发生概率求解）。

根据以上分析，改善系统安全性的途径有：①减少最小割集数，首先应消除那些含基本事件最少的割集；②增加割集中的基本事件数，首先应给含基本事件少，又不能清除的割集增加基本事件；③增加新的最小径集数，也可以设法将原有含基本事件较多的径集分成两个或多个径集；④减少径集中的基本事件数，首先应着眼于减少含基本事件多的径集。

总之，最小割集与最小径集在事故预测中的作用是不同的。最小割集可以预示出系统发生事故的途径。事故树中或门越多，得到的最小割集就越多，最小径集的数量就越少，该系统就越不安全，此时定性分析最好从最小径集入手，找出包含基本事件较多的最小径集，然后设法减少其基本事件数，或者增加最小径集数，以提高系统的安全程度。最小径集还可以提供控制顶事件最经济、最省事的方案。事故树中与门越多，得到最小割集的个数就越少，该系统的安全性就越高。对于这样的事故树最好从求最小割集着手，消除它或者设法增加它的基本事件数，以提高系统安全性。在对某一事故树做薄弱环节预测时，要区别不同情况，采取不同做法。

4. 结构重要度分析

结构重要度分析就是从事故树的结构上研究各基本事件对顶事件的影响程度，即不考虑各基本事件的发生概率，或者说假设各基本事件的发生概率相等，分析各基本事件对顶事件的影响程度。因此，结构重要度分析是一种定性的重要度分析，是事故树定性分析的一个组成部分。结构重要度分析一般可以采用两种方法：一种是求出结构重要度系数；一种是用最小割集或用最小径集，判断结构重要度系数的大小，排出结构重要度顺序。

（1）事故树的结构函数　对于事故树的每个基本事件 X_i，均含发生和不发生两种状态，可分别用数字 1 和 0 表示基本事件的发生和不发生，即定义 X_i 为基本事件的状态变量：

$$X_i = \begin{cases} 1, & \text{基本事件 } X_i \text{ 发生} \\ 0, & \text{基本事件 } X_i \text{ 不发生} \end{cases} \tag{3-3}$$

若事故树有 n 个相互独立的基本事件，则各个基本事件相互组合具有 2^n 种状态。各基本事件状态的不同组合，又构成顶事件的不同状态。用 Φ 表示事故树顶事件的状态变量，并定义：

$$\Phi = \begin{cases} 1, & \text{顶事件发生} \\ 0, & \text{顶事件不发生} \end{cases} \tag{3-4}$$

即 Φ 是以基本事件状态值为自变量的函数：

$$\Phi = \Phi(X) , \quad X = (X_1, X_2, \cdots, X_n) \tag{3-5}$$

称 $\Phi = \Phi(X)$ 为事故树的结构函数。

（2）结构重要度分析　当基本事件 X_i 以外的其他基本固定为某一状态，基本事件 X_i 由不发生转变为发生时，顶事件状态可能维持不变，也可能发生变化。记 $X_i = 1$ 为 1_i，$X_i = 0$ 为 0_i，在某个基本事件 X_i 的状态由 0 变到 1（即 $0_i \rightarrow 1_i$），而其他基本事件保持不变时，顶事件的状态有 3 种情况：

1）$\Phi(0_i,X)=0 \rightarrow \Phi(1_i,X)=1$，则 $\Phi(1_i,X)-\Phi(0_i,X)=1$。

2）$\Phi(0_i,X)=0 \rightarrow \Phi(1_i,X)=0$，则 $\Phi(1_i,X)-\Phi(0_i,X)=0$。

3）$\Phi(0_i,X)=1 \rightarrow \Phi(1_i,X)=1$，则 $\Phi(1_i,X)-\Phi(0_i,X)=0$。

第一种情况 1）说明 X_i 的变化对顶事件的发生作用，即随着基本事件 X_i 的状态由 0→1，顶事件的状态也从 0→1。这种情况越多，说明 X_i 越重要。

用结构重要度系数表示为

$$I_\Phi(i)=\frac{1}{2^{n-1}}\sum\left[\Phi(1_i,X)-\Phi(0_i,X)\right] \tag{3-6}$$

式中，n 为事故树中基本事件的个数；2^{n-1} 为基本事件 $X_i(i\neq j)$ 状态组合数；$\sum\left[\Phi(1_i,X)-\Phi(0_i,X)\right]$ 为 2^{n-1} 种状态中，上述第一种情况发生的次数，其比值可表示基本事件 X_i 的重要性程度。

计算出每个基本事件 X_i 的结构重要度系数 $I_\Phi(i)$ 后，再根据 $I_\Phi(i)$ 的大小，排列出各基本事件 X_i 的结构重要度顺序。

【例 3-8】 以图 3-31 为例，求出各基本事件的结构重要度系数。

解：

① 列出基本事件状态值与顶事件状态值表。该事故树共有 5 个基本事件，则需考察 $2^5=32$ 个状态。见表 3-18。列表时，可参考最小割集或最小径集，确定顶事件的状态值。

② 计算结构重要度系数。计算 X_1 的结构重要度系数。表 3-18 中，左半部 X_1 的状态值均为 0，右半部 X_1 的均值均为 1，而其他 4 个基本事件的状态值都对应保持不变。用右半部的 $\Phi(1_i,X)$ 对应减去左半部 $\Phi(0_i,X)$ 的值，累计差值为 7。

即，$2^{5-1}=16$ 个对照组，共有 7 组说明 X_1 的变化引起顶事件的变化。

代入式（3-6），得

$$I_\Phi(1)=\frac{1}{2^{n-1}}\sum\left[\Phi(1_i,X)-\Phi(0_i,X)\right]$$

$$=\frac{7}{16}$$

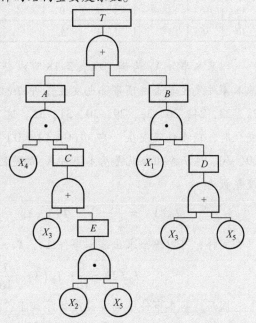

图 3-31 各基本事件的结构重要度系数

③ 其他基本事件的结构重要系数。对基本事件 X_2，将表 3-18 中左右分为两部分，在左半部上面 8 种组合中，X_2 的状态值均为 0；下面 8 种组合中，X_2 的状态值均为 1，其他 4 个基本事件的状态值都对应保持不变。右半部的上下 8 种组合情况也是如此。

表 3-18 基本事件的状态值与顶事件的状态值表

编号	X_1	X_2	X_3	X_4	X_5	$\Phi(0_i, X)$	编号	X_1	X_2	X_3	X_4	X_5	$\Phi(1_i, X)$
1	0	0	0	0	0	0	17	1	0	0	0	0	0
2	0	0	0	0	1	0	18	1	0	0	0	1	1
3	0	0	0	1	0	0	19	1	0	0	1	0	0
4	0	0	0	1	1	0	20	1	0	0	1	1	1
5	0	0	1	0	0	0	21	1	0	1	0	0	0
6	0	0	1	0	1	0	22	1	0	1	0	1	1
7	0	0	1	1	0	1	23	1	0	1	1	0	1
8	0	0	1	1	1	1	24	1	0	1	1	1	1
9	0	1	0	0	0	0	25	1	1	0	0	0	0
10	0	1	0	0	1	0	26	1	1	0	0	1	1
11	0	1	0	1	0	0	27	1	1	0	1	0	0
12	0	1	0	1	1	0	28	1	1	0	1	1	1
13	0	1	1	0	0	0	29	1	1	1	0	0	1
14	0	1	1	0	1	0	30	1	1	1	0	1	1
15	0	1	1	1	0	1	31	1	1	1	1	0	1
16	0	1	1	1	1	1	32	1	1	1	1	1	1

以基本事件 X_1 为例，从表3-18可以查出，基本事件 X_1 发生（即 $X_1=1$），不管其他基本事件发生与否，顶事件也发生 [即 $\Phi(1_i,X)=1$] 的组合共12个，即编号18，20，21，22，23，24，26，28，29，30，31，32。这12个组合中基本事件 X_1 的状态由发生变为不发生时，顶事件不发生 [即 $\Phi(0_i,X)=0$] 的组合共7个，即编号18，20，21，22，26，29，30。这7个组合就是基本事件 X_1 的危险割集总数。于是求得基本事件 X_1 的结构重要度系数为

$$I_\Phi(1) = \frac{1}{2^{n-1}} \sum \left[\Phi(1_i,X) - \Phi(0_i,X) \right] = \frac{1}{16} \times (12-5) = \frac{7}{16}$$

同样，可以逐个求出基本事件 X_2，X_3，X_4，X_5 的结构重要度系数为

$$I_\Phi(2) = \frac{1}{16}; \ I_\Phi(3) = \frac{7}{16}; \ I_\Phi(4) = \frac{5}{16}; \ I_\Phi(5) = \frac{5}{16}$$

因而，基本事件结构重要度排序如下：

$$I_\Phi(1) = I_\Phi(3) > I_\Phi(4) = I_\Phi(5) > I_\Phi(2)$$

如果不考虑基本事件的发生概率，仅从事故树结构来看，基本事件 X_1，X_3 最重要，其次是 X_4，X_5，最不重要的是基本事件 X_2。

（3）用最小割集或最小径集进行结构重要度分析 利用基本事件的结构重要度系数可以较准确地判定基本事件的结构重要度顺序，但较烦琐。一般可以利用事故树的最小割集或最小径集，按以下准则定性判断基本事件的结构重要度。

1）单事件最小割（径）集中的基本事件结构重要度最大。

例如，若某事故共有如下 3 个最小割集：
$$K_1 = \{x_1\}, \quad K_2 = \{x_2, x_3, x_4\}, \quad K_3 = \{x_5, x_6, x_7, x_8\}$$

由于最小割集 K_1 由一个基本事件 x_1 组成，所以 x_1 的结构重要度系数最大，即
$$I_\Phi(1) > I_\Phi(i) \quad i = 2, 3, \cdots, 8$$

$I_\Phi(i)$ 是基本事件 $x_i (i = 1, 2, \cdots, 8)$ 的结构重要度系数。

2）仅在同一最小割（径）集中出现的所有基本事件结构重要度相等。仍以上例进行分析。由于基本事件 x_2，x_3，x_4 仅在同一最小割集 K_2 中出现，所以
$$I_\Phi(2) = I_\Phi(3) = I_\Phi(4)$$

同理
$$I_\Phi(5) = I_\Phi(6) = I_\Phi(7) = I_\Phi(8)$$

3）两个基本事件仅出现在基本事件个数相等的若干最小割（径）集中，在不同最小割（径）集中出现次数相等的基本事件其结构重要度相等；出现次数多的结构重要度大，出现次数少的结构重要度小。

例如，若某事故树共有如下 4 个最小割集：
$$K_1 = \{x_1, x_2, x_4\}, \quad K_2 = \{x_1, x_2, x_5\}, \quad K_3 = \{x_1, x_3, x_6\}, \quad K_4 = \{x_1, x_3, x_7\}$$

由于基本事件 x_4，x_5，x_6，x_7 在这 4 个事件个数相等的最小割集中出现的次数相等，都为 1 次，所以
$$I_\Phi(4) = I_\Phi(5) = I_\Phi(6) = I_\Phi(7)$$

同理，由于 x_2，x_3 都各出现了 2 次，则
$$I_\Phi(2) = I_\Phi(3)$$

由于 x_1 在 4 个最小割集中重复出现了 4 次，所以其结构重要系数大于重复出现 2 次的 x_2，x_3，而 x_2，x_3 的结构重要度系数又大于只出现 1 次的 x_4，x_5，x_6，x_7，即
$$I_\Phi(1) > I_\Phi(2) = I_\Phi(3) > I_\Phi(4) = I_\Phi(5) = I_\Phi(6) = I_\Phi(7)$$

4）两个基本事件仅出现在基本事件个数不等的若干最小割（径）集中。在这种情况下，基本事件结构重要度大小判定原则如下：①若它们重复在各最小割（径）集中出现的次数相等，则少事件最小割（径）集中出现的基本事件结构重要度大；②在少事件最小割（径）集中出现次数少的，与多事件最小割（径）集中出现次数多的基本事件比较，一般前者的结构重要度系数大于后者。也可采用如下公式近似判断各基本事件的结构重要度大小。

公式 1：
$$I_\Phi(i) = \sum_{x_i \in k_r} \frac{1}{2^{n_i - 1}} \tag{3-7}$$

式中，$I_\Phi(i)$ 为第 i 个基本事件结构重要系数；$x_i \in k_r$ 为基本事件 x_i 属于最小割集 k_r（或最小径集 p_r）；n_i 为基本事件 x_i 所在的最小割（径）集中包含的基本事件个数。

公式 2：
$$I_\Phi(i) = \frac{1}{k} \sum_{\substack{i=1 \\ x_i \in k_r}}^{k} \frac{1}{n_i} \tag{3-8}$$

式中，k 为最小割集（或最小径集）总数；n_i 为基本事件 x_i 所在的最小割（径）集中包含的

基本事件个数。

公式3：

$$I_{\Phi}(i) = 1 - \prod_{x_i \in k_r}\left(1 - \frac{1}{2^{n_{i-1}}}\right) \tag{3-9}$$

【例3-9】 某事故树共有如下4个最小径集，试对其进行结构重要度分析：

$$P_1 = \{x_1, x_2\}, \quad P_2 = \{x_1, x_3\}, \quad P_3 = \{x_4, x_5, x_6\}, \quad P_4 = \{x_4, x_5, x_7, x_8\}$$

由于基本事件 x_1 分别在2个基本事件的最小径集 P_1、P_2 中各出现1次（共2次），而 x_4 分别在3个基本事件的最小径集 P_3 和4个基本事件的最小径集 P_4 中各出现1次（共2次），根据第4）条第①项原则判断，x_1 的结构重要系数大于 x_4 的结构重要系数，即

$$I_{\Phi}(1) > I_{\Phi}(4)$$

基本事件 x_2 只在2个基本事件的最小径集 P_1 中出现了1次，基本事件 x_4 分别在3个基本事件的最小径集 P_3 和4个基本事件的最小径集 P_4 中各出现了1次（共2次），根据第4）条第②项原则判断，x_2 的结构重要度系数可能大于 x_4 的结构重要度系数。

为更准确地分析：

① 根据式（3-7），计算其近似判别值：

$$I_{\Phi}(2) = \sum_{x_i \in k_r} \frac{1}{2^{n_j-1}} = \frac{1}{2^{2-1}} = \frac{1}{2}$$

$$I_{\Phi}(4) = \frac{1}{2^{3-1}} + \frac{1}{2^{4-1}} = \frac{3}{8}$$

$$I_{\Phi}(2) > I_{\Phi}(4)$$

根据其他判别原则，不难判断其余各基本事件的结构重要度顺序。该事故树中全部基本事件的结构重要度顺序如下：

$$I_{\Phi}(1) > I_{\Phi}(2) = I_{\Phi}(3) > I_{\Phi}(4) = I_{\Phi}(5) > I_{\Phi}(6) > I_{\Phi}(7) = I_{\Phi}(8)$$

② 根据式（3-8），计算它们的近似判别值：

$$I_{\Phi}(2) = \frac{1}{4}\sum_{i=1}^{k} \frac{1}{n_i} = \frac{1}{4} \times \left(\frac{1}{2} + 0 + 0 + 0\right) = 0.125$$

$$I_{\Phi}(4) = \frac{1}{4} \times \left(0 + 0 + \frac{1}{3} + \frac{1}{4}\right) = 0.146$$

$$I_{\Phi}(2) < I_{\Phi}(4)$$

根据其他判别原则，该事故树中全部基本事件的结构重要度顺序如下：

$$I_{\Phi}(1) > I_{\Phi}(4) = I_{\Phi}(5) > I_{\Phi}(2) = I_{\Phi}(3) > I_{\Phi}(6) > I_{\Phi}(7) = I_{\Phi}(8)$$

③根据式（3-9），计算它们的近似判别值：

$$I_{\Phi}(2) = 1 - \left(1 - \frac{1}{2}\right) = \frac{1}{2} = 0.5$$

$$I_{\Phi}(4) = 1 - \left(1 - \frac{1}{4}\right) \times \left(1 - \frac{1}{8}\right) = 0.344$$

$$I_{\Phi}(2) > I_{\Phi}(4)$$

根据其他判别原则，该事故树中全部基本事件的结构重要度顺序如下：

$$I_{\Phi}(1) > I_{\Phi}(2) = I_{\Phi}(3) > I_{\Phi}(4) = I_{\Phi}(5) > I_{\Phi}(6) > I_{\Phi}(7) = I_{\Phi}(8)$$

用 3 个公式求出的排序结果不一样，就正确性而言，用式（3-7）和（3-9）求出的是正确的。

采用最小割集或最小径集进行结构重要度分析，需要注意如下几点：

1）对于结构重要度分析来说，采用最小割集和最小径集的效果是相同的。因此若将事故树的最小割集和最小径集都求出，可以用两种方法进行判断，以验证结果的正确性。

2）采用上述 4 条原则判断基本事件结构重要系数大小时，必须按从第 1 条到第 4 条的顺序进行判断，而不能只采用其中的某一条或近似判别式。因为近似判别式尚有不完善处，不能完全据其进行判断。

3）近似判别式的计算结果可能出现误差。一般来说，若最小割（径）集中的基本事件个数相同时，利用 3 个近似判别式均可得到正确的排序；若最小割（径）集中的基本事件个数相差较大时，式（3-7）和式（3-9）可以保证排列顺序的正确；若最小（径）集中的基本事件个数仅相差 1~2 个时，式（3-7）和式（3-8）可能产生较大误差。3 个近似判别式中，式（3-9）的判断精度最高。

3.7.8 事故树定量分析

事故树的定量分析首先是确定基本事件的发生概率，然后求出事故树顶事件的发生概率。求出顶事件的发生概率之后，可与系统安全目标值进行比较和评价。当计算值超过目标值时，需要采取防范措施，使其降至安全目标值以下。

在进行事故树定量计算时，一般做以下几个假设：

1）基本事件之间相互独立。

2）基本事件和顶事件都只考虑发生和不发生两种状态。

3）假定故障分布为指数函数分布。

3.7.8.1 概率论的有关知识

1. 概率论的有关概念

概率论是研究不确定现象的数学分支。在数学上，把预先不能确知结果的现象称为随机现象，这类事件称为随机事件，简称事件。

通俗地说，概率即指某事件发生的可能性。必然发生的事件，其概率为 1；不可能发生的事件，其概率为 0，一般事件的概率则是介于 0 与 1 之间的某一数值。

例如，若某城市道路在高峰时段出现连续急制动和车辆变道行为，并伴有雨天湿滑路面，则在一定时间内，该路段可能发生追尾事故，亦可能不发生追尾事故。用 A 表示 {追尾事故发生} 事件，其概率记为 $P\{A\}$，则

$$0 < P\{A\} < 1$$

为了进行概率计算，应明确如下几个概念。

（1）和事件 由属于事件 A 或属于事件 B 的一切基本结果组成的事件，称为事件 A 与事件 B 的和事件，记为 $A \cup B$ 或 $A + B$。

事故树中，或门的输出事件就是各个输入事件的和事件。

（2）积事件 由事件 A 与事件 B 中公共的基本结果组成的事件称为事件 A 与事件 B 的

积事件，记为 $A \cap B$ 或 AB。

（3）独立事件　对于任意两个事件 A、B，如果满足

$$P\{AB\} = P\{A\} P\{B\} \tag{3-10}$$

则称事件 A 与事件 B 为相互独立事件。

事件 A、B 为相互独立事件，就是说事件 A 的发生与否和事件 B 的发生与否相互没有影响。所以，实际应用中，主要是根据两个事件的发生是否相互影响来判断两个事件是否独立。例如，城市道路上，一辆汽车因超速导致追尾事故和另一辆汽车因驾驶人分心导致撞树事故相互没有影响，它们是相互独立事件；交叉路口，一辆电动自行车闯红灯被侧面来车撞击事件和另一路口因道路湿滑导致的车辆侧滑事故相互没有影响，它们是相互独立事件。

（4）互不相容事件　若事件 A 与事件 B 没有共同的基本结果，就称事件 A 与事件 B 互不相容。否则，就称它们是相容事件。

事件 A、B 为互不相容事件，就是说它们不可能同时发生。即一个事件发生，另一个事件必然不发生。例如，事故树中，排斥或门的输入事件可称为互不相容事件。

实际应用中，要正确区分相互独立与互不相容概念，它们并无必然联系。例如，甲、乙两人同时射击同一目标，由于甲、乙两人是否命中目标相互没有影响，所以，"甲命中"和"乙命中"是相互独立事件；但是，"甲命中"和"乙命中"可以同时发生，所以它们又是相容事件。

（5）对立事件　对于事件 A、B，如果有 $A \cap B = \varnothing$，即 A、B 不能同时出现；$A \cup B = \Omega$，即 A、B 定有一个要出现。则称 A、B 为互逆事件或对立事件，即 $B = \overline{A}$；若把 $\overline{A}$ 看作一个集合，就是 A 的补集。

2. 常用计算公式

在进行概率运算时，需要根据不同的情况选用不同的计算公式。常用计算公式如下。

（1）和事件概率　对于两个相互独立事件，有

$$P\{A + B\} = P\{A\} + P\{B\} - P\{AB\} \tag{3-11}$$

或

$$P\{A + B\} = 1 - (1 - P\{A\})(1 - P\{B\}) \tag{3-12}$$

对于 n 个相互独立事件，有

$$P\{A_1 + A_2 + \cdots + A_n\} = 1 - (1 - P\{A_1\})(1 - P\{A_2\}) \cdots (1 - P\{A_n\}) \tag{3-13}$$

对于 n 个互不相容事件，有

$$P\{A_1 + A_2 + \cdots + A_n\} = P\{A_1\} + P\{A_2\} + \cdots + P\{A_n\} \tag{3-14}$$

（2）积事件概率　对于 n 个相互独立事件，有

$$P\{A_1 A_2 \cdots A_n\} = P\{A_1\} P\{A_2\} \cdots P\{A_n\} \tag{3-15}$$

n 个互不相容事件的概率积为 0。

（3）对立事件概率　对立事件的概率按下式计算：

$$P\{A\} = 1 - P\{\overline{A}\} \tag{3-16}$$

3.7.8.2　基本事件的发生概率

合理确定基本事件的发生概率，是事故树定量分析的基础工作，也是决定定量分析成败的关键工作。基本事件的发生概率可分为两大类，一类是机械或设备的故障概率；另一类是人的失误概率。在工程上计算时，往往用基本事件发生的频率来代替其概率值。

3.7.8.3 顶事件发生概率的计算

当给定了事故树各基本事件的发生概率，各基本事件又是独立事件时，就可以计算顶事件的发生概率。目前，计算顶事件发生概率的方法有若干种，下面介绍较简单的几种。

（1）状态枚举法 设某一事故树有 n 个基本事件，这 n 个基本事件两种状态的组合数为 2^n 个。根据事故树的结构分析可知，顶事件的发生概率，就是指结构函数 $\Phi(X)=1$ 的概率。因此，顶事件 T 的发生概率 $P(T)$ 可用下式定义：

$$P(T) = \sum_{k=1}^{2^n} \Phi_k(X) \prod_{i=1}^{n} q_i^{Y_i}(1-q_i)^{1-Y_i} \tag{3-17}$$

式中，k 为基本事件状态组合序号；$\Phi_k(X)$ 为第 k 种组合的结构函数值（1 或 0）；q_i 为第 i 个基本事件的发生概率；Y_i 为第 i 个基本事件的状态值（1 或 0）。

从式（3-17）可看出：在 n 个基本事件两种状态的所有组合中，只有当 $\Phi_k(X)=1$ 时，该组合才对顶事件的发生概率产生影响。所以在用该式计算时，只需考虑 $\Phi_k(X)=1$ 的所有状态组合。首先列出基本事件的状态值表，根据事故树的结构求得结构函数 $\Phi_k(X)$ 值，最后求出使 $\Phi_k(X)=1$ 的各基本事件对应状态概率积的代数和，即为顶事件的发生概率。

【例 3-10】 以图 3-32 的简单事故树为例，利用式（3-17）求顶事件 T 的发生概率。

设 X_1，X_2，X_3 均为独立事件，其概率均为 0，1，则顶事件的发生概率为

$$
\begin{aligned}
P(T) &= \sum_{k=1}^{8} \Phi_k(X) \prod_{i=1}^{3} q_i^{Y_i}(1-q_i)^{1-Y_i} \\
&= 1 \times q_1^1(1-q_1)^0 \times q_2^0(1-q_2)^1 \times q_3^1(1-q_3)^0 + \\
&\quad 1 \times q_1^1(1-q_1)^0 \times q_2^1(1-q_2)^0 \times q_3^0(1-q_3)^1 + \\
&\quad 1 \times q_1^1(1-q_1)^0 \times q_2^1(1-q_2)^0 \times q_3^1(1-q_3)^0 \\
&= q_1(1-q_2)q_3 + q_1q_2(1-q_3) + q_1q_2q_3 \\
&= 0.1 \times 0.9 \times 0.1 + 0.1 \times 0.1 \times 0.9 + 0.1 \times 0.1 \times 0.1 \\
&= 0.019
\end{aligned}
$$

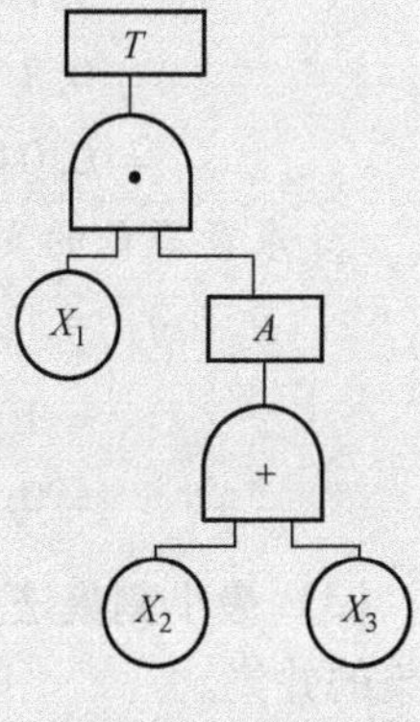

图 3-32 简单事故树

该方法规律性强，适于编制程序上机计算，可用来计算较复杂的系统事故发生概率。但当 n 值较大时，计算中要涉及 2^n 个状态组合，并需求出相应顶事件的状态，因而计算工作量很大，花费时间较长。

（2）直接分步计算法 直接分布计算法适用于事故树的规模不大，没有重复的基本事件，无须布尔代数化简时使用。其计算方法是：从底部的逻辑门连接事件算起，逐次向上推移，直至计算出顶事件 T 的发生概率 $P(T)$。

1）与门连接的事件，计算其概率积，即

$$q_A = \prod_{i=1}^{n} q_i \tag{3-18}$$

$$\prod_{i=1}^{n} q_i = q_1 q_2 \cdots q_n \tag{3-19}$$

式中，q_i 为第 i 个基本事件的发生概率；q_A 为与门事件的概率；$\prod$ 为数学运算符号，求概率积。

2）或门连接的事件，计算其概率和，即

$$q_0 = \coprod_{i=1}^{n} q_i \tag{3-20}$$

$$\coprod_{i=1}^{n} q_i = 1 - \prod_{i=1}^{n}(1 - q_i) \tag{3-21}$$

式中，q_i 为第 i 个基本事件的发生概率；q_0 为或门事件的概率；$\coprod$ 为数学运算符号，求概率和。

【例 3-11】 用直接分步计算法计算图 3-33 所示的事故树顶事件的发生概率。各基本事件下的数字即为其发生概率。

① 求 A_2 概率。由于其为或门连接，根据式（3-21），有

$$\begin{aligned}
q_{A_2} &= 1 - (1 - q_5)(1 - q_6)(1 - q_7) \\
&= 1 - (1 - 0.05)(1 - 0.05)(1 - 0.01) \\
&= 0.106525
\end{aligned}$$

② 求 A_1 概率。根据式（3-19），有

$$\begin{aligned}
q_{A_1} &= q_2 q_{A_2} q_3 q_4 \\
&= 0.8 \times 0.106525 \times 1.0 \times 0.5 \\
&= 0.04261
\end{aligned}$$

③ 求顶事件的发生概率：

$$\begin{aligned}
g = q_T &= 1 - (1 - q_{A_1})(1 - q_1) \\
&= 1 - (1 - 0.04261)(1 - 0.01) \\
&= 0.05218
\end{aligned}$$

图 3-33 事故树顶事件的发生概率

(3) 最小割集法 事故树可以用其最小割集的等效树来表示。这时，顶事件等于最小割集的并集。

设某事故树有 k 个最小割集：$E_1, E_2, \cdots, E_r, \cdots, E_k$，则有：

$$T = \bigcup_{r=1}^{k} E_r \tag{3-22}$$

顶事件的发生概率为

$$P(T) = P\left\{ \bigcup_{r=1}^{k} E_r \right\} \tag{3-23}$$

根据容斥定理得出并事件的概率公式：

$$\begin{aligned}
P(T) &= P\left\{ \bigcup_{r=1}^{k} E_r \right\} \\
&= \sum_{r=1}^{k} P(E_r) - \sum_{1 \leq r < s \leq k} P(E_r \cap E_s) + \sum_{1 \leq r < s < t \leq k} P(E_r \cap E_s \cap E_t) - \cdots + (-1)^{k-1} P\left(\bigcap_{r=1}^{k} E_r \right)
\end{aligned} \tag{3-24}$$

设各基本事件的发生概率为：$q_1, q_2, \cdots, q_n$，按照直接分步算法原则，则有：

$$P\{E_r\} = \prod_{X_i \in E_r} q_i, \quad P\{E_r \cap E_s\} = \prod_{X_i \in E_r \cup E_s} q_i, \quad P\left\{ \bigcap_{r=1}^{k} E_r \right\} = \prod_{\substack{r=1 \\ X_i \in E_i}}^{k} q_i \tag{3-25}$$

故顶事件的发生概率为

$$P(T) = \sum_{r=1}^{k} \prod_{X_i \in E_r} q_i - \sum_{1 \le r < s \le k} \prod_{X_i \in E_r \cup E_s} q_i + \cdots + (-1)^{k-1} \prod_{\substack{r=1 \\ X_i \in E_i}}^{k} q_i \qquad (3\text{-}26)$$

式中，r，s 为最小割集的序数，$r < s$；i 为基本事件的序号，$X_i \in E_r$；k 为事故树的最小割集数；$1 \le r < s \le k$ 为 k 个最小割集中第 r，s 两个最小割集的组合顺序；$X_i \in E_r$ 为属于最小割集 E_r 的第 i 个基本事件；$X_i \in E_r \cup E_s$ 为属于最小割集 E_r 或 E_s 的第 i 个基本事件。

【例 3-12】 某事故树有 3 个最小割集：$K_1 = \{x_1, x_3\}$，$K_2 = \{x_2, x_3\}$，$K_3 = \{x_3, x_4\}$，各基本事件的发生概率分别为 $q_1 = 0.01$，$q_2 = 0.02$，$q_3 = 0.03$，$q_4 = 0.04$，求顶事件的发生概率。

解：由于各个最小割集中彼此有重复事件，根据式（3-26）计算顶事件的发生概率：

$$\begin{aligned}
g &= (q_1 q_3 + q_2 q_3 + q_3 q_4) - (q_1 q_2 q_3 + q_1 q_3 q_4 + q_2 q_3 q_4) + q_1 q_2 q_3 q_4 \\
&= (0.01 \times 0.03 + 0.02 \times 0.03 + 0.03 \times 0.04) - (0.01 \times 0.02 \times 0.03 + \\
&\quad 0.01 \times 0.03 \times 0.04 + 0.02 \times 0.03 \times 0.04) + 0.01 \times 0.02 \times 0.03 \times 0.04 \\
&= 0.0021 - 0.000042 + 0.00000024 \\
&= 0.00205824
\end{aligned}$$

（4）**最小径集法** 根据最小径集与最小割集的对偶性，利用最小径集同样可求出顶事件的发生概率。设某事故树有 k 个最小径集：$P_1, P_2, \cdots, P_r, \cdots, P_k$。用 P'_r（$r = 1, 2, \cdots, k$）表示最小径集不发生的事件，用 T' 表示顶事件不发生。则有：

$$P(T') = 1 - P(T) = P\left\{\bigcup_{r=1}^{k} P'_r\right\} \qquad (3\text{-}27)$$

根据容斥定理得出并事件的概率公式：

$$1 - P(T) = \sum_{r=1}^{k} P\{P'_r\} - \sum_{1 \le r < s \le k} P\{P'_r \cap P'_s\} + \cdots + (-1)^{k-1} P\left\{\bigcap_{r=1}^{k} P'_r\right\} \qquad (3\text{-}28)$$

式中

$$P\{P'_r\} = \prod_{X_i \in P_r} (1 - q_i) \qquad (3\text{-}29)$$

$$P\{P'_r \cap P'_s\} = \prod_{X_i \in P_r \cup P_s} (1 - q_i) \qquad (3\text{-}30)$$

$$P\left\{\bigcap_{r=1}^{k} P'_r\right\} = \prod_{\substack{r=1 \\ X_i \in P_i}}^{k} (1 - q_i) \qquad (3\text{-}31)$$

故顶事件的发生概率为

$$P\{T\} = 1 - \sum_{r=1}^{k} \prod_{X_i \in P_r} (1 - q_i) + \sum_{1 \le r < s \le k} \prod_{X_i \in P_r \cup P_s} (1 - q_i) - \cdots - (-1)^{k-1} \prod_{\substack{r=1 \\ X_i \in P_i}}^{k} (1 - q_i)$$

$$(3\text{-}32)$$

式中，r，s 为最小径集的序数，$r < s$；i 为基本事件的序号，$X_i \in P_r$；k 为最小径集数；$1 - q_i$ 为第 i 个基本事件不发生的概率；$X_i \in P_r$ 为属于最小径集 $X_i \in P_r$ 的第 i 个基本事件；$X_i \in P_r \cup P_s$ 为属于最小径集 P_r 或 P_s 的第 i 个基本事件。

【例3-13】 某事故树有3个最小径集，求其顶事件的发生概率。

$P_1 = \{x_1, x_4\}$，$P_2 = \{x_2, x_4\}$，$P_3 = \{x_3, x_5\}$

解：根据式（3-32）计算：

$g = 1 - [(1-q_1)(1-q_4) + (1-q_2)(1-q_4) + (1-q_3)(1-q_5)] + [(1-q_1)(1-q_2)$
$(1-q_4) + (1-q_1)(1-q_3)(1-q_4)(1-q_5) + (1-q_2)(1-q_3)(1-q_4)(1-q_5)] - [(1-$
$q_1)(1-q_2)(1-q_3)(1-q_4)(1-q_5)]$

一般来讲，事故树最小割集数目较少时，应用式（3-26）；最小径集数目较少时，应用式（3-32）。另外还应注意，根据最小割集计算顶事件发生概率的公式，计算精度分别高于由最小径集计算顶事件发生概率的公式。因此，实际应用中，应尽量采用最小割集计算顶事件的发生概率。

（5）顶事件发生概率的近似计算 在事故树分析时，往往会遇到很复杂很庞大的事故树，有时一棵事故树牵扯成百上千个基本事件，要精确求出顶事件的发生概率，需要相当大的人力和物力。因此，需要找出一种简便方法，既能保证必要的精确度，又能较为省力地算出结果。实际上，统计得到的基本数据往往并不十分精确，用基本事件的数据计算顶事件发生概率时，精确计算意义不大。因此，实际计算中多采用近似算法。

1）最小割集近似法。在式（3-26）中，设

$$\sum_{r=1}^{k} \prod_{X_i \in P_r} q_i = F_1, \quad \sum_{1 \leqslant r < s \leqslant k} \prod_{X_i \in P_r \cup P_s} q_i = F_2, \cdots, \prod_{\substack{r=1 \\ X_i \in P_i}}^{k} q_i = F_k \tag{3-33}$$

则得到用最小割集求顶事件发生概率的逼近公式，即

$$P\{T\} \leqslant F_1 \tag{3-34}$$

$$P\{T\} \geqslant F_1 - F_2 \tag{3-35}$$

$$P\{T\} \leqslant F_1 - F_2 + F_3 \tag{3-36}$$

$$\cdots$$

F_1，$F_1 - F_2$，$F_1 - F_2 + F_3$，…，依次给出了顶事件发生概率 $P\{T\}$ 的上限和下限，可以根据需要求出任意精确度概率的上、下限。

【例3-14】 某事故树有3个最小割集：$K_1 = \{x_1, x_3\}$，$K_2 = \{x_2, x_3\}$，$K_3 = \{x_3, x_4\}$，各基本事件的发生概率分别为 $q_1 = 0.01$，$q_2 = 0.02$，$q_3 = 0.03$，$q_4 = 0.04$，用最小割集近似法计算顶事件的发生概率。

根据式（3-33）计算，可知

$$F_1 = 0.0021$$
$$F_2 = 0.000042$$
$$F_3 = 0.00000024$$

则有

$$P\{T\} \leqslant F_1 = 0.0021$$
$$P\{T\} \geqslant F_1 - F_2 = 0.002058$$
$$P\{T\} \geqslant F_1 - F_2 + F_3 = 0.00205824$$

可从中选取任意近似区间作为顶事件发生概率，近似计算结果与精确计算结果的相对误差较小。实际应用中，以 F_1（称为首项近似法）或 $F_1 - F_2$ 作为顶事件发生概率的近似值，就可达到基本精度要求。

2）最小径集近似法。与最小割集近似法相似，利用最小径集也可以求得顶事件发生概率的上、下限。

在式（3-32）中，设

$$\sum_{r=1}^{k} \prod_{X_i \in P_r} (1 - q_i) = S_1, \quad \sum_{1 \leqslant r < s \leqslant k} \prod_{X_i \in P_r \cup P_s} (1 - q_i) = S_2, \cdots, \prod_{\substack{r=1 \\ X_i \in P_i}}^{k} (1 - q_i) = S_k \quad (3\text{-}37)$$

则用最小径集求顶事件发生概率的逼近公式，即

$$P\{T\} \geqslant 1 - S_1 \tag{3-38}$$

$$P\{T\} \leqslant 1 - S_1 + S_2 \tag{3-39}$$

$$P\{T\} \geqslant 1 - S_1 + S_2 - S_3 \tag{3-40}$$

$$\cdots$$

$1 - S_1$，$1 - S_1 + S_2$，$1 - S_1 + S_2 - S_3$，$\cdots$，依次给出了顶事件发生概率 $P\{T\}$ 的上、下限。从理论上讲，式（3-34）~式（3-36）和式（3-38）~式（3-40）的上、下限数列都是单调无限收敛于 $P\{T\}$ 的，但在实际应用中，因基本事件的发生概率较小，而应当采用最小割集近似法，以得到较精确的计算结果。

3）平均近似法。为了使近似算法接近精确值，计算时保留式（最小割集法）中的第一、二项，并取第二项的 1/2 值，即

$$P(T) = \sum_{r=1}^{k} \prod_{X_i \in E_r} q_i - \frac{1}{2} \sum_{1 \leqslant r < s \leqslant k} \prod_{X_i \in E_r \cup E_s} q_i \tag{3-41}$$

这种算法称为平均近似法。

4）独立近似法。这种近似计算法，是将各个最小割（径）集作为相互独立的事件对待。即尽管各最小割（径）集中彼此有重复的基本事件，但仍可将它们看作无重复事件。这样，就可按无重复事件，由下列公式近似计算顶事件的发生概率：

$$P(T) = \coprod_{i=1}^{k} \prod_{X_i \in K_r} q_i \tag{3-42}$$

$$P(T) = \prod_{i=1}^{p} \coprod_{X_i \in P_r} q_i \tag{3-43}$$

式（3-42）为最小割集近似法，式（3-43）为最小径集近似法。

式中，X_i 为第 i 个基本事件；K_r 为第 r 个最小割集，即 r 是最小割集的序号；$X_i \in K_r$ 为第 i 个基本事件属于第 r 个最小割集；k 为最小割集的个数；P_r 为第 r 个最小径集，即 r 是最小径集的序号；$X_i \in P_r$ 为第 i 个基本事件属于第 p 个最小割集；p 为最小割集的个数。

式（3-42）和式（3-43）中，利用最小割集做近似法计算较简单，精度也较高；而利用最小径集做近似法计算误差较大，一般不采用。

3.7.9 基本事件的重要度分析

一个基本事件对顶事件发生的影响大小称为该基本事件的重要度。重要度分析在系统的

事故预防、事故评价和安全性设计等方面有着重要的作用。事故树中各基本事件的发生对顶事件的发生有着不同程度的影响，这种影响主要取决于两个因素，即各基本事件发生概率的大小以及各基本事件在事故树模型结构中处于何种位置。为了明确最易导致顶事件发生的事件，以便分出轻重缓急采取有效措施，控制事故的发生，必须对基本事件进行重要度分析。

（1）基本事件的概率重要度　基本事件的结构重要度分析只是按事故树的结构分析各基本事件对顶事件的影响程度。如果进一步考虑基本事件发生概率的增减会给顶事件发生概率的影响程度，就要分析基本事件的概率重要度。基本事件的概率重要度系数，是指某基本事件发生概率的变化引起顶事件发生概率变化的程度。事故树的概率重要度分析主要依靠各基本事件的概率重要度系数大小进行定量分析。

利用顶事件发生概率函数是一个多重线性函数，对自变量 q_i 求一次偏导，即可得到该基本事件的概率重要度系数 $I_g(i)$ 为

$$I_g(i) = \frac{\partial P(T)}{\partial q_i} \quad (i = 1, 2, \cdots, n) \tag{3-44}$$

式中，$P(T)$ 为顶事件发生概率；q_i 为第 i 个基本事件 X_i 的发生概率。

利用式（3-44）求出各基本事件的概率重要度系数，可确定降低哪个基本事件的概率能迅速、有效地降低顶事件的发生概率。

【例3-15】　设事故树最小割集为 $E_1 = (X_1, X_3)$，$E_2 = (X_1, X_5)$，$E_3 = (X_3, X_4)$，$E_4 = (X_2, X_4, X_5)$，各基本事件概率分别为 $q_1 = 0.01$，$q_2 = 0.02$，$q_3 = 0.03$，$q_4 = 0.04$，$q_5 = 0.05$，求各基本事件的概率重要度系数。

解：用近似方法计算顶事件发生概率

$$P(T) = q_1 q_3 + q_1 q_5 + q_3 q_4 + q_2 q_4 q_5 = 0.002$$

各个基本事件的概率重要度系数近似为

$$I_g(1) = \frac{\partial P(T)}{\partial q_1} = q_3 + q_5 = 0.08$$

$$I_g(2) = \frac{\partial P(T)}{\partial q_2} = q_4 q_5 = 0.002$$

$$I_g(3) = \frac{\partial P(T)}{\partial q_3} = q_1 + q_4 = 0.05$$

$$I_g(4) = \frac{\partial P(T)}{\partial q_4} = q_3 + q_2 q_5 = 0.031$$

$$I_g(5) = \frac{\partial P(T)}{\partial q_5} = q_1 + q_2 q_4 = 0.0108$$

这样，就可以按概率重要度系数的大小排出各基本事件的概率重要度顺序：

$$I_g(1) > I_g(3) > I_g(4) > I_g(5) > I_g(2)$$

这就是说，降低基本事件 X_1 的发生概率能迅速降低顶事件的发生概率，它比按同样数值减小其他任何基本事件的发生概率都有效。其次是基本事件 X_3，X_4，X_5，最不敏感的是基本事件 X_2。

从概率重要度系数的算法可以看出这样的事实：一个基本事件的概率重要度如何，并不取决于其本身概率值的大小，而取决于它所在最小割集中其他基本事件概率积的大小。

概率重要度有一个重要性质：若所有基本事件的发生概率都等于1/2，则基本事件的概率重要度系数等于其结构重要度系数，即

$$I_\Phi(i) = I_g(i) \big|_{q_i = \frac{1}{2}} \quad (i = 1, 2, \cdots, n) \tag{3-45}$$

这样，在分析结构重要度时，可用概率重要度系数的计算公式求取结构重要度系数。

（2）基本事件的临界重要度 当各基本事件发生概率不等时，一般情况下，改变概率大的基本事件比改变概率小的基本事件容易，但概率重要度系数并未反映这一事实，因而它不能全面反映各基本事件在事故树中的重要程度。临界重要度系数，是指某个基本事件发生概率的变化率引起顶事件发生概率的变化率，事故树的临界重要度分析是依靠各基本事件的临界重要度系数大小进行定量分析，其综合基本事件发生概率对顶事件发生的影响程度和该基本事件发生概率的大小，用以评价各基本事件的重要程度。因此，它比概率重要度更合理更具有实际意义。其表达式为

$$I_g^c(i) = \lim_{\Delta q_i \to 0} \frac{\Delta P(T)/P(T)}{\Delta q_i / q_i} = \frac{q_i}{P(T)} \cdot \lim_{\Delta q_i \to 0} \frac{\Delta P(T)}{\Delta q_i} = \frac{q_i}{P(T)} \cdot I_g(i) \tag{3-46}$$

式中，$I_g^c(i)$ 为第 i 个基本事件 X_i 的临界重要度系数；$I_g(i)$ 为第 i 个基本事件 X_i 的概率重要度系数；$P(T)$ 为顶事件发生概率；q_i 为第 i 个基本事件 X_i 的发生概率。

上面例子已得到的某事故树顶事件概率为 0.002，各基本事件的概率重要度系数分别为 $I_g(1) = 0.08$，$I_g(2) = 0.002$，$I_g(3) = 0.05$，$I_g(4) = 0.031$，$I_g(5) = 0.0108$。

则各基本事件的临界重要度系数为

$$I_g^c(1) = \frac{q_1}{P(T)} \cdot I_g(1) = \frac{0.01}{0.002} \times 0.08 = 0.4$$

$$I_g^c(2) = \frac{q_2}{P(T)} \cdot I_g(2) = \frac{0.02}{0.002} \times 0.002 = 0.02$$

$$I_g^c(3) = \frac{q_3}{P(T)} \cdot I_g(3) = \frac{0.03}{0.002} \times 0.05 = 0.75$$

$$I_g^c(4) = \frac{q_4}{P(T)} \cdot I_g(4) = \frac{0.04}{0.002} \times 0.031 = 0.62$$

$$I_g^c(5) = \frac{q_5}{P(T)} \cdot I_g(5) = \frac{0.05}{0.002} \times 0.0108 = 0.27$$

因此，就得到一个按临界重要度系数的大小排列的各基本事件重要程度的顺序：

$$I_g^c(3) > I_g^c(4) > I_g^c(1) > I_g^c(5) > I_g^c(2)$$

与概率重要度相比，基本事件 X_1 的重要程度下降了，这是因为它的发生概率较低，对其做进一步改善有一定困难。基本事件 X_3 最重要，这不仅是因为它敏感度最大，而且其概率值也较大。

三种重要度系数中，结构重要度系数从事故树结构上反映基本事件的重要程度，可为改进系统的结构提供依据；概率重要度系数反映基本事件概率的变化对顶事件发生概率影响的敏感度，为降低基本事件发生概率对顶事件发生概率的影响提供依据；临界重要度系数从敏感度和自身发生概率的大小角度反映基本事件对顶事件发生概率的影响，为找出最重要事故

影响因素和确定最佳防范措施提供了依据。所以，临界重要系数反映的信息最为全面，而其他两种重要系数都是从单一因素进行考察的。

结构重要度系数反映了某一基本事件在事故树结构中所占的地位，而临界重要度系数从结构及概率上反映了改善某一基本事件的难易程度，概率重要度系数则起着一种过渡作用，是计算两种重要度系数的基础。事故预防中，可以按这三种重要度系数安排采取措施的先后顺序，也可按三种重要度顺序分别编制相应的安全检查表，以保证既有重点、又能全面检查的目的。在三种检查表中，只有通过临界重要度分析产生的检查表，才能真正反映事故树的本质，也更具有实际意义。

3.8 本章小结

本章系统介绍了交通安全分析的基本方法，为交通事故分析与预防提供了科学依据。本章概述了交通安全分析的意义与重要性；详细介绍了统计图表分析法，通过比重图、趋势图、直方图、圆图、排列图及因果分析图等多种可视化工具，直观地分析交通安全数据，发现安全问题和变化趋势；介绍了安全检查表分析方法，包括检查表的编制与应用，通过实例展示了其在实际交通安全检查中的效果；详细介绍了预先危险性分析的步骤及实际应用，帮助掌握事前风险控制的思路。故障模式和影响分析（FMEA）、事件树分析（ETA）及事故树分析（FTA）是本章的重点内容。这些方法分别从故障原因、事件演化和事故发生路径的角度出发，提供了系统化的分析工具。

知识测评

一、选择题

1. 在统计图表分析法中通常由一系列高度不等的柱状图组成的是（　　　　）。

A. 比重图　　　　　　　B. 趋势图　　　　　　　C. 直方图　　　　　　　D. 圆图

2. 排列图中累积频率在 0 ~ 80% 的因素称（　　　　）。

A. B 类次主要因素　　B. A 类因素　　　　　　C. D 类次要因素　　　D. C 类次要因素

3. 故障模式和影响分析程序的顺序是（　　　　）。

A. 调查所分析系统的情况→危险源初步辨识→故障模式、影响及组成因素分析→故障等级分析

B. 故障等级分析→危险源初步辨识→故障模式、影响及组成因素分析→调查所分析系统的情况

C. 危险源初步辨识→故障模式、影响及组成因素分析→调查所分析系统的情况→故障等级分析

D. 调查所分析系统的情况→故障模式、影响及组成因素分析→故障等级分析→危险源初步辨识

4. 预先危险性分析中危险等级是 Ⅱ 级表示系统的危险程度是（　　　　）。

A. 安全的　　　　　　　B. 临界的　　　　　　　C. 危险的　　　　　　　D. 灾难的

5. 有关事故树分析的特点错误的是（   ）。

A. 事故树分析是一种图形演绎方法，是故障事件在一定条件下的逻辑推理方法

B. 事故树分析不具有灵活性

C. 进行事故树分析的过程是一个对系统更深入认识的过程，它要求分析人员把握系统内各要素间的内在联系，弄清各种潜在因素对事故发生影响的途径和程度

D. 利用事故树模型可以定量计算复杂系统发生事故的概率，为改善和评价系统安全性提供了定量依据

二、填空题

1. ＿＿＿＿＿＿＿是安全系统工程的核心内容，它是安全评价的基础。

2. 安全分析主要通过分析研究系统的＿＿＿＿＿因素，了解系统的＿＿＿＿＿程度，为安全评价和安全管理提供依据。

3. ＿＿＿＿＿＿＿是利用统计图表对交通事故数据进行整理并进行粗略的原因分析，也是在交通安全管理工作中常用的分析方法。

4. 安全检查是运营常规、例行的安全管理工作时，及时发现＿＿＿＿＿及＿＿＿＿＿的有效途径，也是消除事故隐患、防止事故发生的重要手段。

5. 在事故树中，各事件之间的基本关系是因果逻辑关系，通常用＿＿＿＿来表示。

6. 事件树分析是一种＿＿＿＿逻辑的事故分析方法，它从＿＿＿＿＿出发，按照事件的发展顺序，分析各种可能的后果及其概率。

三、判断题

1. 趋势图是按一定的时间间隔统计数据，利用曲线的连续变化来反映事物动态变化的图形，通常用直角坐标系表示。（   ）

2. 因果分析图的分析结果很好地揭示各因素之间的组合关系，可供编制安全检查表和事故树用。（   ）

3. 安全检查表的格式，并没有统一的规定，可以根据不同的要求，设计不同需要的安全检查表。（   ）

4. 事件树定量分析是指根据每一事件的发生概率，计算各种途径的事故发生概率，比较各种途径概率值的大小，确定最易发生事故的途径。（   ）

5. 事故树定性分析主要是根据引起事故发生的各基本事件的发生概率，计算事故树顶事件发生的概率。（   ）

复习思考题

1. 如何选择应用系统安全分析方法？
2. 什么是安全检查表？其基本构成要素有哪些？
3. 预先危险性分析（PHA）的基本含义是什么？其适用于哪些类型的交通系统？
4. 如何结合使用鱼刺图和排列图进行事故分析？
5. 说明事故排列图的功能、格式、绘制方法及分析注意事项。

6. 预先危险性分析的主要内容和优点有哪些?

7. 事件树分析中,若某一环节事件含有 2 种或 2 种以上状态,应该如何处理?

8. 分析计算。

1) 判断图 3-34 和图 3-35 所示事故树的割集和径集数目。

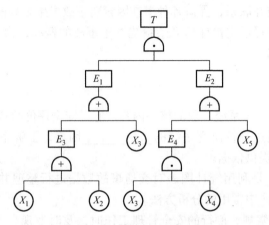

图 3-34　事故树的割集

2) 求图 3-34 和图 3-35 所示事故树的最小割集和最小径集。

3) 求图 3-34 所示的事故树中各基本事件的结构重要度系数。

4) 对图 3-35 所示的事故树进行结构重要度分析。

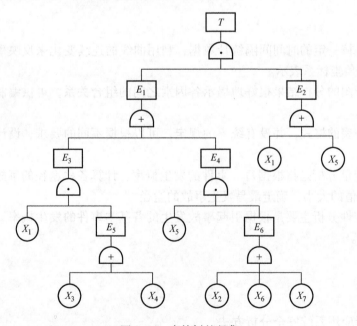

图 3-35　事故树的径集

9. 图 3-36 所示的事故树中,各基本事件的发生概率分别为 $q_1 = 0.05$, $q_2 = 0.04$, $q_3 = 0.03$, $q_4 = 0.02$。

1) 利用状态枚举法和直接分步计算法计算顶事件的发生概率。

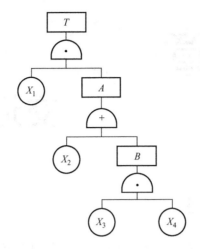

图 3-36 事故树

2）求各基本事件的结构重要度系数，进行结构重要度分析。

10. 试分析、论证。

1）事故树最小割集和最小径集的作用。

2）事件树分析和事故树分析有哪些共同点和不同点？可否结合应用？

3）如何结合应用事故树分析和事件树分析？

4）如何结合应用事故树分析和安全检查表？

第 **4**章 Chapter 4

交通安全评价

4.1 交通安全评价概述

交通安全评价是保障交通系统安全、稳定、高效运行的关键手段，交通安全通过系统且科学的方式，对交通系统的安全性予以精确衡量与深度剖析，从而为交通决策制定者、管理者以及参与者提供全面且具有价值的信息与指引。从宏观层面来看，交通安全评价旨在全面识别交通系统内潜在的各类安全风险与隐患因素，这些因素广泛涉及人、车、路、环境以及管理等多维度的复杂交互。

交通安全评价不仅是对交通系统现有安全状况的简单评估，更是一种具有前瞻性与预防性的战略举措，其通过精准地发现安全薄弱环节与潜在风险点，能够在事故发生之前就采取针对性的预防与改进措施，从而有效降低交通事故的发生率，最大限度地减少人员伤亡与财产损失，创造良好的交通环境。同时，交通安全评价也能为交通资源优化配置提供科学依据，避免资源的浪费与错配，提高交通系统整体的运行效率与效益。

另外，交通安全评价并非一次性的静态过程，而是一个动态循环、持续优化的体系，应根据交通系统的发展变化、安全措施的实施效果以及新出现的安全问题等情况，定期或不定期地进行重新评价与调整，以确保评价结果始终能够真实反映交通系统的安全现状，并为交通安全管理提供持续有效的支持与保障。

4.1.1 安全评价的含义

安全评价也称危险性评价或风险评价，是以实现系统安全为目的，应用安全系统工程原理和工程技术方法，对系统中固有或潜在的危险因素进行定性和定量分析，得出系统发生危险的可能性及其后果严重程度的评价，通过与评价标准的比较得出系统的危险程度，提出改进措施，以寻求最低事故率、最少的损失和最优的安全投资。

任何生产系统，在其寿命周期内都有发生事故的可能，区别只在事故发生的频率和可能的严重程度不同。因为在制造、试验、安装、生产和维修的过程中普遍存在危险性。在一定条件下，如果对危险失去控制或防范不周，就会发生事故，造成人员伤亡、财产损失以及环境污染。

为了抑制危险性，使其不发展为事故或减少事故造成的损失，就必须对其有充分的认识，掌握危险性发展为事故的规律，也就是要充分揭示系统存在的所有危险性，及其形成事故的可能性和发生事故的损失大小，从而衡量系统客观存在的风险大小。据此确定是否需要改进技术路线和防范措施，变更后危险性将得到怎样的抑制和消除，技术上是否可行，经济上是否合理以及系统是否最终达到了社会所公认的安全指标。这就是安全评价的基本内容和过程。

上述安全评价的定义中，包含有三层意思：第一，对系统存在的不安全因素进行定性和定量分析，这是安全评价的基础，包括安全测定、安全检查和安全分析等；第二，通过与评价标准的比较得出系统发生危险的可能性或程度；第三，提出改进措施，以寻求最低的事故率，达到安全评价的最终目的。

4.1.2 安全标准

经定量化的风险或危害性是否达到要求的（期盼的）安全程度，需要有一个界限、目标或标准进行比较，这个标准就是安全标准。

安全标准的确定主要取决于一个国家、行业或部门的政治、经济、技术和安全科学发展的水平。随着生产技术的发展，新工艺、新技术、新材料、新能源的出现，又会产生新的危险；同时，对已经认识到的危险，由于技术、资金等因素的制约，也不可能完全杜绝。所以，确定安全标准，实际上是确定一个社会各方面允许的、可接受的危险程度。

安全标准的确定方法有统计法和风险与收益比较法。对系统进行安全评价时，也可根据综合评价得到的危险指数进行统计分析，确定适用一定范围的安全标准。

例如，美国根据交通事故的统计资料得出，每年每10万美国人中有25人因乘坐小汽车死亡的风险，但是美国人没有因害怕这个风险而放弃使用小汽车，说明这个风险能够被美国社会所接受，所以这个风险率就可以作为美国人使用小汽车作交通工具的安全标准。

对于有统计数据的行业，国外以行业一定时间内的实际平均死亡率作为确定安全标准的依据。例如，英国化学工业的FAFR值（指1亿工作小时的死亡率）为3.5；英国帝国化学公司（ICI）提案取其1/10（即0.35）作为安全标准，而美国各公司的安全标准（风险目标值）大都取各行业安全标准的1/10。表4-1列出了美国各类行业死亡安全标准，表4-2为英国各类行业死亡安全标准。

表4-1 美国各类行业死亡安全标准

工业类型	FAFR 值 （1 亿工作小时的死亡率）	年均死亡率/(1/10 万人)
工业	7.1	1.4
商业	3.2	0.6
制造业	4.5	0.9
服务业	4.3	0.86
机关	5.7	1.14
运输及公用事业	16	3.6
农业	27	5.4
建筑业	28	5.6
采矿、采石业	31	1.4

表 4-2　英国各类行业死亡安全标准

工业类型	FAFR 值 （1 亿工作小时的死亡率）	年均死亡率/（1/10 万人）
化学工业	3.5	0.675
钢铁	8	1.54
捕鱼	35	6.72
煤矿	40	7.68
铁路扳道员	45	8.64
建筑	67	12.8
飞机乘务员	250	48
拳击	7000	1340
狩猎竞赛	50000	9600

　　人们从事生产活动总是期望从中获得较高的收益，而较高的收益则要付出较高的代价，即承担较大的风险。对于获益较少的生产活动，则不必承担较大的风险。换言之，风险的大小取决于受益程度，两者基本上成正比例关系。

　　对于不同的风险，一般可按数量划分成几个等级，然后分级进行处理，见表 4-3。

表 4-3　风险率分级处理表

年均死亡率/（1/10 万人）	等级	处理意见
10^2	极其危险	相当于疾病的风险，认为绝对不能接受，需停产整改
10	高度危险	必须立即采取措施予以改进
1	中等危险	人们不愿出现这种情况，因而同意拿出经费进行改善
10^{-1}	危险性低	相当于游泳淹死的风险，人们对此是关心的，也愿采取措施加以改进
10^{-2}	可忽略	相当于天灾的风险，人们总有事故轮不到我的感觉
10^{-3}	可忽略	相当于陨石坠落的风险，没有人认为这种事故需要投资加以改进

　　一般而言，人们对风险持如下态度：

　　1）自己愿意干的事情，风险虽大也觉得没什么，例如美国的拳击运动和足球运动，选手的年均死亡率高达 1/200，但仍然有人愿意干。

　　2）对于自己觉得危险但又无法避免的事情，总是有恐怖感，例如对高空作业的坠落事故，总有神经过敏的情况。

　　3）风险虽然相同，但对于频率小、发生一次死伤数量大的事故，比频率大、发生一次仅有很少死伤的事故更为重视。因此，人们总对核电站和液化天然气基地抱有特别担心的感觉。

4.1.3　安全评价方法的选用

　　由于辨识、评价对象不同，工艺、设备设施以及事故类型、事故模式等不同，因而所采用的评价方法是不同的。选用合理的评价方法是一项关键性工作，它关系到评价对象的评价结论是否合理、正确和可靠。

安全评价方法很多，几乎每种方法都有较强的针对性。综合分析这些方法，可以分成两种：一种是按评价指标的量化程度分为定性方法、定量方法，以及定性与定量相结合的方法；另一种是按评价对象进行整合，如物质产品、设备安全评价法（如指数法等），安全管理评价法，系统安全综合评价法等。

对具体的评价对象，必须选用合适的方法才能取得良好的评价效果，在选用评价方法之前，应考虑下述几个因素：

1）评价的目的。选用评价方法之前，首先必须考虑评价结果是否能达到评价的目的和动机。

2）需要的评价结果表现形式，如危险性一览表、潜在事故情景一览表、危险控制措施一览表、危险分级、定量危险分析数值等。

3）进行评价时可用的信息资料，如生产活动的技术水平、各种资料的数量和质量、评价对象的复杂程度和规模大小、生产方式、操作方式、固有危险的性质、可能发生的事故类型等。

4）评价对象已经显现的危险，如事故历史情况、设备新旧情况、运行状况、使用年限、易损件的更换情况、管理现状等。

5）可投入评价的技术人员及其素质、评价费用、完成期限、评价专家和管理人员的知识结构及水平等。

在选择评价方法时，除考虑上述的因素，还要对评价方法可提供的评价结果及其适应范围做进一步分析。实践表明，不同的评价方法适应于对系统寿命期内的不同阶段进行危险评价。

4.1.4 安全评价的作用和意义

1. 安全评价体现了"安全第一，预防为主，综合治理"的方针

为了保障安全生产，必须从预防事故这一根本目的出发，预先或超前对系统在计划、设计、施工、验收、投产和运行等各阶段的安全性进行科学的预测和评估，防止和减少在安全上的欠债和加强安全的投入。安全评价从预防事故的观点出发，对系统可能产生的损失和伤害进行预测和评价，采取有效的手段以实现系统安全的总目标。因此，安全评价是一门控制系统总损失的技术，评价过程提高了安全管理水平，体现了从被动到主动，从事后处理到事前预防，从经验到科学的安全管理方法。

2. 安全评价有助于国家各级安全监察部门对企业安全生产的宏观控制

通过对企业安全状况系统地、科学地、客观地评价，既可以衡量企业固有危险性的大小，又可以得出企业安全现状的结论。国家各级监察部门可以以此为依据，按照不同的危险等级和安全现状配备相应的监察力量，使监察工作能够有目的有重点地进行，实现重点和一般相结合，全面控制企业安全生产的目的。

实行国家监察的目的，是要对企业安全生产实现宏观控制。通过监察发现问题并依法进行处理，以求改变企业的不安全状况，提高安全生产水平。安全评价可以依据标准对企业安全管理、安全技术、安全教育等问题做出综合评价，既能了解企业存在的问题，又能客观地对企业安全水平给出结论。安全监察机关可以以此为依据，对企业依法进行处置，例如依法追究刑事责任、责令停产整顿或采取相应的安全措施。而且，一般安全评价标准都附有根据

国家科技发展水平能够实现的措施，使企业不仅了解危险的存在，而且明确改进安全状况的措施，达到监察的目的，实现控制的目标。

3. 安全评价有助于保险部门加强对企业灾害实行风险管理

保险部门对企业事故引起的人身伤亡、职业病和财产损失所承担的保障义务，是保险业的一项重要内容。随着我国保险业的发展，企业投保也逐渐增多，对企业事故的风险管理必然要纳入议事日程。风险管理应该包括以下内容：保险费的合理收取，风险的控制和事故后的合理赔偿。

保险部门为企业承担灾害事故保险，就要收取保险费，保险费的收取是由企业事故风险的大小决定的。所谓事故风险，就是单位时间内的事故损失。严格讲，保险费的计算应以风险为基准，但目前还不具备这样的条件。因此，可以考虑采用安全评价的结果来计算费率，即综合考虑企业生产过程中危险程度大小和企业对危险的控制能力的高低。

至于风险控制，就是在保险过程中尽量减少灾害事故的发生和减轻灾害事故发生的损失。保险部门为投保户提供灾害风险保险，并不是所有事故都负责赔偿，而是仅在投保户遵守保险部门规定的防灾防损条例、条令、规程、规定的前提下，才履行该项义务。保险公司不仅为此制定若干法规、标准，而且拥有完善的监察投保户执行情况的组织机构。

由于我国保险业尚未建立健全这套体制，不能严格控制企业灾害事故的发生。但是，一方面，目前完全可借用企业安全评价标准作为企业防灾防损必须遵守的准则（国外的保险条例也有许多等效采用其他安全法规、标准的情况）。另一方面，保险部门还要根据企业对条例的遵守情况和事故的减少幅度，定期返还企业部分保险费，以资鼓励，提高企业防灾防损的自觉性。如果投保企业发生了事故，就存在一个是否应该赔偿以及赔偿多少的问题。解决这个问题的关键也是以企业是否遵守保险条例为基础。因此，一个较完善的企业安全评价标准完全可以作为保险部门事故赔偿的准则。总之，安全评价的标准和结果为保险部门对企业实行风险管理提供了经验和数据，对加强风险管理有其现实指导意义。

4. 安全评价有助于提高企业安全管理水平

（1）变事后处理为事前预测预防，使企业安全工作更加科学化　长期以来，我国大多数企业的安全管理，基本上采用传统管理方法，主要是凭经验管理，即以事故发生后再处理的"事后过程"为主，因而难以实现"安全第一，预防为主"的方针。通过安全评价，可以预先系统地辨识危险性及其变化情况，科学地分析企业的安全状况，及时地掌握安全工作信息，全面地评价企业的危险程度和安全管理现状，衡量企业是否达到规定的安全指标，使企业领导能够做出正确的安全决策。此外，以系统科学为基础的安全评价可以促使企业建立动态的安全信息反馈系统，增强企业安全保障系统的自我调节机能。

（2）变纵向单一管理为全面系统管理，使企业安全工作更加系统化　以往的安全管理基本上是以企业安全部门和各车间、班组专（兼）职安全人员组成的纵向单一（如安技科）管理体制。这样的体制难以实现全面安全，被管理者往往不能和安全人员密切配合，大多处于被动状态，造成安全部门管理安全的孤立局面。

安全评价的实施，不仅评价安技部门，而且要全面评价企业各个单位及每一个人应负安全职责的履行情况。这样，就使企业所有部门都按照要求认真评价本系统的安全状况，变被管理者为主动执行者和管理者，而安全部门仅对各职能部门和生产单位是否尽职尽责进行监督检查，使企业安全管理体制与横向到边、纵向到底的安全管理落实机制配套实施和运行。

管理范围也可以从单纯的生产安全扩大到企业各系统的人、机、料、法、环等各因素、各环节的安全。这样，就可以使安全管理实现全员、全面、全过程的系统化管理。

（3）变盲目管理为目标管理，使企业安全工作逐步标准化 以往的安全管理缺乏统一的标准，安全人员仅凭自己的经验、主观意志和思想觉悟办事。往往是不出事故就认为安全工作出色，出了事故就惊慌失措、对安全工作全盘否定，缺乏衡量企业安全的客观指标和标准。通过评价标准进行安全评价，使安技干部和全体职工明确各项工作的规范要求，达到什么地步就可称安全以及采取什么手段可以达到指标。有了标准，就可以使安全工作有明确的追求目标，从而使日常安全管理工作纳入标准轨道。

（4）安全评价可以为企业领导的安全决策提供必要的科学依据 要改变企业的安全状况，提高企业的安全生产水平，就必须采取相应的安全措施，这就涉及安全投资的问题。对所有安全工程项目，不仅要考虑改善工作条件，保护职工健康与安全，也要考虑经济效益。因为安全工作也是企业经济活动的一部分。因此要认真对待安全投资的经济性和合理性问题。安全评价不仅要系统地确认危险性，还要进一步考虑危险性发展为事故的可能性大小和事故损失的严重程度，进而计算单位时间事故造成的损失（即风险）。以此说明系统危险可能造成的负效益大小，以便合理地选择控制事故的措施，措施投资的多少，使投资和可能减少的负效益达到平衡，正确选择技术路线和工艺路线，为领导决策提供科学依据，使系统达到社会认可的安全指标。

4.2 安全检查表评价法

安全检查表评价法是一种简便易行的评价方法，根据经验或系统分析的结果，把评价项目自身及周围环境的潜在危险集中起来，列成检查项目的清单，评价时依照清单，逐项检查和评定。该方法虽然简单，效果却很好，各国都颇为重视，例如美国保险公司的安全检查表，美国杜邦公司的过程危险检查表，美国道化学公司的过程安全指南，日本厚生劳动省的安全检查表以及我国机械工厂安全性评价表、民用航空安全检查表等。

用安全检查表进行安全评价，目前已被国内外广泛采用，为了使评价工作得到关于系统安全程度的概念，开发了许多行之有效的评价计值方法，根据评价计值方法的不同，安全检查表评价法又分为逐项赋值法、加权平均法、单项定性加权计分法以及单项否定计分法。

4.2.1 逐项赋值法

这种方法应用范围较广。它是针对安全检查表的每一项检查内容，按其重要程度的不同，由专家讨论赋予一定的分值。评价时，单项检查完全合格者给满分，部分合格者按规定标准给分，完全不合格者记 0 分。这样逐项逐条检查评分，最后累计各项得分，就得到系统评价总分。根据实际评价得分多少，按标准规定评价系统总体安全等级的高低。

逐项赋值法可由下式表示

$$m = \sum_{i=1}^{n} m_i \qquad (4-1)$$

式中，m 为企业安全评价的结果值；n 为评价项目个数。

例如，某铁路局制定的快速列车安全动态检查评价标准，其检查表就是这样记分的。该表共

计93项评价标准，包括车务、电务、机务、车辆、客运、工务、装载、治安和道口、信息处理等内容，每项标准均规定了具体的评价标准和办法，并根据其重要程度规定定额分值。

轨检车动态检查消灭Ⅲ级分得10分，出现一个Ⅲ级分就为0分；在快速列车上用便携式动态检测仪对线路质量进行测试，无Ⅲ级分得20分，如出现Ⅲ级分，每一处扣1分；登乘快速列车如无严重晃动得10分，有严重晃动为0分。这样，通过对该局管内16个站段每月逐项逐条定量检查、评分，并累计所有各项得分，最终得出该铁路局月度快速列车的安全动态评价结论。这一结论，一方面报送铁路局有关领导，为领导安全管理决策提供数据；另一方面，对各专业部门、有关站段进行通报，为进一步研究、解决安全工作中存在的隐患提供科学依据，使快速列车的安全管理更有科学性、针对性和有效性。

4.2.2 加权平均法

这种评价计值方法是把企业的安全评价按专业分成若干评价表，所有评价表不管评价条款多少，均按统一记分体系分别评价记分，如10分制或100分制等，并按照各评价表的内容对总体安全评价的重要程度，分别赋予权重系数（各评价表权重系数之和为1）。按各评价表评价所得的分值，分别乘以各自的权重系数并求和，就可得到企业安全评价的结果值，即

$$m = \sum_{i=1}^{n} k_i m_i \tag{4-2}$$

式中，m 为企业安全评价的结果值；m_i 为按某一评价表评价的实际测量值；k_i 为按某一评价表实际测量值的相应权重系数；n 为评价表个数。

按照标准规定的分数界限，就可确定企业在安全评价中取得的安全等级。

【例4-1】 某地铁车站劳动安全检查表按评价范围给出5个检查表，分别是：车间安全生产管理检查表、安全教育与宣传检查表、安全工作应知应会检查表、作业场所情况检查表、安全生产检查和推广安全生产管理新技术检查表。5个检查表均采用100分制计分，各检查表得分的权重系数分别为0.25、0.15、0.35、0.15、0.1，即

$$k_1 = 0.25, \ k_2 = 0.15, \ k_3 = 0.35, \ k_4 = 0.15, \ k_5 = 0.1$$

如按以上5个检查表评价该车站的实际得分分别为85、90、75、65、80，即

$$m_1 = 85, \ m_2 = 90, \ m_3 = 75, \ m_4 = 65, \ m_5 = 80$$

则该地铁车站劳动安全评价值为

$$m = \sum_{i=1}^{n} k_i m_i = 78.75$$

若标准规定80分以上为安全级，则可知该地铁车站的安全状况并不令人满意，需要进行整改。

此外，加权平均法中权重系数可由统计均值法、二项式系数法、两两比较法、环比评分法、层次分析法等确定。

4.2.3 单项定性加权计分法

这种评价计量方法是把安全检查表的所有检查评价项目都视为同等重要。评价时，对检

查表中的几个检查项目分别给以"优""良""可""差"或"可靠""基本可靠""基本不可靠""不可靠"等定性等级的评价，同时赋予不同定性等级以相应的权重值，累计求和，得到实际评价值。即

$$S = \sum_{i=1}^{n} \omega_i k_i \qquad (4\text{-}3)$$

式中，S 为实际评价值；n 为评价等级数；ω_i 为评价等级的权重；k_i 为取得某一评价等级的项数和。

【例4-2】 评价某运输企业安全状况所用的安全检查表共120项，按"优""良""可""差"评价各项。4种等级的权重分别为

$$\omega_1 = 4, \ \omega_2 = 3, \ \omega_3 = 3, \ \omega_4 = 1$$

评价结果：56项为"优"，30项为"良"，24项为"可"，10项为"差"，即

$$k_1 = 56, \ k_2 = 30, \ k_3 = 24, \ k_4 = 10$$

因此，该运输企业的安全评价值为

$$S = \sum_{i=1}^{n} \omega_i k_i = 396$$

将实际评价值除以评价项数和，便可知道该单位的安全状况，总体平均是处于"优""良"之间，还是"良""可"之间，或是"可""差"之间。即

$$396/120 = 3.3$$

因 $2 < 3.3 < 4$，可知评价结果介于"优""良"之间。

4.2.4 单项否定计分法

一般这种方法不单独使用，而仅适用于企业系统中某些具有特殊危险而又非常敏感的具体系统，如煤气站、锅炉房、起重设备等。这类系统往往有若干危险因素，其中只要有一处处于不安全状态，就有可能导致严重事故的发生。因此，把这类系统安全评价表中的某些评价项目确定为对该系统安全状况具有否决权的项目，这些项目中只要有一项被判定为不合格，则视为该系统总体安全状况不合格。这种方法已在机械工厂、核工业设施以及铁路运输企业的安全评价中采用。

4.3 作业条件危险性评价法

作业条件危险性评价法是一种简便易行的衡量人们在某种具有潜在危险环境中作业的危险性的半定量评价方法。它是由美国安全专家格雷厄姆和金尼提出的。该方法以与系统风险率有关的三种因素指标值之积来评价系统人员伤亡风险的大小，并将所得作业条件危险性数值与规定的作业条件危险性等级相比较，从而确定作业条件的危险程度。众所周知，作业条件的危险性大小，取决于三个因素：发生事故的可能性 L，暴露于危险环境的频繁程度 E，发生事故可能会造成的损失后果 C。

但是，要获得这三个因素的科学准确的数据，却是相当烦琐的过程。为了简化评价过程，采取了半定量计值法，给三种因素的不同等级分别确定不同的分值，然后，以三个分值

的乘积 D 来评价作业条件危险性的大小。即

$$D = L \times E \times C \tag{4-4}$$

D 值大，说明该系统危险性大，需要增加安全措施，减少发生事故的可能性，或者降低暴露于危险环境的频繁程度，或者减轻事故损失，直至调整到允许范围。

三种因素的不同等级取值标准和危险性大小的范围划分可参见表4-4~表4-7。

<table>
<tr><td colspan="2">表4-4 发生事故的可能性 (L)</td></tr>
<tr><td>分数值</td><td>事故发生的可能性</td></tr>
<tr><td>10</td><td>完全可以预料</td></tr>
<tr><td>6</td><td>相当可能</td></tr>
<tr><td>3</td><td>可能，但不经常</td></tr>
<tr><td>1</td><td>可能性小，完全意外</td></tr>
<tr><td>0.5</td><td>很不可能，可以设想</td></tr>
<tr><td>0.2</td><td>极不可能</td></tr>
<tr><td>0.1</td><td>实际上不可能</td></tr>
</table>

<table>
<tr><td colspan="2">表4-5 暴露于危险环境的频繁程度 (E)</td></tr>
<tr><td>分数值</td><td>暴露于危险环境的频繁程度</td></tr>
<tr><td>10</td><td>连续暴露</td></tr>
<tr><td>6</td><td>每天工作时间内暴露</td></tr>
<tr><td>3</td><td>每周一次，或偶然暴露</td></tr>
<tr><td>2</td><td>每月一次暴露</td></tr>
<tr><td>1</td><td>每年几次暴露</td></tr>
<tr><td>0.5</td><td>非常罕见地暴露</td></tr>
</table>

<table>
<tr><td colspan="2">表4-6 发生事故可能会造成的损失后果 (C)</td></tr>
<tr><td>分数值</td><td>发生事故可能会造成的损失后果</td></tr>
<tr><td>100</td><td>大灾难，许多人死亡</td></tr>
<tr><td>40</td><td>灾难，数人死亡</td></tr>
<tr><td>15</td><td>非常严重，一人死亡</td></tr>
<tr><td>7</td><td>严重，躯干致残</td></tr>
<tr><td>6</td><td>重大，手足伤残</td></tr>
<tr><td>3</td><td>较大，受伤较重</td></tr>
<tr><td>1</td><td>较小，轻伤</td></tr>
</table>

<table>
<tr><td colspan="2">表4-7 危险等级划分 (D)</td></tr>
<tr><td>分数值</td><td>危险程度</td></tr>
<tr><td>>320</td><td>极其危险，停产整改</td></tr>
<tr><td>160~320</td><td>高度危险，立即整改</td></tr>
<tr><td>70~160</td><td>显著危险，及时整改</td></tr>
<tr><td>20~70</td><td>一般危险，需要观察</td></tr>
<tr><td><20</td><td>稍有危险，注意防止</td></tr>
</table>

对于任何有人作业的具体系统，都可以按照实际情况选取三种因素的分数值，然后计算 D 值，根据 D 值大小，可以判定系统危险程度的高低。

【例4-3】 某平交道口工作人员接车时，有时会被列车、汽车撞伤，或被列车坠落物件砸伤。从前10年的事故统计资料看，无一人死亡，轻伤仅发生两起。作业时间为每天工作8h。为了评价该道口岗位作业条件的危险性，首先要确定每种因素的分数值：

① 发生事故的可能性 (L)：属于"可能性小，完全意外"，$L=1$。

② 暴露于危险环境的频繁程度 (E)：道口工作人员每天都在这样的条件下操作，$E=6$。

③ 发生事故可能会造成的损失后果 (C)：轻伤，$C=1$。

于是有

$$D = L \times E \times C = 6 < 20 \tag{4-5}$$

可知，该道口岗位作业条件的危险性等级为"稍有危险，注意防止"。

这种评价方法的特点是简便，可操作性强，有利于掌握企业内部危险点的危险情况，有利于促进整改措施的实施。问题是三个因素中事故发生的可能性只有定性概念，没有定量标准。评价实施时很可能在取值上因人而异，影响评价结果的准确性。对此，可在评价开始之前确定定量的取值标准。如"完全可以预料"是平均多长时间发生一次，"相当可能"为多长时间一次等。这样，就可以按统一标准评价系统内各子系统的危险程度。

4.4 概率安全评价法

概率安全评价（Probabilistic Safety Assessment，PSA）也称概率风险判定（Probabilistic Risk Assessment，PRA），它是一种定量安全评价方法。此法先求出系统发生事故的概率（使用故障模式及影响和致命度分析、事故树定量分析、事件树定量分析等方法），然后结合事故后果严重度的估计进一步计算风险，以风险大小确定系统的安全程度，以此衡量系统的危险程度是否超过可接受的安全标准，以便决定是否需要采取相应的安全措施，使其达到社会公认的安全水平。

概率安全评价的标准是风险，即单位时间系统可能承受损失的大小，它综合了事故发生的概率和造成后果的严重度因素。事故发生概率是单位时间内事故发生的可能性，损失严重度是指发生一次事故损失的大小。如果事故发生的概率很小，即使后果严重，风险也不会很大；如果事故发生的概率很大，而每次事故的后果却不严重，那么风险同样也不会很大。因此，风险可以定义为

$$R = S \times P \tag{4-6}$$

式中，R 为风险，事故损失/单位时间；S 为损失严重度，事故损失/事故次数；P 为事故发生概率（频率），事故损失/事故次数。

由于受系统复杂程度及数据源的限制，计算事故发生概率相当困难，往往用事故发生频率来近似概率，因此，可用一定时间内事故发生的次数来表示事故发生概率 P。

损失严重度表示发生一起事故所造成的损失数值，包括直接损失和间接损失。直接损失包括清理事故所发生的工资，设备修复、报废的费用，以及支付旅客和货主的赔偿费等；间接损失包括停工、减产、工作损失、资源损失、环境污染处理等。系统可能承受的损失可以是人员伤亡、经济损失或工作日的损失。因此，损失严重度可以表示为死亡人数/事故次数、损失工作日数/事故次数、经济损失价值/事故次数等。于是：

$$R = P \times S = \begin{cases} \dfrac{死亡人数}{事故次数} \times \dfrac{事故次数}{单位时间} = \dfrac{死亡人数}{单位时间} \\[2mm] \dfrac{损失工作日数}{事故次数} \times \dfrac{事故次数}{单位时间} = \dfrac{损失工作日数}{单位时间} \\[2mm] \dfrac{经济损失价值}{事故次数} \times \dfrac{事故次数}{单位时间} = \dfrac{经济损失价值}{单位时间} \end{cases} \tag{4-7}$$

可见，风险可用单位时间的死亡人数、单位时间的损失工作日数以及单位时间的经济损失价值来表示。考虑人的生命是最宝贵的，而经济损失统计的困难，目前国际上常采用单位时间死亡率来进行系统安全评价。

4.5 安全综合评价法

对指标体系的安全综合评价方法，称作多指标安全综合评价法，它是把多个描述被评价对象的不同方面且量纲不同的定性和定量指标，转化为无量纲的评价值，并综合这些评价值以得出对该评价对象的一个整体评价。多指标安全综合评价法具有多指标、多层次特性，能较好地处理大型复杂系统的安全评价问题，因而得到了广泛的应用。

4.5.1 综合评价问题的要素

一般来说，构成综合评价问题的要素如下。

1. 被评价对象

交通安全综合评价的对象可以是铁路系统、公路系统、航空运输系统、水运系统，也可以是某种运输方式的子系统，例如铁路运输站（段）、航空公司、民用机场、城市交通等。同一类被评价对象的个数要大于1（不同被评价对象进行比较）或等于1（识别某被评价对象的安全薄弱环境，其下层指标数大于1）。

2. 评价指标

各系统的安全状况可用一系列评价指标表示，每个评价指标都从不同的侧面反映系统的安全状况。

3. 权重系数

相对于某种安全评价目的，评价指标之间的相对重要性是不同的。评价指标之间的这种相对重要性的大小，可用权重系数来体现。若ω_j是评价指标$x_j(j=1,2,\cdots,m)$的权重系数。一般应有

$$\omega_j \geq 0 \quad (j=1,2,\cdots m)$$

$$\sum_{j=1}^{m} \omega_j = 1 \tag{4-8}$$

很显然，当被评价对象及评价指标（值）都给定时，综合评价（或对各被评价对象进行排序）的结果就依赖于权重系数了。即权重系数确定的合理与否，关系到综合评价结果的可信程度，因此，对权重系数的确定应特别谨慎。

4. 综合评价模型

所谓多指标（或多属性）安全综合评价，就是指通过一定的数学模型（或算法）将多个评价指标值"合成"为一个整体性的安全综合评价值。可用于"合成"的数学方法较多。问题在于如何根据评价目的（或准则）及被评价系统的特点来选择较为合适的合成方法。也就是说，在获得n个系统安全评价指标值$\{x_{ij}\}(i=1,2,\cdots,n;j=1,2,\cdots,m)$的基础上，须选用或构造综合评价函数

$$y = f(\boldsymbol{w}, \boldsymbol{x}) \tag{4-9}$$

式中，$\boldsymbol{w}=(w_1,w_2,\cdots,w_m)^{\mathrm{T}}$为指标权重向量；$\boldsymbol{x}=(x_1,x_2,\cdots,x_m)^{\mathrm{T}}$为被评价对象（系统）的状态向量（评价指标值）。

由式（4-10）可求出各评价对象（系统）的安全综合评价值

$$y_i = f(\boldsymbol{w}, \boldsymbol{x}_i) \tag{4-10}$$

式中，$\boldsymbol{x}_i = (x_{i1}, x_{i2}, \cdots, x_{im})^{\mathrm{T}}$ 为第 $i(i=1,2,\cdots,n)$ 个系统的状态向量。

根据 y_i 值的大小（由小到大或由大到小），将这 n 个系统进行排序或分类。同时，也可将 y_i 值与既定的安全目标值进行判断比较，确定被评价对象（系统）的危险程度，以便采取相应的安全措施。

5. 评价者

评价者可以是某个人或某团体。评价目的给定、评价指标的建立、评价模型的选择、权重系数的确定都与评价者有关。因此，评价者在评价过程中的作用是不可轻视的。

综上所述，安全综合评价的一般步骤包括：

1）明确评价目的。

2）确定被评价对象。

3）建立评价指标体系（包括收集评价指标的原始值、评价指标的若干预处理等）。

4）确立与各项评价指标相对应的权重系数。

5）选择或构造综合评价模型。

6）计算各系统（评价对象）的综合评价值并进行排序、分类或比较。

7）根据评价过程得到的信息，进行系统分析和决策。

其中，最为关键的问题是指标体系的建立、指标评价值、权重系数以及评价模型的确定。只有解决好上述问题，才能得到较为切合实际的安全评价结果。

4.5.2 指标体系的建立

1. 指标体系建立的原则

安全评价的核心问题是确定评价指标体系。指标体系是否科学、合理，直接关系到安全评价的质量。为此，指标体系必须科学地、客观地、合理地、尽可能全面地反映影响系统安全的所有因素。但是，要建立一套既科学又合理的安全评价指标体系，却是一个非常困难的问题。为此必须按照一定的原则去分析和判断，才有可能较好地解决这一难题。

（1）目的性原则 指标体系要紧紧围绕改进系统安全这一目标来设计，并由代表系统安全各组成部分的典型指标构成，多方位、多角度地反映系统的安全水平。

（2）科学性原则 指标体系结构的拟定、指标的取舍、公式的推导等都要有科学的依据。只有坚持科学性的原则，获取的信息才具有可靠性和客观性，评价的结果才具有可信性。

（3）系统性原则 指标体系要包括系统安全所涉及的众多方面，使其成为一个系统：

1）相关性——要运用系统论的相关性原理不断分析，再组合设计安全评价指标体系。

2）层次性——指标体系要形成阶层性的功能群，层次之间要相互适应并具有一致性，要具有与其相适应的导向作用，即每项上层指标都要有相应的下层指标与其相适应。

3）整体性——不仅要注意指标体系整体的内在联系，而且要注意整体的功能和目标。

4）综合性——指标体系的设计不仅要有反映事故状况的指标，更重要的是要有反映隐患的指标，事前与事后综合，不同时期（历史、现状、将来）综合才能更为客观和全面。

（4）可操作性原则 指标的设计要求概念明确、定义清楚，能方便地采集数据与收集情况，要考虑现行科技水平，并且有利于系统安全的改进。而且，指标的内容不应太繁太

细，过于庞杂和冗长，否则会给评价工作带来不必要的麻烦。

(5) 时效性原则 指标体系不仅要反映一定时期系统安全的实际情况，而且还要跟踪其变化情况，以便及时发现问题，防患于未然。此外，指标体系应随着社会价值观念的变化不断调整，否则，可能会因不合时宜而导致决策失误或非优选择。

(6) 政令性原则 指标体系的设计要体现我国安全生产的法律、方针和政策，以便通过评价，引导运输企业贯彻执行"安全第一，预防为主，综合治理"的方针以及部门安全生产的规章制度。

(7) 突出性原则 指标的选择要全面，但应该区别主次、轻重，要突出当前带全局性而又极为关键的安全问题，以保证重点和集中力量控制住那些发生频率高、后果严重的事件。

(8) 可比性原则 指标体系中同一层次的指标，应该满足可比性的原则，即具有相同的计量范围、计量口径和计量方法，指标取值宜采用相对值，尽可能不采用绝对值。这样使指标既能反映实际情况，又便于通过比较优劣查明安全薄弱环节。

(9) 定性与定量相结合的原则 指标体系的设计应当满足定性与定量相结合的原则，即在定性分析的基础上，还要进行量化处理。只有通过量化，才能较为准确地揭示事物的本来面目。对于缺乏统计数据的定性指标，可采用评分法，利用专家意见近似实现其量化。

2. 指标体系的结构

指标体系的结构，是指形成指标组合的逻辑关系和表达形式。依靠科学的结构，分散的指标才能排列组合成系统，真实地描述系统安全的安全状况。

由于安全与事故是对立的，但事故并非不安全的全部内容，事故只是在安全与不安全矛盾斗争过程中某些瞬间突变结果的外在表现形式。在"无事故"的背后，可能还有许多违章、冒险、故障（缺陷）等不安全因素存在，只是暂时未出事故。因此，单纯的事故指标并不足以表征系统的全部安全状况。

隐患指标是从系统的整体出发，对系统的人员、设备、环境、管理等进行的安全综合评价。隐患指标充分体现了事前安全的思想，即预防事故在其发生之前。隐患指标由于综合考虑了影响系统安全的所有因素，可以较为全面地反映系统的潜在危险性。但是，由于人们在安全问题认识上的局限性与滞后性，在指标的设置、指标的计量以及对指标重要性的认识等方面难以完全做到科学和全面。换言之，隐患指标虽然在理论上可以较为全面地反映系统的安全性，但在实际应用过程中难免存在偏差，因而要以表征系统运行特性的事故指标作为基础。

事故指标与隐患指标相结合，既考察了系统在一定时期内实际的安全绩效，又考察了系统要素及其组合中的安全隐患，可以避免只用一类指标评价的片面性，能够较为全面正确地反映系统的安全状况。

根据上述分析，建立人-机-环境系统安全综合评价指标体系如图 4-1 所示。其中，指标体系递阶层次结构模型如图 4-2 所示。

例如，根据上述建立指标体系的原则，可以建立事故与隐患指标相结合的铁路运输安全保障系统安全评价指标体系。

3. 评价指标的筛选

在实际的安全综合评价活动中，并非评价指标越多越好，但也不是越少越好，关键在于

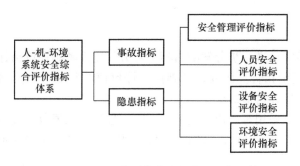

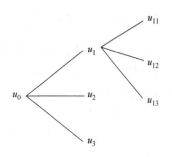

图 4-1　人-机-环境系统安全综合评价指标体系　　　图 4-2　指标体系递阶层次结构模型

评价指标在评价中所起作用的大小。一般原则应是以尽可能少的"主要"评价指标用于实际评价。但在初步建立的评价指标集合当中也可能存在着一些"次要"的评价指标，这就需要按某种方法进行筛选，分清主次，合理组成评价指标集。

对于具体的实际评价问题，如何确定评价目标及选择评价指标是一个很重要的问题，应该慎重考虑。在实际应用中，通常用以下几种方法来进行评价指标的筛选。

（1）专家调研法（Delphi）　这是一种向专家发函、征求意见的调研方法。评价者可根据评价目标及评价对象的特征，在所设计的调查表中列出一系列的评价指标，分别征询专家对评价指标的意见，然后进行统计处理，并反馈咨询结果。经几轮咨询后，如果专家意见趋于集中，则通过最后一次咨询确定具体的评价指标体系。

（2）最小均方差法　对于 n 个确定的被评价对象（或系统）$s_1,s_2,\cdots,s_n$，每个被评价对象都可用 m 个指标的观测值 $x_{ij}(i=1,2,\cdots,n;j=1,2,\cdots,m)$ 来表示。容易看出，如果 n 个被评价对象关于某项评价指标的取值都差不多，那么尽管这个评价指标是非常重要的，但对于这 n 个被评价对象的相对评价结果，该评价指标并不起作用。因此，为了减少计算量，可以删除掉该评价指标。最小均方差法的筛选原则如下：

$$s_j = \sqrt{\frac{1}{n}\sum_{i=1}^{m}(x_{ij}-\bar{x}_j)^2}\quad(j=1,2,\cdots,m) \tag{4-11}$$

式中，s_j 为评价指标 x_j 按 n 个被评价对象取值构成的样本均方差。其中

$$\bar{x}_j = \frac{1}{n}\sum_{i=1}^{m}x_{ij}\quad(j=1,2,\cdots,m) \tag{4-12}$$

式中，$\bar{x}_j$ 为评价指标 x_j 按 n 个被评价对象取值构成的样本均值。

若存在 $k_0(1\leqslant k_0\leqslant m)$，使得

$$s_{k_0} = \min_{1\leqslant j\leqslant m}\{s_j\}，且 s_{k_0}\approx 0 \tag{4-13}$$

则可删除掉与 s_{k_0} 相应的评价指标 x_{k_0}。

（3）极小极大离差法　先求出各评价指标 x_j 的最大离差 r_j，即

$$r_j = \max_{1\leqslant i,k\leqslant n}\{|x_{ij}-x_{kj}|\} \tag{4-14}$$

再求出 r_j 的最小值，即

$$r_0 = \min_{1\leqslant j\leqslant m}\{r_j\} \tag{4-15}$$

当 r_0 接近于零时，则可删除掉与 r_0 相应的评价指标。

4.5.3 基础指标评价值的确定

基础评价指标即评价指标体系中不能再进一步分解的指标，可分为定性基础评价指标和定量基础评价指标，简称定性指标和定量指标。因此，基础指标评价值的确定可分为两部分，即定性指标评价值的确定和定量指标评价值的确定。

在求基础指标评价值时，有不少文献采用等级论域的方法，将定性指标取值范围按评语等级硬性划分分值范围，例如"很好"（90~100）、"较好"（80~90）、"一般"（70~80）、"较差"（60~70）、"很差"（0~60）。

而对于定量指标，也要确定对应于各评语等级的临界值，这种做法是值得商榷的：第一，事物本身所具有的模糊性，决定了它没有固定的临界值，例如，从很好到很差，中间状态是模糊的，并不存在一个明确好与差的等级界限，因而由此计算出的指标评价值可信度是较低的；第二，定量指标等级临界值的确定非常困难，而它对于定量指标评价值的确定又是至关重要的。

基于上述理由，建议采用舍弃等级论域的方法确定基础指标评价值，即将指标取值范围规定为0~100，相当于将指标评判等级划分100个小等级，指标值越大，说明其隶属于安全的程度越高，同时也表明其安全性越好。舍弃等级论域的做法不仅克服了等级论域法的上述不足，它得到的指标值为一确定值而非向量，不再局限于模糊综合评判的处理方法。

1. 定性指标评价值的确定

对于定性指标，评价值具有模糊和非定量化的特点，很难用精确的数字来表示，只能采用模糊数学的方法对模糊信息进行量化处理。

（1）等级比重法（也称作试验统计法） 请一组专家进行试验，每一次试验是要在表格中打钩的，且每个指标仅打一个钩（即每行打一个钩），见表4-8。最后统计出各个格子中打钩的频率，得到专家组对每个指标的评价结果。例如，请100位专家对"安全管理"进行评价，分别有50人、30人、10人、5人、5人的评价为"很好""较好""一般""较差""很差"，则对"安全管理"指标的评价为(0.5,0.3,0.1,0.05,0.05)。最后，将各个定性指标评价结果综合成评价矩阵 $\boldsymbol{R}$

$$\boldsymbol{R} = (r_{ij})_{m \times n} \tag{4-16}$$

式中，m 为评语等级数；n 为定性评价指标个数；r_{ij} 为第 j 位专家对第 i 个指标的评价值。

表4-8 等级比重法统计表

	很好	较好	一般	较差	很差
指标1		√			
指标2				√	
......					
指标n	√				

同时赋予不同定性等级以相应的权重系数

$$\boldsymbol{A} = (a_1, a_2, \cdots, a_m)$$

于是得到 n 个定性指标的评价值

$$\boldsymbol{B} = \boldsymbol{A} \cdot \boldsymbol{R} = (b_1, b_2, \cdots, b_n)$$

等级比重法的最大特点是简单、方便、实用，但精确度不高。

（2）**专家评分法**　请 m 个专家对一组指标 $x_1,x_2,\cdots,x_n$ 分别给出隶属度 $A(x_i)(i=1,$ $2,\cdots,n)$ 的估计值 $r_{ij}(i=1,2,\cdots,n;j=1,2,\cdots,m)$，则指标 x_i 的隶属度 r_i 可由下式估计：

$$r_i = \frac{1}{m}\sum_{j=1}^{m} r_{ij}(i=1,2,\cdots,n) \qquad (4\text{-}17)$$

式中，r_{ij} 为第 j 位专家对第 i 个指标的评价值。

由专家评分法得出的评价矩阵为一列向量

$$\boldsymbol{R} = \begin{pmatrix} r_1 \\ r_2 \\ \vdots \\ r_n \end{pmatrix} \qquad (4\text{-}18)$$

利用专家评分法得出的判断较等级比重法精确。但是，该方法是用一个确切的数值进行判断，如果问题比较复杂、敏感、信息不全，或者专家对问题的了解不够全面、确切，在这种情况下，人的判断具有多种可能性，无法找出一个确切的数值。但如果要专家给出判断的范围，却是比较客观的选择。专家给出的判断范围越小，说明专家对问题的把握性越大，反之，则相反。不同专家对同一问题所给出的判断范围，可以看作是一个随机集的若干独立实现，而利用随机集估计真值，属于集值统计的范畴。因此，可应用集值统计法来确定定性指标评价值。

（3）**集值统计法**　集值统计是汪培庄、刘锡荟等学者于1984年首次提出的一种新的模糊统计方法。它不同于经典的概率统计，经典统计样本一般被看作是一个随机变量的若干独立实现，集值统计样本则被看作是一个随机集的独立实现。

具体做法为选择 m 位专家，专家选择应视具体情况而定。给出评价指标值的两个极点，为方便专家赋值，取0、100两点，然后请专家给出指标 x_i 评价值的区间估计，得到 m 位专家对指标 x_i 的一个集值统计序列：

$$[r_{11},r_{21}],[r_{12},r_{22}],\cdots,[r_{1m},r_{2m}] \qquad (4\text{-}19)$$

将这 m 个区间落影到评价指标值域轴上，得到样本落影函数 $X(r)$，如图4-3所示。

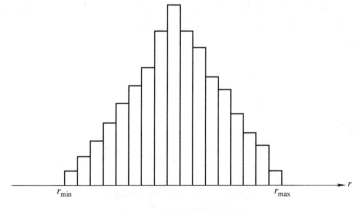

图4-3　样本落影直方图

$$\overline{X}(r) = \frac{1}{m} \sum_{k=1}^{m} X[r_{1k}, r_{2k}]^{(r)} \tag{4-20}$$

其中

$$X[r_{1k}, r_{2k}]^{(r)} = \begin{cases} 1 & r_{1k} < r < r_{2k} \\ 0 & \text{其他} \end{cases} \tag{4-21}$$

取 $r_{\max} = \max\{r_{21}, r_{22}, \cdots, r_{2m}\}$，$r_{\min} = \min\{r_{11}, r_{12}, \cdots, r_{1m}\}$，则指标 x_i 的评价值

$$E(r) = \frac{\int_{r_{\min}}^{r_{\max}} \overline{X}(r) r \mathrm{d}r}{\int_{r_{\min}}^{r_{\max}} \overline{X}(r) \mathrm{d}r} = \frac{\sum_{k=1}^{m} [(r_{2k})^2 - (r_{1k})^2]}{2 \sum_{k=1}^{m} (r_{2k} - r_{1k})} \tag{4-22}$$

2. 定量指标评价值的确定

定量指标即可量化指标，它可以通过一定的技术测量手段确定其量值。由于定量指标的计量单位各不相同，不具有可比性。因此，在确定指标实际值之后，还必须解决指标间的可综合性问题，即进行评价指标类型的一致化和评价指标的无量纲化处理。

（1）评价指标类型的一致化　一般来说，指标 $x_1, x_2, \cdots, x_n$ 中，可能含有"极大型"指标、"极小型"指标、"居中型"指标和"区间型"指标。对于期望某些定量指标（如客运量、货运量、安全天数等），其取值越大越好，这类指标称之为极大型指标；对于如事故件数、伤亡人数、经济损失、事故率等指标，其取值越小越好，这类指标称之为极小型指标；对于如机动车保有量、道路里程等指标，其取值不是通过越大或越小来衡量优劣，而是取值越居中越好，这类指标为居中型指标；区间型指标是期望其取值以落在某个区间为最佳。根据指标的不同类型，对指标集 $X = \{x_1, x_2, \cdots, x_n\}$ 可做如下划分，即令

$$X = \bigcup_{i=1}^{4} X_i \quad \text{且} X_i \cap X_j = \varnothing \quad (i \neq j \text{且} i、j = 1,2,3,4) \tag{4-23}$$

式中，$X_i(i = 1,2,3,4)$ 为分别为极大型指标集、极小型指标集、居中型指标集和区间型指标集；$\varnothing$ 为空集。

若指标 $x_1, x_2, \cdots, x_n$ 中既有极大型指标、极小型指标，又有居中型指标或区间型指标，则在对系统进行综合评价之前，需对评价指标的类型做一致化处理。否则，就无法定量地判断综合评价值是越大越好、越小越好，还是越居中越好。因此，也就无法根据综合评价值的大小来评价系统安全状况的优劣，无法比较各评价对象的优劣。

对于极小型指标 x，令

$$x^* = M - x \quad \text{或} \quad x^* = \frac{1}{x} \quad (x > 0) \tag{4-24}$$

式中，M 为指标 x 的一个允许上界。

对于居中型指标 x，令

$$x^* = \begin{cases} \dfrac{2(x - m)}{M - m} & \left(m \leqslant x \leqslant \dfrac{M + m}{2}\right) \\ \dfrac{2(M - x)}{M - m} & \left(\dfrac{M + m}{2} \leqslant x \leqslant M\right) \end{cases} \tag{4-25}$$

式中，m 为指标 x 的一个允许下界；M 为指标 x 的一个允许上界。

对于区间型指标 x，令

$$x^* = \begin{cases} 1.0 - \dfrac{q_1 - x}{\max\{q_1 - m, M - q_2\}} & (x < q_1) \\ 1.0 \\ 1.0 - \dfrac{x - q_2}{\max\{q_1 - m, M - q_2\}} & (x > q_2) \end{cases} \tag{4-26}$$

式中，$[q_1, q_2]$ 为指标 x 的最佳稳定区间；M、m 分别为指标 x 的一个允许上、下界。

这样，非极大型评价指标 x 便可转变为极大型指标了。同理，也可将所有指标均转化为极小型指标或区间型指标。

(2) 评价指标的无量纲化 一般来说，定量指标 $x_1, x_2, \cdots, x_n$ 之间由于各自单位及量级（计量指标的数量级）的不同而存在着不可公度性，这就为指标间的横向比较带来了不便。因此，为了尽可能地反映实际情况，排除由于各项指标的单位不同以及其数值数量级间的差别所带来的影响，避免不合理现象的发生，需要对评价指标作无量纲化处理。

无量纲化，也称作指标数据的标准化、规范化，是通过数学变换来消除原始指标单位影响的方法。从本质上讲，指标无量纲化过程也就是求解隶属函数的过程，各种无量纲化公式，也就是指标的隶属函数。求定量指标隶属度的无量纲化方法多种多样，应根据各个指标本身的性质确定其隶属函数公式，但依次确定每个指标隶属函数的关系式非常困难。为简单起见，可选择直线型无量纲化方法来解决定量指标间的可综合性问题。常用的方法有"标准化法""极值法""功效系数法"。

1）标准化法。取

$$x_{ij}^* = \frac{x_{ij} - \bar{x}_j}{s_j} \tag{4-27}$$

式中，$\bar{x}_j$、$s_j (j = 1, 2, \cdots, n)$ 分别为第 j 项指标观测值的平均值和均方差；x_{ij} 为有量纲指标实际值；x_{ij}^* 为无量纲指标评价值。

显然，x_{ij}^* 的平均值和均方差分别为 0 和 1，x_{ij}^* 称为标准观测值。

2）极值法。如果令 $M_j = \max_i \{x_{ij}\}$，$m_j = \min_i \{x_{ij}\}$，则

$$x_{ij}^* = \frac{x_{ij} - m_j}{M_j - m_j} \tag{4-28}$$

式中，x_{ij}^* 是无量纲的，且 $x_{ij}^* \in [0, 1]$。

特别地，当 $m_j = 0 (j = 1, 2, \cdots, n)$ 时，有

$$x_{ij}^* = \frac{x_{ij}}{M_j} \quad (x_{ij}^* \in [0, 1]) \tag{4-29}$$

不失一般性，当评价值取值属于 $[0, 100]$ 时，对于极大型、极小型和居中型指标，其无量纲化公式为

极大型指标

$$x_{ij}^* = \begin{cases} 100 & x_{ij} \geqslant M_j \\ 100 \times \dfrac{x_{ij} - m_j}{M_j - m_j} & m_j < x_{ij} < M_j \\ 0 & x_{ij} \leqslant m_j \end{cases} \tag{4-30}$$

极小型指标

$$x_{ij}^* = \begin{cases} 100 & x_{ij} \leqslant m_j \\ 100 \times \dfrac{M_j - x_{ij}}{M_j - m_j} & m_j < x_{ij} < M_j \\ 0 & x_{ij} \geqslant M_j \end{cases} \tag{4-31}$$

居中型指标即越接近某一固定值越好的指标

$$x_{ij}^* = \begin{cases} 100 \times \dfrac{x_{ij} - m_j}{x_{m_j} - m_j} & m_j < x_{ij} \leqslant x_{m_j} \\ 100 \times \dfrac{M_j - x_{ij}}{M_j - x_{m_j}} & x_{m_j} \leqslant x_{ij} \leqslant M_j \\ 0 & x_{ij} \leqslant m_j, x_{ij} \geqslant M_j \end{cases} \tag{4-32}$$

式中，x_{m_j} 为居中型指标的固定值，$m_j \leqslant x_{mj} \leqslant M_j$。

3）功效系数法。分别令

$$x_{ij}^* = c + \dfrac{x_{ij} - m_j}{M_j - m_j} \times d \tag{4-33}$$

式中，M_j、m_j 分别为指标 x_j 的满意值和不允许值；c、d 均为已知正常数，c 的作用是对变换后的值进行"平移"，d 的作用是对变换后的值进行"放大"或"缩小"，通常取 $c = 60$，$d = 40$，即

$$x_{ij}^* = 60 + \dfrac{x_{ij} - m_i}{M_j - m_j} \times 40 \quad (x_{ij}^* \in [60, 100]) \tag{4-34}$$

式中，$x_{ij}(i = 1, 2, \cdots, m; j = 1, 2, \cdots, n)$ 均假定为极大型指标的观测值。

在评价模型、评价指标和权重系数、指标类型的一致化方法都已取定的情况下，应选择能尽量体现被评价对象之间差异的无量纲化方法，即选择使综合评价值的离差平方和最大的无量纲化方法。

4.5.4　指标体系的赋权处理

1. 基于"功能驱动"原理的赋权法

基于"功能驱动"原理的赋权法，其实质是根据评价指标的相对重要程度来确定权重系数，其确定途径可分为两大类，即客观途径和主观途径。客观途径主要有结构性、机理性或成因性的构造方法。然而，客观现实中的系统在运行过程中或受环境影响，或受评价者主观愿望的影响而呈现出不同的特征，这就给权重系数的确定带来困难。因而在很多场合，往往是通过主观途径来确定权重系数，即根据主观上对各评价指标的重视程度来确定其权重系数。对于主观赋权法来说，其共同特征是：

1）含有主观色彩，即赋权结果与评价者（或决策者）的知识结构、工作经验及偏好等有关。

2）评价过程的透明性、再现性差。

3）在一定的时间区间内，权重系数具有保序性和可继承性。

总之，基于"功能驱动"原理的赋权法，是一类"求大同存小异"的方法。其主要方

法包括集值迭代法、层次分析法、G_1 法和 G_2 法等。其中，层次分析法较为常用。

层次分析法（AHP）是美国运筹学家萨蒂（Saaty）于 20 世纪 70 年代中期提出的一种实用的决策方法。其基本过程为：首先，将复杂问题分解成递阶层次结构；然后，将下一层次的各因素相对于上一层次的各因素进行两两比较判断，构造判断矩阵，通过对判断矩阵的计算，进行层次单排序和一致性检验；最后，进行层次总排序，得到各因素的组合权重，并分析排序结果和解决问题。它可以对非定量事物进行定量分析，对人们的主观判断进行客观描述。运用 AHP 确定权重，大体可分为以下四个步骤。

（1）建立递阶层次结构 这是 AHP 中最重要的一步，首先要把问题条理化、层次化，构造出一个层次分析的结构模型。在这个结构模型下，复杂问题被分解为若干元素，这些元素又按其属性分成若干组，形成不同的层次。同一层次的元素对下一层次的某些元素起支配作用，同时又受上一层次元素的支配。

递阶层次结构中的层次数与问题的复杂程度、需要分析的详尽程度有关，层次数一般不受限制。每一层次中各元素所支配的下一层元素数量一般不要超过 9 个，因为支配的元素过多会给两两比较判断带来困难。一个好的层次结构对于解决问题是极为重要的，因而层次结构必须建立在深入分析的基础上。

（2）构造判断矩阵 对于递阶层次结构中各层上的元素可以依次对应上一层元素，进行两两比较，从而建立一系列的判断矩阵。判断矩阵 $A = (a_{ij})_n \times n$ 具有下述性质：

$$a_{ij} > 0, a_{ij} = \frac{1}{a_{ji}}, a_{ii} = 1 \quad (i, j = 1, 2, \cdots, n) \tag{4-35}$$

式中，$a_{ij}(i, j = 1, 2, \cdots, n)$ 为元素 i 与 j 相对于其上一层元素重要性的比例标度。

判断矩阵的值反映了人们对各元素相对重要性的认识，一般采用 1～9 比例标度对重要性程度赋值。判断矩阵比例标度及其含义见表 4-9。

表 4-9 判断矩阵比例标度及其含义

比例标度	含义
1	表示两个元素相比，具有同等重要性
3	表示两个元素相比，前者比后者稍微重要
5	表示两个元素相比，前者比后者明显重要
7	表示两个元素相比，前者比后者强烈重要
9	表示两个元素相比，前者比后者极端重要
2，4，6，8	表示上述相邻判断的中间值
倒数	若元素 i 与元素 j 的重要性之比为 a_{ij}，那么元素 j 与元素 i 重要性之比为 $a_{ji} = 1/a_{ij}$

（3）计算单一准则下元素的相对权重并进行一致性检验 设判断矩阵 A 的最大特征根为 $\lambda_{\max}$，其相应的特征向量为 W，解判断矩阵 A 的特征根问题：

$$AW = \lambda_{\max} W \tag{4-36}$$

所得 W 经归一化后，即为同一层次相应元素对于上一层次某一因素相对重要性的权重向量。

由于客观事物的复杂性以及人们对事物认识的模糊性和多样性，所给出的判断矩阵不可能完全保持一致，有必要进行一致性检验，计算一致性指标 CI

$$CI = \frac{\lambda_{\max} - n}{n - 1} \qquad (4\text{-}37)$$

式中，n 为判断矩阵阶数。

若随机一致性比率 $CR = CI/RI < 0.10$，则判断矩阵具有满意的一致性，否则需要调整判断矩阵的元素取值。平均随机一致性指标 RI 取值见表 4-10。

表 4-10　平均随机一致性指标 RI 取值

n	1	2	3	4	5	6	7	8	9	10
RI	0.00	0.00	0.58	0.90	1.12	1.24	1.32	1.41	1.45	1.49

（4）计算组合权重并分析排序结果和解决问题　计算组合权重是指计算同一层次所有因素对于最高层因素相对重要性的权重。若上一层次 A 含有 m 个因素 $A_1, A_2, \cdots, A_m$，其组合权值为 $a_1, a_2, \cdots, a_m$，下一层次 B 包含 n 个因素 $B_1, B_2, \cdots, B_n$，其对于因素 A_j 的相对权值分别为 $b_{1j}, b_{2j}, \cdots, b_n$（当 B_i 与 A_j 无关时，$b_{ij} = 0$），此时 B 层因素的组合权重见表 4-11。

表 4-11　B 层因素的组合权重

	A_1	A_2	……	A_m	B 层组合权重
	a_1	a_2	……	a_m	
B_1	b_{11}	b_{12}	……	b_{1m}	$\sum\limits_{j=1}^{m} a_j b_{1j}$
B_2	b_{21}	b_{22}	……	b_{2m}	$\sum\limits_{j=1}^{m} a_j b_{2j}$
……					
B_n	b_{n1}	b_{n2}	……	b_{nm}	$\sum\limits_{j=1}^{m} a_j b_{nj}$

此外，还需要进行递阶层次组合判断的一致性检验，该步也是从上到下逐层进行的。若 B 层某些因素相对于 A_j 的层次单排序一致性指标为 CI_j，相应的平均随机一致性指标为 RI_j，则 B 层随机一致性比率 CR 为

$$CR = \frac{\sum\limits_{j=1}^{m} a_j CI_j}{\sum\limits_{j=1}^{m} a_j RI_j} \qquad (4\text{-}38)$$

当 $CR < 0.10$ 时，认为 B 层组合判断具有满意的一致性，否则，需要重新调整判断矩阵的因素取值。

在进行层级综合评价时，初步的判断矩阵需要展现出良好的一致性。如果一致性不足，则必须对判断矩阵中各因素的取值进行重新调整。然而，由于安全问题的复杂性以及人们认知上的局限，专家们在评估指标体系中各指标的重要性时，往往存在一定程度的不确定性和模糊性。这导致他们难以给出一个精确的数值来衡量两个指标之间比较的重要性。考虑到专家判断中存在的不确定性，两两比较的判断不应采用单一确定的数值。因此，推荐使用区间标度来表达两两比较的判断，判断矩阵将以区间数值的形式呈现，具体的模糊区间标度及其

含义可以参考表4-12。

表4-12 模糊区间标度及其含义

区间标度	含 义
1	表示两个元素相比，具有同等重要性
[1,3]	表示两个元素相比，前者比后者稍微重要
[3,5]	表示两个元素相比，前者比后者明显重要
[5,7]	表示两个元素相比，前者比后者强烈重要
[7,9]	表示两个元素相比，前者比后者极端重要
倒数	若元素 i 与元素 j 的重要性之比为a_{ij}，元素 j 与元素 i 重要性之比为 $1/a_{ij}$， $1/a_{ij}$为区间标度：$[1/3,1],[1/5,1/3],[1/7,1/5],[1/9,1/7]$

此外，在用 AHP 法进行专家咨询时，对同一问题，将获得多个判断矩阵，因而产生多个判断矩阵的合理综合问题。为了较好地兼顾不同专家的意见，可选用加权算术平均综合向量法来处理多个专家判断矩阵的合理综合问题。方法介绍如下：

设 s 个专家的判断矩阵为

$$\boldsymbol{A} = (a_{ijk}) \quad (i,j = 1,2,\cdots,n; k = 1,2,\cdots,s) \tag{4-39}$$

分别求出其权重向量

$$\boldsymbol{w}_k = (w_{1k}, w_{2k}, \cdots, w_{sk}) \quad (k = 1,2,\cdots,s) \tag{4-40}$$

然后求出其加权算术平均综合权重向量

$$\boldsymbol{w}_k = (w_1, w_2, \cdots, w_s) \tag{4-41}$$

其中

$$\begin{cases} w_j = \sum_{k=1}^{s} \lambda_k w_{jk} & (j = 1,2,\cdots,n) \\ \sum_{k=1}^{s} \lambda_k = 1, \; \text{且} \lambda_k \geqslant 0 & (k = 1,2,\cdots,s) \end{cases} \tag{4-42}$$

这里$\lambda_1, \lambda_2, \cdots, \lambda_n$是各个专家的权重系数，它是对专家能力水平的一个综合的数量表示，当对专家的能力水平高低难以获得先验信息或不易做出判断时，可取$\lambda_k = 1/s$、$k = 1,2,\cdots,s$，此时

$$w_j = \frac{1}{s} \sum_{k=1}^{s} w_{jk} \quad (j = 1,2,\cdots,n) \tag{4-43}$$

可计算w_j的标准差σ_j

$$\sigma_j = \sqrt{\frac{1}{s-1} \sum_{k=1}^{s} (w_{jk} - w_j)^2} \quad (j = 1,2,\cdots,n) \tag{4-44}$$

以及相应于新的综合判断矩阵 $\boldsymbol{A} = (a_{ij}) = (w_i/w_j)$ 元素的标准差σ_{ij}

$$\sigma_{ij} = \sqrt{\frac{1}{s-1} \sum_{k=1}^{s} (a_{ijk} - a_{ij})^2} \quad (i,j = 1,2,\cdots,n) \tag{4-45}$$

再将信息反馈给专家，为进一步修改提供参考。

2. 基于"差异驱动"原理的赋权法

由主观赋权法确定出的权重系数真实与否，在很大程度上取决于专家的知识、经验及其偏好。为了避免在确定权重系数时受人为因素的干扰，可采取基于"差异驱动"原理的（客观）赋权法。这类赋权法的基本思想是：权重系数是各个指标在指标总体中的变异系数和对其他指标影响程度的度量，赋权的原始信息直接来源于客观环境，可根据各指标所提供的信息量的大小来决定相应指标的权重系数。主要方法包括突出整体差异的"拉开档次"法、突出局部差异的均方差法、极差法及熵值法等。

基于"差异驱动"原理的赋权法是一类"求大异存小同"的方法，其共同特征是：

1）不具有任何主观色彩。

2）具有评价过程的透明性、再现性。

3）权重系数不具有保序性和可继承性。

基于"差异驱动"原理的赋权法，主要利用观测数据所提供的信息来确定权重系数，虽然避免了主观赋权法的弊病，但也有不足之处。例如，对同一指标体系的两组不同的样本，即使用同一种方法来确定各指标的权重系数，结果也可能会有差异；再则，有时用客观赋权法得出的评价结果可能与评价者的主观看法相反，从而使评价者感到困惑。

（1）"拉开档次"法 取极大型评价指标 $x_1, x_2, \cdots, x_n$ 的线性函数

$$y = w_1 x_1 + w_2 x_2 + \cdots + w_n x_n = \boldsymbol{w}^{\mathrm{T}} \boldsymbol{x} \tag{4-46}$$

为系统的综合评价函数。

式中，$\boldsymbol{w} = (w_1, w_2, \cdots, w_n)^{\mathrm{T}}$ 为权重系数向量；$\boldsymbol{x} = (x_1, x_2, \cdots, x_n)^{\mathrm{T}}$ 为被评价对象的状态向量。如将第 i 个评价对象 s_1 的 n 个标准观测值 $x_{i1}, x_{i2}, \cdots, x_{in}$ 代入式（4-46），即得

$$y_i = w_1 x_{i1} + w_2 x_{i2} + \cdots + w_n x_{in} \quad (i = 1, 2, \cdots, m) \tag{4-47}$$

若记

$$\boldsymbol{y} = \begin{pmatrix} y_1 \\ y_2 \\ \vdots \\ y_m \end{pmatrix}, \quad \boldsymbol{A} = \begin{bmatrix} x_{11} & x_{12} & \cdots & x_{1n} \\ x_{21} & x_{22} & \cdots & x_{2n} \\ \vdots & \vdots & & \vdots \\ x_{m1} & x_{m2} & \cdots & x_{mn} \end{bmatrix}$$

则有

$$\boldsymbol{y} = \boldsymbol{A}\boldsymbol{w} \tag{4-48}$$

确定权重系数向量 $\boldsymbol{w}$ 的准则是最大限度地体现不同评价对象之间的差异，亦即，求指标向量 $\boldsymbol{x}$ 的线性函数 $\boldsymbol{w}^{\mathrm{T}}\boldsymbol{x}$，使此函数对 m 个被评价对象（系统）取值的分散程度或方差尽可能大。

变量 $\boldsymbol{y} = \boldsymbol{w}^{\mathrm{T}}\boldsymbol{x}$ 按 m 个被评价对象（系统）取值构成样本的方差为

$$s^2 = \frac{1}{m} \sum_{i=1}^{m} (y_i - \bar{y})^2 = \frac{\boldsymbol{y}^{\mathrm{T}} \boldsymbol{y}}{m} \tag{4-49}$$

将 $\boldsymbol{y} = \boldsymbol{w}^{\mathrm{T}}\boldsymbol{x}$ 代入式（4-49），并注意到原始数据经标准化处理，可知 $\bar{y} = 0$，于是有

$$ms^2 = w^\mathrm{T} A^\mathrm{T} A w = w^\mathrm{T} H w \tag{4-50}$$

式中，$H = A^\mathrm{T} A$ 为实对称矩阵。

显然，对 w 不加限制时，s 可取任意大的值。这里限定 $w^\mathrm{T} w = 1$，求式（4-50）的最大值。亦即选择 w，使得

$$\max \{ w^\mathrm{T} H w \} \tag{4-51}$$

$$\mathrm{s.\,t.}\ \ w^\mathrm{T} w = 1\ \text{且}\ w > 0$$

可以证明，若 H 的元素皆大于 0，则 H 有唯一正的最大特征值 $\lambda_{\max}$ 并存在唯一与 $\lambda_{\max}$ 相对应的正的特征向量；任意安排评价指标 $\{x_j\}$ 的顺序及任意安排被评价对象的采用顺序，都不影响综合评价的结果；若取 w 为 H 的最大特征值所对应的标准特征向量时，式（4-50）取得最大值。

于是，取 w 为 H 的最大特征值所对应的特征向量，并将其归一化，即得到所求的权重系数向量，

$$w = (w_1, w_2, \cdots, w_n)^\mathrm{T}, \ \text{且} \sum_{j=1}^{n} w_j = 1 \tag{4-52}$$

"拉开档次" 法具有以下特点：

1）综合评价过程透明。

2）评价结果与被评价对象 s_i 和评价指标 x_j 的采样顺序无关。

3）评价结果无主观色彩。

4）评价结果客观、可比。

5）权重系数 w_j 不具有可继承性，即随着 $\{s_i\}\{x_j\}$ 的变化而变化。

6）权重系数 w_j 不再体现评价指标 x_j 的相对重要性，而是最大限度地体现各评价对象之间整体上的差异，因此，可以有某个 $w_j < 0$。

（2）均方差法 取权重系数为

$$w_j = \frac{s_j}{\sum\limits_{k=1}^{n} s_k} \quad (j = 1, 2, \cdots, n) \tag{4-53}$$

式中

$$s_j^2 = \frac{1}{n} \sum_{i=1}^{m} (x_{ij} - \bar{x}_j)^2 \quad (j = 1, 2, \cdots, n) \tag{4-54}$$

而

$$\bar{x}_j = \frac{1}{n} \sum_{i=1}^{m} x_{ij} \quad (j = 1, 2, \cdots, n) \tag{4-55}$$

（3）极差法 取权重系数为

$$w_j = \frac{r_j}{\sum\limits_{k=1}^{n} r_k} \quad (j = 1, 2, \cdots, n) \tag{4-56}$$

式中

$$r_j = \max_{\substack{i, k = 1, 2, \cdots, m \\ i \neq k}} \{ |x_{ij} - x_{kj}| \} \quad (j = 1, 2, \cdots, n) \tag{4-57}$$

（4）熵值法 熵值法是一种根据各项指标观测值所提供信息量的大小来确定指标权重系数的方法。设为第 $x_{ij}(i=1,2,\cdots,m;j=1,2,\cdots,n)$ 个被评价对象（系统）中的第 i 项指标的观测数据。对于给定的 j，x_{ij} 的差异越大，该项指标对系统的比较作用就越大，即该项指标包含和传输的信息越多。信息的增加意味着熵的减少，熵可以用来度量这种信息量的大小。用熵值法确定指标权重系数的步骤如下：

① 计算第 j 项指标下，第 i 个系统的特征比重

$$p_{ij} = \frac{x_{ij}}{\sum_{i=1}^{m} x_{ij}} \quad \left(\text{假定 } x_{ij} \geqslant 0 \text{ 且} \sum_{i=1}^{n} x_{ij} > 0\right) \tag{4-58}$$

② 计算第 j 项指标的熵值

$$e_j = -k \sum_{i=1}^{m} p_{ij} \ln(p_{ij}) \quad (k > 0, e_j > 0) \tag{4-59}$$

如果 x_{ij} 对于给定的 j 全都相等，那么 $p_{ij} = \frac{1}{n}$，此时 $e_j = k\ln n$。

③ 计算指标 x_{ij} 的差异性系数

对于给定的 j，x_{ij} 的差异越小，则 e_j 越大，当 x_{ij} 全部相等时，$e_j = e_{\max} = 1(k = 1/\ln n)$，此时，对于被评价对象（系统）间的比较，指标 x_{ij} 毫无作用；当 x_{ij} 的差异越大，e_j 越小，指标对于评价对象（系统）的比较作用越大。因此，定义差异系数

$$g_j = 1 - e_j \tag{4-60}$$

显然，g_j 越大，越应重视该项指标的影响。

④ 确定权重系数。即取

$$w_j = \frac{g_j}{\sum_{i=1}^{n} g_j} \quad (j = 1,2,\cdots,n) \tag{4-61}$$

式中，w_j 为经归一化后的权重系数。

（5）综合集成赋权法 基于"功能驱动"原理的主观赋权法，虽然反映了评价者的主观判断或直觉，但在综合评价结果或排序中可能产生一定的主观随意性，即可能受到评价者的知识或经验的影响。而基于"差异驱动"原理的客观赋权法，虽然通常利用比较完善的数学理论与方法，但忽视了评价者的主观信息，而此信息对于安全评价来说，有时是非常重要的。综合集成赋权法的基本思想，就是从逻辑上将上述两类赋权法有机地结合起来，使所确定的权重系数能够同时体现主观和客观信息。

1）"加法"集成法。设 p_j、q_j 分别是基于"差异驱动"原理和基于"功能驱动"原理生成的指标 x_j 的权重系数，则称

$$w_j = k_1 p_j + k_2 q_j \quad (j = 1,2,\cdots,n) \tag{4-62}$$

是具有同时体现主客观信息集成特征的权重系数。式中，k_1、k_2 均为待定常数。

显然，综合集成赋权法的关键问题是待定系数 k_1、k_2 的确定。下面给出由数学模型生成 k_1、k_2 的方法。

① 当要体现被评价对象之间（整体）最大差异时，确定 k_1、k_2，使

$$\sum_{i=1}^{m} y_i = \sum_{i=1}^{m} \sum_{j=1}^{n} (k_1 p_j + k_2 q_j) x_{ij} \tag{4-63}$$

取值最大。式中，m、n 分别代表评价对象和评价指标个数。

在满足条件 $k_1^2 + k_2^2 = 1$ 且 $k_1 > 0$，$k_2 > 0$ 时，应用拉格朗日（Lagrange）条件极值原理，可得

$$k_1 = \frac{\sum\limits_{i=1}^{m} \sum\limits_{j=1}^{n} p_j x_{ij}}{\sqrt{\left(\sum\limits_{i=1}^{m} \sum\limits_{j=1}^{n} p_j x_{ij}\right)^2 + \left(\sum\limits_{i=1}^{m} \sum\limits_{j=1}^{n} q_j x_{ij}\right)^2}} \tag{4-64}$$

$$k_2 = \frac{\sum\limits_{i=1}^{m} \sum\limits_{j=1}^{n} q_j x_{ij}}{\sqrt{\left(\sum\limits_{i=1}^{m} \sum\limits_{j=1}^{n} p_j x_{ij}\right)^2 + \left(\sum\limits_{i=1}^{m} \sum\limits_{i=1}^{n} q_j x_{ij}\right)^2}} \tag{4-65}$$

② 当要"平滑"因主客观赋权法而产生（对各被评价对象）的"差异"时，也可在满足条件 $k_1 + k_2 = 1$ 且 $k_1 > 0$，$k_2 > 0$ 时，确定 k_1、k_2，使

$$\sum_{i=1}^{m} y_i^2 = \sum_{i=1}^{m} \left[\sum_{j=1}^{n} (k_1 p_j + k_2 q_j) x_{ij} \right]^2 \tag{4-66}$$

取值最小。当然，k_1、k_2 也可由体现评价者偏好的信息来确定。

2）"乘法"集成法。即取

$$w_j = \frac{p_j q_j}{\sum\limits_{i=1}^{m} p_i q_i} \quad (j = 1, 2, \cdots, n) \tag{4-67}$$

4.5.5 安全综合评价

在确定了指标体系基础指标评价值及指标体系权重系数之后，还要根据指标体系的特点确定各级指标的合成方法，即将各级下层指标值复合成上层指标值的计算方法，称为安全综合评价。可用于安全综合评价的合成方法很多，主要有加法合成法、乘法合成法、加乘混合法、代换法、理想点法等。

（1）线性加权综合法（或称加法合成法、加权线性和法） 基本公式为

$$y = \sum_{j=1}^{n} w_j x_j \tag{4-68}$$

$$\sum_{j=1}^{n} w_j = 1 \quad (0 \leqslant w_j \leqslant 1, j = 1, 2, \cdots, n)$$

式中，y 为安全综合评价值；w_j 为指标；x_j 为相应的权重系数；n 为指标个数。

加法合成法具有下述特点：

1）在加法合成中，由于综合运算采用"和"的方式，其现实关系应是"部分之和等于总体"，因而加权线性和法比较适合于各评价指标值对综合评价值的贡献彼此独立的场合。

2）加法合成的各评价指标间具有线性补偿的作用，即某些指标评价值的下降，可以由另一些指标评价值的提高来补偿，因而这种方法对指标评价值变动反映不太敏感。

3）加法合成突出了评价值较大且权数较大的指标的作用，因此，加法合成比较接近于主因素突出型的评价合成方法。

4）加法合成计算简单，便于推广普及，正因为如此，使该方法得到了广泛的应用。但任何方法均有其适用范围，如果只从简易性考虑，不加选择地随意使用加法合成，则必然会导致综合评价结果失真。

由于加法合成具有很强的"互补性"和"一俊遮百丑"的突出特征，会促使被评价对象"走捷径""想奇招"，设法提高综合评价值，从而导致系统的畸形发展。

（2）非线性加权综合法（或称乘法合成法）　计算公式为

$$y = \prod_{j=1}^{n} x_j^{u_j} \quad (x_j > 0)$$

$$\sum_{j=1}^{n} w_j = 1 \quad (0 \leqslant w_j \leqslant 1, j = 1, 2, \cdots, n)$$

（4-69）

乘法合成法具有下述特点：

1）乘法合成适用于各评价指标间强烈相关的场合。

2）在乘法合成中，指标权数的作用不如加法合成明显。对乘法合成公式做对数变换，得

$$\lg y = \sum_{j=1}^{n} w_j \lg x_j$$

（4-70）

可见，乘法合成中，权数是指标评价值对数的倍数，而在加法合成中，权数是指标评价值的倍数。显然，权数的作用在加法合成中更突出一些。

3）乘法合成强调被评价对象各指标评价值的一致性，它要求被评价对象的各个指标间彼此差异要小，任何一方也不能偏废，只有当各指标评价值保持接近相等时，其整体功能才取得最大值。

4）乘法合成的结果突出了指标评价值中较小数的作用，这是由积式运算的性质所决定的。

5）乘法合成对指标值变动的反映比加法合成更敏感。因此，乘法合成更有助于体现各评价对象间的差异。

（3）加乘混合法　将加法和乘法两种方法混合在一起，可以得到一种兼顾的方法。加乘混合法兼有加法合成和乘法合成的特点，适用范围比加法和乘法更广。

（4）代换法　计算公式为

$$y = 1 - \prod_{j=1}^{n} (1 - x_i) \quad (0 \leqslant x_1 \leqslant 1)$$

（4-71）

在代换法中，指标间补偿作用远比加法合成法充分，不管其他评价指标取值如何，只要有一个评价指标值达到最高水平，整个综合评价值便达到最高水平，这是一种类似于主因素决定型的评价合成方法。由于多指标综合评价不仅要求评价的整体性，而且要求评价的全面性，因此代换法实质上有悖于综合评价的本质，除非较特殊的场合，否则不宜选用。

（5）理想点法　设定一个理想系统或样本点为 $(x_1^*, x_2^*, \cdots, x_n^*)$，如果被评价对象 $(x_{i1}, x_{i2}, \cdots, x_{in})$ 与理想系统在某种意义上非常接近，则称系统 $(x_{i1}, x_{i2}, \cdots, x_{in})$ 是最优的。基于这种思想所得出的综合评价方法，称为逼近样本点或理想点的排序方法，简称为理想点法。

被评价对象 $(x_{i1}, x_{i2}, \cdots, x_{in})$ 与理想系统 $(x_1^*, x_2^*, \cdots, x_n^*)$ 之间的加权距离定义为

$$y_i = \sum_{j=1}^{n} w_j f(x_{ij}, x_j^*) \quad (i = 1, 2, \cdots, m) \tag{4-72}$$

式中，w_j 为权重系数；$f(x_{ij}, x_j^*)$ 为分量 x_{ij} 与 x_j^* 之间的某种距离。通常取欧式（加权）距离，即取

$$y_i = \sum_{j=1}^{n} w_j (x_j - x_j^*)^2 \quad (i = 1, 2, \cdots, m) \tag{4-73}$$

作为评价函数。

显然，y_i 值越小越好，特别地，当 $y_i = 0$ 时，s_i 即达到或成为理想点 s_i^*。这时，即可按 y_i 值的大小对各被评价对象进行比较分析。

4.6 本章小结

本章全面介绍了交通安全评价的基本概念、方法及其应用，为科学评估交通系统的安全性提供了理论支持。本章从安全评价的含义、安全标准入手，阐明了安全评价在交通安全管理中的重要性，并详细分析了不同安全评价方法的选用原则及其实际意义；重点讲解了多种具体的安全评价方法，包括安全检查表评价法、作业条件危险性评价法、概率安全评价法以及安全综合评价法。其中，安全检查表评价法通过逐项赋值法、加权平均法等多种赋权和计分方式，实现对交通安全状况的细致分析。作业条件危险性评价法和概率安全评价法则从不同角度评估作业条件和事故发生的概率，为预防性安全管理提供参考；安全综合评价法系统介绍了从指标体系的建立到权重赋值及综合评价的全过程，对复杂的交通系统进行了全面分析和科学评估。

知识测评

一、选择题

1. 概率安全评价的标准是（ ）。

A. 损失严重度　　　B. 事故发生概率　　　C. 风险　　　　　　D. 事故死亡人数

2. 作业条件危险性评价法是一种简便易行的衡量人们在某种具有潜在危险环境中作业的危险性的（ ）评价方法。

A. 定性　　　　　　B. 半定性　　　　　　C. 定量　　　　　　D. 半定量

3. 基于"功能驱动"原理的赋权法的主要方法不包括（ ）。

A. 层次分析法　　　B. 集值迭代法　　　　C. G_1 法和 G_2 法　　D. 极差法

4. 安全综合评价的合成方法不包括（ ）。

A. 加法合成法　　　B. 乘法合成法　　　　C. 代换法　　　　　D. 均方差法

5. 基于"差异驱动"原理的赋权法的特征之一是（ ）。

A. 具有任何主观色彩　　　　　　　　　　B. 具有评价过程的透明性、再现性

C. 权重系数具有保序性　　　　　　　　　D. 权重系数具有继承性

二、填空题

1. 安全评价是以_____为目的，应用安全系统工程原理和工程技术方法，对系统中固有或潜在的危险因素进行定性和定量分析，得出系统发生危险的可能性及其后果严重程度的评价。

2. 根据评价计值方法的不同，安全检查表评价法又分为_____、_____、_____以及_____。

3. 基于"功能驱动"原理的赋权法，其实质是根据评价指标的相对重要程度来确定权重系数，其确定途径可分为两大类，即_____和_____。

三、判断题

1. 安全评价的基础是对系统存在的不安全因素进行定性和定量分析。 （　　）

2. 逐项赋值法是针对安全检查表的每一项检查内容，按其重要程度的不同，由专家讨论赋予一定的分值。 （　　）

3. 指标体系建立的原则不包括系统性原则。 （　　）

4. 事故指标必须以隐患指标为基础。 （　　）

5. 基于"功能驱动"原理的赋权法，其实质是根据评价指标的相对重要程度来确定权重系数，其确定途径可分为两大类，即客观途径和主观途径。 （　　）

复习思考题

1. 试述安全评价方法的含义和选用思路？其如何促进交通安全管理的发展？

2. 逐项赋值法与加权平均法的主要区别是什么？其分别适用于哪些场景？

3. 单项定性加权计分法和单项否定计分法的核心原理是什么？

4. 作业条件危险性评价法与概率安全评价法分别适用于哪些场景？如何选择？

5. 根据《中国统计年鉴2024》，我国2023年道路交通事故死亡人数为60028人，受伤人数为25.4万人，根据年度人口抽样调查人口数为140967万人，试计算该年度每百万人中的个人风险？

6. 何谓安全综合评价法？综合评价问题的要素有哪些？

7. 指标体系的赋权处理方法有哪些？如何选择最适合的赋权方法？

8. 如何建立交通安全评价的指标体系？指标体系需要满足哪些条件？

9. 查阅文献和资料，探讨可用于道路安全评价的新方法和新思路。

交通安全预测

5.1　交通安全预测概述

交通安全预测是指通过对交通系统中各种与安全相关的因素（如交通流量、道路条件、天气状况、驾驶人行为、车辆性能等）进行收集、分析，并利用适当的数学模型、统计方法以及计算机技术等方法，对未来一段时间内交通系统中可能出现的交通事故的发生频率、严重程度、事故类型、分布区域等安全状况进行预先推测和判断的过程。

交通安全预测能够帮助交通管理部门提前识别事故高发的潜在危险区域和时段，为道路基础设施的规划和建设提供重要依据。通过交通安全预测，交通管理部门可以提前重点部署执法人员和救援设备，从而减少资源浪费、提高事故响应速度和救援效率。

交通安全预测主要聚焦于对交通事故发生的频率、类型、地点和时间等方面的预估。然而，随着交通系统的复杂性日益增加，人们逐渐认识到交通事故的发生是交通参与者、交通工具、交通设施和交通环境等多个要素相互交织、相互影响的结果。这种从单一的事故预测向多因素相互作用的思维转变，促使人们采用系统的观点来进行安全预测。于是，系统安全预测的概念应运而生。它基于连贯、系统、实事求是、大量观察的原则把交通系统看作一个完整的、有机的整体，综合考虑各个要素之间的动态关系和相互作用，对交通系统未来的安全状态进行全面的预测，而不仅仅局限于对交通事故本身的预测。系统安全预测需要明确的目标和可靠的资料才能有效开展。

为了实现正确有效的预测，还需对预测结果的正确性和准确性进行鉴定和修正，减小预测结果与实际情况的偏差程度。通过系统安全预测可以更精准地识别潜在的安全隐患，提前采取有效的防范措施，保障整个交通系统的安全运行。

5.1.1　交通安全预测的分类

1. 根据预测对象分类

根据预测对象分类，系统安全预测可分为宏观预测和微观预测。

（1）宏观预测　宏观预测是指对整个行业、一个省（市、区）或一个局（企业）安全状况的预测。其目的是分析较大范围内的交通安全趋势，通常用于评估某一地区或行业的整体安全风险。例如，预测某个地区的交通事故死亡率变化情况。

（2）微观预测　微观预测侧重于具体的生产单位或子系统的安全状况，旨在预测某种潜在危险源是否会导致事故及其危险程度。微观预测通常针对一个具体的生产单位或子系

统，采用多种系统安全分析方法，评估从当前状态到未来可能发生的变化，可以识别出潜在的危险，并为防范事故提供预警。

2. 根据预测时间长短分类

根据预测时间长短可将预测分为以下几类。

1）长期预测，是指对 5 年以上的安全状况进行预测，旨在为安全管理中的重大决策提供科学依据。

2）中期预测，是指对 1 ~ 5 年的安全生产状态进行预测。它主要为制定 5 年计划和任务提供依据。

3）短期预测，是指对 1 年以内的安全状态进行预测。它主要为制定年度计划、季度计划以及短期发展任务提供支持。

5.1.2 交通安全预测的程序

交通安全预测的程序由 4 个阶段的工作组成。

(1) 确定预测的目标和计划　预测是为了实现特定目标而进行的，只有明确目标，才能进行有效的预测。因此：

1）要明确进行预测的目的，确定预测的重点和目标是什么。

2）为了实现预测目标，需要规划预测的具体工作内容，如选择并安排预测人员、设定预测期限、预算预测经费、确定预测方法以及情报获取的途径等。

3）在确定预测时间时，不仅要明确预测的起始时间，更重要的是根据预测的目的和预测对象的特点，明确是进行近期预测、中期预测还是远期预测。这样可以确保收集到的资料符合预测需求，并按时完成预测任务。

(2) 资料的收集与检验　资料的收集与检验，是使预测结果可信和有效的前提条件。预测结果的准确性依赖于资料信息的可靠性与预测方法的准确性。资料可以包括反映事物发展历程的历史数据，也可以是某一特定时间点对于同一预测对象的相关统计数据。资料的来源可以是国家机关及其他部门提供的资料、报刊上发布的资料、各单位之间互换的资料，还可以来自现场调查以及国外的情报资料等。获取的资料不仅需要检查其可靠性与真实性，同时还要核实统计数据的准确性和完整性。

(3) 预测处理　预测处理是预测分析中的核心阶段。在这一阶段，根据已收集的资料，运用科学方法和逻辑推理对事物的未来发展趋势进行预测、推测和判断。

1）在选择合适的预测方法时，必须考虑预测目的、预测对象的特点、收集到的资料情况、预测费用以及预测方法的适用范围等因素。

2）通过分析资料并进行推理，判断预测对象的结构及其变化规律，提出假设，建立预测模型，并根据该模型进行推理和计算，进而得到初步的预测结果。

(4) 预测结果的鉴定和修正　预测是对未来事件的设想和推测，但由于受到认识的局限性、预测方法的成熟度、预测资料的全面性、预测人员的水平等因素的影响，预测结果的可靠性和准确性需要进行鉴定和修正，以尽量减少预测结果与实际情况之间的偏差。如果预测方法和预测模型存在不完善之处，导致了偏差，则需要对预测方法进行修改、对预测模型进行改进，并重新进行计算。如果偏差源于不确定因素的影响，那么在修正预测结果的同时，还应估算不确定因素的影响程度。

5.1.3 交通安全预测的基本原则

系统安全预测应遵循以下 4 条基本原则。

(1) 连贯的原则 连贯的原则就是指事物发展的各个阶段具有连贯性和稳定性。未来的发展趋势应基于对当前发展成果、现状以及历史演变的连贯性分析和研究。通过分析过去和现在推断未来，从而做出准确的预测。

(2) 系统的原则 系统的原则是指将预测对象及其相关因素视为一个整体系统，进行综合分析和研究。采用系统性分析可以全面地考察问题，避免片面性，从而提高预测的科学性。

(3) 实事求是的原则 实事求是的原则是指在预测过程中，应从客观实际出发，尊重历史资料，认真分析现状，真实反映可能出现的问题和结果。通过以往安全状况的变化规律，分析未来的变化趋势，才能获得较为准确的预测结果。

(4) 大量观察的原则 大量观察的原则是预测要通过大量的调查和研究，挖掘一般规律，避免以偏概全。

5.1.4 交通安全预测的方法

目前，交通安全预测的方法常用的有 20 ~ 30 种，对这些方法进行归纳，主要的预测方法及分类如下所述。

(1) 经验判断预测法 经验判断预测法依靠人的经验知识和综合分析能力，利用直观的材料对客观事物的未来状态做出估计和设想。该方法在预测生产系统的安全状态与变化趋势方面具有一定意义。经验判断预测法包括头脑风暴法、德尔菲法、主观概率法、试验预测法等。

(2) 时间序列预测法 时间序列预测法是指利用观察或记录到的一组按时间顺序排列起来的数字序列，分析它们的变化方向和程度，推测未来某一时期或若干时期可能达到的水平。其基本思想是将时间序列作为一个随机应变量序列的样本，通过概率统计方法尽可能减少自然因素的影响，或消除季节性、周期性变动的影响，通过分析时间序列的趋势进行预测。时间序列预测法包括滑动平均法、指数滑动平均法、线性趋势分析法、非线性趋势分析法等。

(3) 计量模型预测法 计量模型预测法是由描述预测对象及其主要影响因素之间关系的方程式或方程组来进行推测。计量模型预测法通过一系列方程式的计算，根据主要影响因素的变化趋势，预测对象的未来状况。计量模型预测法包括回归分析法、马尔可夫链预测法、灰色预测法等。

5.2 德尔菲法

德尔菲法是在 20 世纪 40 年代发展起来的一种直观的预测方法。德尔菲这一名称起源于古希腊有关太阳神阿波罗的神话，传说中阿波罗具有预见未来的能力，德尔菲是希腊阿波罗神殿的所在地。因此，这种预测方法被命名为德尔菲法。1946 年，美国兰德公司首次用这种方法来进行预测，后来该方法被迅速广泛采用。

德尔菲法既可以用于科技预测，也可以用于社会、经济预测；既可以用于短期预测也可以用于长期预测。德尔菲法之所以可使用在系统安全预测中，关键在于它能对大量非技术性的无法定量分析的因素做出概率估算，并将概率估算结果告诉专家，充分发挥信息反馈和信息控制的作用，使分散的评估意见逐次收敛，最后集中在协调一致的评估结果上。因此，德尔菲法的预测可信度比较高，在国外得到广泛应用。

5.2.1　德尔菲法的基本程序

德尔菲法的实质是利用专家的知识、经验、智慧等无法数量化而具有很大模糊性的信息，通过通信的方式进行信息交换，逐步取得较一致的意见，达到预测的目的。

德尔菲预测程序如图 5-1 所示，左列各框是管理小组的工作，右列各框是应答专家的工作，其步骤如下。

（1）确定预测目标　目标选择应是本系统或专业中对发展规划有重大影响而且意见分歧较大的课题，预测期限以中、远期为宜，如工矿企业伤亡事故发展趋势预测。

（2）成立管理小组　管理小组人数从两人至十几人不等，因工作量大小而定。其任务是负责对利用德尔菲法进行预测的工作过程进行设计，提出可供选择的专家名单，做好专家征询和每轮间的信息反馈工作，整理预测结果和写出预测报告书。

（3）选择专家　德尔菲法的主要工作之一是通过专家对未来事件做出概率估计，因此，专家的选择是预测成败的关键。其主要要求有：

1）要求专家总体的权威程度较高。

2）专家的代表面应广泛，通常应包括技术专家、管理专家、情报专家和高层决策人员。

3）严格规范专家的推荐和审定程序，审定的主要内容是了解专家对预测目标的熟悉程度和是否有时间参加预测等。

4）专家人数要适当，人数过多，数据收集和处理工作量大，预测周期长，对结果准确度提高并不是太有帮助，一般以 20～50 人为宜，大型预测大约 100 人左右。

（4）设计评估意见征询表　德尔菲法的征询表没有统一的规定，但要求符合如下原则：

1）表格的每一栏目要紧扣预测目标，力求达到预测事件和专家所关心的问题保持一致性。

2）表格简明扼要，设计得好的表格通常是使专家思考决断的时间长，应答填表的时间短，填表时间一般以 2～4h 为宜。

3）填表方式简单，对不同类型事件（如方针政策、技术途径、费用分析、关键技术的重要性、迫切性和可能性等）进行评估时，尽可能用数字和图表表示专家的评估结果。

（5）专家征询和每轮间信息反馈　经典德尔菲法一般需要 3 或 4 轮征询。在第一轮征询表中，给出一张空白的预测问题表，让专家填写应该预测的技术问题，应答者自由发挥。但是这种方法常常过于分散，难于归纳。所以经常由管理小组预先拟定一个预测事件一览表，直接让专家评价，同时允许他们对此表进行补充和修改。

与预测课题相关的大量技术政策和经济条件，不可能被所有应答者掌握，管理小组应尽可能把这方面的背景材料提供给专家，尤其在第一轮征询表中，这方面信息要力求详尽，同时也可以要求专家对不够完善、不够准确的以往数据提出补充和评价。

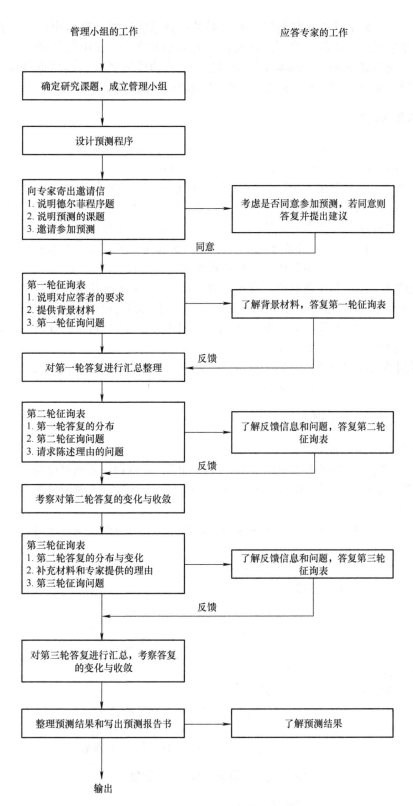

图 5-1　德尔菲预测程序

在征询表上，最常见的问题是要求专家对某项技术实现的日期做出预测。在某些情况下，常要求专家提供 3 个概率的不同日期：不大可能实现——成功概率 10%；实现与否可能性相等——成功概率 50%；基本上可能实现——成功概率 90%。当然也可选择其他类似概率，再整理专家的应答结果，各类日期的均值即可作为预测结果。

5.2.2 德尔菲法的特点

德尔菲法是一个可控制的组织集体思想交流的过程，使得由各个方面的专家组成的集体能作为一个整体来解答某个复杂问题。它有如下优点：

（1）匿名性 德尔菲法采用匿名函询的方式征求意见。采用德尔菲法时，应邀参加预测的专家互不相见，消除了心理因素的影响。专家可以参考前一轮的预测结果以修改自己的意见。由于是匿名方式，专家无须担心预测结果是否会有损于自己的威望。当以会议的形式进行决策时，由于群体成员心理的相互影响，个人易屈于权威或大多数人意见，形成所谓的"群体思维"，群体思维会削弱群体的批判精神和创造力，损害决策的质量。

（2）反馈性 德尔菲法在预测过程中，要进行 3~4 轮征询专家意见。预测机构对每一轮的预测结果做出统计、汇总，提供有关专家的论证依据和资料作为反馈材料发给每一位专家，以供下一轮预测时参考。由于每一轮之间的反馈和信息沟通可进行比较分析，因而能达到相互启发、提高预测准确度的目的。

（3）预测结果的统计特性 为了科学地综合专家们的预测意见和定量表示预测的结果，德尔菲法采用统计方法对专家意见进行处理。

5.2.3 专家意见的统计处理

1. 数量和时间答案的处理

当预测结果需要用数据或时间表示时，专家们的回答将是一系列可比较大小的数据或有前后顺序排列的时间。常用中位数和上、下四分位点的方法处理专家们的答案，求出预测的期望值和时间。

把专家们的回答按从小到大的顺序排列。如当有 n 个专家时，共有 n 个（包括重复的）排列如下：

$$x_1 \leqslant x_2 \leqslant \cdots \leqslant x_{n-1} \leqslant x_n$$

其中，中位数按式（5-1）计算：

$$\bar{x} = \begin{cases} x_{k+1}, & \text{当 } n = 2k+1\text{（奇数）} \\ \dfrac{x_k + x_{k+1}}{2}, & \text{当 } n = 2k\text{（偶数）} \end{cases} \tag{5-1}$$

式中，$\bar{x}$ 为中位数；x_k 为第 k 个数据；x_{k+1} 为第 $k+1$ 个数据；k 为正整数。

上四分位点记为 $x_\text{上}$，其计算公式为

$$x_\text{上} = \begin{cases} x_{\frac{1}{2}(3k+3)}, & \text{当 } n = 2k+1,\ k \text{ 为奇数} \\ \dfrac{x_{\frac{3}{2}k+1} + x_{\frac{3}{2}k+2}}{2}, & \text{当 } n = 2k+1,\ k \text{ 为偶数} \\ x_{\frac{1}{2}(3k+1)}, & \text{当 } n = 2k,\ k \text{ 为奇数} \\ \dfrac{x_{\frac{3}{2}k} + x_{\frac{3}{2}k+1}}{2}, & \text{当 } n = 2k,\ k \text{ 为偶数} \end{cases} \tag{5-2}$$

下四分位点记为 $x_{\text{下}}$，其计算公式为

$$x_{\text{下}} = \begin{cases} x_{\frac{k+1}{2}}, & \text{当 } n = 2k+1, k \text{ 为奇数} \\ \dfrac{x_{\frac{k}{2}} + x_{\frac{k}{2}+1}}{2}, & \text{当 } n = 2k+1, k \text{ 为偶数} \\ x_{\frac{k+1}{2}}, & \text{当 } n = 2k, k \text{ 为奇数} \\ \dfrac{x_{\frac{k}{2}} + x_{\frac{k}{2}+1}}{2}, & \text{当 } n = 2k, k \text{ 为偶数} \end{cases} \tag{5-3}$$

【例5-1】 某交通企业邀请16位专家对该交通企业某事件发生概率进行预测，得16个数据，即 $n = 16$，$n = 2k$，$k = 8$ 为偶数。由小到大将所得数据排列见表5-1。

表5-1 事件概率专家预测值

n	1	2	3	4	5	6	7	8	9	10	11	12	13	14	15	16
事件发生概率 $P(\times 10^{-3})$	1.35	1.38	1.40	1.40	1.40	1.45	1.47	1.50	1.50	1.50	1.50	1.53	1.55	1.60	1.60	1.65

$k = 8$ 为正整数，$n = 2k$ 为偶数，则中位数 $\bar{x}$ 为

$$\bar{x} = \frac{1}{2}(x_8 + x_{8+1}) = \frac{1}{2}(1.50 + 1.50) = 1.50$$

由于 $k = 8$ 是偶数，由式（5-2）得 $\frac{3}{2}k = 12$，$\frac{3}{2}k + 1 = 13$，则上四分位点 $x_{\text{上}}$ 是第12个数与第13个数求平均值：

$$x_{\text{上}} = \frac{1}{2}(x_{12} + x_{13}) = \frac{1}{2}(1.53 + 1.55) = 1.54$$

由式（5-3）中的 $k/2 = 4$，$k/2 + 1 = 5$，可知下四分位点 $x_{\text{下}}$ 是第4个数与第5个数求平均值：

$$x_{\text{下}} = \frac{1}{2}(x_4 + x_5) = \frac{1}{2}(1.40 + 1.40) = 1.40$$

该事件发生概率期望值为

$$P = \bar{x} \times 10^{-3} = 1.50 \times 10^{-3}$$

预测区间的上限为

$$P_{\text{上}} = 1.54 \times 10^{-3}$$

下限为

$$P_{\text{下}} = 1.40 \times 10^{-3}$$

2. 等级比较答案的处理

在邀请专家进行安全预测时，常需要对某些项目的重要性进行排序。如为控制某种危险源，防止形成事故，可采取5种措施；或在分析某一事故原因时，提出5种原因，请专家从中选3种最有效的措施或最主要的原因，并对其排序。

对这种形式的问题，可采取评分法对应答问题进行处理。当要求对 n 项排序时，首先请各位专家对项目按其重要性排序，被评为第一位的给 n 分，第二位的给 $n-1$ 分，最后一位

即第 n 位者给 1 分，然后按式 (5-4) 和式 (5-5) 计算各目标的重要程度：

$$s_j = \sum_{i=1}^{n} B_i N_i \quad (j = 1,2,\cdots,m) \tag{5-4}$$

$$k_j = \frac{s_j}{M \sum_{i=1}^{n} i} \quad (j = 1,2,\cdots,m) \tag{5-5}$$

式中，m 为参加比较的目标个数；s_j 为第 j 个目标的总得分；k_j 为第 j 个目标的得分占比（$\sum_{j=1}^{m} k_j = 1$）；n 为要求排序的项目个数；B_i 为排在第 i 位的项目的得分；M 为对问题做出回答的专家人数；N_i 为赞同将某项目排在 i 位的人数。

5.3 时间序列预测法

5.3.1 滑动平均法

一般情况下，可以认为未来的状况与较近时期的状况有关。根据这一假设，可采用与预测期相邻的几个数据的平均值，随着预测期向前滑动，相邻的几个数据的平均值也向前滑动作为滑动预测值。

假定未来的状况与过去 3 个月的状况关系较大，而与更早的情况联系较少，因此可用过去 3 个月的平均值作为下个月的预测值，经过平均后，可以减少偶然因素的影响。平均值可用式 (5-6) 计算：

$$\bar{x}_{t+1} = \frac{x_t + x_{t-1} + x_{t-2}}{3} \tag{5-6}$$

作为 x_{t+1} 的预测值，不仅可用 3 个月的滑动平均值来预测，也可用更多月份的滑动平均值来预测，计算式为

$$\bar{x}_{t+1} = \frac{x_t + x_{t-1} + \cdots + x_{t-(t-1)}}{t} \tag{5-7}$$

式中，$\bar{x}_{t+1}$ 为预测值；t 为时间单位数。

也可以用连加符号把式 (5-7) 归纳为

$$\bar{x}_{t+1} = \frac{1}{t} \sum_{i=0}^{t-1} x_{t-i} \tag{5-8}$$

在该方法中，对各项不同时期的实际数据是同等看待的。但实际上距离预测期较近的数据与较远的数据，它们的作用是不等的，尤其在数据变化较快的情况下更应该考虑到这一点。

为了克服上述缺点，可采用加权滑动平均法来缩小预测偏差。加权滑动平均法根据距离预测期的远近、预测对象的不同，给各期的数据以不同的权数，把求得的加权平均数作为预测值。例如，在计算 3 个月的加权滑动平均值时，分别以权数 3、2、1 计算预测值：

$$\bar{x}_{t+1} = \frac{3x_t + 2x_{t-1} + x_{t-2}}{6} \tag{5-9}$$

用任意几个月给予其他权数来计算加权滑动平均值，其式为

$$\overline{x}_{t+1} = \frac{c_t x_t + c_{t-1} x_{t-1} + \cdots + c_{t-(t-1)} x_{t-(t-1)}}{c_t + c_{t-1} + \cdots + c_{t-(t-1)}} \tag{5-10}$$

式中，c_{t-i} 为各期的权数，$i = 0,1,2,\cdots,t-1$；x_{t-i} 为各期的实际数据，$i = 0,1,2,\cdots,t-1$。

由式（5-8）和式（5-10）可得

$$\overline{x}_{t+1} = \frac{\displaystyle\sum_{i=0}^{t-1} c_{t-i} x_{t-i}}{\displaystyle\sum_{i=0}^{t-1} c_{t-i}} \tag{5-11}$$

【例5-2】 我国2014—2022年自行车交通事故受伤人数见表5-2，试用滑动平均法预测2023年自行车交通事故受伤人数。

表5-2 我国2014—2022年自行车交通事故受伤人数

年份	2014	2015	2016	2017	2018	2019	2020	2021	2022
受伤人数	1284	1298	1337	1450	1720	2179	2518	2772	3262

注：数据来源国家统计局 https：//data. stats. gov. cn/easyquery. htm？cn = C01。

解： $\overline{x}_{2023} = \dfrac{x_{2022} + x_{2021} + x_{2020}}{3} = 2851$（人）

2023年自行车交通事故受伤人数预测为2851人。

5.3.2 指数滑动平均法

指数滑动平均法是滑动平均法的改进，它既有滑动平均法的优点，又减少了数据的存储量，应用方便。指数滑动平均法的基本思想是把时间序列看作一个无穷的序列，即 $x_t, x_{t-1}, \cdots, x_{t-i}$。把 $\overline{x}_{t+1}$ 看作是这个无穷序列的一个函数，即

$$\overline{x}_{t+1} = a_0 x_t + a_1 x_{t-1} + \cdots + a_i x_{t-i} \tag{5-12}$$

为了在计算中使用单一的权数，并且使权数之和等于1，即 $\displaystyle\sum_{i=0}^{+\infty} a_i = 1$

令：$a_0 = a$，$a_k = a(1-a)^k$，$k = 1,2,\cdots,n$。当 $0 < a < 1$ 时，则

$$\sum_{i=0}^{+\infty} a_i = a + a(1-a) + a(1-a)^2 + \cdots + a(1-a)^i = a\frac{1}{a} = 1$$

这样，应用指数滑动平均法得到的预测值 $\overline{x}_{t+1}$ 为

$$\begin{aligned}
\overline{x}_{t+1} &= a x_t + a(1-a) x_{t-1} + a(1-a)^2 x_{t-2} + \cdots + a(1-a)^i x_{t-i} \\
&= a x_t + (1-a)\left[a x_{t-1} + a(1-a) x_{t-2} + \cdots + a(1-a)^{i-1} x_{t-i}\right] \\
&= a x_t + (1-a)\overline{x}_t
\end{aligned} \tag{5-13}$$

即

预测值 = 平滑系数 × 前期实际值 + （1 - 平滑系数）× 前期预测值

整理式（5-13）可得：

$$\overline{x}_{t+1} = \overline{x}_t + a(x_t - \overline{x}_t) \tag{5-14}$$

即

预测值 = 前期预测值 + 平滑系数 × （前期实际值 - 前期预测值）

由此可见，指数滑动平均法得到的预测值 $\bar{x}_{t+1}$ 是前期实际值 x_t 和预测值 $\bar{x}_t$ 的加权平均而得的，或者是前期预测值 $\bar{x}_t$ 加上实际与预测值的偏差的修正值而得。指数滑动平均法初始值的确定：从事件序列的项数考虑，当时间序列的观察期 $n \geq 15$ 时，初始值对预测结果的影响很小，可以第一期观测值作为初始值；当观察期 $n < 15$ 时，初始值对观测结果的影响较大，通常取前 3 个观测值的平均值作为初始值。

平滑系数 a 的选择：

1）当时间序列呈稳定的水平趋势时，a 应取较小值，如 $0.1 \sim 0.3$。

2）当时间序列波动较大，长期趋势变化的幅度较大时，a 应取中间值，如 $0.3 \sim 0.5$。

3）当时间序列具有明显的上升或下降趋势时，a 应取较大值，如 $0.5 \sim 0.8$。

在实际应用中，可取若干个 a 值进行试算比较，最后选择预测误差最小的 a 值。

【例5-3】 我国2014—2022年自行车交通事故受伤人数见表5-2，试用指数滑动平均法预测2023年交通事故受伤人数（a 分别为0.1，0.6，0.9）。

解： ① 确定初始值

因为 $n = 9 < 15$，取时间序列的前三项数据的平均值作为初始值，即

$$\bar{X}_{初始} = \frac{x_{2014} + x_{2015} + x_{2016}}{3} = 1306（人）$$

② 选择平滑系数 a，计算各预测值。分别取 $a = 0.1$，$a = 0.6$，$a = 0.9$，根据式（5-13）和式（5-14），计算2014—2022年自行车交通事故受伤人数的预测值，结果见表5-3的第3、4、5行。

表5-3　我国2014—2022年自行车交通事故受伤人数和预测值

年份		2014	2015	2016	2017	2018	2019	2020	2021	2022	平均误差
受伤人数		1284	1298	1337	1450	1720	2179	2518	2772	3262	—
预测值	$a = 0.1$	1306	1304	1303	1307	1321	1361	1443	1550	1672	—
	$a = 0.6$	1306	1293	1296	1321	1398	1591	1944	2288	2579	—
	$a = 0.9$	1306	1286	1297	1333	1438	1692	2130	2479	2743	—
预测误差	$a = 0.1$	−22	−6	34	143	399	818	1075	1222	1590	584
	$a = 0.6$	−22	5	41	129	322	588	574	484	683	312
	$a = 0.9$	−22	12	40	117	282	487	388	293	519	235

③ 对不同平滑系数取得的预测值进行误差分析，确定 a 的取值。不同平滑系数的预测值与实际值的绝对误差见表5-3的第6、7、8行，平均误差按式（5-15）计算，其计算结果列入表5-3中第6、7、8行的最后一列。

$$\bar{\varepsilon} = \frac{\sum\limits_{i=1}^{n} \bar{x}_i - x_i}{n} \tag{5-15}$$

通过比较，当 $a = 0.9$ 时，预测值的平均误差最小，故选择0.9作为平滑系数。

④ 预测2023年的自行车交通事故受伤人数

$$x_{2023} = ax_{2022} + (1-a)\bar{x}_{2022} = 0.9 \times 3262 + 0.1 \times 2743 = 3210（人）$$

5.4 回归分析法

要准确地预测，就必须研究事物的因果关系。回归分析法就是一种从事物变化的因果关系出发的预测方法。它利用数理统计原理在大量统计数据的基础上通过寻求数据变化规律来推测、判断和描述事物未来的发展趋势。

事物变化的因果关系可用一组变量来描述，即自变量与因变量之间的关系，一般可以分为两大类。一类是确定关系，它的特点是：自变量为已知时就可以准确地求出因变量，变量之间的关系可用函数关系确切地表示出来。另一类是相关关系，或称为非确定关系，它的特点是：虽然自变量与因变量之间存在密切的关系，却不能由一个或几个自变量的数值准确地求出因变量，变量之间往往没有准确的数学表达式，但可以通过观察，应用统计方法，大致地或平均地说明自变量与因变量之间的统计关系。回归分析法正是根据这种相互关系建立回归方程的。回归分析预测法分为：一元线性回归法、多元线性回归法、非线性回归法。

5.4.1 一元线性回归法

比较典型的回归法是一元线性回归法，它是根据自变量 x 与因变量 y 的相互关系，用自变量的变动来推测因变量变动的方向和程度，其基本方程式是

$$y = bx + a \tag{5-16}$$

式中，y 为因变量；x 为自变量；a、b 为回归系数。

进行一元线性回归，应首先收集事故数据，并在以时间为横坐标的坐标系中，画出各个相对应的点，根据坐标系中各点的变化情况，可以大致看出事故变化的某种趋势，然后进行计算，求出回归直线。

回归系数 a、b 是根据统计的事故数据，通过以下方程组来决定的。

$$\begin{cases} \sum y = na + b \sum x \\ \sum xy = a \sum x + b \sum x^2 \end{cases} \tag{5-17}$$

式中，y 为因变量，为事故数据；x 为自变量；n 为事故数据总数。

解上述方程组得：

$$\begin{cases} a = \dfrac{\sum x \sum xy - \sum x^2 \sum y}{\left(\sum x \right)^2 - n \sum x^2} \\ b = \dfrac{\sum x \sum y - n \sum xy}{\left(\sum x \right)^2 - n \sum x^2} \end{cases} \tag{5-18}$$

a 和 b 确定之后就可以得到坐标系中的回归曲线。

【例 5-4】 表 5-4 为某单位近 10 年来安全生产事故伤亡人数的统计数据，用一元线性回归法预测事故的发展趋势。

表5-4 某单位近10年来安全生产事故伤亡人数的统计数据

时间顺序 x	伤亡人数 y	x^2	xy	y^2
1	23	1	23	529
2	22	4	44	484
3	18	9	54	324
4	16	16	64	256
5	16	25	80	256
6	15	36	90	225
7	17	49	119	289
8	10	64	80	100
9	11	81	99	121
10	7	100	70	49
$\sum x = 55$	$\sum y = 155$	$\sum x^2 = 385$	$\sum xy = 723$	$\sum y^2 = 2633$

解： 首先，根据伤亡人数的统计数值绘制散点图，得出伤亡人数与时间的关系为直线关系。然后，求出参数 a、b。即

$$a = \frac{\sum x \sum xy - \sum x^2 \sum y}{\left(\sum x\right)^2 - n \sum x^2} = \frac{55 \times 723 - 385 \times 155}{55^2 - 10 \times 385} = 24.133$$

$$b = \frac{\sum x \sum y - n \sum xy}{\left(\sum x\right)^2 - n \sum x^2} = \frac{55 \times 155 - 10 \times 723}{55^2 - 10 \times 385} = -1.5697$$

一元线性回归直线的方程为 $y = -1.5697x + 24.133$。

在回归分析中，为了了解回归直线对实际数据变化趋势符合程度的大小，还应求出相关系数 r。计算公式为

$$r = \frac{L_{xy}}{\sqrt{L_{xx} L_{yy}}} \tag{5-19}$$

式中，$L_{xy} = \sum xy - \dfrac{1}{n} \sum x \sum y$；$L_{xx} = \sum x^2 - \dfrac{1}{n}\left(\sum x\right)^2$；$L_{yy} = \sum y^2 - \dfrac{1}{n}\left(\sum y\right)^2$。

将表5-4中有关数据代入式（5-19），得

$$L_{xy} = \sum xy - \frac{1}{n} \sum x \sum y = 723 - \frac{1}{10} \times 55 \times 155 = -129.5$$

$$L_{xx} = \sum x^2 - \frac{1}{n}\left(\sum x\right)^2 = 385 - \frac{1}{10} \times 55^2 = 82.5$$

$$L_{yy} = \sum y^2 - \frac{1}{n}\left(\sum y\right)^2 = 2633 - \frac{1}{10} \times 155^2 = 230.5$$

所以，$r = \dfrac{L_{xy}}{\sqrt{L_{xx} L_{yy}}} = \dfrac{-129.5}{\sqrt{82.5 \times 230.5}} = -0.94$。

$|r| = 0.94 > 0.9$，说明两个变量有很强的线性相关性。

相关系数 $r=1$ 时，说明回归直线与实际数据的变化趋势完全相符；$r=0$ 时，说明 x 与 y 之间完全没有线性关系。在大部分情况下，$0<|r|<1$。这时，就需要判别变量 x 与 y 之间有无密切的线性相关关系。一般来说，r 越接近 1，说明 x 与 y 之间存在着的线性关系越强，用线性回归方程来描述这两者的关系就越合适，利用回归方程求得的预测值就越可靠。一般情况下，当 $0.8<|r|\leqslant0.9$ 时，认为两个变量基本符合线性相关性；当 $|r|>0.9$ 时，认为两个变量有很强的线性相关性。

5.4.2 非线性回归法

在回归分析法中，除了一元线性回归法，还有一元非线性回归法、多元线性回归法及多元非线性回归法等。非线性回归法是通过一定的变换，将非线性问题转化为线性问题，然后利用线性回归的方法进行回归分析。下面以非线性回归曲线中的指数函数为例，介绍非线性回归法的应用。

1. $y=ae^{bx}$

令：$y'=\ln y$，$a'=\ln a$

则有

$$y'=a'+bx \tag{5-20}$$

2. $y=ae^{\frac{b}{x}}$

令：$y'=\ln y$，$x'=\frac{1}{x}$，$a'=\ln a$

则有

$$y'=a'+bx' \tag{5-21}$$

【例5-5】 表5-5为某单位近10年来安全生产事故伤亡人数的统计数据，以一元非线性回归法中的指数函数为例预测事故的发展趋势。

表5-5 某单位近10年来安全生产事故伤亡人数的统计数据

时间顺序 x	伤亡人数 y	$y'=\ln y$	x^2	xy'	y'^2
1	23	3.14	1	3.14	9.86
2	22	3.09	4	6.18	9.55
3	18	2.89	9	8.67	8.35
4	16	2.77	16	11.08	7.67
5	16	2.77	25	13.85	7.67
6	15	2.71	36	16.26	7.34
7	17	2.83	49	19.81	8.01
8	10	2.30	64	18.40	5.29
9	11	2.40	81	21.60	5.76
10	7	1.95	100	19.5	3.80
$\sum x=55$	$\sum y=155$	$\sum y'=26.85$	$\sum x^2=385$	$\sum xy'=138.49$	$\sum y'^2=73.30$

对 $y = ae^{bx}$ 两边取自然对数得 $\ln y = \ln a + bx$

令：$y' = \ln y$，$a' = \ln a$

则：$y' = a' + bx$

用一元线性回归方程计算公式得：

$$a' = \frac{\sum x \sum xy' - \sum x^2 \sum y'}{\left(\sum x\right)^2 - n\sum x^2} = \frac{55 \times 138.49 - 385 \times 26.85}{55^2 - 10 \times 385} = 3.297$$

$$b = \frac{\sum x \sum y' - n\sum xy'}{\left(\sum x\right)^2 - n\sum x^2} = \frac{55 \times 26.85 - 10 \times 138.49}{55^2 - 10 \times 385} \approx -0.11$$

因 $a' = \ln a$，所以 $a = e^{a'} = e^{3.297} \approx 27$

故指数回归方程为：$y = 27e^{-0.11x}$

求相关系数 r：

$$L_{xy'} = \sum xy' - \frac{1}{n}\sum x \sum y' = -9.185 \quad L_{xx} = \sum x^2 - \frac{1}{n}\left(\sum x\right)^2 = 82.5 \quad L_{y'y'} =$$

$$\sum y'^2 - \frac{1}{n}\left(\sum y'\right)^2 = 1.21 \quad r = \frac{L_{xy'}}{\sqrt{L_{xx}L_{y'y'}}} \approx -0.92$$

$r = -0.92$，说明也可以用指数函数表示两个变量之间的关系。

5.5　马尔可夫链预测法

马尔可夫预测模型是根据俄国数学家 A. 马尔可夫（A. Markov）的随机过程理论提出来的，它主要是通过研究系统对象的状态转移概率来进行预测的。作为一种预测技术，马尔可夫预测模型已广泛应用于各个领域。若事物未来的发展及演变规律仅受当时状况的影响，而与以前的状态无关，则此事物的发展变化称为马尔可夫链。如果系统安全状况具有马尔可夫性质，且一种状态转变为另一种状态的规律又是可知的，就可以利用马尔可夫链进行计算和分析，以预测未来特定时刻的状态。

马尔可夫链是表征一个系统在变化过程中的特性状态，可用一组随时间进程而变化的变量来描述。如果系统在任何时刻上的状态是随机的，则变化过程是一个随机过程，当时刻 t 变到 $t+1$，状态变量从某个取值变为另一个取值，系统就实现了状态转移。

系统从某种状态转移到各种状态的可能性大小，可用状态转移概率来描述。假设系统有 n 个状态，所谓状态转移概率是指由状态 i 转移到状态 j 的概率，记为 P_{ij}。P_{ij} 只与 i 和 j 有关，即只与转移前后的状态有关，这个概率也称为马尔可夫链的一步状态转移概率。

若令正常状态为 1，故障状态为 2，则由正常状态转为故障状态的概率可记为 P_{12}，正常状态转为正常状态的概率可记为 P_{11}，故障状态转移为正常状态的概率可记为 P_{21}，故障状态转移为故障状态的概率可记为 P_{22}。一步状态转移概率可以用矩阵表示为

$$P^{(1)} = \begin{bmatrix} P_{11} & P_{12} & \cdots & P_{1n} \\ P_{21} & P_{22} & \cdots & P_{2n} \\ \vdots & \vdots & & \vdots \\ P_{n1} & P_{n2} & \cdots & P_{nn} \end{bmatrix} \tag{5-22}$$

式中，$0 \leqslant P_{ij} \leqslant 1$，$j = 1,2,\cdots,n$，且 $\sum_{j=1}^{n} P_{ij} = 1$。第 i 行的向量 $\boldsymbol{P}_i = (P_{i1}, P_{i2}, \cdots, P_{in})$ 称为概率向量。

已知，初始状态分布向量为 $\boldsymbol{S}^{(0)} = (S_1^{(0)}, S_2^{(0)}, S_3^{(0)}, \cdots, S_n^{(0)})$

一步转移向量 $\boldsymbol{S}^{(1)}$ 为

$$\boldsymbol{S}^{(1)} = \boldsymbol{S}^{(0)} \boldsymbol{P}^{(1)} \tag{5-23}$$

二步转移向量 $\boldsymbol{S}^{(2)}$ 为

$$\boldsymbol{S}^{(2)} = \boldsymbol{S}^{(1)} \boldsymbol{P}^{(1)} = \boldsymbol{S}^{(0)} \boldsymbol{P}^{(2)} \tag{5-24}$$

类似地，

$$\boldsymbol{S}^{(k+1)} = \boldsymbol{S}^{(0)} \boldsymbol{P}^{(k+1)} \tag{5-25}$$

【例 5-6】 铁路交通事故时有发生。2008 年 4 月 28 日凌晨 4 时 41 分，北京开往青岛的 T195 次列车运行到胶济铁路周村至王村之间时脱线，与烟台至徐州的 5034 次列车相撞，造成 72 人死亡，416 人受伤。2008 年 1 月 23 日晚上 8 时 48 分，北京开往青岛四方的动车组 D59 次列车运行至胶济线安丘至昌邑间时，发生重大路外交通事故，造成 18 人死亡，9 人受伤。2007 年 2 月 28 日 2 时 5 分，由乌鲁木齐开往新疆南部城市阿克苏的 5807 次列车运行至南疆铁路珍珠泉至红山渠站间 42km + 300m 处时，因瞬间大风造成该次列车机车后 9 ~ 19 节车厢脱轨，造成 3 名旅客死亡，2 名旅客重伤，32 名旅客轻伤，南疆铁路被迫中断行车。因此，对铁路事故的发生及等级进行预测，可为相关部门采取预防和应急救援措施提供参考。

根据现有的铁路事故发生资料，应用马尔可夫预测模型对未来将要发生的铁路事故进行预测。铁路事故的发生可以看作是随机变量，其状态具有"无后效性"及"平稳性"的性质，可以应用马尔可夫预测模型进行 2010 年事故等级预测。

（1）确定铁路事故等级 按照《铁路交通事故应急救援和调查处理条例》将铁路交通事故分为 4 个等级。根据历史资料，某铁路局 1990—2009 年铁路交通事故等级见表 5-6。

表 5-6 某铁路局 1990—2009 年铁路交通事故等级

年度	1990	1991	1992	1993	1994	1995	1996	1997	1998	1999
事故等级	2	4	1	2	1	2	2	2	1	3
年度	2000	2001	2002	2003	2004	2005	2006	2007	2008	2009
事故等级	1	2	1	2	2	2	1	3	4	2

（2）确定状态转移概率矩阵 根据事故等级，按照转移步数构造状态转移概率矩阵。

$$P^{(1)} = \begin{bmatrix} \dfrac{0}{6} & \dfrac{4}{6} & \dfrac{2}{6} & \dfrac{0}{6} \\ \dfrac{4}{9} & \dfrac{4}{9} & \dfrac{0}{9} & \dfrac{1}{9} \\ \dfrac{1}{2} & \dfrac{0}{2} & \dfrac{0}{2} & \dfrac{1}{2} \\ \dfrac{1}{2} & \dfrac{1}{2} & \dfrac{0}{2} & \dfrac{0}{2} \end{bmatrix} \qquad P^{(2)} = \begin{bmatrix} \dfrac{3}{6} & \dfrac{2}{6} & \dfrac{0}{6} & \dfrac{1}{6} \\ \dfrac{3}{9} & \dfrac{4}{9} & \dfrac{2}{9} & \dfrac{0}{9} \\ \dfrac{0}{2} & \dfrac{2}{2} & \dfrac{0}{2} & \dfrac{0}{2} \\ \dfrac{0}{1} & \dfrac{1}{1} & \dfrac{0}{1} & \dfrac{0}{1} \end{bmatrix}$$

$$P^{(3)} = \begin{bmatrix} \dfrac{0}{6} & \dfrac{6}{6} & \dfrac{0}{6} & \dfrac{0}{6} \\ \dfrac{3}{9} & \dfrac{3}{9} & \dfrac{2}{9} & \dfrac{1}{9} \\ \dfrac{1}{1} & \dfrac{0}{1} & \dfrac{0}{1} & \dfrac{0}{1} \\ \dfrac{1}{1} & \dfrac{0}{1} & \dfrac{0}{1} & \dfrac{0}{1} \end{bmatrix} \qquad P^{(4)} = \begin{bmatrix} \dfrac{3}{4} & \dfrac{1}{4} & \dfrac{0}{4} & \dfrac{0}{4} \\ \dfrac{2}{9} & \dfrac{4}{9} & \dfrac{2}{9} & \dfrac{1}{9} \\ \dfrac{0}{1} & \dfrac{1}{1} & \dfrac{0}{1} & \dfrac{0}{1} \\ \dfrac{0}{1} & \dfrac{1}{1} & \dfrac{0}{1} & \dfrac{0}{1} \end{bmatrix}$$

（3）利用状态转移概率矩阵预测 2010 年铁路事故等级 依据 2006—2009 年的铁路事故等级及其相应的状态转移概率矩阵，对 2010 年的铁路事故等级进行预测。在转移步数所对应的状态转移概率矩阵中，采取起始状态所对应的行向量，从而组成新的状态转移概率矩阵，2009 年事故等级为 2。

2009 年初始状态分布向量：$S^{(0)} = (0, 1, 0, 0)$。

2010 年的状态分布：$S^{(1)} = S^{(0)} \cdot P^{(1)} = (0.444, 0.444, 0, 0.111)$。

2008 年初始状态分布向量：$S^{(0)} = (0, 0, 0, 1)$。

2010 年的状态分布：$S^{(2)} = S^{(0)} \cdot P^{(2)} = (0, 1, 0, 0)$。

同理可以预测 2006 年、2007 年对 2010 年的铁路事故等级，事故概率结果见表 5-7。

表 5-7　事故概率结果

起始年	起始状态	起始步骤	1	2	3	4
2009	2	1	0.444	0.444	0	0.111
2008	4	2	0	1	0	0
2007	3	3	1	0	0	0
2006	1	4	0.75	0.25	0	0
状态合计			2.194	1.694	0	0.111

从表 5-7 可以看出：在状态合计栏中，状态"1"的概率最大，故预测 2010 年铁路有可能发生等级为 1 的事故。

5.6　灰色预测法

灰色预测法由我国学者邓聚龙教授 1982 年首次提出，在国内外引起很大反响。至今，灰色预测法已经形成了一个横断面大、渗透力强的新兴研究领域，并广泛应用于工业、农业、军事、城建、交通等众多领域，产生了显著的社会效益和经济效益。灰色预测法在安全系统中也得到了广泛应用，如城市建设、交通风险评估、安全预测、安全决策等。

5.6.1 "灰"的含义

将内部信息缺乏的客体称为"黑箱"，据此，人们常用颜色的深浅来表示信息的多少。"黑"指信息缺乏；"白"指信息完全；"灰"指信息部分已知、部分未知，即信息不完全。在不同场合、不同情况下，"灰色"可以转化和引申为不同的含义。表5-8所列为"灰"的不同含义。

表5-8 "灰"的不同含义

研究对象	白	黑	灰
从表象看	明朗	黑暗	朦胧
从过程看	新	旧	新旧交替
从性质看	纯	不纯	多种成分
从结果看	唯一的解	无数的解	非唯一解
从态度看	严厉	放纵	宽容
从方法看	肯定	否定	扬弃

还可以列举很多类似的含义，从研究的对象来看，"信息不完整"和"非唯一解"就是"灰"的主要含义。"非唯一解"在预测上体现为预测结果是灰色区间，而不是唯一的值，如果适当限制这个区间，则结果会比单个值更为可信、合理。

5.6.2 灰色系统

客观世界是物质的世界，也是信息的世界。在工程技术、社会、经济、农业、环境、生态、军事等领域，经常会出现信息不完全的情况，如系统因素或参数不完全明确、因素关系不完全清楚、系统结构不完全知道、系统的作用原理不完全明了等。

(1) 信息完全明确的系统为白色系统 例如，一个商店可以看作一个系统，在人员、资金、损耗、销售等信息完全明确的情况下，可以算出商店的盈利、库存，可以判断商店的销售态势、资金周转速度等。因此，这个商店可以看成一个白色系统，是一个没有物理原型的白色系统。例如，一个有电压的电阻是一个系统，当电阻给定时，电压和电流之间就有明确的关系。这也是一个白色系统，而且是一个具有物理原型的白色系统。

(2) 信息完全不明确的系统为黑色系统 例如，遥远的某个星球，可以看作是一个系统，虽然知道其存在，但体积多大、质量多少、距离地球多远，这些信息完全不知道。因此，这个星球可以看成一个黑色系统。

(3) 信息部分明确、部分不明确的系统为灰色系统 例如，粮食生产系统，肥料、种子、农药、气候、土壤、水利、耕作、政策等都是影响粮食产量的因素，但难以确定全部因素，更难找到肥料、农药等因素与粮食产量的映射关系。显然，粮食生产系统是一个没有物理原型的灰色系统。安全系统是一个灰色系统，影响某企业年均事故伤亡率的因素，包括人的安全意识、企业领导对安全生产的重视程度等，很难找到这些因素和事故伤亡率的定量映射关系。

5.6.3 预测步骤

灰色预测法是从灰色系统的建模、关联度及残差辨识的思想出发，获得关于预测的新概念、新观点和新方法。利用灰色系统理论预测的主要优点是，它通过一系列数据生成方法（直接累加法、移动平均法、加权累加法、遗传因子累加法、自适性累加法等）将根本没有规律的、杂乱无章的或规律性不强的一组原始数据序列变得具有明显的规律性，解决了数学界一直认为不能解决的微积分方程建模问题。

1. GM 模型

灰色系统理论的微分方程型模型称为 GM 模型（Grey Model）。一般建模是用数据列建立差分方程，而灰色建模则是用原始数据列做生成处理后建立微分方程。$GM(1,N)$ 表示 1 阶的、N 个变量的微分方程型模型，$GM(1,1)$ 则是 1 阶的 1 个变量的微分方程型模型。一般常用 $GM(1,1)$ 模型进行预测。$GM(1,1)$ 模型的预测步骤如下：

设原始离散数据序列 $x^{(0)} = \{x_1^{(0)}, x_2^{(0)}, \cdots, x_n^{(0)}\}$，其中 n 为序列长度，对其进行一次累加生成处理：

$$x_k^{(1)} = \sum_{j=1}^{k} x_j^{(0)} \quad (k = 1,2,\cdots,n) \tag{5-26}$$

则生成序列 $x^{(1)} = \{x_1^{(1)}, x_2^{(1)}, \cdots, x_n^{(1)}\}$ 为基础建立灰色的生成模型：

$$\frac{dx^{(1)}}{dt} + ax^{(1)} = u \tag{5-27}$$

称为一阶灰色微分方程，记为 $GM(1,1)$。式中，a、u 为待辨识参数。

设参数向量

$$\hat{a} = (au)^{T}, \quad y_n = (x_2^{(0)}, x_3^{(0)}, \cdots, x_n^{(0)})^{T} \tag{5-28}$$

$$B = \begin{bmatrix} -(x_2^{(1)} + x_1^{(1)})/2 & 1 \\ \vdots & \vdots \\ -(x_n^{(1)} + x_{n-1}^{(1)})/2 & 1 \end{bmatrix} \tag{5-29}$$

则由式（5-30）求得的最小二乘解：

$$\hat{a} = (B^{T}B)^{-1}B^{T}y_n \tag{5-30}$$

时间响应方程：

$$\hat{x}^{(1)}(t) = \left(x_1^{(1)} - \frac{u}{a}\right)e^{-at} + \frac{u}{a} \tag{5-31}$$

离散响应方程：

$$\hat{x}_{k+1}^{(1)} = \left(x_1^{(1)} - \frac{u}{a}\right)e^{-ak} + \frac{u}{a} \tag{5-32}$$

式中，$x_1^{(1)} = x_1^{(0)}$。

将 $\hat{x}_{k+1}^{(1)}$ 计算值进行累减还原，即得到原始数据的估计值：

$$\hat{x}_{k+1}^{(0)} = \hat{x}_{k+1}^{(1)} - \hat{x}_k^{(1)} \tag{5-33}$$

$GM(1,1)$ 模型的拟合残差中往往还有一部分动态有效信息，可以通过建立残差 $GM(1,1)$ 模型对原模型进行修正。

2. 预测模型的后验差检验

可以用关联度及后验差对预测模型进行检验，下面介绍后验差检验。记 0 阶残差为

$$\varepsilon_i^{(0)} = x_i^{(0)} - \hat{x}_i^{(0)} \quad (i = 1, 2, \cdots, n) \tag{5-34}$$

式中，$\hat{x}_i^{(0)}$ 为通过预测模型得到的预测值。

残差均值：

$$\overline{\varepsilon^{(0)}} = \frac{1}{n} \sum_{i=1}^{n} \varepsilon_i^{(0)} \tag{5-35}$$

残差方差：

$$s_1^2 = \frac{1}{n} \sum_{i=1}^{n} (\varepsilon_i^{(0)} - \overline{\varepsilon^{(0)}})^2 \tag{5-36}$$

原始数据均值：

$$\bar{x} = \frac{1}{n} \sum_{i=1}^{n} x_i^{(0)} \tag{5-37}$$

原始数据方差：

$$s_2^2 = \frac{1}{n} \sum_{i=1}^{n} (x_i^{(0)} - \bar{x})^2 \tag{5-38}$$

为此可计算后验差检验指标：

后验差比值 c：

$$c = \frac{s_1}{s_2} \tag{5-39}$$

小误差概率 P：

$$P = P\{ |\varepsilon_i^{(0)} - \overline{\varepsilon^{(0)}}| < 0.6745 s_2 \} \tag{5-40}$$

按照上述两项指标，可从表5-9查出精度检验等级。

表5-9　精度检验等级

预测精度等级	P	c
好	>0.95	<0.35
合格	>0.80	<0.5
勉强	>0.70	<0.65
不合格	≤0.70	≥0.65

【例5-7】　已知某市 2014—2022 年的交通事故发生起数见表5-10，试用 GM(1,1) 模型对该市未来两年的交通事故发生起数进行灰色预测，并对拟合精度进行后验差检验。

表5-10　某市 2014—2022 年的交通事故发生起数

年份	2014	2015	2016	2017	2018	2019	2020	2021	2022
事故发生起数	2519	2378	2251	1973	1895	1811	1767	1610	1550

解： 由表5-10，数据直接累加可以得到：

$$x^{(0)} = (2519, 2378, 2251, 1973, 1895, \cdots, 1550)$$
$$x^{(1)} = (2519, 4897, 7148, 9121, 11016, \cdots, 17754)$$

建立数据矩阵B，向量y_n：

$$B = \begin{bmatrix} -3708 & 1 \\ -6022.5 & 1 \\ \vdots & \vdots \\ -16979 & 1 \end{bmatrix}$$

$$y_n = (2378, 2251, 1973, 1895, 1811, \cdots, 1550)^T$$

由式（5-30）计算$\hat{a}$：

$$\hat{a} = \begin{pmatrix} a \\ u \end{pmatrix} = (B^T B)^{-1} B^T y_n = \begin{pmatrix} 0.061678 \\ 2566.981415 \end{pmatrix}$$

将a、u代入式（5-32）可得到：

$$\hat{x}_{k+1}^{(1)} = (2519 - 41618.85592)e^{-0.061678k} + 41618.85592$$

$$\hat{x}_{k+1}^{(0)} = \hat{x}_{k+1}^{(1)} - \hat{x}_k^{(1)}$$

计算结果见表5-11。

表5-11 计算结果

序号	$x^{(0)}$	$x^{(1)}$	灰色预测		
			灰色预测$\hat{x}^{(1)}$	$\hat{x}^{(0)}$	$\varepsilon^{(0)}$
1	2519	2519	2519	2519	0
2	2378	4897	4876.2	2357.2	20.8
3	2251	7148	7091.6	2215.4	35.6
4	1973	9121	9176.3	2084.7	−55.9
5	1895	11016	11000.8	1824.5	70.5
6	1811	12827	12761.1	1760.3	50.7
7	1767	14594	14476.4	1715.3	51.7
8	1610	16204	16161.7	1685.3	122.9
9	1550	17754	17729.5	1567.8	−17.8
10	—	—	19320.2	1590.7	—
11	—	—	20867.6	1547.5	—

进行后验差检验：

$$\varepsilon_i^{(0)} = x_i^{(0)} - \hat{x}_i^{(0)} \quad (i = 1, 2, \cdots, n)$$

$$\overline{\varepsilon}^{(0)} = 34.81, \ s_1 = 49.261$$

$$\overline{x}^{(0)} = 1972.67, \ s_2 = 320.396$$

则$c = s_1/s_2 = 0.154 < 0.35$

$$P = P\{|\varepsilon_i^{(0)} - \overline{\varepsilon}^{(0)}| < 0.6745 s_2\} = 1 > 0.95$$

对照表5-9知，灰色预测拟合精度为好，预测结果正确可靠。

5.7 本章小结

本章系统介绍了交通安全预测的基本理论、方法及其应用，为科学预测交通安全状况提供了多种实用工具。本章概述了系统安全预测的分类、程序和基本原则，并简要介绍了常用的预测方法，奠定了本章的理论基础；详细讲解了多种预测方法及其具体应用。其中，德尔菲法通过专家意见的多轮反馈和统计处理，适用于复杂问题的定性预测；时间序列预测法利用历史数据的变化趋势，包括滑动平均法和指数滑动平均法，适合短期预测；回归分析法则通过建立变量之间的关系模型进行预测，涵盖线性回归法和非线性回归方法。本章还介绍了马尔可夫链预测法和灰色预测法。马尔可夫链预测法通过状态转移概率矩阵，对交通安全系统的动态变化进行建模和预测。灰色预测法则利用少量数据和不完全信息，通过灰色建模和动态预测，适用于数据不完全或不确定性较大的情况。

知识测评

一、选择题

1. 以下（   ）为经验推断法。

A. 滑动平均法　　　　　B. 回归分析法　　　　　C. 灰色预测法　　　　　D. 德尔菲法

2. 计量模型预测法不包括（   ）。

A. 宏观经济模型　　　　B. 回归分析法　　　　　C. 灰色预测法　　　　　D. 德尔菲法

3. 德尔菲法在预测过程中，一般要进行（   ）轮征询专家意见。

A. 1~2　　　　　　　　B. 3~4　　　　　　　　C. 5~6　　　　　　　　D. 7~8

4. 信息完全明确的系统为（   ）；信息完全不明确的系统为（   ）；信息部分明确、部分不明确的系统为（   ）。

A. 白色系统；黑色系统；灰色系统　　　　　　B. 白色系统；灰色系统；黑色系统

C. 黑色系统；灰色系统；白色系统　　　　　　D. 黑色系统；白色系统；灰色系统

5. 在回归分析法中，如果研究交通事故与车辆保有量之间的关系，车辆保有量是（   ）。

A. 因变量　　　　　　　B. 自变量　　　　　　　C. 无关变量　　　　　　D. 随机变量

二、填空题

1. 根据预测对象分类，系统安全预测可分为_____和_____。

2. _____的实质是利用专家的知识、经验、智慧等无法数量化而具有很大模糊性的信息。

3. _____是指利用观察或记录到的一组按时间顺序排列起来的数字序列，分析其变化方向和程度，从而对下一时期或以后若干时期可能达到的水平进行预测。

4. 回归分析法分为_____和_____等类型。

三、判断题

1. 根据预测对象分类，系统安全预测可分为宏观预测和微观预测。 （ ）

2. 德尔菲法是时间序列预测法的一种。 （ ）

3. 德尔菲法是一种广为适用的方法。它既可以用于科技预测，也可以用于社会、经济预测；既可以用于短期预测，也可以用于长期预测。 （ ）

4. 时间序列预测法的基本思想是把时间序列作为一个随机应变量序列的一个样本，用概率统计法尽可能减少偶然因素的影响，或消除季节性、周期性变动的影响，通过分析时间序列的趋势进行预测。 （ ）

5. 马尔可夫链是指事物未来的发展及演变规律不仅受当时情况的影响，还与以前状态有关。 （ ）

复习思考题

1. 交通安全预测的概念是什么以及是如何分类的？

2. 何谓德尔菲法？其实施程序是什么？如何进行数据处理？

3. 时间序列预测法与其他预测方法的异同点。

4. 滑动平均法与指数滑动平均法的区别是什么？其优缺点有哪些？

5. 马尔可夫链预测法和 GM(1,1) 模型预测法的预测步骤。

6. 回归分析法预测、马尔可夫链预测、德尔菲法预测各用在哪些情况下？

7. 什么是灰色预测法？"灰"的含义是什么？

8. 组织一次用德尔菲法预测某路段事故趋势的调查。

9. 选择一个交叉口，查阅《道路交通安全手册》，对利用 GM(1,1) 模型交叉口的事故数量进行预测。

10. 查阅我国某省市交通事故相关数据，用回归分析法或灰色预测法对未来事故数进行预测。

道路交通安全

6.1 概述

道路交通事故导致了大量的人员伤亡和财产损失,世界卫生组织(WHO)发布的《2023 年全球道路安全现状报告》显示,2021 年全球约有 119 万人因道路交通事故而丧生。《中国统计年鉴 2024》数据显示,2023 年我国因道路交通事故导致的直接经济损失高达 11.8 亿元。鉴于道路交通事故所带来的严重后果,需要对道路交通事故发生的影响因素以及原理展开全面而深入的研究。在事故多发地,由于道路线形、交通设施和交通环境等特定因素,交通事故频繁发生。通过对事故多发地的研究,能更好地了解交通事故的发生规律,从而采取更加有效的预防措施。

道路交通冲突作为交通事故发生的"前奏",它们受到相似因素的影响,为研究交通事故的发生机制、预测交通事故的可能性以及制定相应的预防措施提供了重要的线索和依据。此外,道路交通事故处理与应急救援对于减轻事故后果至关重要。高效的事故处理和及时的应急救援可以最大限度地减少人员伤亡和财产损失。在事故发生后,迅速的响应和专业的处理能够为伤者提供及时的医疗救助,提高生还率。同时,合理的事故处理程序可以确保责任的准确认定,为受害者提供公正的赔偿。应急救援队伍的快速行动和专业技能,可以有效地控制事故现场,防止事故的进一步扩大,保护周边环境和公众安全。

道路交通安全是一个多要素相互交织、多措施协同推进的系统工程。只有全面深入地理解其各个要素的特性与相互关系,并切实有效地实施各类保障措施,才能不断提升道路交通安全水平,营造安全、有序、畅通的道路交通环境,最大限度地减少交通事故及其带来的人员伤亡与财产损失,促进社会的和谐稳定发展。

6.2 道路交通事故

6.2.1 道路交通事故定义

道路交通事故,并不是指所有发生在道路上的事故。我国《中华人民共和国道路交通安全法》(2021 年 4 月 29 日)给出的定义:车辆在道路上因过错或者意外造成的人身伤亡或者财产损失的事件。因过错或意外造成的事件妨碍着交通行动的完成,其原因通常包括不安全的行动(指精神方面——不注意交通安全)、不安全的因素(指客观物质基础条件)、两者的结合、一系列不安全行动或一系列不安全因素。

6.2.2 构成道路交通事故的条件

从我国道路交通事故的定义中可以看出，构成交通事故必须同时具备下述条件：

（1）车辆条件 车辆条件包括机动车和非机动车。这是道路交通事故的前提条件，即当事方中，至少有一方使用车辆。没有车辆参与的道路事故，不算交通事故。

（2）道路条件 道路条件是指道路交通事故是在规定的道路上（即特定道路上）发生的。我国对"道路"的规定是以《中华人民共和国道路交通安全法》为依据的，即指**公路、城市道路和虽在单位管辖范围但允许社会机动车通行的地方，包括广场、公共停车场等用于公众通行的场所**。在非道路上行车发生的事故不属于道路交通事故。判断是否在道路上，应以事故发生时车辆所在的位置，而不是事故发生后的最后停止位置。

（3）人员条件 人是发生交通事故的主体，是指与交通有关的、从事交通活动的自然人。包括驾驶人、行人、乘车人及其他人员。其中，驾驶人包括没有驾驶证而驾驶机动车辆或驾驶与驾驶证不相符车辆的人员。

（4）违章行为条件 违章行为条件是指因一方或多方当事人的违章行为造成的事故才属于道路交通事故。如当事人各方都没有违章行为而发生的事故则不属于道路交通事故。例如，汽车轮胎崩起石块伤及行人的事件，由于参与交通的行人和汽车驾驶人都没有违章行为，所以不能构成道路交通事故。这一条件也同时排除了无法抗拒的原因，如地震、台风、山崩、塌方、雪崩等引起的事故。

（5）过失（意外）条件 道路交通事故是偶然发生的，是意料之外的事件，当事人的心理状态是过失（意外）。这些事故包括碰撞、碾轧、刮擦、翻车、坠车、爆炸、失火等。如果事故发生时，当事人的心理状态出于故意，则不属于道路交通事故。凡利用交通工具自杀或故意制造车辆事故的，不属于道路交通事故。所谓故意，是指当事人明知自己的行为会发生危害的结果，并且希望或者有意识地放任这种结果发生。

（6）损害后果条件 损害后果条件是指事故的发生必然会造成人身伤亡或财产损坏的条件。如果没有损害后果或损害后果是轻微的，并在规定的范围以内，则不能构成道路交通事故。

以上的几种因素，可以作为鉴别道路交通事故的必要条件和依据，在实际工作中应加以利用，对确定事故的管辖权和保护当事人的合法权益具有十分重要的意义。

6.2.3 道路交通事故的分类

对道路交通事故进行分类，目的在于对交通事故进行分析研究和处理，便于确定交通事故处理的标准，进行档案管理和事故统计，找出道路交通事故的发生规律和原因，以便制定有针对性的预防措施。因分析的角度、方法不同，分类方法也不相同。根据《中华人民共和国道路交通安全法》和《道路交通事故处理办法》，主要分类方法如下。

1. 根据损害后果的程度分类

依据《生产安全事故报告和调查处理条例》（国务院令第493号，2007年4月9日发布）第三条规定，道路交通事故一般分为以下等级：

1）特别重大事故，是指造成30人以上死亡，或者100人以上重伤（包括急性工业中毒，下同），或者1亿元以上直接经济损失的事故。

2）重大事故，是指造成 10 人以上 30 人以下死亡，或者 50 人以上 100 人以下重伤，或者 5000 万元以上 1 亿元以下直接经济损失的事故。

3）较大事故，是指造成 3 人以上 10 人以下死亡，或者 10 人以上 50 人以下重伤，或者 1000 万元以上 5000 万元以下直接经济损失的事故。

4）一般事故，是指造成 3 人以下死亡，或者 10 人以下重伤，或者 1000 万元以下直接经济损失的事故。

2. 根据道路交通事故的责任分类

1）机动车事故：是指在事故当事方中机动车负主要以上责任的事故。但在机动车与非机动车或行人发生的事故中，机动车负同等责任的，也应视为机动车事故，因为在道路上行驶，机动车相对为强者。

2）非机动车事故：是指畜力车、三轮车、自行车等非机动车负主要以上责任的事故。在非机动车与行人发生的事故中，非机动车负同等责任的应视为非机动车事故，因为在道路上行驶，两者比较非机动车为强者。

3）行人事故：是指行人一方负主要以上责任的事故。

3. 按发生道路交通事故的原因分类

任何道路交通事故的发生都有其必然的原因。因此可以把道路交通事故分为两大类，即主观原因和客观原因。

（1）主观原因 主观原因是指造成道路交通事故的当事人本身内在的因素，即主观故意或过失。主要包括：违反规定、疏忽大意、操作不当等行为。在很多道路交通事故中，绝大多数都是由当事人的主观原因造成的。

1）违反规定：是指当事人由于思想方面的原因，不遵守交通法规和其他交通安全规定，导致交通秩序紊乱，发生事故。如酒后开车、非驾驶人开车、超速行驶、争道抢行、故意不让车、违章超车、违章超载、非机动车走快车道、行人走快车道等原因造成的道路交通事故。

2）疏忽大意：是指当事人由于心理或生理方面的原因，没有正确地观察和判断外界事物而造成的失误。例如，心理烦恼、情绪急躁、疲劳驾驶等都可能引起精力分散、反应迟钝、采取措施不当或不及时；也有的当事人凭主观想象判断事物，或过高地估计自己的技术，引起行为不当而造成事故。

3）操作不当：是指驾驶人技术生疏，经验不足，对车辆、道路情况不熟悉，遇到突然情况惊慌失措，发生操作错误。

（2）客观原因 客观原因是指由于道路条件（包括气候环境）等不利因素导致的交通事故。这类事故虽然没有因驾驶人主观原因发生的事故所占比例高，但在某种情况下，却是导致交通事故的客观原因。

4. 按道路交通事故第一当事人或主要责任人的内在原因分类

其可分为三类：即由于道路交通事故第一当事人和主要责任人的观察、判断以及操作错误所引起的交通事故。

（1）观察错误 由于心理方面的原因对外界环境的客观信息没有正确地观察，或者由于心理方面的原因如家庭或事务纠纷引起的烦恼，或急于赶时间而产生的急躁情绪等原因影响思想集中而产生观察错误。生理（或身体）方面的原因包括过度疲劳、睡眠不足和身体

疾病（如心脏病）等，因而对道路交通环境、交通规制状况以及其他交通动向的观察失误。除此之外，由于道路条件不好、交通标志和路面交通标识不清楚以及由于交叉路口冲突区域太大等，也常常引起观察错误。根据国内外经验，在道路交通事故中由于观察错误所引起的事故占大多数，据统计，这类事故约占全部事故的60%。

（2）判断错误　判断错误包括对对方车辆的行动、对道路的形状和线形、对对方车辆的速度以及自己车辆与对方车辆的距离判断错误，或过分相信自己的技术以致对自己车辆的性能和速度以及车身安全空间的大小等的判断错误。这个判断过程往往发生在极短的时间内。因此，驾驶人要有相当熟练的驾驶技术，以减少判断错误。根据国内外经验，由于判断错误所引起的交通事故仅次于由于观察错误所引起的交通事故。据统计，在日本，这类事故约占交通事故总数的35%。在我国经常用"思想麻痹"或"疏忽大意"来替代观察错误或判断错误所引起的交通事故，缺乏对观察错误还是判断错误的辨别。

（3）操作错误　操作错误主要是技术不熟练，特别是初学驾驶的人员，由于对车辆和道路都还不十分熟悉，遇到紧急情况时不能应对自如，导致操作错误而引起的交通事故。除此之外，由于车辆本身制动系统和转向系统不灵敏，驾驶人的训练不够正规和车辆检验制度不严等原因造成的事故也不少。但总体来说，由操作错误所引起的道路交通事故比观察错误和判断错误所引起的要少得多。

5. 按道路交通事故的对象来分类

（1）车辆间事故　即车辆与车辆碰撞的事故。其可分为正面碰撞型、追尾碰撞型、转弯时的侧面碰撞型、超车时的接触性碰撞型等。

（2）车辆对行人的道路交通事故　这主要是由于机动车冲上人行横道所发生的压死、压伤行人的道路交通事故以及行人在人行横道内横过马路时被机动车辆压死、压伤的道路交通事故，还有个别行人因不遵守交通法规而乱穿马路被机动车辆压死、压伤的道路交通事故。

（3）汽车对自行车/电动自行车的事故　据统计，近年来我国城市交通事故有近一半和电动自行车有关。有人身伤亡的道路安全事故中，电动自行车事故占到三分之一。2020年4月，公安部交通管理局部署在全国开展"一盔一带"安全守护行动。增强群众佩戴安全头盔、使用安全带的意识。

（4）汽车单独事故　汽车单独事故包括汽车在下坡时由于行驶速度太快、汽车左右转弯或调头时所发生的翻车事故，以及在桥上因大雾天气或因机械失灵而产生的汽车坠入江河的事故等。这类事故一般来说比较少，但大都是恶性道路交通事故。

（5）汽车与固定物碰撞事故　这里所指的固定物包括道路上的作用结构物、路肩上的水泥杆、灯杆、交通标志、广告牌杆、建筑物以及路旁的树木等。

（6）铁路公路平交道口事故　由于铁路公路平交道口多数分布在农村地区，缺乏自动控制设备或专人管理，加上农用车辆驾驶人缺乏训练，技术上不够熟练等，致使这类事故在我国较为严重。

6. 其他分类

根据不同的需要，从不同的角度分类有以下几种：

1）按事故现象分为：碰撞事故、碾轧事故、刮擦事故以及翻车、坠车事故等。

2）按事故发生地点分为：平直路事故、交叉口事故、坡路事故等。

3）按车辆所属单位分为：专业运输车辆事故、公共交通车辆事故、军车事故、个体车辆事故等。

4）按人员伤害程度分为：死亡事故、重伤事故、轻伤事故等。

为了对交通事故进行分析和研究，还可以按当事人的年龄、性别、职业、人员类型、驾驶证种类、驾龄等标准分类。

6.2.4 道路交通事故统计指标

道路交通事故数量及严重程度的统计指标，多以事故次数以及死伤人数为基础，通常有事故的绝对指标、相对指标两种类型。

1. 事故的绝对指标

事故的绝对指标通常有四项，即事故次数、死亡人数、受伤人数、直接经济损失。这四项指标是安全评价的基础资料，它们可用于同一地区或同一城市交通安全状况的考核与分析，也可用于同一地区或同一城市不同时期交通安全状况的比较。2023年，我国共发生道路交通事故254738起，比2022年减少1671起，下降0.7%；造成60028人死亡，同比减少648人，下降1.1%；造成253895人受伤，同比减少9726人，下降3.8%；直接财产损失11.79亿元，同比减少5.60亿元，下降47.5%。通过前后两年的比较，可以看出我国交通安全状况总体上呈现持续改善的趋势。但由于经济发展状况、机动车保有量等条件的不同，因而无法对不同地区或不同城市的交通安全状况进行横向比较，更无法与国外交通安全状况进行对比，即缺乏可比性；此外，这四项指标也不能对事故量、事故后果和发生事故的可能性做出全面评价，缺乏系统性。

2. 事故的相对指标

常用的事故相对指标有以下几种。

（1）万车交通事故死亡率

$$R_V = \frac{D}{V} \times 10^4 \tag{6-1}$$

式中，R_V 为每1万辆机动车的事故死亡率；D 为全年或一定时期内的事故死亡人数；V 为机动车保有量。

这是一定时期内的事故死亡人数与机动车保有量的比值，是反映道路交通事故死亡人数的相对指标。

【例6-1】 2023年，我国共发生道路交通事故254738起，造成60028人死亡，2023年我国机动车保有量约为4.35亿辆，试求2023年我国万车交通事故死亡率。

解：根据式（6-1），2023年我国万车交通事故死亡率为

$$R_V = \left(\frac{60028}{435000000} \times 10^4\right) 人／万车 = 1.38 人／万车$$

（2）万人交通事故死亡率

$$R_P = \frac{D}{P} \times 10^4 \tag{6-2}$$

式中，R_P 为每 1 万人的事故死亡率；D 为全年或一定时期内的事故死亡人数；P 为统计区域人口数量。

这是一定时期内交通的事故死亡人数与人口数量的比值，也是反映交通事故死亡人数的相对指标，侧重于评价交通事故死亡人数对人口数量的影响。

（3）交通事故致死率

$$R_Z = \frac{D}{D+S} \times 100\% \tag{6-3}$$

式中，R_Z 为每 1 万人的事故死亡率；D 为全年或一定时期内的事故死亡人数；S 为全年或一定时期内的事故受伤人数。

这是一定时期内交通的事故死亡人数与事故伤亡总人数的比值，它可以综合反映车辆性能、安全防护设施、道路状况、救护水平等因素的影响，是衡量交通管理现代化及交通工具先进性的一个重要指标。降低交通事故致死率，在很大程度上反映了交通管理对于减少交通事故带来的生命和财产损失所起到的巨大作用。

2019—2023 年某省交通事故死亡、受伤人数见表 6-1，根据式（6-3），可以计算出该省交通事故致死率。

表 6-1　2019—2023 年某省交通事故死亡、受伤人数

年份	2019 年	2020 年	2021 年	2022 年	2023 年
死亡人数	3236	3037	2812	2822	2678
受伤人数	10563	9653	11078	10518	8223
交通事故致死率（%）	23.5	23.9	20.2	21.2	24.6

（4）亿车公里事故指标

$$R_S = \frac{D}{N} \times 10^8 \tag{6-4}$$

式中，R_S 为 1 年间亿车公里事故次数或伤亡人数；D 为全年或一定时期内的事故死亡人数；N 为全年总计运行车公里数。

亿车公里事故指标包括亿车公里事故率、亿车公里受伤率、亿车公里死亡率，侧重于评价交通量对交通事故的影响。这是一组评价指标，可综合反映交通工具的先进性、道路状况及交通管理的现代化，也是国内评价交通安全的常用指标之一。其指标值越小，说明交通安全状况越好。

关于车公里数，可采用以下几种计算方法：

1）用每辆车的年平均运行公里数乘以运行车辆数。

2）用道路长度乘以道路上的年交通量（或由年平均日交通量推算出年交通量）。

3）用所辖区全年总的燃料消耗量（L）除以单车每公里平均燃料消耗量（L/km）。

【例 6-2】　某高速公路一年间共发生交通事故 86 起、伤 115 人、死亡 23 人，其长度为 60km，全程年平均日交通量为 15000 辆/日，试计算其事故率。

解：根据式（6-4），该高速公路的事故率（R_1）、受伤率（R_2）和死亡率（R_3）分别为

$$R_1 = \left(\frac{86}{60 \times 15000 \times 365} \times 10^8\right) \text{起/亿车公里} = 26.2 \text{ 起/亿车公里}$$

$$R_2 = \left(\frac{115}{60 \times 15000 \times 365} \times 10^8\right) \text{人/亿车公里} = 35.0 \text{ 人/亿车公里}$$

$$R_3 = \left(\frac{23}{60 \times 15000 \times 365} \times 10^8\right) \text{人/亿车公里} = 7.0 \text{ 人/亿车公里}$$

（5）综合事故率

$$R = \frac{D}{\sqrt{VP}} \times 10^4 \tag{6-5}$$

式中，R 为综合事故率，也称死亡系数，即 1 年间或一定时期内道路交通事故死亡率；D 为全年或一定时期内的事故死亡人数；V 为机动车保有量；P 为统计区域人口数量。

综合事故率是万车事故率与万人事故率的几何平均值，考虑了人与车，但未考虑车辆续驶里程方面的因素。

交通事故死亡率是交通安全评价的重要指标。但是，仅根据死亡人数确定的事故死亡率还不能全面地表明事故的伤害程度。因此，有时还必须采用事故当量死亡率这一指标。在当量死亡率中，事故死亡数除包括实际死亡人数，还应再加上按轻伤、重伤折算的当量死亡人数。当量死亡人数按下式计算：

$$D_s = D + K_1 D_1 + K_2 D_2 \tag{6-6}$$

式中，D_s、D、D_1、D_2 分别为当量死亡、死亡、轻伤和重伤人数；K_1、K_2 分别为轻伤和重伤换算为死亡的换算系数。

系数 K_1 和 K_2 应遵循统一的折算原则制定。这样，这一指标就能比较全面地对交通管理的安全度做出评估。

6.2.5 道路交通事故统计有关规定

我国国家统计局关于我国道路交通事故统计的说明如下：

1）道路交通事故死亡的定义：当场死亡或伤后 7 天内抢救无效死亡。

2）重伤按《人体重伤鉴定标准》执行。

3）轻伤按《人体轻伤鉴定标准（试行）》执行。

4）财产损失：指交通事故造成的车辆、财产直接损失折款，不包括现场抢救（险）、人身伤亡善后处理的费用，也不含停工、停产、停业等所造成的间接损失。

5）下列情况不列入交通事故统计的范畴：

① 不通行社会车辆的专用道路上发生的事故。

② 在道路上举行军事演习、体育竞赛、施工作业路段中发生的事故。

③ 军车、武装警察车辆发生未涉及地方车辆或人员的事故。

④ 铁路道口及渡口发生的事故。

⑤ 蓄意驾车行凶、自杀，酗酒者、精神病患者自己碰撞车辆发生的事故等。

⑥ 车辆尚未起动发生的事故（人员挤、摔伤亡事故等）。

⑦ 由于自然灾害所发生的事故（地震、台风、山洪、雷击等）。

世界上大多数国家对于交通事故的统计大致分为两种情况：一是由交通警察部门或交通运输部门统计；二是由卫生部门统计。前者是有严格的时间限制的，一般国际标准为 30 天，即发生交通事故后在 30 天内死亡的就算交通事故死亡。世界上大约 80% 的国家采用该标准，但也有部分国家采用自己的时间标准，如比利时、葡萄牙和巴西是事故现场死亡即计为交通事故死亡；西班牙、日本为 1 天；希腊和奥地利为 3 天；法国为 6 天；中国和意大利为 7 天。由各国卫生部门统计的交通事故死亡人数一般大于由交通警察或交通运输部门统计的数值，因为卫生部门在统计交通事故死亡时是按一年内的时间计算。而且，所有死亡人员原因中只要有交通事故的都计入交通事故死亡。一般来讲，卫生部门统计的交通事故死亡数值要比交通警察部门或交通运输部门的统计数值高 30% 左右。

6.3　道路交通安全影响因素

道路交通系统是一个由人、车、路、环境构成的复杂动态系统。在该系统中，人是自主变量，车依靠人来操纵，是可控变量（无人驾驶车也是由软硬件控制的），道路与环境是交通环境的客观变量，交通参与者在交通过程中无法将其改变。道路交通事故统计结果显示，人是道路交通事故的关键因素，但是特别需要注意的是道路与环境提供的条件与信息限定或影响了人的行为与车的行驶状态，并且在实际的交通事故统计中存在为了登记方便与及时定性，本来可能是道路或环境的原因而记在了驾驶人身上的问题。良好的道路条件对预防道路交通事故的发生有明显的影响，而不良的道路条件对引发道路交通事故亦有明显的影响。

6.3.1　人与交通安全

在道路交通系统中，人作为具有思维与行为能力的交通工具的使用者，起着决定性的作用。据统计，人的原因在道路交通事故原因中约占 90%。这里的人包括所有道路的使用者，如驾驶人、乘员、骑车人、行人等，他们是交通系统中的客观对象，若他们不能及时全面地感知、正确地思考、准确地判断、灵敏地操作与反应，就会酿成交通事故。据世界卫生组织发布的《2023 年全球道路安全状况报告》，2019 年年死亡年龄分布数据，道路交通伤害仍然是 5 ~ 29 岁儿童和青少年的第一大死因。道路交通死亡影响到处于最年富力强的年龄段的人群。大约 69% 的死亡者年龄为 18 ~ 59 岁，23% 的死亡者年龄在 60 岁或以上。道路交通死亡对男性造成的影响尤其严重，女性与男性的总体死亡率之比为 1:3。本节从驾驶人、非机动车驾驶人、行人三个方面对交通安全进行探讨。

1. 驾驶人与交通安全

驾驶人生理心理特征的不同可能会影响交通安全，主要体现在性别、年龄、视觉、听觉、感觉、知觉、情绪、性格等方面。

（1）**性别**　研究表明，男女驾驶人在交通违章违法方面并没有明显的差别，但酒驾、强行超车的男驾驶人比女驾驶人多。通常，男女驾驶人对事故的处理能力差距不大，然而在紧急情况下会出现明显的不同。具有相同驾驶经验的男女驾驶人，驾驶相同的车辆在干燥的沥青马路上进行制动试验，其结果是女驾驶人的制动距离比男驾驶人平均约长 4m。

（2）**年龄**　一般情况下，老年驾驶人患各种心血管疾病的概率增大、静视力与动视力下降、反应迟钝、容易疲劳。年轻人则不然，记忆力好、反应敏捷。综合来看，年轻驾驶人与老年驾驶人都存在对交通安全产生影响的不利因素。

（3）**视觉**　相关研究表明，驾驶人在行车过程中80%以上的信息来自视觉，因此驾驶人的视觉特性（视力、视野、视觉适应等）对行车安全有重要的影响。

驾驶人在行车过程中的视力属于动视力。一般来说，动视力比静视力低10%～20%，特别情况下比静视力低30%～40%。人的视力随运动速度的提高而下降，车速越快，视力下降得越多。

动视力除受车速影响，还随照明强弱、目标与背景亮度对比度、目标呈现时间、相对运动的方向与方式、驾驶人性别等因素的变化而变化。在目标角速度不同的环境下驾驶人的动视力是不同的，而相同环境下不同年龄驾驶人的动视力也不同，年龄越大，伴随目标角速度的升高，动视力下降得也越多，动视力与角速度以及年龄的关系分别如图6-1、图6-2所示。

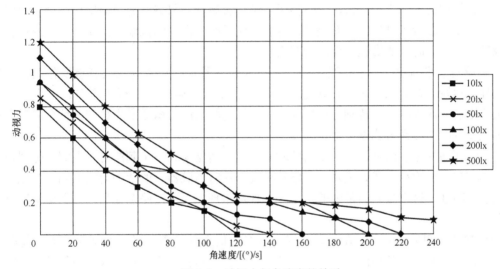

图6-1　动视力与角速度的关系

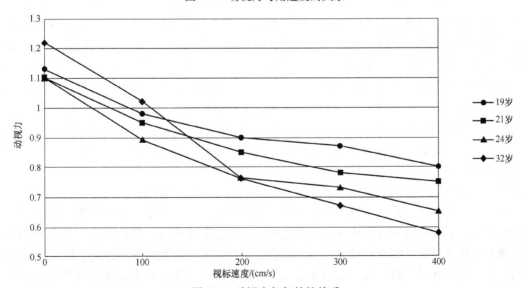

图6-2　动视力与年龄的关系

有关研究表明，驾驶人的动视力、夜视力的异常与交通事故直接相关，夜间行车事故的发生率明显高于白天，且危险性也比白天大，可见夜视力的好坏严重影响了交通安全。

若驾驶人的视野过小，获取安全行车所需的有效信息变少，对驾驶人安全行车会产生不利的影响。车辆在运行过程中，驾驶人的视野与行车速度密切相关，汽车静止时视野不变，当汽车行驶时，视野的深度、宽度、视野内画面都在不断变化。车辆运行速度越快，驾驶人越注视远方，即注视点前移，视野越窄。随着视野变窄，驾驶人的注意力被引到景象的中心而置两侧于不顾，形成所谓"隧道视"。

当驾驶人驶入隧道时，明暗相差非常大，约产生几秒的视觉障碍，这也是隧道入口事故率高的原因。而在隧道出口处产生的视觉障碍小，故发生事故的概率比较小。但在夜间车辆通过隧道的过程中，驾驶人会在出口处遇到暗适应问题。

（4）听觉　听觉对驾驶人的安全行车起着重要的作用，它能补充视觉的不足，协助驾驶人分辨物体的远近和方位。行车中听惯了各种声音后，如果突然有异响出现，会立即引起驾驶人的注意。在行车过程中，有经验的驾驶人能根据车内异响推断出是哪种零件或设备发生的故障，以便及时采取措施，保障行车安全。

（5）感觉　平衡觉的刺激感受器是双耳中的前庭器官，它对驾驶人有重要作用。如果平衡觉异常迟疑，在起伏、盘旋的山地驾驶时，就很难准确地判断行车方向；如果灵敏异常，也难以适应次级路面，特别是山地驾驶。如果驾驶人的平衡觉发生病变，就会因对车辆的倾斜程度判断不准而可能发生翻车事故。

平衡觉还与视觉、内脏感觉有密切的联系，在平衡觉受到一定刺激时，人们会感到视野中的物体在移动或跳动，感到眩晕甚至眼花缭乱，这时内脏器官的活动会发生剧烈变化，人会产生恶心呕吐，这就是人们常说的晕车。出现晕车现象应立即停车休息，等平衡觉恢复后再乘车。

（6）知觉　知觉越丰富，在驾车过程中获取的信息就越多。良好的知觉能力是驾驶人在驾车过程中准确感知各种信息的必要条件。对于安全驾驶而言，驾驶人必须具备良好的知觉能力。空间知觉对判断自己车辆和车外物体在空间位置和方向起主导作用，经验不足的驾驶人往往会由于空间知觉不准确而造成行车事故。驾驶工作一般都有时间要求，特别是客运工作，时间要求更严。时间知觉越长，驾驶人越容易产生急躁、厌烦和松劲的情绪，以致影响安全驾驶。在行车中，车辆和车外物体都在运动，对车辆运动方向和速度的知觉是否正确，关系到行车安全。影响运动知觉的因素有天气、季节、白天、夜间、照明等，驾驶人必须对其有所认识和了解，纠正运动知觉的误差，加强对运动知觉的训练，以保证安全行车。

（7）情绪　机动车驾驶人，其情绪对行车安全至关重要。大量的交通事故案例表明，带有消极情绪的驾驶人驾车发生的交通事故约占交通事故总数的70%。消极情绪是驾驶人通过不良心理活动表现出的一种状态，具有很大的隐蔽性，一般不易暴露，只有当外界条件具备时才会出现。常见的消极情绪有自满、急躁、焦虑和报复情绪。

情绪对人的认识、意志、行为和个性具有重要影响，不良情绪会导致驾驶人在行车时产生麻痹情绪，主要表现为行车中注意力不集中、全身懒散放松等。驾驶人易产生麻痹情绪状态的情景包括道路条件较好时长途行车已安全驶近目的地，由复杂道路进入平坦道路或由城市驾驶转入郊外等级公路驾驶，夜间车稀人少以及车况良好等，麻痹情绪是造成交通事故的主要原因之一。

不良情绪会妨碍驾驶人技术的正常发挥。驾驶人一旦有了不良情绪，伴随着活动将会发生一系列的心理和生理变化，这些变化会造成驾驶人在操作时应激性过高或者过低。应激性过高会阻碍和干扰驾驶人的技术水平发挥，过低则会使驾驶人的大脑和操作得不到足够的能量，这两种现象均易造成驾驶人操作不当，引发交通事故。不良情绪会让驾驶人感到疲劳。当驾驶人处于不良情绪状态时，其生理、心理均会存在较大负担，此时不仅需要继续承受驾驶工作的体力消耗，还要承受不良情绪状态导致的生理变化，如心率加快、血压升高等。可见不良情绪会增加驾驶人的疲劳感，给行车带来危险。如果驾驶人的情绪长时间处于紧张与恐慌状态，会导致精神疲劳，最终引起驾驶人感觉混乱、操作失误，极易引发交通事故。

（8）性格 为了保证行车安全，驾驶人应充分了解自己的性格类型和特点，在此基础上根据自身的实际情况，通过加强学习努力弥补自身性格上的弱点，在实践中锻炼和提高自己，养成良好的驾驶习惯。

2. 非机动车驾驶人与交通安全

非机动车主要包括自行车、电动自行车、人力三轮车、残疾人轮椅车、电瓶车和燃油助力车等。其中，人们使用最多的是自行车和电动自行车。自行车灵活方便、占道面积小、无污染、节省能源，给交通出行带来了极大方便；电动自行车也以其比自行车省力快速、比机动车方便和经济等优点越来越受到人们的欢迎。但是，非机动车防护性和稳定性差，在与机动车发生事故后，非机动车驾驶人易受到不同程度的伤害。

在骑自行车的过程中，人体生理在起作用，但同时也有心理活动的过程。生理条件和心理活动不是独立的，往往是同步显现。不同生理条件的人，会产生不同的心理活动。

3. 行人与交通安全

在交通管理中，与行人有关的交通事故称为行人事故。我国道路及各种交通设施的发展速度落后于日益增长的交通需要，道路交通拥挤，行人在交通构成中占有相当大的比例，因此行人事故突出。根据我国历年来的统计，在行人事故中，行人负主要责任的约10%，这其中约80%是行人不遵守交通规则乱穿道路造成的；行人事故中的受害者以60岁以上的老年人为最多，其次是中小学生和学龄前儿童。驾驶人如果能掌握行人心理，能对其行为做出判断并采取相应措施，即可减少事故的发生。

老年人比较明显的特征是步速缓慢、步幅较小。此外，老年人视力和听力明显下降，反应较迟钝，行动迟缓，常常难以正确估计车速和自己横穿马路的速度，准备横穿时又犹豫不决，有时行至中途看到有车开来时又突然退回，由于腿脚不灵、躲避不及而发生事故。儿童容易发生交通事故，主要是由他们的心理和行为特征造成的。儿童活泼好动、反应快，但其心理特征是好奇、好冲动、好逞能，加之生活经验少，缺乏交通安全常识，不了解机动车对人的危险性。一些青年人好胜心强，对汽车鸣笛置之不理，对过往车辆视而不见，经常任意穿越道路。女性一般比男性细心，观察周围交通环境比较仔细，规范行为的意识比较强，能自觉遵守交通规则，这一心理特征比较有利于女性行人的自身安全。

6.3.2 车辆与交通安全

1. 车辆性能

在道路交通系统中，车辆是人、车、路、环境四要素中的重要组成部分，也是交通事故定义中的必要组分。汽车各个方面性能的完善，使车辆具有完好的技术状况，使操作更加方

便、人机更加和谐，能够预防或弥补驾驶人操作上的失误，从而降低发生道路交通事故的概率，降低交通事故的损失程度。因此，汽车安全性能对道路交通安全具有非常重要的影响。

汽车在一定条件下正常行驶所具有的工作能力就是汽车的使用性能。与道路交通安全密切相关的车辆性能主要有：动力性能、制动性、操纵稳定性等。

(1) 动力性能 汽车动力性能是指汽车所具有的牵引能力，即决定汽车加速、爬坡和最大速度的性能。汽车的动力性越好，所能克服的行驶阻力越大，其速度就越高。汽车动力性能主要由汽车的最大速度、加速时间、爬坡能力三个指标来评定。

1) 最大速度是指在水平良好的路面（混凝土或沥青）上汽车能达到的最高行驶速度。设计汽车的最大速度要考虑到道路条件与交通情况。一般情况下，公路上规定的车速有"持续车速"和"最高限速"，显然，具有高动力性能的汽车，其最高车速要高于公路上规定的"最高限速"。

2) 加速时间包括起步加速时间和定速加速时间，起步加速时间是指由停止状态起步进行最大加速，牵引力从最低档开始加速，直至最高档的时间；定速加速时间是指从某一定速度开始全力加速至某一高速所需的时间。为了减少或杜绝因超速并行时间长引发的交通事故，汽车必须具有较好的加速能力。

3) 爬坡能力是指汽车满载时以 1 档在良好路面上能爬上的最大坡度。轿车最高车速高，加速时间短，且通常在城市道路及较好公路条件下行驶，一般不强调爬坡能力；货车行驶的道路环境较复杂，具有足够的爬坡能力非常必要，一般坡度角在 16.7°左右；而越野车要在坏路或无路条件下行驶，因而爬坡能力显得至关重要，其最大坡度角在 31°左右。

(2) 制动性 汽车的制动性是汽车的主要安全性能之一。汽车的制动性是指汽车行驶时能在短距离内停车且维持行驶方向稳定性和在下长坡时能维持一定车速的能力。汽车的制动性能主要有制动效能、制动效能的恒定性、制动时汽车的方向稳定性三个指标来评定。

1) 制动效能是指在良好路面上，汽车以一定初速度制动到停车的制动距离或制动时的减速度，它是制动性基本的评价指标。

2) 制动效能的恒定性又称作抗热衰退性能，是指在高速时或下长坡连续制动时，制动效能保持的程度。因为制动过程实际上是把汽车行驶的动能通过制动器吸收转化为热能，所以制动器温度升高后能够保持在冷状态时的制动效能已成为设计制动器时要考虑的一个重要问题。

3) 制动时汽车的方向稳定性，通常用制动时汽车按给定轨迹行驶的能力来评价。制动时汽车发生跑偏、侧滑或失去转向能力，则汽车将偏离原来的轨迹。

汽车的制动性直接关系到道路交通安全，重大道路交通事故往往与汽车制动距离太长、紧急制动时发生侧滑等有关。因此，汽车的制动性是安全行驶的重要保障。根据《机动车运行安全技术条件》（GB 7258—2017）的规定，机动车应设置足以使其减速、停车和驻车的制动系统或装置，且行车制动的控制装置与驻车制动的控制装置应相互独立。

(3) 操纵稳定性 汽车的操纵稳定性包含相互联系的操纵性和稳定性两个方面。操纵性是指在驾驶人不感到过分紧张、疲劳的情况下，汽车能按照驾驶人通过转向系统及转向车轮给定的方向（直线或转弯）行驶。稳定性是指汽车遇到外界干扰（路面不平、侧风、货物或乘员偏载）时，能抵抗干扰而保持稳定行驶的能力。若汽车的操纵稳定性差，就不能准确响应驾驶人的转向指令，当汽车受到外界干扰后难以迅速恢复到原来的行驶状态。

汽车操纵稳定性包含的内容较多，需要采用多个物理量从多个方面进行评价，其主要内容包括稳态响应、瞬间响应、回正性、直线稳定性、转向轻便性及抗侧翻能力等。

2. 汽车主动安全技术

汽车主动安全技术是指汽车上避免发生交通事故的各种技术措施的统称，旨在提高汽车的安全性能，故又称作积极安全技术。主动安全技术包括行驶安全、操纵安全、环境安全和感觉安全等。

行驶安全是指来自车辆悬架、转向系统、制动系统等部分的协调，它反映了汽车的最佳动态性能，要求与行驶安全相关的系统具有很高的可靠性。操纵安全是指优化设计驾驶人的工作条件，实现良好的人机界面与互动，使驾驶操作方便，从而降低驾驶人工作时的紧张感，提高运行安全。环境安全是指汽车乘员的内部环境的安全，应能够把汽车行驶的噪声、振动和不良气候条件给予汽车乘员，尤其是将驾驶人的心理压力降至最低，尽可能提高乘员的舒适性，减少疲劳，使驾驶人心情舒畅，从而保证安全行驶。感觉安全是指驾驶人在驾车过程中有一种安全的感觉，这种安全的感觉来自驾驶人需要得到的各种驾驶信息，例如尽可能大的视野、视认性良好的仪表和警告灯信息等。

为主动预防汽车事故、避免人员受伤而增设的安全装置称为汽车主动安全装置，如防抱死制动系统（Antilock Braking System，ABS）、汽车电子防滑系统（Antislip Regulation，ASR）、车身电子稳定系统（Electronic Stability Program，ESP）、高级驾驶辅助系统（Advanced Driving Assistance System，ADAS）、前向碰撞预警系统（Forward Collision Warning，FCW）、车道保持辅助系统（Lane Keeping Assist System，LKA）等。它们的作用是提高汽车的行驶稳定性，尽量防止发生车祸。

3. 汽车被动安全技术

随着新技术层出不穷，汽车主动安全技术将在道路交通安全中发挥越来越大的作用。尽管如此，现实中仍然不可避免地会发生交通事故，此时，汽车被动安全技术将是减轻人员伤害和财产损失的最后保障。汽车被动安全技术是指发生事故后，汽车本身减轻人员受伤和货物受损的技术措施的统称。汽车被动安全又可分为内部被动安全与外部被动安全，一般而言，减轻车内乘员受伤和货物受损的性能称为内部被动安全，减轻对事故所涉及的非本车人员和非本车车辆损伤的性能称为外部被动安全。

汽车发生碰撞事故一般是指汽车和外部事物之间的碰撞，称为一次碰撞；乘员与汽车内部结构的碰撞称为二次碰撞。汽车发生碰撞时，乘员的伤害主要是由以下原因造成：

1）碰撞时，汽车结构发生变形，汽车构件侵入乘员生存空间，使乘员受到伤害。

2）碰撞时，汽车结构遭到破坏，使得乘员的部分或全部身体暴露在车外而受到伤害。

3）碰撞时，汽车急剧减速，即减速度很大，乘员在惯性作用下继续前移并与汽车方向盘、仪表板等内部结构发生碰撞而造成伤害。

可见要从汽车结构设计和乘员保护系统两个方面提高汽车的被动安全性。汽车结构设计应考虑合理设计车身、车架、转向管柱等，乘员保护系统应考虑采用安全带、安全气囊等安全装置或系统。

6.3.3 道路与交通安全

1. 道路工程与交通安全

道路是供各种车辆和行人等通行的工程设施。道路设计涉及诸多关键要素，而道路线形

便是其中极为重要的一方面。道路线形是指立体描述道路中心线的形状，主要包括平面、纵断面和横断面。道路中心线在水平面上的投影称为平面图，反映的是道路的平面线形；道路中心线的竖向剖面图为纵断面图，反映的是道路的纵断面线形；横断面是道路中心线法线方向的剖面。

（1）道路平面线形与交通安全　道路平面线形是根据规划确定的路线大致走向，其具体方向是在满足车辆行驶技术要求的前提下，结合地形、水文地质条件确定的。平面线形的三种要素包括直线、圆曲线和缓和曲线，如图6-3所示。

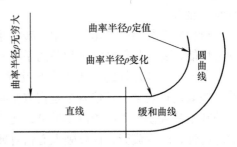

图6-3　平面线形的三种要素

1）直线是最常用的一种平面线形，具有方向明确、现场勘测简单、距离最短等特点，在平原区使用较普遍。直线长度的设置与交通安全有较大关联。就公路而言，汽车沿长直线行驶时，如果道路周边环境毫无变化，易产生单调的驾驶氛围，使驾驶人心理懈怠，一旦遭遇突发状况，便会措手不及而发生交通事故。平曲线之间一般采用直线过渡。若直线过短，驾驶人在短时间内会频繁地转动方向盘，发生交通事故的概率将大幅提高。

2）圆曲线也是一种常见的道路线形，其使用频率仅低于直线。因自然地形、地势以及自然社会条件的约束，道路平面走向会出现转折点，即出现弯道。在此情形下，需要选择合适的圆曲线。适当半径的圆曲线能使道路线形更为流畅，摆脱直线的单调感，给驾驶人适度的紧张感，避免长时间无须改变驾驶操作而造成的疲倦，从而降低交通事故的风险。

3）缓和曲线是设置于直线与圆曲线之间或圆曲线与圆曲线之间的一种曲率连续变化的曲线。当汽车由直线驶向圆曲线时，曲线半径由无限大变为某一固定值，驾驶人会骤然受到离心力的作用而产生不适和危险的感觉。为了缓解这种曲率的急剧变化，保障行车安全平顺，需要在其间设置缓和曲线，以此提高道路交通的安全性。

（2）道路纵断面与交通安全　纵断面线形展现了道路中线地面的高低起伏和设计路线的坡度情况。其线形要素主要包括用以表示道路前进方向上坡、下坡的纵向坡度和在两个坡段的转折处插入的竖曲线类型。纵坡与竖曲线在设计时，既要满足汽车行驶力学原理和安全方面的要求，又要满足人眼视觉上的舒适感受。

研究表明，道路纵坡对交通安全具有极为显著的影响，特别是当坡度较大时，事故率会明显上升。据相关统计数据显示，在平原区域的道路交通事故里，约7%出现在上下坡段，丘陵地区这一比例为18%左右，重丘地区则高达25%。处于下坡路段时，因受到重力影响，车辆易加速行驶。若坡度较大，不仅会致使车辆速度差异较大，还会引发汽车上坡熄火或者下坡失灵等状况，最终导致事故发生。

坡长对道路安全的影响主要体现在以下两方面：若陡坡过长，车辆爬坡过程中会使汽车散热器易出现沸腾与气阻现象，导致车辆行驶缓慢且动力不足，严重时还可能造成发动机熄火；而在下长陡坡时，因需要长时间的减速与制动，会造成制动器发热甚至烧坏，从而引发交通事故。

（3）道路横断面与交通安全　道路横断面是指沿道路宽度方向垂直于道路中心线的断面。公路横断面通常包括行车道、路肩、分隔带、路缘石等部分，城市道路横断面则包含道路建筑红线范围内的各类人工结构物，如机动车道、非机动车道、人行道、分隔带以及绿化带等。道路横断面的合理设置，对于满足交通需求、保障交通运输的通畅和安全具有十分重要的意义。

（4）路基与交通安全 路基作为道路的基础，是由土、石按照特定尺寸和结构要求建筑而成的带状土工结构物。路基必须具备一定的力学强度和稳定性，才能确保行车部分的稳定性，并抵御自然破坏力因素的侵扰。路基宽度应根据设计交通量和道路等级确定。路基高度则由路线纵断面设计所确定，也就是路堤的填筑高度和路堑的开挖深度。

在公路上，由于路基较高，易发生翻车事故。翻车事故的死亡率高于其他道路交通事故类型。为了最大限度地降低翻车事故发生概率，在道路设计环节需慎重考虑高路基的选用。在满足排水、防洪和最小路基高度规定的前提下，尽可能选用矮路堤，在山区穿行时也宜走低线，防止车辆意外冲出路基造成重大伤亡事故。在高路堤处和路线爬高后，应该在弯道、陡坡以及交通量大的路段采用加宽措施以保障安全。

（5）路面与交通安全 根据路面结构的力学特性，可将路面划分为柔性路面、刚性路面和半刚性路面三类。以下主要分析柔性路面和刚性路面对道路安全的影响。

1）水泥混凝土路面属于刚性路面，具有较强的刚性与抗弯性能，其承载能力取决于路面本身的强度状况。路面质量对道路安全有较为显著的影响。路基若出现不均匀沉降现象，再加上水泥混凝土质量欠佳，便会引发断板、错台等问题，且修补难度较大。如果接缝数量较多且填缝材料失效，地表水就会从接缝渗入基层乃至路基之中，致使水泥混凝土板在车辆行驶的作用下产生唧泥，进而将基层的细料掏走，造成板端或板底出现脱空和断板状况。若不能及时处理，地表水就会持续渗入并积聚在破损后的基层内部，进而透过基层渗入路基，使得基层和路基吸水软化、失稳、支承力下降，从而加剧路面的损坏程度，直接影响行车舒适性，同时危及行车安全。

2）沥青路面和碎石路面均属于柔性路面，其路面强度通过弯沉仪测量路面表面在标准试验车后轮垂直静载作用下的轮隙回弹弯沉值进行评定。柔性路面具有一定的抗剪和抗弯能力，在重复荷载作用下允许有一定的变形。沥青路面具有表面平整无接缝、振动小、噪声低、行车舒适、施工及成形快、施工周期短、维修方便等优点，但其强度和稳定性受基层与土基的影响较大，沥青混合料力学性能受温度影响大。

2. 交叉口设计

交叉口是道路的重要组成部分。按照道路服务水平的概念，一些发达国家认为交叉口是一类广义上的交通设施。从空间角度区分，道路交叉口可以分为平面交叉口和立体交叉口两大类。以下重点讲解平面交叉口的设计。

（1）平面交叉口安全基本状况 平面交叉口是路网的关键部分，是传递路段交通流的节点和枢纽，虽然在空间上占整个路网的很小部分，然而从交通事故的角度看，平面交叉口事故占整个路网事故的比例很大。有关资料显示，我国城市交通事故约有30%发生在平面交叉口。

目前我国道路交叉口整体安全状况不佳，交通事故频发。因交叉口在空间上未能对道路使用者进行有效分离，致使不同交通流在直行、右转、左转时会产生很多的道路交通冲突

点，这些冲突点相互交织易引发道路交通冲突，进而发生交通事故。我国农村人口数量庞大，在城乡接合部或者村庄周边的交叉口，因交通控制措施缺失，且交叉口使用者的交通安全意识淡薄，机动车、非机动车和行人在交叉口混行现象严重，极易导致道路交通事故。此外，不良的交叉口几何设计、不合理的交通标志标线、照明缺失等也是造成我国道路交叉口事故发生的重要因素。

（2）影响交叉口安全的因素　交叉口安全受多方面因素影响，包括交叉口几何特征、路面条件、控制条件、交通运行环境、车辆特性和道路使用者状况等，这些影响因素可以归为客观影响因素与主观影响因素。客观影响因素主要是指与交叉口本身物理特征有关的因素，如交叉口内的道路交通冲突点、交叉口几何设计、交通标志、交通标线、路面状况、照明条件、信号灯，以及与交通量、车速、交通运行秩序等交叉口运行环境有关的因素。主观影响因素则是指与人有关的因素，包括驾驶行为、交通安全意识、心理生理特征等。

（3）交叉口的冲突点　就影响交叉口安全的主要因素而言，不管是无信号控制交叉口，还是信号控制交叉口，道路交通冲突点（简称冲突点）对交叉口安全有着显著影响。实际上，冲突点是交叉口固有物理条件的突出表现，其含义是交通主体通过交叉口时，按照既定的机动车道、非机动车道及人行横道运行，相同或不同交通流分离或交汇所形成的点，就是交通流运行轨迹的分离点或相交点。

从理论层面来讲，冲突点是引发交叉口实际道路交通冲突以及交通事故的根源所在，更是决定交叉口安全与否的关键因素。如果交叉口不存在任何冲突点，在正常交通流运行和驾驶行为下（无异常的突然制动、转向、故意肇事等情况），就不会发生道路交通冲突或道路交通事故。

以双向 2 车道十字形无信号交叉口为例，机动车与机动车冲突点的分布与数量如图 6-4 所示。

交叉口冲突点的数量与构成交叉口的道路条数密切相关。我国当下的交叉口设计、评价或安全改善行动中，通常会将更多的注意力放在机动车与机动车的冲突点上。表 6-2 所列为无信号控制交叉口机动车与机动车冲突点数量与道路条数的关系。

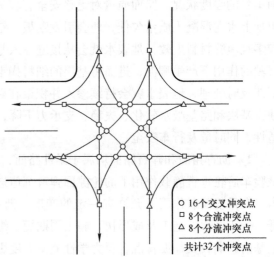

　　　　○ 16个交叉冲突点
　　　　□ 8个合流冲突点
　　　　△ 8个分流冲突点
　　　　共计32个冲突点

图6-4　双向 2 车道十字形无信号交叉口
机动车与机动车冲突点

表6-2　无信号控制交叉口机动车与机动车冲突点数量与道路条数的关系

交叉道路条数	冲突点			
	交叉冲突点/个	合流冲突点/个	分流冲突点/个	合计/个
三路交叉	3	3	3	9
四路交叉	16	8	8	32
五路交叉	49	15	15	79
六路交叉	124	24	24	172

获得交叉口不同种类冲突点数量的途径主要有两种，一是采用作图理论分析交叉口的交通流运行轨迹，二是借助交叉口冲突点计算模型，输入相关参数，计算得到不同种类的冲突点数。

（4）交叉口冲突点的减少或消除 交叉口冲突点的存在是交通事故发生的根源，因此，在交叉口设计时，务必尽可能减少或消除冲突点。这样既能保障交通安全，又可提升交叉口通行能力，保证行车畅通。减少或消除冲突点主要有以下四种方法：

1）在交叉口限制机动车左转，如此可减少大部分冲突点。但该措施是有条件限制的，需依实际情况施行。

2）在交叉口设置交通信号控制，利用信号相位的时间维度将交通主体进行隔离，从而避免了大部分冲突点。

3）采用交通渠化手段。科学合理地布置交通岛，隔离冲突点，降低车辆行驶时的相互干扰，如设置提前右转的专用车道等。

4）改为立体交叉形式。将相互冲突的车流分别安排在不同平面的车行道上，各行其道、互不干扰，但是在土地资源紧张的城市，这种方式需严谨论证后才可实施。

3. 道路交通设施

道路交通设施属于道路的基础设施，是道路交通系统不可或缺的重要组成部分。完备的道路交通设施是保障行车安全、预防交通事故、降低事故后果的重要手段。道路交通设施主要包括交通信号灯、道路交通标志标线、安全护栏、防眩设施等，科学合理地设计与使用道路交通设施对提高交通安全性极为关键。

（1）交通信号灯 世界首台交通信号灯于19世纪60年代末的英国问世，距今已超百年。随着道路交通及科技的持续进步，交通信号灯已从最初的手动控制逐步演变为自动控制乃至智能控制，控制范围也从单点控制（点控）拓展到干线控制（线控），进而迈向区域控制和网络控制（面控）。

交通信号灯是以信号灯光作为指示信号，在道路交叉口或路段给道路使用者分配通行权的设施，其目的是疏导交通，维护良好的交通秩序并预防交通事故。

按交通信号灯的功能分类，可分为机动车信号灯、非机动车信号灯、人行横道信号灯、闪光警告信号灯、道路与铁路平面交叉道口信号灯等。若无特殊说明，通常所说的交通信号灯特指机动车信号灯。

交通信号灯的核心功能是从时间上将相互冲突的交通流进行时空分离，保障车辆安全通行。各国交通管理实践表明，交通信号控制是道路交叉口交通管理最有效的手段之一，也是城市道路交叉口最常见的交通管理模式。

（2）道路交通标志 道路交通标志是道路交通管理设施的重要组成部分，是保障道路行车有序的基础措施，也是落实道路工程交通组织设计思想的具体措施。道路交通标志以颜色、形状、字符、图形等向道路使用者传递信息，其作用在于组织、管理、指导交通的运行，向道路使用者提供运行线路，给予指路、指示、警告或禁令等。

道路交通标志在道路安全方面具有如下重要作用：

1）预告与警告作用。对道路使用者而言，道路交通标志能够预先提示道路上某一地段、某一地点的道路状况和周围情况，警告车辆、行人注意危险地点。

2）规范与指导作用。道路交通标志是法定交通信号，是交通法律的一种表现形式，可

对交通参与者的行为进行规范和引导，通过禁令标志明确告知交通参与者哪些交通行为不可为，通过指示标志和道路施工安全标志等告知驾驶人如何进行车道选择、如何通过交叉口、如何选择路径等，对道路使用者给予必要的防护，避免或减轻交通伤害，保障交通安全。

（3）道路交通标线　道路交通标线是由施划或安装于道路上的各种线条、箭头、文字、图案及立面标记、实体标记、突起路标和轮廓标等所构成的交通设施。它是道路交通管理设施极为重要的组成部分，堪称交通管理的"语言"。其主要作用是向道路使用者传递有关道路交通的规则、警告、指引等信息，可与交通标志配合使用，也可以单独使用。

道路交通标线作为一种交通语言，主要通过发挥以下功能来提高道路交通的安全性。

1）实现交通流分离。利用交通标线将车辆与行人、机动车与非机动车、大型车与小型车、上行车与下行车分隔开来，使各类道路交通主体各行其道、分道行驶，从而提升了道路通行效率；合理高效地利用道路资源，有助于减少道路交通冲突点，防止发生交通事故。

2）渠化平面交叉口交通。采用交通标线可在平面交叉路口渠化交通，引导行人和各类车辆按标线指示有序、迅速地通过，有助于疏导交通，减少道路交通冲突点，保障交通出行安全。

3）告示交通控制。指令交通标线可以传递道路交通的遵行、禁止、限制等交通控制指令，告示车辆驾驶人及行人必须遵照交通控制指令来进行道路交通活动。

（4）安全护栏　护栏是道路上最主要的安全设施之一，能有效防止坠崖、坠沟、坠河等路侧交通事故，以及避免对向车辆相撞事故的发生。护栏的防撞机理是通过护栏与车辆的弹塑性变形、摩擦、车体变位来吸收车辆的碰撞能量，从而保护驾乘人员的生命安全。合理设置护栏不但可以减少交通事故，降低事故的严重程度，还可以引导行车视线，使驾乘人员感到舒适，缓解疲劳，保障行车安全。

护栏主要通过以下功能的发挥来改善道路交通安全。

1）相较于道路交通标线，护栏在分隔同向或对向交通流方面具备更强的强制性，并且能够有效阻拦随意横穿道路的行人。

2）护栏能使车辆回归正常行驶路径。车辆碰撞护栏的运动轨迹应能平滑过渡，以较小的驶离角和回弹量停靠在不影响车辆正常行驶之处，避免发生二次事故。护栏能防止车辆越出道路边界，坠入深沟、湖泊等，也能防止车辆碰撞到路侧危险物，保护路外建筑物的安全，保障行人免受重大伤害，还可阻止失控车辆穿越中央分隔带闯入对向车道。

3）一旦失控车辆与护栏发生碰撞，护栏具有良好的能量吸收功能，降低对驾乘人员的伤害。

（5）防眩设施　防眩设施是设置在道路中央分隔带上用于消除汽车前照灯夜间眩光影响的道路交通安全设施。设置防眩设施可防止对向车前照灯造成的眩目现象，改善夜间行车条件，扩大驾驶人的视距范围，缓解驾驶人夜间行车的紧张感，降低交通事故发生概率。此外，防眩设施还有助于美化道路景观，克服行车单调感，对改善夜间行车环境、吸引夜间交通流、提高公路通行能力等发挥了积极的作用。

人的视觉是指眼睛在可见光线的作用下，对物体明暗、形状、颜色、运动和远近深浅的综合感觉。当进入眼睛的光线亮度骤变时，会引发不舒服的视觉状况。夜间在公路上会车时，车辆前照灯强光会引起驾驶人眩目，致使驾驶人获得视觉信息的质量显著下降，造成视觉机能被伤害并引发心理不适，使驾驶人产生紧张和疲劳感，常常会出现头部偏转。再加上能见度的降低，难以看清前方车辆、道路或对向车辆，易引发交通事故。研究人员提出了多种防眩措施，包括车载防眩设施、道路照明、路面防眩设施等，其中在路面上设置防眩设施尤为关键。

6.4 事故多发点鉴别分析

道路上发生的事故按其空间分布特性可分为分散型分布和密集型分布两类。据统计，分散型分布的事故，其成因多与驾驶人的不安全行为（如超速行驶、强行超车、跟车过近、酒后驾车、疲劳驾驶等）有关。而密集型分布的事故则多与道路线形、交通设施和交通环境（如急弯陡坡、视距不良、傍山险道、交通设施欠缺的路段和交叉口等）有关。事故密集型分布的路段和交叉口通常称为"事故多发点"或"事故黑点"。显然，事故多发点与公路设计有着非常密切的关系。

但对于分散型分布事故，其中有许多也受到公路设计的影响。由于公路设计提供给驾驶人的信息量不足或不符合驾驶人的视觉心理反应或者违反驾驶人的期望，导致反应时间延长，来不及处理突发信息或判断失误，最终因操作失误而发生事故也是常有的。鉴别出事故多发地点，分析事故多发的原因，从而提出相应的切实可行的对策是改善道路交通安全状况十分有效的办法。

6.4.1 事故多发点的概念

国内外对道路事故多发点的定义有多种不同的表述，国外多称为事故黑点，而国内更多的是称为"事故多发点（段）"。尽管"事故多发点（段）"从字面上不难理解，但是也正是由于它的通俗性，以往在判断和处理事故多发位置时往往凭一时的事故水平甚至主观感觉，以至于产生较大的随意性。因此，对事故多发点进行定义，对客观、统一地判断和分析事故多发点是很重要的。

事故多发点（Accident-prone Locations/Hazardous Locations/Black Spots）通常是指在较长的统计周期内（1~3年），发生的道路交通事故数量或特征与其他正常位置相比明显突出的道路位置（路段、区域或点）。

事故多发点的定义有四个重要的内涵：

首先，事故多发点中的"点"可以是一个点、一个路段、整个一条道路或一个区域。其中"路段"和"点"是最常研究的，因此，以往的资料一般称为"事故多发点（段）"。在对路网安全状况进行评价时，要判别某一条路是否为事故多发道路，可采用"事故多发道路"一词。

其次，事故多发点对评价的时间段有要求，即"较长一段时间"。这主要是为了避免事故统计的偶然性，这个"时段"的长度应根据所研究道路的运营状况分析确定，通常为1~3年。时间段不宜过短，如果过短，事故的偶发性过大，不能说明一般规律，容易将某些偶然集中发生的交通事故误认为是事故多发点；但也不宜过长，如果过长，则易受道路运营状况和环境变化的影响，难以反映出事故分布的真实情况。通常在选择的时间段内，项目级应无重大的改扩建工程，否则应分段分析研究。另外，所研究位置的交通量及交通组成等也应作为重要因素加以考虑；在评价的时间段内，交通量和组成不应有重大的变化。

再次，定义中的道路交通事故数量是一个广义的概念，它不仅可以指事故的绝对次数，也可以指死亡人数、受伤人数、各种事故率、死亡率、事故损失等指标。除了上述表征事故严重程度的指标，某些事故特征的发生量和比例（如超速引起的事故比例、后碰或正碰事故的比例等）也可以作为分析事故多发点的指标。

最后，定义中的"正常"和"突出"是事故多发点分析的关键点，也是安全评价的主要内容之一。"正常"与"突出"是相辅相成的，没有"正常"就无所谓"突出"，"正常"值的取得通常都来自事故的历史资料，可以是研究对象本身的历史资料，也可以是相似道路的历史资料。

6.4.2　事故多发点鉴别流程

事故多发点的鉴别不能仅仅理解为找出事故多发点（段），它是道路安全改善的一个完整的分支技术。事故多发点的鉴别流程包括以下几部分的内容：资料收集、鉴别、原因分析、改善措施和后评估。

（1）资料收集与数据库　交通事故资料的收集具有一定的特殊性，研究人员几乎不可能出现在事故的第一现场，事故资料主要来自交警部门的事故报告。在实际工作中，事故的处理办法有几种：上报事故、非上报事故（简化处理事故）和未报案事故。由于管理和法律方面的原因，研究人员最终获得的事故资料往往是不全面的。因此，如何获得所需的信息，以及对所获得资料的质量进行评估，并进行适当的专项调查是重要的工作内容。

完善事故数据库是事故资料收集后进行的一项重要工作，全国交警部门基本上统一使用公安部指定的交通事故数据库，使用这一事故数据库的目的是作为事故处理的档案和年度的统计，提供对事故深入分析所需的资料，但有关道路交通条件的资料记录很不详细；而另外一些信息，如驾驶人姓名、机动车号牌等，却是分析事故所不需要的。另外，由于使用目的的不同，现有数据库的检索方式也不能完全满足分析事故多发点或事故与道路条件关系的要求。因此，有必要建立道路部门的专用数据库，对数据库的内容、结构、检索方法等问题进行研究。

道路交通事故数据涉及许多方面。从记录对象划分，完整的道路交通事故数据可分为事故本身数据和交通环境数据两个方面。其中，事故本身数据包括事故地点、事故对象、事故形态、事故类型、事故结果和事故原因等，是对所发生事故的描述；交通环境数据包括人、车、车载物体，除此之外还有交通外部环境的数据，这些外部因素涉及道路设施、交通设施与管理、天气气候条件、照明条件、路侧环境、交通环境等多个方面。如果认为事故方面的数据大多与事故有着直接和显性的关系，则交通环境方面的数据往往只是间接的和隐性的。

虽然统计数据显示与道路环境因素直接有关的交通事故比例约为30%，但许多安全专家指出道路交通的环境因素对事故的影响远不止这么多。在很多情况下，道路、交通环境影响并引导了人的行为，莫斯科国立汽车公路学院的 O. A. 季沃奇金在对约13000个事故数据分析后，得出的结论是：70%的道路交通事故是由不良道路条件直接或间接造成的。因此，道路及其周边环境对事故的影响应引起足够的重视。

（2）事故多发点的鉴别方法　事故多发点的鉴别与采用的评价指标和鉴别方法有关。由于不同的指标能够反映事故特征方面的差异，在实际应用中，评价的目的不同，往往选用不同的评价指标，对事故多发点鉴别中的不同阶段，也应采用不同的指标。

各国的交通事故状况存在很大的差异。即使在我国，不同等级公路的事故状况和特征也有很大不同，必须选择合适的鉴别方法，才能真实地反映实际的事故情况，并找出事故多发点。否则，就有可能遗漏事故多发点或者找出的事故多发点比例过高，"黑点"连成了"黑线"，给整治带来困难，也失去了鉴别事故多发点的真正意义。

（3）**事故原因分析** 鉴别是为了整治，整治必须"对症下药"，因此对已经鉴别出的事故多发点应分析引起事故的主要原因。在一个事故多发点中，事故形态不是唯一的，即使是某一相同形态的事故，其原因也是多方面的，必须结合事故记录、有关人员询问、现场调查等工作，最后确定最主要的一个或几个原因。除了人、车方面的因素，道路方面的原因可从路内和路侧两方面考虑。

（4）**改善措施** 事故多发点的鉴别目的是改善道路交通条件，找出事故原因后，要有的放矢地采取改善措施。制定具体的改善措施时，要充分考虑可行性和预计效果，实施时也应考虑一定的优先次序。

（5）**后评估** 后评估是对前面所有工作的正确性、有效性的直接判断，也是给这些工作提供一个改进的依据。目前，我国的道路安全研究工作尚处在起步阶段，后评估就显得尤为重要。同时，后评估也是动态评价中很重要的一部分。

6.4.3 交通事故多发点的鉴别方法

国内外鉴别事故多发点的方法有许多，常见的鉴别方法如图6-5所示，各有其优缺点和适用条件。

事故频数法的优点是比较简单直观、易于统计计算，但由于各类道路的交通特性、交通量差别很大，造成事故数以及其平均数相差悬殊，故其"正常值"指标的确定有一定的难度。目前国内交通管理实践中在确定"事故多发段"时多依据该方法，以事故发生的绝对值为判断标准，该方法带有明显的人为和区域性的特征，无典型意义，并不具有可比性，宏观操作上比较难以把握。事故率法考虑了交

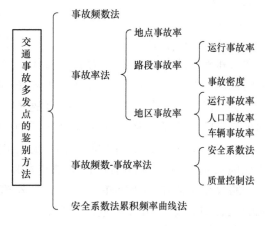

图6-5 常见的交通事故多发点的鉴别方法

通资料，相对比较科学。作为上述两种分析方法的修正，事故频数-事故率法综合考虑了事故频数法和事故率法，对每一个研究的道路单元进行事故频数和事故率计算，通过图示的方法确定两者的分布，可操作性强。安全系数法需要完整的道路数据库和交通数据库，使用过程比较复杂。

1. 事故频数法

事故频数法选取一临界的事故次数作为鉴别标准，如果某路段的事故次数大于临界值，则被认为是事故多发点。由于最初的事故数据记录都包括了时间与地点，实践中很自然地提出在一定时间一定路段上的交通事故的统计绝对数据，即事故频数来鉴定危险路段。例如，英国对事故多发点的定义是长100m路段内，3年发生12起以上含人员伤亡交通事故的事故

多发点，称为道路事故多发点；在国内，北京交通工程研究所定义道路事故多发点为5年内发生50起以上含人员伤亡交通事故的事故多发点。

该方法的优点是计算与选择方便；缺点是当若干地点事故次数相差不多时，难以做出客观判断，即该方法没有考虑不同地点的道路环境及交通条件差异，可能导致将非事故多发点当作事故多发点进行改善。因此该方法只适用于鉴别小型的交叉口或道路系统。

2. 事故率法

20世纪中叶，一些发达国家相继开始进行了交通调查工作。在鉴别事故多发点时，开始引入交通量的数据，因此，在道路交通安全评价中提出了事故率法，即按事故率的大小进行评定，当事故率大于某个设定的临界值时，即认为该段属于危险路段。对于道路路段，常以每年亿车公里或百万车公里的事故次数作为评价标准；对于交叉口，常以百万辆车的事故次数作为评价标准。

由于同时考虑了交通量与路段长度，这种方法优于事故频数法。但是，该方法也容易导致以下四种情况出现：具有较低交通量的短路段拥有高事故率，而具有高事故次数、高交通量的路段拥有低事故率；具有低交通量、低事故次数的交叉口拥有高事故率，而具有高交通量、高事故次数的交叉口拥有低事故率。因此，当以事故率法作为唯一标准进行危险路段或交叉口鉴别时，同样也可能导致将非危险路段当作危险路段进行改善，或者滤掉了更为严重的危险路段，导致鉴别上的失误。

3. 矩阵法

矩阵法也称事故频数-事故率法，即把事故次数和事故率结合起来作为鉴别事故多发点的标准。如图6-6所示，以事故次数作为横坐标，以事故率作为纵坐标，按事故次数和事故率的一定值，将图6-6划出不同的危险度区域（矩阵单元），如危险级别Ⅰ的区域比危险级别Ⅱ的区域内的评价对象更危险。每一路段在矩阵中用矩阵单元表示，矩阵单元的位置则表达了路段的危险程度，图6-6中右上角的矩阵单元是最危险区域，也是交通事故次数和事故率均高的事故多发点。

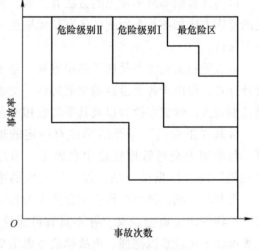

图6-6 矩阵法示意图

该方法的优点在于矩阵的大小可以根据使用者的需要来确定，同时兼顾了事故频数法和事故率法；缺点是只表示了路段的危险程度，而不能对低事故次数、高事故率的路段或高事故次数、低事故率的路段做出本质的区别，只是简单地将其看成是非事故多发点，同时也没有考虑临界值与严重程度的决定性作用。

【例6-3】 某国道20km的路段1996年的交通事故 A 值与桩号 K、K_1 对应情况见表6-3。全年，该路段共发生了241起交通事故，从表中可以看出，位于 $K_1$264和 $K_1$272处形成了两个事故多发点。该路段 $K_1$264位建有立交桥，该立交桥形成向左倾斜的纵向S形弯道。该路段日均交通流量达1.3万~1.8万辆，高峰流量达1075~1078辆/h。

表6-3 某路段事故量和路段关系

K/km	0 ~ 4	4 ~ 8	8 ~ 12	12 ~ 16	16 ~ 20	合计: 20
A/起	5	19	16	6	13	合计: 59
K_1/km	255 ~ 259	259 ~ 263	263 ~ 267	267 ~ 271	271 ~ 275	合计: 20
A/起	19	11	53	13	86	合计: 182

该路段的交通事故发生量的计算表明,上述路段事故次数的平均值为36.4起(K_1方向)和11.8起(K方向),而相对应的亿车公里平均运行事故率分别为53.9和166.3。表6-4所列为按事故频数-事故率法得到的筛选结果报告。可以看出,路段263 ~ 267和路段271 ~ 275明显落在图6-6所示的最危险区,属事故多发路段。

表6-4 筛选结果报告

路段里程表/km	事故次数/起	平均小时交通量/(辆/h)	运行事故率/(次/亿车公里)
263 ~ 267	53	625	242.0
271 ~ 275	86	625	392.7

4. 安全系数法

安全系数法从研究汽车沿危险路段前后速度的差异,引出安全系数$K_{安全}$作为事故多发点(段)的评价指标,通过计算具体路段的$K_{安全}$,再与既定的标准进行比较而得到结论。其计算公式为

$$K_{安全} = \frac{U_1}{U_2} \tag{6-7}$$

式中,U_1为危险路段的实际平均行车速度;U_2为安全速度(设计行车速度)。

该法同时结合大量调查资料,规定单辆车的评价标准:当$K_{安全}$为0.8 ~ 1.0时,可认为是安全路段;当$K_{安全}$为0.6 ~ 0.8时,可认为是较危险路段;当$K_{安全}$为0.4 ~ 0.6时,可认为是危险路段;当$K_{安全}$小于0.4时,可认为是很危险的路段。

因该方法主要研究车辆行车速度的变化,因此在等级较高的道路上较为适用。

5. 质量控制法

上述各种鉴别道路交通事故多发点的方法都有各自的优点,虽然也存在一定的缺陷,往往受适用条件的限制,但可以根据道路的实际情况选取合适的鉴别方法。质量控制法可以用来鉴别道路条件及交通条件大致相同的道路上的事故多发点。

1956年,Norden等人提出了质量控制法,其是一种基于假设的理论性方法。假设路网或某类道路的平均事故率为P_0(车辆事故率),某道路(或路段)上作用的交通量是m辆车。假定道路上各处的运行条件不存在特别缺陷,则对于具有平均事故率P_0的道路上作用m的交通量时,其发生事故次数的概率服从二项分布,即

$$P(x = k) = C_m^k P_0^k (1 - P_0)^{(m-k)} \tag{6-8}$$

式中,k为发生的事故次数(起);m为鉴别路段上累积车辆数(交叉口以百万辆车计,路段以亿辆车计);P_0为路网或某类道路的平均事故率(次/亿辆或次/百万辆)。

通常由于m值很大,P_0值很小,其分布与泊松分布极为接近,故可用以下公式计算:

$$P(x = k) = \frac{\lambda^k}{k!} e^{-\lambda} \tag{6-9}$$

式中，λ 为鉴别路段理论平均事故频率（次），$\lambda = P_0 m$。

对于泊松分布，其期望与方差均为 λ。

根据显著性水平可以得到评价危险路段事故率的上限和下限，其计算公式如下：

$$R^- = P_0 - K \sqrt{\frac{P_0}{m}} - \frac{1}{2m} \tag{6-10}$$

$$R^+ = P_0 + K \sqrt{\frac{P_0}{m}} + \frac{1}{2m} \tag{6-11}$$

式中，R 为临界事故率，R^+ 为上限值，R^- 下限值；K 为统计常数，一般取 1.96（95% 置信度）。

当该路段的实际事故率大于 R^+ 时，该路段或该道路为危险路段，应采取措施改善；小于 R^- 时，为相对安全的路段或道路；介于两者之间的应跟踪观测，酌情采取措施。按照事故率的大小排序，便可确定改善道路事故多发点的优先顺序。

实际应用表明，该方法要比传统的统计方法好。

【例 6-4】 某条道路的多数路段，年平均事故率为 38 次/亿辆，其中某一路段每年有 30 次事故，交通量为 50000 辆/日，试评定该路段的安全状况。

解：由题意可知 $P_0 = 38$ 次/亿辆，$K = 1.96$（取 95% 置信度）

$$m = \frac{50000 \times 365}{10^8} \text{亿辆} = 0.18 \text{ 亿辆}$$

$$R_T = \frac{30}{0.18} \text{次/亿辆} = 166.7 \text{ 次/亿辆}$$

$$R^- = P_0 - K \sqrt{\frac{P_0}{m}} - \frac{1}{2m} = \left(38 - 1.96 \sqrt{\frac{38}{0.18}} - \frac{1}{2 \times 0.18} \right) \text{次/亿辆} = 6.74 \text{ 次/亿辆}$$

$$R^+ = P_0 + K \sqrt{\frac{P_0}{m}} + \frac{1}{2m} = \left(38 + 1.96 \sqrt{\frac{38}{0.18}} + \frac{1}{2 \times 0.18} \right) \text{次/亿辆} = 69.26 \text{ 次/亿辆}$$

该路段事故率 $R_T > R^+$，可以确定该路段交通安全状况很差，属危险路段。

6. 累积频率曲线法

累积频率曲线法是针对我国道路的实际情况而提出的，主要依据以下两方面：首先，我国公路交通事故研究尚未能提出成熟的安全指标的"标准值"，因此无法使用简单的绝对值进行事故多发点的鉴别；其次，我国不同地区技术经济发展相差较大，各地区用于公路养护、管理和安全性改善的资金有很大差异，制定统一的指标难以照顾到不同的发展水平。因此，经过对各种道路事故多发点鉴别方法的比较及其在我国应用的可行性分析，提出累积频率曲线法。

累积频率曲线法多用于微观事故多发点的分析。它基于这样一个认识：在一条道路上，如果道路条件处处一样（不一定是无缺陷），则可以认为事故发生的位置与道路无关，在统计量足够大时，事故沿道路分布理论上是均匀的。但实际上道路条件不可能处处一样，道路条件的不同，使实际的事故发生分布沿路是不均匀的，虽然其中有一定的偶然性，但有一点是不争的事实，即发生少量事故或不发生事故的路段占大部分，集中发生较多事故的路段是少部分，并且事故次数越高的路段占的比例越小，如果将事故数（率）发生的频率排序，计算其累积频率，则能分离出累积频率很小但事故数（率）很高的位置，作为事故多发路段的可能位置。

累积频率曲线法是基于统计学原理的一种方法，该方法以每一单位长度发生的事故次数为横坐标，以发生大于某一事故次数的累积频率为纵坐标，绘制累积频率曲线。其步骤如下。

（1）分段单元划分 将整条公路划分成等长的小单元（通常以1km为单位），计算每一单元上的事故次数。当沿线交通量变化不大或缺乏交通量资料时，某一条道路的事故多发点（段）的评价指标可采用公里事故数；当沿线交通量变化较大时，也可采用公里事故率。

（2）计算发生 n 起事故的频率和累积频率 根据统计学计算发生事故的频率，并计算累积频率，绘制累积频率曲线。

（3）初步选定事故多发点 首先，根据累积频率曲线上的突变点，初步选定累积频率小于突变点的路段为事故多发点。图6-7所示为反映某公路的事故累积频率曲线（A 曲线和 B 曲线）和高次多项式拟合公式（C 曲线）的示意图。

根据对我国多条道路进行交通事故分析的结果来看，上述曲线在累积频率5%～20%部分有一个突变点，在突变点下面为事故率最高的部分，并且事故随累积频率的微小变化而急剧增减，在突变点上面，事故率较小且曲线很平缓。累积频率的较大变化也不会引起事故率的急剧变化，因此，可以将事故累积频率<5%～20%的地点作为可能的事故多发点。这部分地点长度比例较小，却占有很高的比例。

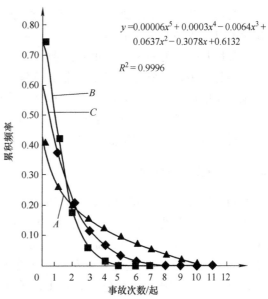

$$y = 0.00006x^5 + 0.0003x^4 - 0.0064x^3 + 0.0637x^2 - 0.3078x + 0.6132$$

$$R^2 = 0.9996$$

图6-7 某公路的事故累积频率曲线

其次，针对事故集中在某分段单元，可对其前一单元或后一单元的事故做进一步分析，以避免由于等间距分割单元而遗漏事故多发点。

（4）现场勘查 对初步选出的路段进行必要的现场勘查和分析。现场勘查的内容包括：现场道路状况调查；车辆行驶状况调查；车辆环境调查。

（5）确定事故多发点 综合书面资料和现场勘查与分析。

（6）分析事故原因并提出改进措施 对每一个鉴别出来的事故多发点，结合事故和道路资料，分析主要事故原因，并提出改进措施。

对于不同的公路，累积频率的突变会在一定范围内变化，根据事故多发点所占的比例的多少，累积频率的突变点会有所不同。事故多发点少，则突变点越靠近原点，其累积频率值就小；反之，突变点处的累积频率值就大。

由于统计的需要，道路被分为等长的单元，这会造成"削峰"的可能性，因此在实际

应用中，应选择突变点偏小一些的累积频率作为初步结果。另外，对初步选出的事故多发点的前后单元也应该注意。

最后，采用此方法的时候，选择多大的"突出值"还要考虑区域经济状况，当有较多资金可用于道路安全改善时，可采取较高的累积频率值，反之可小一些，以便集中资金解决事故多发点。上述各种鉴别方法虽然都能从不同的角度出发来鉴别事故多发点，但在实际应用时容易将一些条件（如交通量、道路条件或事故严重性等）忽略，使鉴别结果的准确性下降。因此，各种鉴别方法都有一定的适用条件。即使是对符合适用条件的道路事故多发点进行鉴别时，也应该结合具体情况对鉴别方法进行研究，以提高鉴别结果的准确性。

6.5　道路交通冲突评价方法

道路交通冲突评价方法作为微观评价方法之一，具有操作容易、数据获取周期短等优点，在交通安全评价中广泛应用。道路交通冲突是影响道路交通运行效率的主要因素，尤其是在交叉口，当多股车流汇集到一处互相竞争通行权时，不同流向的车流之间便会产生冲突，通常将其描述为冲突点或冲突区域，如无信号控制交叉口左转车流与对向直行车流之间就必然会有冲突，这里的冲突点通常是指两股或两股以上车流通过交叉口时运行轨迹的交点，是宏观层面上研究的问题。本节所研究的道路交通冲突是指具体两辆车之间发生的冲突，无固定冲突点，也不特指某些方向的车辆，任何两辆车之间在一定的条件下都可能产生道路交通冲突，属于微观层面上的道路交通冲突问题。

6.5.1　道路交通冲突的含义

交通冲突技术（Traffic Conflict Technique，TCT）是国际交通安全领域从20世纪中叶以来逐步开发并完善的非事故统计评价理论。该技术以大样本生成，快速、定量研究评价交通安全现状与改善效果的特点，而异于传统的事故统计评价理论。国际交通安全界对这一技术评价甚高，曾被誉为20世纪交通安全评价领域的一次革命。

1968年，美国通用汽车公司的Perkins和Harris为了调查该公司车辆在安全性方面是否与其他厂家的车辆相同，首次提出了道路交通冲突的概念，并对道路交通冲突的观测方法及其与事故之间的相关性进行了研究。该方法很快被一些交通安全组织应用于预测评价交叉口潜在事故频数和鉴别系统缺陷中。1970年以后，该方法被加拿大和一些欧洲国家使用。1977年在挪威的奥斯陆举行了第一届国际交通冲突技术会议，1979年在法国巴黎举办了第二届国际交通冲突技术会议，以后瑞典、德国、比利时等国家也相继举办了多届国际会议，并出版了国际交通冲突会议论文集。目前，交通冲突技术在世界许多国家得到了广泛的应用，成为国际上用于定量研究多种交通安全（特别是地点安全）问题及其对策的重要方法。

道路交通冲突有很多不同的定义。一种以美国为代表，其定义为道路交通冲突是驾驶人的躲避行动或交通违章。躲避行动是由制动灯显示表明的车辆制动和由车道改变表明的原定行驶方向的改变。另一种以欧洲国家为代表，其定义为道路交通冲突是交通行为者发生相会、超车、追尾等交通遭遇时，有可能导致发生交通损害危险的交通现象。我国学者则将其定义为两个或两个以上的道路使用者，其中一方采取非正常行为，如转换方向、改变车速、突然停车、交通违章等，除非另一方也相应采取避让行为，否则会使交通处于危险境地。

图6-8所示为道路交通冲突的发生过程示意图。

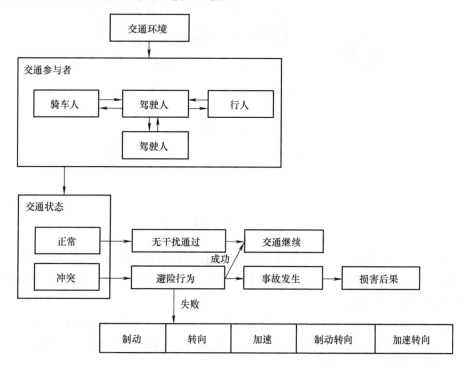

图6-8 道路交通冲突的发生过程示意图

6.5.2 道路交通冲突的类型

道路交通冲突的类型较多，目前有多种分类方法。下面以发生在城市道路中的常见道路交通冲突为主要研究对象，根据不同的分类依据，将主要的道路交通冲突分类方法总结如下。

按照发生地点的不同，可以分为路段道路交通冲突、交叉口道路交通冲突。其中路段道路交通冲突又包括正向冲突、追尾冲突、横穿冲突、撞固定物冲突。交叉口道路交通冲突主要包括同向道路交通冲突、左转弯道路交通冲突、右转弯道路交通冲突、穿越道路交通冲突、行人与车辆冲突、二次道路交通冲突。

1. 路段道路交通冲突

1）正向冲突。冲突角 $\theta \in [135°, 180°]$ 时的道路交通冲突称为正向冲突，主要表现为冲突车辆以相反的方向相互逼近，是车头与车头之间的冲突碰撞，如图6-9a所示。

2）追尾冲突。冲突角 $\theta \in [0°, 45°]$ 时的道路交通冲突称为追尾冲突，主要表现为冲突车辆以相同的方向相互逼近，是车头与车尾之间的冲突碰撞，如图6-9b所示。

3）横穿冲突。冲突角 $\theta \in [45°, 135°]$ 的道路交通冲突称为横穿冲突，主要表现为冲突车辆以交错的方式相互逼近，是车头与车辆中部之间的冲突碰撞，如图6-9c所示。

4）撞固定物冲突。道路使用者与道路上的固定构造物发生冲突，冲突角 $\theta \in [0°, 90°]$，称为撞固定物冲突，主要表现为冲突车辆以一定的角度逼近道路构造物，是车头与道路构造物之间的冲突碰撞，如图6-9d所示。

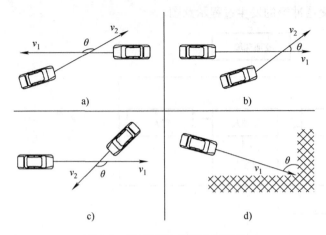

图 6-9　路段道路交通冲突类型

这里冲突角（碰撞角度）是指与发生道路交通冲突的行为者的行驶方向之间的夹角 θ，$\theta \in [0°, 180°]$。如果其中一方是道路构造物，则它的行驶方向规定为固定物纵断面方向。

2. 交叉口道路交通冲突

1）同向道路交通冲突，同向冲突发生在第一辆车（前行车）减速或方向改变时，跟随其后的第二辆车处于可能前后碰撞的危险状况，此时第二辆车以制动或迂回闪避的操作，避免发生碰撞后，继续通过交叉路口。

2）左转弯道路交通冲突，通常指直行车辆与对向进口道左转车辆之间的冲突，在混行的交叉口还包括左转非机动车与直行机动车之间的冲突。

3）右转弯道路交通冲突，通常指右转弯机动车与直行车或对向左转车之间的冲突。

4）穿越道路交通冲突，车辆直行穿越具有优先通行权的干道时，与干道车辆产生的冲突。

5）行人与车辆冲突，当车辆通行时，行人在其前方穿越，可能引起碰撞危险，从而使驾驶人必须采取制动或迂回闪避的情形。

6）二次道路交通冲突，在前面所述的冲突情形下，当第二辆车采取制动或迂回闪避的动作后，紧随其后的第三辆车处于一种可能碰撞的危险状况，从而必须采取制动或迂回闪避的情形。

6.5.3　道路交通冲突与道路交通事故的关系

道路交通冲突发生过程与道路交通事故发生过程的描述相似，均可表示为两个相对运动的物体，在一定时间内向事故接触点逼近的空间变化趋势。这一特定的时空变化关系可由时间、距离、速度等物理参数予以定量描述。两者之间的唯一区别在于是否存在损害后果，凡造成人员伤亡或车物损害的称为交通事故，否则称为道路交通冲突（图6-10）。

道路交通冲突的实质是交通行为不安全因素的表现形式，是潜在的事故苗子，道路交通事故始于道路交通冲突，事故与冲突的关系可用冲突的严重性进行描述。界定严重冲突和非严重冲突的指标很多，理论上而言，综合时间、距离、速度指标可以对冲突严重程度界定得更准确。但由于进入交叉口的交通流的复杂性，使综合指标的标定比较困难。研究表明：当

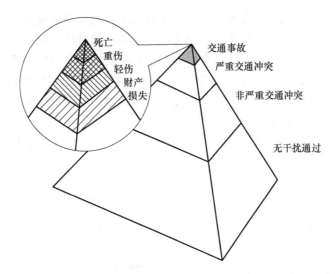

图 6-10 道路交通冲突与道路交通事故

进入交叉口的车辆速度在较小的范围内变化时，用单一指标衡量能得到较满意的结果。

目前，多数冲突研究组织采用先估算速度，进而判断车辆距离可能发生道路交通事故的时间（T_A）的方法来判定是否为严重冲突，如果 T_A 小于某一临界值，则为严重冲突，否则为非严重冲突。美国公路研究所提出的临界值为 1s，瑞典是 1.5s。我国也有学者在对平面交叉口冲突状况分析研究的基础上，提出选择车辆相距交通事故发生的距离作为判断冲突严重程度的标准。

6.6 道路交通事故处理与调查

交通事故处理与调查是指为了搞清楚事故发生的原因、过程和后果，快速准确处理事故，而进行的勘查、询问、讯问、检验和鉴定等一系列工作。道路交通事故处理是指公安机关交通管理部门依法对发生交通事故勘查现场、收集数据、认定交通事故、处罚责任人、对损害赔偿进行调解的过程。正确处理道路交通事故可以保护国家利益和公民的正当权益。事故调查是分析与处理事故的基础。

6.6.1 道路交通事故处理

道路交通事故处理，是公安机关交通管理部门依据国家法律法规、规章在其管辖和职权范围内，对交通事故进行立案登记，现场勘查、调查取证、责任认定，处罚交通事故责任人，对损害赔偿进行调解等专门业务工作的总称。本节重点介绍事故处理的相关规定。

道路交通事故处理程序，是指公安机关交通管理部门在事故处理过程中依法应当遵循相应的步骤与操作规则，其目的是确保法律程序公正，技术使用准确适当。围绕程序问题，公安部专门制定了《道路交通事故处理程序规定》（公安部令第 104 号）以及相应的《道路交通事故处理工作规范》。

1. 道路交通事故处理的简易程序

道路交通事故处理的简易程序，是指对未涉及人身伤亡或者仅有财产损失、情节简单无

争议的道路交通事故，简化案件办理程序，简化办案主体资质与数量要求，快速处理，及时做到案结事了。其目的在于为减轻基层道路交通管理部门民警的事故处理压力、减少因事故所引起的道路交通拥堵以及普通公民在事故处理过程中的压力与时间浪费。适用条件必须满足《中华人民共和国道路交通安全法》第七十条第 2 款、第 3 款的规定：①在道路上发生交通事故，未造成人身伤亡，当事人对事实及成因无争议的；②在道路上发生交通事故，仅造成轻微财产损失，并且基本事实清楚的，当事人应当先撤离现场再进行协商处理。简易程序的处理方法有两种，一是当事人自行协商的处理程序；二是交通警察依法适用的简易程序。适用简易程序的事故，可以由 1 名交通警察处理。

1）当事人自行协商的处理程序，这是一种广义上的简易处理程序，程序简单，充分尊重当事人意思自治的权利。现场达成的《道路交通事故损害赔偿协议书》对当事人双方具有一定的约束力。但自行协商的交通事故适用条件比较严格，仅适用于机动车与机动车、机动车与非机动车之间发生的财产损失事故，或者非机动车与非机动车或行人发生的财产损失事故。目前，公安交通管理部门已经开通"交管 12123" APP、交警微信等快捷方式，实现在线引导当事人使用简易程序处理轻微交通事故，减少事故处理和理赔时间。"交管 12123" APP 轻微交通事故自行处理程序如图 6-11 所示。

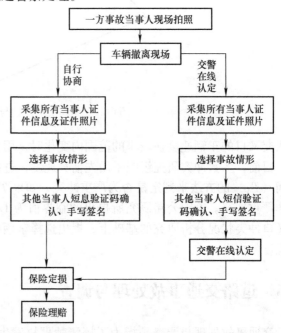

图 6-11 "交管 12123" APP 轻微交通事故自行处理程序

2）交通警察依法适用的简易程序。交通警察在事实清楚、证据充分基础上，严格依照相关规定适用简易程序。道路交通事故处理简易程序如图 6-12 所示。

如涉及的事故本身比较复杂或事故涉及公共财产损失，或是当事人的行为伴随多种严重交通安全违法行为，需要保护现场并报警，由交警处理。

2. 道路交通事故处理的一般程序

道路交通事故处理的一般程序，是指适用于除简易程序的普通道路交通事故处理的程序。它要求严格依照受理立案、调查取证、检验鉴定、责任认定、处罚、损害赔偿调解、结案与归档等步骤顺序进行。它对事故处理人员的资质与数量、处理时限、步骤的先后顺序等均有严格要求。例如，交通警察要求 2 人，具有 2 年以上道路交通管理工作经历。道路交通事故处理的一般程序适用于普通道路交通事故。凡简易程序（含自主协商）之外的道路交通事故均可适用一般程序。包括仅有财产损失但有争议（事实、证据等方面存疑）、伤人事故、死亡事故或者公安机关认为应当适用的事故，如重大、疑难或社会影响力较大的事故。

道路交通事故处理的一般程序如图 6-13 所示。

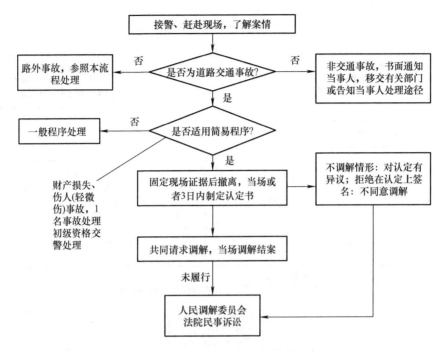

图 6-12　道路交通事故处理简易程序

6.6.2　道路交通事故现场勘查

道路交通事故现场有丰富的事故信息。后期的事故处理、交通安全分析需要的大部分数据都需要通过现场勘查获得。道路交通事故现场勘查是道路交通事故处理工作的基础，其对于全面分析交通事故原因，准确认定交通事故责任，进行行政处罚，乃至对道路交通事故损害赔偿调解工作都有重要意义。本节重点介绍道路交通事故现场、道路交通事故现场勘查概述。

6.6.2.1　道路交通事故现场

1. 道路交通事故现场的定义及构成

道路交通事故现场是指发生道路交通事故的地点及其相关的空间范围。道路交通事故现场由道路交通事故发生的地点、各种痕迹物证、散落物、道路条件，与道路交通事故有关的房屋、车辆、物体、人、畜、天气条件以及自然因素等构成。

道路交通事故现场的构成要素通常包括时间、地点、当事人的交通行为、车、物。时间是指道路交通事故发生的时间，有时还包括公安机关交通管理部门的接警时间。地点是指道路交通事故发生的空间场所，既包括道路交通事故发生前后与道路交通事故有关的痕迹、物证存在的场所，又包括交通参与者为避免事故发生而采取措施时遗留下的痕迹、物证的场所。当事人的交通行为是指发生交通事故前、发生事故时和发生事故后当事人所进行的与道路交通事故有关的活动。车、物是道路交通事故现场的一部分，是道路交通事故现场勘查的对象，是各种痕迹物证的承载体。这些要素之间通过特定的交通行为发生的损害后果，构成了各种各样的道路交通事故现场。

交通安全工程

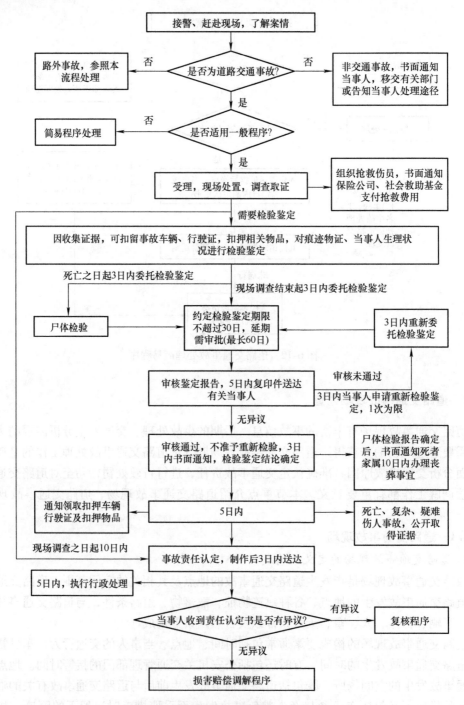

图 6-13　道路交通事故处理的一般程序

2. 道路交通事故现场的主要特点

（1）事故现场的整体性和形成的阶段性　道路交通事故现场是一系列过程演变后的静态表现形式，其体现出整个事故演变过程的整体性。道路交通事故过程的分析必须由终结的静态表现逆向推演出事故的演变过程，以便还原事故发生的过程。

212

道路交通事故现场的形成一般分成三个阶段，即事故发生前的动态阶段、发生时的变化阶段和发生后的静态阶段。三个阶段依次衔接，最后形成具有整体性的道路交通事故现场。各个阶段的特点对道路交通事故现场的整体性产生重要影响，勘查人员有可能透过现场，了解事故的全过程。

（2）现场存在的客观性和现场状态的可变性 道路交通事故现场的客观性是由道路交通事故发生的客观性决定的。即使道路交通事故现场的表象不存在，道路交通事故发生的时间、空间也不会发生变化。但是，事故现场的某些现象、状态会随着时间而流逝，由于人为的原因或天气及其他自然因素的影响，发生变化甚至消失，即事故现场状态具有可变性。在勘查现场时，要从实际出发克服现场变化给勘查工作带来的困难，还原现场，从而推断道路交通事故发生的过程。

（3）现场现象的暴露性和因果关系的隐蔽性 道路交通事故的现象、损害后果都是有明显表象的，而这些表象的背后又存在着各种各样的内因。各种内因之间发生的关系直接导致了道路交通事故的发生，特别是当事人的行为与道路交通事故之间的关系十分复杂，并且具有一定的隐蔽性，不易辨别。反之，导致道路交通事故的原因是通过各种现象表现出来的，每一种现象只能反映事故本质的某一侧面。只有取得全面、合乎实际的证据，才能把握道路交通事故案件的实质。

（4）事故现场的共同性和具体现场的特殊性 道路交通事故现场的共同性是指道路交通事故现场中的共同现象，即规律性。利用共同性的规律可以帮助发现和鉴别痕迹、物证，从而判定道路交通事故的有关事实。所谓特殊性，是指一起道路交通事故与其他道路交通事故相区分的现象。共同性的规律可帮助揭示每起道路交通事故的特殊性，同时，每起道路交通事故的特殊性同时又丰富了共同性的规律。现场勘查人员的任务就是要用道路交通事故现场的共同性来指导对每一具体现场的特殊性的认识，指出每一具体事故的特殊规律，从而为处理事故服务。

3. 道路交通事故现场的分类

根据完整和真实程度，道路交通事故现场可分为原始现场、变动现场和再现现场。

（1）原始现场 原始现场是指道路交通事故发生后，在道路交通事故现场的车辆和遗留下来的一切物体、痕迹仍保持着道路交通事故发生过程的原始状态，没有变动和破坏。原始现场完整保留着事故发生后的时间、空间的变化状态，能真实地反映事故的发生、发展和结局，是分析事故原因和事故责任认定的最可靠依据。

（2）变动现场 变动现场是指由于自然的和非故意的人为原因，使现场的原始状态全部或部分发生变动。

1）正常变动的现场。通常引起现场变动的原因如下：①抢救伤员或排险；有时为及时抢救伤员或排险，不得不变动现场的车辆或有关物体的痕迹。②保护不力；事故发生后由于未及时赶到或封闭现场，有关痕迹被过往车辆和行人碾踏，致使痕迹模糊或消失；③自然破坏。由于雨、雪、风、日晒等自然因素，使无遮盖的现场痕迹被冲刷、覆盖、遗失、挥发等；④特殊情况。特殊车辆，如消防、警备、救险等有特殊任务的车辆在发生事故后，允许驶离现场；有时为了避免交通阻塞，在主要路段，经允许可以移动车辆或有关物件；⑤其他原因。如车辆发生事故后，当事人没有察觉，车辆无意间离开了现场。

对于变动现场，须注意识别和查明变动的原因以及具体情况，要有必要的记录，以利于

辨别事故的发生过程，正确分析事故的形成原因和相关责任。

2）伪造现场是指事故发生后，当事人为了毁灭证据、逃避罪责或为了嫁祸于人，有意加以改变或布置的现场。是变动现场的一种，与正常的变动现场不同，其性质恶劣，是一种严重的违法行为。

3）逃逸现场是指肇事者在明知发生道路交通事故的情况下，为了逃避责任，驾车逃逸而导致变动的现场。由于性质完全不同，应严格区分故意逃逸现场行为与未知肇事驶离现场行为。根据有关法律规定，对肇事后故意逃逸者（其性质与伪造现场相同），要从重处罚。

（3）再现现场　再现现场是指道路交通事故办案人员根据需要，重新恢复、布置的现场。根据再现手段及目的的不同，再现现场又分为恢复现场和布置现场。其中，恢复现场是根据现场勘查记录等材料，重新恢复现场，以供道路交通事故分析或复查案件使用；布置现场则是根据目击证人或当事人的指认，对由于种种原因，对已经不存在的原始现场所进行重新布置。

6.6.2.2　道路交通事故现场勘查概述

1. 道路交通事故现场勘查的含义和目的

道路交通事故现场勘查是公安机关交通管理部门的现场勘查人员依据法律规定，运用科学的方法和现代化技术手段，对与道路交通事故有关的时间、地点、车辆、道路、物品、人身、尸体等进行的现场调查和实地勘验，包括对当事人和有关人员进行的现场调查访问，并将所得的结果客观、完整地记录下来，将有关证据提取、固定下来的整个工作过程。

道路交通事故现场勘查的目的主要有：

1）查明事件的性质，判定是否是道路交通事故。通过现场勘查所获得的线索可以帮助判断所发生事故的性质，以区分道路交通事故与利用交通工具进行犯罪的行为。

2）确定道路交通事故发生的原因。

3）收集并提取道路交通事故证据。

4）调查交通环境与道路交通事故的关系，为改善交通环境、创造安全的交通环境提供依据。

2. 道路交通事故现场勘查的内容

（1）实地勘查　实地勘查是以查明道路交通事故过程，发现和提取痕迹、物证为主要目的，对道路交通事故现场进行的勘验、检查、摄影、丈量、绘图、记录等专项活动，具体包括：①勘验发生道路交通事故的肇事车辆、现场人员、现场路面和有关物体及其状态、痕迹的位置；②勘验发生道路交通事故的肇事车辆、现场人员行进的痕迹、物证；③勘验肇事车辆、现场人员、现场路面、有关物体接触部位、受力方向及有关地面遗留物的分布情况；④勘验肇事车辆的安全技术状况及装载情况；⑤勘验道路及交通环境的情况；⑥重点勘验第一次接触的痕迹和物证，并在接触部位及周围寻找附着物等。

（2）现场询问　现场询问是查明道路交通事故发生前后当事人、道路、交通环境、车辆等的基本情况，以开辟线索来源为目的而进行的询（讯）问当事人及证人的活动。通过现场询问，具体了解的内容通常包括道路交通事故当事人的基本情况、道路交通事故发生的基本事实、其他与道路交通事故有关的情况等。

（3）现场分析　现场分析是在道路交通事故现场勘查基本结束时，对现场勘查的全部材料进行全面、综合的分析研究，初步做出符合实际的推理判断，揭示道路交通事故现场中各种现象的本质及其内在联系，初步分析道路交通事故当事人的道路交通安全违法行为以及导致道路交通事故的过错或者意外情况，判断案件性质以及道路交通事故成因的重要工作程序。

（4）现场实验　现场实验是分析案情、查明事故事实、解释某些事故现象，以及审查判断某些证据的手段。在现场勘查或现场分析过程中，有时在对某些痕迹或者事实的认识上有分歧、有怀疑的情况下，可以通过现场实验来验证、查明某些痕迹或事实的形成原因。

3. 道路交通事故现场勘查的对象

根据勘验、检查的客体不同，现场勘查的对象可分为以下几种类型：

（1）时间调查　时间调查是确定道路交通事故发生的准确时间以及与道路交通事故有关事件的发生时间，以便分析道路交通事故发生的基本过程，从而确定其合理性的活动。

（2）空间调查　空间调查是调查道路交通事故发生的空间场所以及道路交通事故现场车辆、人体、物品、痕迹、散落物、道路设施等所在的位置及其相互关系，以便分析道路交通事故发生前当事各方运动的路线、速度、道路交通事故接触点等的活动。

（3）事故车辆调查　事故车辆调查主要包括：①车辆所属单位、车辆所有权人、驾驶人与车辆的关系等；②事故车辆的车牌号码、车型、颜色、新旧程度；③车辆性能状况、装载机分布情况；④事故车辆是否上了保险，险种类型。

（4）现场道路及周围环境调查　现场道路及周围环境调查主要包括：①对道路线形、视距、路面状况的调查；②对道路标志、标线等交通管理设施的调查；③对安全防护设施的调查。

（5）生理和心理调查　生理和心理调查是指对当事人的生理和精神状况进行现场观察和初步检验。其目的是确认是否有疲劳驾驶、酒后驾驶和服用违禁药物后驾驶的嫌疑，以确定是否有必要对有关当事人进行进一步的检验和鉴定。

（6）损害后果调查　损害后果调查是调查因道路交通事故造成的人员伤亡、财产损失情况的活动。

4. 道路交通事故现场勘查的原则

（1）迅速、及时原则　由于道路交通事故现场的特殊性，极易受到人为和自然因素的影响而发生变化或遭到破坏，导致道路交通事故现场失去勘查价值。因此，道路交通事故现场勘查是时效性要求很高的工作，要求公安机关交通管理部门常备不懈，接到交通事故报案后，迅速做出反应，赶赴现场，为勘查工作争取时间。对可能因时间、地点、气象等原因，导致痕迹或者证据灭失的，应当及时测试、提取、保全。因此，在现场勘查过程中要注重效率，统筹安排，以便迅速及时地完成勘查工作。

（2）全面、客观原则　引发道路交通事故的原因是多方面的，勘验过程中要把现场的一切有关痕迹、物证毫无遗漏地记录、提取下来。只有全面地收集证据，才有可能查明事故发生的真正原因。相同的道路交通事故现场的表象后面隐藏的未必是同样的导致事故发生的原因，因此，在进行道路交通事故现场勘查时要实事求是，不能主观臆断。

（3）细致原则　道路交通事故现场中有些痕迹、物证不易被发现，但有时恰恰就是这些证据对认定交通事故原因起着决定性作用。因此，在进行道路交通事故现场勘查时一定要细致、有序地进行。从现场实际情况出发，在进行道路交通事故原因分析时，要做到全面、严密，分析各种痕迹、物证与道路交通事故结果的关系，不能忽略任何一个细小的矛盾，更

不能放弃对任何一个微小痕迹的分析，同时，要注意结合证人证言、当事人陈述，不能主观臆断，更不可以徇私枉法、歪曲事实。对于变动或者伪造现场更要分析原因，得到合理的解释和有说服力的鉴定。

（4）合法原则　在现场勘查中，无论是提取痕迹、物证，还是询（讯）问当事人或证人都必须严格按照法律规定执行。在现场勘查中要爱护公私财产，尊重被讯、访问人的权利，尊重群众的风俗习惯，注意社会影响。

（5）科学原则　为了保证勘查结果的准确性和可靠性，应该运用先进科学技术手段来勘查物证。由于现代新型材料在汽车工程、道路工程、服装织物等方面的广泛应用，许多道路交通事故物证已无法用传统方法加以鉴别，加之一些细小、浅淡痕迹也难以用常规方法发现和提取，这就要求在现场勘查时，必须依据物证的物理和化学特性，相应地采用不同的先进科学技术来发现、固定、提取和检验物证，以提高道路交通事故现场勘查的质量，从而满足道路交通事故案件处理对证据可靠性的要求。

5. 道路交通事故现场勘查的程序

道路交通事故现场勘查的程序包括前期准备、现场操作、撤除现场三个部分。在前期准备工作中，首先，要保证有关现场勘查的工具、车辆完好，随时能投入使用。在此基础上要做好接、出警工作，并尽快赶赴现场。其次，在事故现场进行勘查时应遵守有关法律程序，做到迅速、准确、有效。最后，在完成勘查工作后应迅速撤出现场，指挥恢复交通（图6-14）。

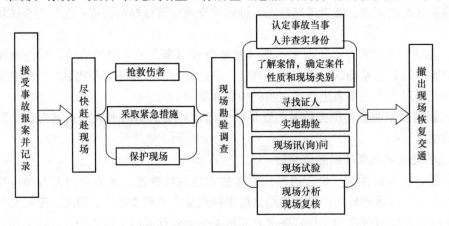

图6-14　道路交通事故现场勘查的程序

6. 道路交通事故现场勘查的基本方法

（1）沿着车辆行驶路线勘查　沿着车辆行驶路线进行现场勘查适用于主要肇事方为机动车的交通事故，并且现场留有较为明显的痕迹，能够反映出肇事车辆在事故发生前的行驶路线，以及事故发生后车辆的运动轨迹。这种勘查方法有利于道路交通事故现场勘查人员快速地对交通事故发生的过程建立较为完整的认识。

现场勘查人员运用该方法时，通常应根据当事各方参与交通的方式选择主要的勘查对象。例如，机动车与非机动车之间的道路交通事故通常应以机动车的行驶路线为主要勘查对象；机动车之间的道路交通事故通常以留有明显行驶路线的一方为主要勘查对象。勘查的过程中，不仅要确定车辆的行驶路线，还要寻找证据证明行驶过程中当事人采取的措施。

（2）**从中心（接触点）向外勘查** 从中心（接触点）向外勘查适用于现场中的各种痕迹、物证分布较为集中，现场中心明确，现场范围不大的道路交通事故现场。这种道路交通事故现场通常找不到较为明显的长距离的车辆制动印迹，而判断、分析道路交通事故发生过程的依据则主要来源于对车体痕迹的勘查。

（3）**从外向中心勘查** 从外向中心勘查适用于现场中没有较为明显地反映车辆行驶路线的痕迹、物证。这种情况下，道路交通事故现场中存在的痕迹、物证通常较为分散，现场的范围较大。一方面，需要尽快记录各种痕迹、物证所在的位置，并加以提取，以防止随着时间的推移，部分痕迹、物证被破坏；另一方面，需要全面收集外围证据，以利于与道路交通事故现场中心建立联系，便于现场勘查人员对道路交通事故发生过程建立全面的认识。

（4）**分片分段勘查** 分片分段勘查方法适用于大范围的道路交通事故现场。在进行现场勘查时，根据事故形成的阶段或者现场的环境情况，通常把道路交通事故现场划分成几个片段，分别派遣现场勘查人员在各自负责勘查的区域范围内，同时展开调查工作，最后再进行事故信息汇总。在道路交通事故现场勘查实践中，常见的采用分片分段勘查方法的道路交通事故主要包括高速公路多车碰撞事故、交通肇事后驾车逃逸事故、车辆翻下悬崖事故、客运车辆造成多人死亡的事故等。

6.6.3 道路交通事故检验、鉴定

道路交通事故检验、鉴定，是指公安机关交通管理部门指派或者委托，或者接受道路交通事故当事人的委托，由具有专业知识的人员对道路交通事故案件中的专业性问题进行技术分析的活动。检验、鉴定后出具的书面结论，就是检验、鉴定结论。

6.6.3.1 道路交通事故人体损伤鉴定

道路交通事故人体损伤鉴定，是指运用临床医学的理论和技术，研究并解决涉及法律问题的人体伤残及其他生理、疾病等问题。主要包括损伤程度鉴定和伤残评定。

1）损伤程度鉴定，又称伤情鉴定，具体包括确定损伤的性质与程度，推定致伤物体与作用方式，估计损伤的愈后及可能发生的后遗症，根据道路交通事故损伤的严重程度分为重伤、轻伤和轻微伤。

2）伤残评定，是由法医或专门机构按照法律文件《人体损伤致残程度分级》的规定，对道路交通事故受伤者的伤残程度确定等级的活动。道路交通事故受伤人员伤残等级直接影响着道路交通事故损害赔偿的数额。

6.6.3.2 道路交通事故尸体检验、鉴定

在事故处理过程中，有时为了查明死者的死亡原因和死亡性质，必须对尸体进行检验。尸体检验分为尸体外表检验和尸体解剖检验，具体如下：

（1）**尸体外表检验** 具体包括衣着检验和尸体外表检验。衣着检验是指在道路交通事故现场要详细检查死者的衣着情况，查看衣服上是否有轮胎痕迹、油污和泥土等；有无凌乱、撕扯、纽扣脱落等现象；衣兜有无证件和财物等。尸体外表检验主要检验致伤部位、伤势情况、伤痕形状等。

（2）**尸体解剖检验** 其作用主要是能正确判明死亡原因和推断死亡时间，确定损伤部位的形状和程度、车辆的接触部位、生前伤还是死后伤，死者是自杀、他杀或事故灾害，有无疾病及其与死亡的关系等。

6.6.3.3 道路交通事故车辆检验、鉴定

道路交通事故车辆检验、鉴定，目的是查明车辆技术状况与道路交通事故形成之间的关系。道路交通事故车辆检验、鉴定主要有常规检验、特定检验及解体检验。

1）道路交通事故车辆的常规检验，是根据《机动车运行安全技术条件》（GB 7258—2017）规定的机动车技术检验标准，结合《中华人民共和国道路交通安全法》的相关规定，检验肇事机动车是否符合上路行驶标准。

2）道路交通事故车辆的特定检验，是为了分析道路交通事故成因，根据道路交通事故现场的客观情况，对肇事车辆的某些性能进行特殊检验。检查内容：车辆结构及使用参数检验、车辆制动性能检验、转向系统性能检验等。

3）道路交通事故车辆的解体检验，是由具有实验能力的专门机构对由于损坏而无法进行动态试验的车辆解体后，运用专门仪器检验车辆制动、转向、灯光等系统、部件的效能。

在实践中，有的车辆发生道路交通事故是由于其机件或者部件发生故障导致的，如车轴断裂、螺栓脱落、轮胎破裂等。在现实中通过鉴定可以弄清楚车辆发生故障的原因，从而明确道路交通事故发生的基础原因，确定事故性质。此外，车辆肇事前的行驶速度也是公安机关交通管理部门比较关心的一个问题。

6.6.3.4 道路交通事故痕迹检验、鉴定

道路交通事故痕迹物证是指道路交通事故现场或从道路交通事故现场带走能证明道路交通事故真实情况的物品、物质和痕迹。道路交通事故痕迹物证勘验，是指道路交通事故现场勘查人员对道路交通事故现场的实地勘查与检验，并获取痕迹、物证的活动。主要勘验步骤包括对物证的搜寻、发现、提取、固定、保全和送检等。地面痕迹是道路交通事故发生过程中，事故车辆车体及相关部件、人体以及与事故有关的物件等与地面接触而遗留在道路交通事故现场的印迹。

1. 车体痕迹检验与鉴定

车体痕迹是指车辆在道路交通事故中与其他车辆、人体、物体接触，造成车辆变形和破损而遗留在车体上的痕迹，以及车体上的灰尘或其他附着物等缺失留下的痕迹。

（1）车体痕迹的形成要件　车体痕迹的形成要件主要有：造型体、承受体、作用力和介质。

1）造型体是指在车体痕迹形成过程中，车体表面留下自身表面结构形态特征的物体，车体痕迹的造型体包括与车辆接触的车辆或其他物体。

2）承受体是指在车体痕迹形成过程中，在自己表面的接触部位留下造型体表面结构特征的载体。车体痕迹的承受体为车体。

3）作用力即车辆与其他车辆或物体之间在接触过程中产生的机械作用。车体痕迹在形成过程中，作用力的大小、方向及作用方式决定了痕迹的形态和特征。如果作用力与接触平面呈垂直方向，则形成碰撞痕迹，当接触面积小、作用力大、作用时间短时，则形成孔洞状破损痕迹；如果作用力与接触面呈平行方向，则形成刮擦痕迹；当接触面积大、作用力时间长时，一般形成凹陷状和塌陷状痕迹。

4）介质是指两种接触物体表面的中间介质，一般是呈现痕迹的某种涂料或附着物质。介质对车体平面痕迹形成也起着重要的作用。由于车体表面的油漆、涂料和尘土等的存在，车体平面痕迹的形成都会存在表面介质的转移，在形成结构形象痕迹的同时会形成微量物质

附着痕迹。

（2）车体痕迹的特点

1）交通事故中的车体痕迹一般范围较大，种类和特征明显，容易被发现。

2）造型体、承受体之间往往有微量物质转换，可以通过物质分析对其进行种属认定；特别是机动车与人体相接触形成的车体痕迹，大多数为附着痕迹，车体上一般有纤维、毛发、血迹、人体组织等附着物。

3）车体痕迹以碰撞、刮擦痕迹为主。碰撞多为立体的凹陷状痕迹、空洞状痕迹和整体分离痕迹；刮擦痕迹一般是平面痕迹，有线条状痕迹和大面积的塌陷状痕迹。

4）车体痕迹多数为动态痕迹。

5）车体痕迹的形成遵循运动学、力学等客观规律，伪造的车体痕迹比较容易分辨。

（3）车体痕迹的分类 按车体痕迹的保留状态分为立体、平面和分离车体痕迹；按车体痕迹的特征分为静态和动态车体痕迹；按车体痕迹的形成过程分为初始损坏、撞击损坏、传导损坏和二次损坏痕迹；按车体痕迹的形成机理分为撞击、刮擦和其他车体痕迹；按车体痕迹的形成部位分为车体外部、车体内部、轮胎客体痕迹；按车体痕迹的外部结构特征分为凹陷状、塌陷状、孔洞状和分离破碎状痕迹。

2. 路面轮胎痕迹

轮胎痕迹是车辆轮胎相对于地面做滚动、滑移等运动时，留在地面上的印迹。在交通事故现场，根据轮胎相对于地面运动的状态的不同，轮胎痕迹主要有 5 种：滚印、压印、拖印、侧滑印、挫划印。

（1）滚印 滚印是指车辆轮胎相对于地面做纯滚动运动时，留在地面上的印迹，制动开始阶段也会留下制动滚印。滚印能清晰反映地轮胎胎面花纹形态、花纹组合形态、胎面磨损、机械损伤和行驶方向等特征。通常，滚印宽度与轮胎胎冠宽度基本上一致。根据滚印的数量、宽度和花纹形态可以确定车辆轮胎的种类、规格、数量及车辆的行驶方向、运行轨迹。根据同一辆车的两条滚印，判断车辆轮距，从而判断车辆大小、车辆装载情况、路面状况、轮胎气压等因素，都将影响所形成的滚印特征。

（2）压印 压印是指车辆轮胎受制动力作用，沿行进方向相对于地面做滚动、滑移复合运动时，留在地面上的印迹。在道路交通事故现场中常见的是车辆制动过程中产生的制动印。但是，同时也要注意其他形成压印的情况，如轮胎泄气压印、加速压印、转弯压印和碰撞压印等，其痕迹特征是各不相同的。压印的作用除了与滚印相同，根据制动压印还可以确认车辆是否有过制动过程；根据其他压印痕迹可以判断车辆当时的运动状况。

（3）拖印 拖印是指车辆轮胎受制动力作用，沿行进方向相对于地面做滑移运动时，留在地面上的印迹。特征为带状，不显示胎面花纹，宽度与胎面宽度基本一致。基本上印迹与车辆行驶方向一致，有时也会因制动跑偏或外加力矩的影响而有所偏离。拖印受轮胎气压、车辆装载、载荷转移、地面状况及车辆运动状态等因素的影响，其宽度和形状也有所不同。根据制动拖印可以判断车辆的行驶方向，还可以根据制动拖印的长度，推断车辆碰撞前的行驶速度，同时还可以辅助判断车辆的运行轨迹等。

（4）侧滑印 侧滑印是指车辆轮胎受制动力或碰撞冲击力或转向离心力的作用，偏离原行进方向相对于地面做横向滑移运动时，留在地面上的印迹。特征为印迹宽度一般大于或小于轮胎胎面宽度，一般不显示胎面花纹，有时可能出现一组斜向排列的平行短线状印迹。

（5）挫划印　挫划印是指物体在地面上形成的刮擦印迹或沟槽。

3. 人体痕迹

人体痕迹是指在交通事故中与车辆、道路、物体接触，遗留在人体衣着和体表上的印迹。人体痕迹的作用包括确认案件性质、查明痕迹形成的机理、判断损伤形成的过程和时间。根据人体痕迹形成的特点，在对人体痕迹进行勘查时，通常按人体衣着痕迹、人体体表痕迹分类进行。

（1）人体衣着痕迹　人体衣着痕迹是指在交通事故中，人体与车辆或其他物体接触，因撞击、刮擦、碾压、挤压和摩擦等，在人体穿着的衣服上造成的印迹。按痕迹形成的机理不同，人体衣着痕迹可分为碾压痕迹、破损痕迹、附着痕迹。①碾压痕迹是指衣着被轮胎碾压后，在衣着表面留下的胎面花纹、褶皱或散点状破损等；②破损痕迹是指人体衣着被车辆、物体碰撞、刮擦、碾压后造成的衣着损坏痕迹，包括撕裂、孔洞、开缝、脱扣等；③附着痕迹是指衣着表面的油漆、油污和其他物质。

（2）人体体表痕迹　人体体表痕迹是指在交通事故中，人体因受外力作用而造成损伤，在人体体表留下的印迹。按事故损伤的性质，人体体表痕迹可分为表皮剥脱、皮下出血、挫伤、挫裂伤、骨折和关节脱位等；按事故致伤的方式，人体体表痕迹可以分为撞击伤、碾压伤、摔跌伤、减速伤等；按事故损伤的后果，人体体表痕迹可以分为致死性损伤、致残性损伤、非致残性损伤等；按交通参与者的身份，人体体表痕迹可以分为汽车驾驶人损伤、汽车乘员损伤、摩托车驾驶人损伤、摩托车乘员损伤、骑车人损伤、行人损伤、人体被抛出车外的损伤等。

4. 路面损伤痕迹检验与鉴定

路面损伤痕迹是指交通事故发生时，除车辆轮胎外的坚硬物体相对于路面做撞击、滑移时所造成的痕迹。具体可以分为：

1）撞击痕迹，是车辆碰撞过程中，沉重或尖锐的零部件或车辆装载砸压痕迹。常见的车体部件的撞击痕迹包括转向横拉杆球头销脱落撞击痕迹、转向机脱落撞击痕迹、变速器撞击痕迹、传动轴脱落撞击痕迹、半轴脱出撞击痕迹、轮胎脱落撞击痕迹等。撞击痕迹通常会在路面上形成坑凹或者沟槽，容易被发现。

2）刮擦痕迹，是车辆零部件或所载货物虽然脱落，但没有与车体分离，在撞击痕迹形成后，由于车辆继续运动，拖动车体部件或货物与路面之间滑移而形成的痕迹。刮擦痕迹一般呈条状，其运动方向通常与车辆的运行轨迹一致。道路交通事故现场常见的刮擦痕迹包括汽车保险杠脱落造成的痕迹、两轮摩托车、自行车倒地后，滑移过程中方向把、脚踏板变形等形成的痕迹。

3）挫压痕迹，是受到一定压力的摩擦痕迹，一般按形成机理可以分为轮胎挫压痕迹、鞋底挫压痕迹等。车辆轮胎的挫压痕迹较正常的轮胎制动痕迹宽，且方向往往偏离车辆原行驶方向。自行车轮胎的挫压痕迹一般都是横向呈水纹状的。车辆碰撞行人常在路面上留下鞋底的挫压痕迹。挫压痕迹的特征是从重到轻，重端是车辆的驶来方向，并可将此端点定为事故的接触点。

挫压痕迹区别于撞击痕迹的重要特征是相互作用时间短，挫压痕迹大多是加层痕迹，对路面一般没有实质性破坏。

5. 路面散落物

路面散落物是指遗留在交通事故现场，能够证明道路交通事故真实情况的物品或物质。如损坏脱离的车辆零部件、玻璃碎片、油漆碎片、橡胶碎片、车辆装载物、结构性砂土碎块、人体抛落在地面上的穿戴物品和携带物品、人体被分离的器官组织、从其他物体上掉落在地面上的树皮、断枝、水泥及石头碎块等。

散落物在与车体分离后，由于具有一定的速度，因此多做平抛运动。根据散落物分布的方向，可以判断碰撞的方向；根据散落物分布的形态，可以判断车辆在碰撞时的运动状态；根据车辆的行驶速度及散落物在车体上所处的位置，可以推算出接触点；根据散落物离开车体后的运动状况，可以计算出散落物离开车体时的速度，为进一步推断车辆的碰撞速度提供依据。对于与道路交通事故有关的地面散落物应确定其种类、形状、颜色及其分布位置，尤其要确定主要散落物第一次着地点和着地的方向。

6. 附着物及其他痕迹

（1）附着物　附着物是指在道路交通事故中形成，黏附在事故车辆、人体、路面及其他物体表面，能证明道路交通事故真实情况的物质。例如，油漆、油脂、塑料、橡胶、毛发、纤维、血迹、人体组织、木屑、植物枝叶及尘土等微量附着物质。

（2）其他痕迹　其他痕迹是指道路交通事故中车辆、物体或人体与树木、道路交通设施、建筑物等接触，遗留在树木、道路交通设施、建筑物等表面的印迹。

6.6.4　道路交通事故调查

道路交通事故调查的内容非常广泛，不同的调查目的，其调查内容不一样。对于执法者而言，道路交通事故调查的主要目的是道路交通事故责任认定，所以调查的内容和方法也围绕实现这一目标展开。对于交通安全研究者而言，事故调查的内容和方法与研究目的紧密相关，因为研究目的不同，事故调查的内容和方法也会差异较大。

1. 道路交通事故调查的内容

道路交通事故调查（以下简称事故调查）按照调查的先后顺序可分为事故现场勘查和道路交通安全事后调查。事故调查的主要内容包括：

1）事故相关人员调查：包括事故当事人的年龄、性别、家庭、工作、驾驶证、驾龄、心理和生理状况等。

2）事故相关车辆调查：包括车辆的类型、出厂日期、荷载、实载、车辆的技术参数、车身上的碰撞点位置、车身破损变形情况（损毁变形位置、尺寸、形状等）。

3）事故发生道路调查：包括道路的线形、几何尺寸、路面状况（沥青、水泥、水土、砂石等材料状况，雨雪等湿滑状况）。

4）事故发生环境调查：包括天气（风、雨、雪、雾、阴、晴等对视线的影响）、交通流（周围车辆的流量、速度、密度、车头时距、车头间距）、现场周围建筑、交通管理和控制方式等

5）事故现场痕迹调查：包括路面痕迹、散落物位置、人车损伤痕迹等。

6）事故发生过程调查：主要对车辆和行人在整个事故过程中的运动状态进行调查，包括其速度大小、速度方向、加速度及在路面上的行驶轨迹、路面碰撞点等。

7）事故发生原因调查：包括主观原因（人的违法行为或故意行为）和客观原因（道路

原因、车辆原因、自然原因等）调查。

8）事故后果调查：包括人员伤亡和财产损失调查。

9）其他调查：除了上述调查内容，还有对事故发生时间、地点（道路或交叉口名称）、当地民俗以及事故目击者、证人等的调查。

2. 道路交通事故调查的方法

道路交通事故调查涉及很多内容，针对不同内容，调查方法也多种多样。总体来说可以分为以下5类：

1）人工方法：通过事故调查人员的观察、询问、讯问、人工测量等进行，适用于事故调查的大部分内容。

2）仪器方法：利用各种仪器进行的调查。例如，通过照相机进行现场拍照来获取现场信息，通过酒精测试仪进行驾驶人的现场饮酒情况测定等，通过各种渠道获取事发前后车辆的运行数据。

3）鉴定方法：鉴定人员运用自身的专业知识和技术，对案件中需要解决的专业性问题做出结论性判断的方法，具有客观性和科学性的特点，在诉讼中有较强的证明力和可信性。鉴定往往是通过使用仪器和专家经验结合进行的。道路交通事故中的检验和鉴定主要是针对人、车辆、物证和事故过程进行的。

4）实验方法：多在事故现场进行。例如，现场制动实验可以在相同的车辆、道路和环境下进行，测试车辆的制动性能，并分析事发前的车速。

5）录像方法：是一种事前使用的仪器法，某些发生道路交通事故的交叉口或者路段上安装有摄像设备，因而能够拍摄下事故发生的全过程，这也是一种非常有效的事故调查手段。随着我国交通监控设施水平的不断提高，交通监控视频为道路交通事故的调查处理提供了大量信息。

6.6.5 道路交通事故认定

道路交通事故认定是公安机关交通管理部门根据道路交通事故现场勘验、检查、调查情况和有关的检验、鉴定结论，查明道路交通事故基本事实，分析道路交通事故的形成原因以及肇事双方的过错在事故中所起的作用大小，划分事故责任的专门工作。

对于道路交通事故认定，一般多理解为道路交通事故责任的认定，这其实只是道路交通事故认定的一个方面。道路交通事故认定的完整内涵应当包括对道路交通事故事实的确认，对事故形成原因的分析以及在此基础上对当事人责任的划分，是一个确认法律事实和适用法律明晰责任的完整过程。

道路交通事故认定的主要任务是：①查明事故的时间、地点、天气等具体情况；②查明各方当事人的基本情况；③查明交通事故基本事实；④查明交通事故形成的原因，包括各方当事人的违法行为，主观过错和意外原因；⑤确定交通事故当事人责任。

依据《道路交通事故处理程序规定》第五十九条的规定，交通事故认定的基本原则要求：①事实清楚；②证据确实充分；③适用法律正确；④责任划分公正；⑤程序合法。

1. 道路交通事故责任的概念及分类

道路交通事故当事人的责任，是指公安机关交通管理部门根据道路交通事故当事人的行为对发生道路交通事故所起的作用以及过错的严重程度，确定当事人的责任。从上述道路交通事故责任的规定可以看出，道路交通事故责任是公安机关交通管理部门经过调查后，根据当事人的行为对发生道路交通事故所起的作用以及过错的严重程度，确定当事人对该起道路交通事故的发生应承担的责任，它是建立在过错（违反相关的交通安全法律规范）基础上的，没有过错，或者当事人的过错与道路交通事故的发生没有因果关系的，不应当承担道路交通事故的责任。

根据《道路交通事故处理程序规定》，道路交通事故责任分为全部责任、主要责任、同等责任、次要责任和无责任五种。具体责任划分原则是：

1）因一方当事人的过错导致交通事故的，承担全部责任；当事人故意破坏、伪造现场、毁灭证据的，承担全部责任；当事人逃逸，造成现场变动、证据灭失，公安机关交通管理部门无法查证道路交通事故事实的，逃逸的当事人承担全部责任。

2）因两方或两方以上当事人的过错发生事故的，根据其行为对事故的作用及过错的严重程度，作用以及过错大的一方承担主要责任，作用以及过错相当的承担同等责任，作用以及过错小的承担次要责任。

3）各方均无导致道路交通事故的过错，属于道路交通意外事故的，各方均无责任；未查获交通肇事逃逸人和车辆，有证据证明受害人有过错的，确定受害人的责任；无证据证明受害人有过错的，确定受害人无责任；一方当事人故意造成交通事故的，他方无责任。

以上三种责任划分原则应当是公安机关交通管理部门在查明交通事故成因后，根据当事人的行为对发生道路交通事故所起的作用以及过错的严重程度，确定当事人的责任。

2. 道路交通事故责任认定的原则

（1）过错原则 根据《中华人民共和国道路交通安全法》中对道路交通事故所下的定义，过错或者意外是构成道路交通事故的基本条件。又根据《道路交通事故处理程序规定》第六十条规定，各方均无导致道路交通事故的过错，属于道路交通意外事故的，各方均无责任。因此，相对于过错，意外不能作为确定当事人的责任的条件。只有当事人的行为存在过错才有可能在道路交通事故中承担责任，当事人的过错是其承担道路交通事故责任的必要条件，但不是充分条件。

（2）因果原则 道路交通事故当事人责任认定的过程就是寻求并确定当事人的行为与道路交通事故有关系，以及这些行为与道路交通事故关系大小的过程。在确定当事人的道路交通事故责任的时候，要根据行为与道路交通事故发生及后果有因果关系的事实，认定行为的实施者承担责任，并根据行为在道路交通事故中所起作用的大小来定量分析责任，而与违法行为、过错数量、违法情节严重程度等无关。

（3）路权原则 路权是一个在道路交通管理理论和实践中广泛使用的概念，它是指交通参与者根据交通安全法律规范的规定，占用、使用道路的权利，通常包括出行权、通行权、优先通行权、占用权四个方面的内容。在确定当事人的责任的时候，通常违反路权原则的一方要承担主要或者全部责任。

（4）确保安全原则 除路权原则，还有安全驾驶、文明驾驶的行为，其中安全驾驶、文明驾驶可以归纳为确保安全原则，应用于当事人责任的确定。当事人在道路交通事故中违反安全原则主要表现为疏忽大意，忽视安全隐患等。

通常，在确定当事人的责任时，首先应分析当事人的行为是否与道路交通事故有因果关系，那些被认定有因果关系的行为才会被用来认定当事人的责任。确定当事人的责任的大

小，则按照行为违反路权、确保安全原则的顺序以及在事故中所起作用的大小来完成。

3. 对事故当事人的处罚

道路交通事故处罚是指国家行政或司法机关，根据道路交通事故责任人在道路交通事故中违反法律法规的情节轻重及所造成的后果情况，对其给予政治上、经济上或人身方面的制裁。其含义是：①执法主体必须是有权力的国家机关；②被处罚人必须是由于违法行为造成损害后果的道路交通事故责任者；③处罚与违法行为紧密相连，违法行为的性质和危害程度不同，所受的处罚也不同。

(1) 对当事人刑事责任的追究 对造成道路交通事故构成交通肇事罪的当事人，应依法追究其刑事责任。《中华人民共和国刑法》第一百三十三条明确规定，从事交通运输的人员违反交通运输管理法规，因而发生重大事故，致人重伤、死亡或者使公私财产受到重大损失的，处三年以下有期徒刑或者拘役；交通运输肇事后逃逸或者有其他特别恶劣情节的，处三年以上七年以下有期徒刑；因逃逸致人死亡的，处 7 年以上有期徒刑。

(2) 对当事人民事责任的追究 道路交通事故实际上是由于肇事者的侵权行为，而致使他人（包括国家和集体）的财产遭受损失的事件。因此，肇事者应承担侵权行为的民事责任，即道路交通事故责任者应按照所负道路交通事故责任，承担相应的事故损害赔偿。

(3) 对当事人行政责任的追究 行政责任中的行政处分由当事人所在单位主管部门予以追究，不在本书讨论范围；行政责任中的行政处罚是由公安交通管理机关做出的，适用于造成道路交通事故还不够刑事处罚的事故当事人。行政处罚的方式有警告、罚款、吊扣驾驶证、吊销驾驶证及行政拘留等。

6.7 道路交通事故应急救援

据统计，对于死亡道路交通事故中同样伤势的重伤员，在 30min 内获救，其生存率为 80%；在 60min 内获救，其生存率为 40%；而在 90min 内获救，其生存率为 10% 以下。发生道路交通事故后，救援拖延的时间越长，伤亡率越高，而且对交通秩序乃至社会的影响也将更加严重，甚至可能引发次生灾害。道路交通事故应急救援对于减轻道路交通事故后果及其不利影响是非常重要的。

目前，我国越来越多的地方建立了多个部门协作、资源共享、应急联动的道路交通事故急救制度和应急救援机制，切实提高了多个部门参与的道路交通事故应急救援的信息传递、快速反应、科学决策、现场急救和急救转运等综合救援能力。此外，随着我国智能交通技术的发展，道路交通事故应急救援水平将进一步提升，特别是在事件检测、信息发布、急救网络、方案决策及急救技术等方面已经取得明显成就，使我国的道路交通事故应急救援日益走向成熟。

6.7.1 道路交通事故应急救援的基本原则

通常，道路交通事故应急救援要坚持以下原则。

(1) 政府领导、统一指挥 大型道路交通事故应急救援是一项涉及范围广、专业要求高的系统工程，难以由单一部门独立完成，通常需要多部门协作完成。救援工作需整合社会各方力量，建立以地方政府为主导的应急救援指挥系统，始终坚持"政府领导、统一指挥"

的原则。各部门应密切配合、相互协作，充分发挥各自职能，共同高效组织和实施救援，最大限度地提升整体救援效率与效果。

（2）以人为本、生命第一 在道路交通事故的救援任务中，应根据灾情的轻重缓急合理部署救援力量。快速、高效地抢救生命是降低伤亡率和减少事故损失的关键。当人员生命与财产损失同时受到威胁时，应以抢救人员生命作为首要任务。在某些情况下，若控制险情能够有效缓解或消除对生命的威胁，也可以优先采取控制险情的措施，但前提始终是以保护人员生命安全为核心目标。

（3）快速准确、科学施救 道路交通事故的突发性和不确定性决定了救援工作的快速响应至关重要。一旦事故发生，人员生命和财产安全即受到威胁，因此，提高救援的快速反应能力，第一时间抵达现场并展开施救，是确保救援成功的关键。在开展道路交通事故应急救援时，需要密切观察和侦检，及时掌握被困人员和车辆的状况，分析事故灾情特征及其影响范围、危害程度和发展趋势，并评估可能引发的次生灾害。在救援过程中，应根据现场动态变化灵活调整救援方案，提前预判潜在问题，做好全面的应急准备，以确保现场处置和救援行动的科学性和高效性。

（4）确保安全、强力保障 特大道路交通事故发生后，尤其是伴随次生灾害的事故，常常出现险情加剧、影响范围扩大等情况。由于灾害状态和危害程度复杂，有时难以在短时间内完成处置，救援时间延长、难度加大的现象时有发生。在此情况下，救援工作必须以确保救援人员和被救人员的安全为前提，配备完善的防护装备、救援设备及保障措施。加大清障救援设备投入，配备足够的清障救援装备，提高设备的性能和覆盖范围。优化救援管理机制，理顺管理流程，完善相关政策和技术标准，为救援工作提供制度保障。加强人员培训，提升救援人员的综合素质和专业技能，确保面对复杂情况能够高效处置。引入先进技术，推动智能交通（ITS）技术在应急救援中的应用，全面提升救援工作的效率和科学性，有效提高应对特大道路交通事故的救援能力，减少事故带来的人员伤亡和财产损失。

6.7.2 道路交通事故应急救援的分类

道路交通事故应急救援的情形多种多样，可以依据不同的标准进行分类。

1. 按交通事故发生地点的道路性质分类

根据事故发生地的道路性质，道路交通事故应急救援可分为城市道路交通事故应急救援和公路交通事故应急救援。

1）城市道路交通事故应急救援：城市道路路网密集，可达性较强，且距救援单位、医院等较近，因此救援行动较为便利。

2）公路交通事故应急救援：由于公路事故现场通常距离救援单位较远，救援单位到达时间较长，再加上公路事故地点的地形特点，救援难度相对较大。公路交通事故应急救援还可按照公路技术等级进一步细分为：①高速公路交通事故应急救援，高速公路的可达性较差，且救援过程中交通组织和实施空间受到了显著限制，增加了救援难度；②普通公路交通事故应急救援，相较于高速公路，普通公路的救援条件稍好，但仍受制于距离和地形等因素。

总体而言，不同类型的道路交通事故应急救援需根据具体环境和条件制定针对性措施，以提高救援效率和效果。

2. 按救援地点特征分类

根据事故发生地点的具体特征，道路交通事故应急救援可分为以下类型：

1）路段交通事故应急救援：针对普通道路或高速公路上的直线路段事故，救援行动需考虑道路通行能力及交通流管控，重点是快速疏通交通并确保安全。

2）路口交通事故应急救援：由于路口交通流复杂，救援需综合考虑信号控制、车流疏导以及事故对周边交通的影响，组织更精细的救援与疏导方案。

3）窄桥交通事故应急救援：窄桥救援受到通行空间的限制，救援设备和人员调度需高度精准，避免对桥梁结构和交通安全造成二次威胁。

4）隧道交通事故应急救援：隧道事故救援因受限空间、通风条件及可能存在的火灾和有毒气体风险而更加复杂，需要专门的救援设备和严格的交通组织方案。

不同地点的救援行动因事故发生地的条件和空间限制而各具特点，需结合实际情况制定有针对性的交通组织和救援实施方案。救援地点的特征直接影响救援措施的可行性与效果。

3. 按天气状况分类

根据救援时的天气和时间条件，道路交通事故应急救援可分为以下类型：

1）白天交通事故应急救援：白天视线条件较好，救援设备和人员操作较为方便，但仍需结合具体天气状况采取相应的措施。

2）夜间交通事故应急救援：夜间视线受限，需特别关注照明条件，配置足够的便携式或车载照明设备，同时加强救援现场的安全防护，以避免因光线不足导致的二次事故。

在不良天气条件下，救援行动进一步细化为：

1）雨天交通事故应急救援：须应对湿滑路面可能对救援车辆及设备操作造成的影响，防止二次事故发生。

2）雪天交通事故应急救援：雪天路面结冰可能导致车辆打滑，应提前配备防滑链及相关设备，保障救援安全。

3）雾天交通事故应急救援：低能见度条件下，需加强现场标识和指挥，确保救援车辆和人员的安全。

4）雾霾天气交通事故应急救援：空气质量较差的环境中，救援人员需配备防护设备，同时采取措施降低能见度不足带来的风险。

针对不同的天气和时间条件，救援方案应充分考虑外界因素的影响，制定具体的操作和应急预案，以保证救援工作的顺利开展和现场安全。

4. 按道路交通事故形态分类

根据事故形态的不同，道路交通事故应急救援可分为以下类型：

1）碰撞事故应急救援：针对车辆碰撞导致的事故，重点在于解救被困人员和清理事故现场的障碍物，必要时需使用破拆工具处理变形的车辆结构。

2）翻车事故应急救援：涉及车辆侧翻或倒翻时，需使用起重设备扶正车辆，同时确保对被困人员的安全救援。

3）坠车事故应急救援：坠车事故需要配备起吊装备，若车辆坠入水中，还需水下打捞设备和专业救援人员进行作业，确保迅速打捞车辆及解救人员。

4）失火事故应急救援：针对车辆失火事故，应根据起火物质的种类选择适当的灭火材料（如泡沫、干粉或二氧化碳灭火剂），制定合理的灭火方案，同时确保现场人员安全。

不同形态的道路交通事故对救援内容和设备要求各有不同，应急救援方案需根据事故具体情况进行针对性调整，以保障救援的高效与安全。

5. 按道路交通事故后果分类

根据事故造成的具体后果，道路交通事故应急救援可划分为以下类型：

1）救人：优先解救受伤或被困人员，减少人员伤亡。

2）救物：针对事故中重要货物或财产的抢救，避免进一步受损。

3）灭火：处理因事故引发的火灾，迅速扑灭明火，防止火势蔓延。

4）抢险救灾：应对事故导致的险情，例如危险物质泄漏、坍塌风险等。

5）恢复交通：清理事故现场，修复受损道路及设施，确保道路畅通。

6）预防次生灾害：防范可能引发的爆炸、泄漏、中毒或环境污染等次生灾害。

7）恢复公共设施：修复因事故损坏的基础设施，如护栏、信号灯、电力设施等。

8）保护环境：处理事故引发的污染问题，减少对生态环境的影响。

这些救援内容可能单独执行，也可能同时发生，具体任务的数量和复杂性决定了参与部门的多寡和救援实施的难易程度。根据事故后果的实际情况，需协调多部门联动，制定高效的救援计划，确保应急救援顺利开展。

6. 按参与部门数量分类

根据参与救援部门的数量，交通事故应急救援可分为以下两类：

1）单一部门参与的应急救援：由单一部门独立完成的救援任务，通常适用于事故规模较小、影响范围有限的情况。例如，交通管制或轻微伤员的急救等。

2）多部门参与的应急救援：需要多个部门协作完成的复杂救援任务。例如，当事故涉及医疗急救、现场抢险、交通管制等多项任务时，公安、交通、医疗、消防、路政等部门须共同参与。

多部门参与的救援需要高度协同，具体表现为信息共享、统一指挥、联合行动以及密切配合。由于救援任务的紧迫性和现场空间的有限性，各部门须合理分配救援资源及任务时空，避免相互干扰，提高救援效率。参与部门的数量和职责应根据事故的具体需求动态调整，确保资源的科学配置和救援的顺利开展。

7. 按是否需要外界力量介入分类

根据救援时是否需要外界力量的介入，道路交通事故应急救援可分为以下两类：

1）自救：指道路交通事故发生后，当事人自行采取救援措施，不依赖外界帮助。例如，当事人自行包扎止血、摆设警示锥筒、将车辆移至安全位置，或使用车载灭火器扑灭初期火情。这种方式能够在事故发生的初期最大限度地降低不良影响。为此，需要通过交通安全宣传教育普及急救知识和技能，尤其在私家车普及率不断提高的背景下，培训交通参与者掌握基本的急救常识显得尤为重要。

2）他救：指事故救援需要外界力量的介入，例如因车辆变形导致乘客被困时需使用破拆工具解救，当事人重伤须医疗人员救治，车辆落水需专业打捞人员介入，事故损坏公共电力、通信设施须相关部门及时抢修。

在实际救援中，自救和他救往往同时存在。当事人因身处事故现场，可在外界救援力量到达之前采取有效的自救措施，这不仅有助于控制事故后果，还能为他救争取宝贵的时间。只有自救与他救相互配合，才能将事故损失降到最低。需要注意的是，通常人们提到的道路

交通事故应急救援主要指由多部门参与的他救活动。

8. 按救援阶段分类的人员救治

对于有伤者的道路交通事故，救援过程可分为以下三个阶段：

1）现场救援：医务人员到达事故现场后对伤者进行诊断，并采取有效的紧急处理措施。这是救援的关键环节，有效的现场救援能够为后续转运和入院后的治疗争取时间，并有助于伤情的初步控制。同时，现场的准确诊断和与院内医务人员的信息共享能提高入院后救援的准备和治疗效率。因此，在派遣转运车辆前，应根据伤者情况配备适当的医务人员及医疗设备。

2）转运救援：指将伤者从事故现场送往医院的途中进行的急救措施。转运救援是现场救援的延续，也是入院后救援的重要准备环节。科学有效的途中救援不仅有助于稳定伤者伤情，还能为医院进一步的救治赢得时间。因此，转运救援不能简单理解为伤者的搬运，而需配备专业设备和医护人员进行随车救治。

3）入院后救援：伤者到达医院后继续接受诊断及进一步治疗，包括外科手术、内科手术和后续护理等环节。入院后救援的成功与否与前两个阶段的救援质量密切相关。

综上所述，道路交通事故伤者的救治需实现现场救援、转运救援与入院后救援的高效衔接和信息共享，确保每个阶段都为下一阶段提供支持，形成系统化、连续性的救援链条，从而最大程度提高救治效果。

9. 广义和狭义的道路交通事故应急救援

1）狭义的交通事故应急救援：通常是指在政策法规及机制保障下，由相关组织统一协调，整合交通、公安、医务、消防、保险、环卫及特种物品处置等多个职能部门和社会资源，在事故影响范围内迅速响应，通过急救伤员、抢修设施、清除障碍和恢复交通等措施，将事故损失降至最低，实现社会效益的最大化。

2）广义的交通事故应急救援：除了包含狭义救援的内容，还包括伤者自救、单部门救援和入院后救治等一切针对交通事故后果的有效应对措施。只要是针对道路交通事故后续进行的处理和控制活动，均属于广义救援的范畴。

综上，广义的救援涵盖更广的范围，而狭义救援则更强调组织化、快速响应和多部门协作。

道路交通事故应急救援可以根据不同标准得出更多分类，这里不再一一列举。需要强调的是，不同的分类方式能够反映出道路交通事故应急救援的特殊性与差异性。在实际情况下，具体的救援往往是多种类型的组合，呈现出高度的复杂性和快速变化的特点。因此，道路交通事故救援需要保持与时俱进，根据实际情况灵活调整方案，以确保救援工作高效开展。

6.7.3 道路交通事故应急救援的任务

道路交通事故应急救援的任务就是保证社会效益最大化。通常，道路交通事故应急救援任务包括开展交通疏导与管控措施、帮助事故人员脱离险境等，现分别介绍如下。

1. 开展交通疏导与管控措施

道路交通事故发生后，不仅会造成车辆受损和人员伤亡，还可能引发交通堵塞或中断，因此，现场的交通管控与疏导显得尤为关键。通过实施交通疏导与管控，可为救援车辆和人员提供最佳路径和相对顺畅的通行条件，同时向事故影响范围内的行人和车辆提供实时管控信息。在事故上下游路段对交通流进行管理与控制，能够保障道路安全与畅通，最大限度减少交通拥堵和次生事故的发生，降低事故对交通的时间和空间影响。此外，还需维持事故现场及周边的交通秩序，迅速将相关人员疏散至安全区域，防止无关人员进入事故区域，从而确保救援行动顺利且不受干扰。待事故现场处置完毕后，及时发布交通恢复信息，解除交通管制，并提供相关恢复管理和信息服务。

2. 帮助事故人员脱离险境

道路交通事故发生后，部分事故当事人、行人或乘客可能陷入危险境地，例如驾驶室严重变形、车门无法开启或车辆门锁损坏，导致驾驶人与乘客被困。这些人员需要迅速救助。救援人员应根据现场具体情况制定合理的救援方案，在确保被困者不受二次伤害的前提下，对车体进行稳固处理后，利用扩张器、液压剪切工具等破拆设备迅速实施救援。在破拆过程中，应使用水枪掩护，防止火花引燃油气。此外，若事故导致危险物品泄漏或抛洒，受困人员可能需要外力协助脱离险情；对于存在火灾风险的事故现场，应立即通知消防部门扑灭火情，并确保现场人员快速疏散，减少人员伤亡和财物损失。若事故车辆装载化学气体或液体，需及时疏散泄漏范围内的群众，以保障安全。对于翻入边沟或严重受损的肇事车辆，还需进行起吊和牵引操作，帮助尽快恢复道路通行与安全。

3. 防控与应对次生灾害

在处置道路交通事故时，应急救援可能面临可燃气体、易燃液体泄漏引发的爆炸或火灾风险，或有毒有害物质泄漏导致人员中毒或环境污染的威胁。在抢救生命的同时，救援人员需采取有效措施防范或消除爆炸、火情、中毒及污染等次生灾害的隐患。如果事故已引发次生灾害，如爆炸、火情、人员中毒或环境污染，应急救援人员需在抢救伤员的同时迅速采取控制措施，包括抑制爆炸影响、扑灭火情、转移或隔离有毒有害物质、施救中毒人员等，并及时控制次生灾害的波及范围，尽量减少损失，防止灾害扩大化。

4. 及时转移乘客与货物

道路交通事故发生后，若事故车辆严重受损或需进行检验、鉴定，应立即调配救援设备，对车辆所载乘客与货物进行快速转移。这不仅有助于尽快疏通受阻路段，还能有效降低二次事故发生的风险，确保现场救援和后续处理顺利进行。

5. 维护事故现场，保障勘查工作顺利进行

事故现场勘查是处理道路交通事故的重要基础环节，对全面分析事故经过与成因、准确认定责任、实施行政处罚以及调解损害赔偿具有重要意义。因此，必须妥善保护现场，为勘查工作的顺利开展提供有力保障。

6. 迅速修复事故损坏的道路与公共设施

道路交通事故可能导致道路护栏、信号灯、防撞墙等交通设施，以及电力、通信等公共设施受损。相关部门应迅速组织抢修工作，尽快恢复设施的正常功能，减少对交通运行、生产活动及居民生活的影响。总体而言，尽早修复事故中受损的公共设施是减小事故影响范围、降低其带来的不良后果的重要举措。

7. 清理事故现场

在救援和调查工作完成后，应迅速清理事故现场，包括移除散落的车辆零部件、货物遗

洒物和油污等。同时，及时修复因事故受损的道路基础设施和交通安全设施，确保事故路段的交通安全和顺畅，尽快恢复正常通行秩序。

实际上，道路交通事故应急救援的任务和内容因事故类型而异，可能包括上述救援任务中的一项、多项，甚至超出上述范围。具体的救援任务需根据事故的实际情况进行明确和细化。在应急救援活动中，应坚持实事求是的原则，根据事故的后果、影响程度及范围，具体问题具体分析，科学合理地确定救援任务，确保救援工作高效开展。

6.8　本章小结

本章全面介绍了道路交通安全的基本理论与应用方法，为提升道路交通安全管理能力提供了重要支持。本章从道路交通事故的定义入手，详细阐述了构成事故的条件、事故分类、统计指标及有关规定，系统讲解了道路交通事故的基本特征与统计分析方法；从人、车辆、道路三方面探讨了道路交通安全的主要影响因素。通过分析这些因素的相互作用，明确了道路交通系统中的潜在风险来源；针对道路交通事故多发点的鉴别与分析，阐述了其概念、目的、鉴别流程及具体方法，为精准定位和治理事故高发区域提供了科学依据；介绍了道路交通冲突的含义和类型，分析了道路交通冲突与道路交通事故之间的关系。在事故调查与处理部分，本章阐述事故处理流程、现场勘查方法、检验鉴定程序以及事故认定的基本原则；针对道路交通事故应急救援，从基本原则、救援分类和任务三个方面进行了系统阐述，强调了应急响应和事故后果控制的重要性。

知识测评

一、选择题

1. 在道路交通事故统计指标中，下列不属于事故的绝对指标的是（　　　）。
A. 事故次数　　　　　B. 受伤人数　　　　　C. 交通事故致死率　　D. 直接经济损失
2. 暗适应的过程一般需要（　　　）。
A. ＜1min　　　　　　B. 1～2min　　　　　C. 3～6min　　　　　D. 8～10min
3. 下列不属于道路平面线形的三种要素的是（　　　）。
A. 直线　　　　　　　B. 竖曲线　　　　　　C. 圆曲线　　　　　　D. 缓和曲线
4. 当冲突角为（　　　）时，该道路交通冲突类型属于追尾冲突。
A. ［135°，180°］　　B. ［0°，45°］　　　　C. ［45°，135°］　　　D. ［0°，90°］
5. 以下哪项是影响道路交通安全的最主要因素？（　　　）
A. 道路设施　　　　　B. 驾驶人行为　　　　C. 车辆性能　　　　　D. 天气状况

二、填空题

1. _____是万车事故率与万人事故率的几何平均值。
2. _____是指人从照明开始或由暗处进入亮处时眼睛的适应过程。
3. 评定汽车动力性能三个指标是最大速度、加速时间、_____。

4. 交通事故现场可分为_____、_____两大类。

三、判断题

1. 造成 10 人以上 30 人以下死亡，或者 50 人以上 100 人以下重伤，或者 5000 万元以上 1 亿元以下直接经济损失的事故属于重大事故。 （ ）

2. 万车交通事故死亡率属于道路交通事故统计指标中的绝对指标。 （ ）

3. 动视力除受车速影响，还随照明强弱、目标与背景亮度对比度、目标呈现时间、相对运动的方向与方式、驾驶人性别等因素的变化而变化。 （ ）

4. 乘员与汽车内部结构的碰撞称为一次碰撞。 （ ）

5. 根据事故发生地的道路性质，道路交通事故应急救援可分为城市道路交通事故应急救援和公路交通事故应急救援。 （ ）

复习思考题

1. 什么是道路交通事故现场？它的构成要素是什么？
2. 地面轮胎痕迹都有哪些？
3. 道路交通事故现场勘查的主要内容有哪些？
4. 简述道路交通事故责任的概念及分类。
5. 如何理解事故多发点的概念及其内涵？
6. 交通事故多发点鉴别方法有哪些？各有什么优缺点？
7. 某条道路的多数路段，年平均事故率为 36 次/亿辆，其中某一路段每年有 28 起事故，交通量为 50000 辆/日，试根据质量控制法评定该路段的安全状况。
8. 试用国家统计局网站、事故统计年报或相关统计报告上的数据，对某省市的交通事故统计指标进行计算分析。
9. 选择某一交叉口或路段进行调查后，分析其主要的安全问题。
10. 结合道路交通事故应急救援的某种具体分类，阐述其救援的特点和救援任务。

第 7 章 Chapter 7

铁路交通安全

7.1 概述

铁路是国民经济大动脉、国家重要基础设施和大众化交通工具，是综合交通运输体系骨干、重要的民生工程和资源节约型、环境友好型运输方式，在我国经济社会发展中的地位至关重要。铁路运输生产的根本任务就是把旅客和货物安全及时地运送到目的地，但铁路系统是一个"大联动机"，需要车、机、工、电、车辆、供电多部门的紧密联系和协同配合；由于运输生产的"结合部"较多，所牵涉的生产工种较多，因而安全工作的难度相对较大。此外，随着运输市场的不断发展，各种运输方式的竞争在不断加剧，运输管理体制、经营机制、利益分配等也在发生深刻的变化，也增加了铁路运输生产安全的复杂性。概括起来讲，铁路运输安全工作的特点主要体现为连续性、动态性、伴随性、高风险性、开放性和系统性等 5 个方面。

(1) 连续性 铁路运输生产活动都是在开放和露天条件下进行全天候作业的，外界自然环境、社会环境以及铁路运输系统内部环境等多方面的因素对运输安全的干扰和影响较大。

(2) 动态性 铁路运输生产"位移"的过程处于时空的巨大变换之中，影响安全问题的不可预料的因素很多，稍有不慎，就将发生差错，都将产生不可挽回的损失。

(3) 伴随性 安全依附于生产而存在，只要有铁路运输生产活动，运输安全问题就必然会发生；从另一角度看，由于市场机制的作用，企业间的竞争性在不断加剧，伴随竞争而引发的隐患也在不断增加。

(4) 高风险性 伴随现代科学技术的发展，铁路运输生产活动广泛采用高新技术，客运高速化、货运重载化正使铁路各种技术系统的复杂程度逐步增加，而相应的安全事故的风险性也在随之增加，铁路运输安全工作的艰巨性越来越大。

(5) 开放性和系统性 铁路运输系统是一个开放系统，安全问题涉及铁路运输生产的各个环节以及铁路运输技术系统的各个方面，包括人员、设备、环境、管理等诸多因素，需要用系统工程的方法加以分析、综合和处理，才能收到更好的效果。

7.2 铁路交通事故

7.2.1 铁路交通事故的概念

《铁路交通事故应急救援和调查处理条例》（2007 年 7 月 11 日中华人民共和国国务院令

第 501 号）及《铁路交通事故调查处理规则》（2007 年铁道部令第 30 号）两个文件中对铁路交通事故有以下定义：

铁路机车车辆在运行过程中发生冲突、脱轨、火灾、爆炸等影响铁路正常行车的事故，包括影响铁路正常行车的相关作业过程中发生的事故；或者铁路机车车辆在运行过程中与行人、机动车、非机动车、牲畜及其他障碍物相撞的事故，均为铁路交通事故。

国家铁路、合资铁路、地方铁路以及专用铁路、铁路专用线等发生的事故均属于铁路交通事故。

7.2.2 铁路交通事故的特点

由于铁路运输系统本身所具有的行车速度高、作业环节多、昼夜连续运转、运行控制自由度小等特点，铁路运输事故具有以下特点：事故的动态性、严重性、反复性和复杂性。

1. 事故的动态性

由于事故是始于危险的激化，一系列原因事件按一定的时间和逻辑顺序流经系统，造成系统损坏和人员伤亡。铁路运输系统是一个时刻处于运动变化中的动态系统，因此铁路运输系统的事故也存在动态性。

2. 事故的严重性

处在高速运动状态的列车，一旦发生设备异常或人的操作失误，可供纠正和避免事故的时间很短暂，可供选择的应急方式也很有限。另外，铁路线路、机车车辆等硬设备的成本很高，列车对旅客和货物的承载量很大，事故不仅造成巨大的财产损失、人员伤亡和环境破坏，而且由于运输中断将波及路网，打乱运输秩序，影响社会生产和运输的全局。更重要的是，铁路对其运输对象——旅客和货物没有所有权和支配权，而只提供必要的运输服务，因此事故损失涉及广泛的社会因素，会极大地损害铁路的形象甚至政府的威信，造成严重的社会影响。

3. 事故的反复性

事故一经发生，就成为过去。时间的不可逆性，决定了完全相同的事故不会再次显现。然而，由于铁路运输系统庞大而复杂，随着科学发展、技术进步以及社会经济发展对铁路运输需求的变化，铁路运输系统也在不断地发生变化，如果没有真正了解事故发生的原因，并采取有效的措施消除这些原因，就会再次出现类似的事故，使铁路运输事故呈现反复性。

4. 事故的复杂性

铁路运输事故的发生，取决于人员（包括铁路运输系统内人员、旅客、货主、铁路沿线居民、机动车驾驶人等）、设备（包括铁路线路、机车、车辆、通信信号、供电供水等铁路运输基础设备和安全监测、监控、事故救援、自然灾害预报与防治等运输安全技术设备）、环境（包括作业环境、自然环境和社会环境）、管理等因素以及这些因素间的相互关系，因此，铁路运输事故具有复杂性。

7.2.3 铁路交通事故的形成过程

铁路交通事故的形成既有客观条件，也有主观条件，还涉及环境的影响，是人-机-环境共同作用的结果。

铁路交通事故形成过程中的客观条件是多方面的。高速运行的列车伴随着很多潜在的不安全因素，如机车车辆的某些部件，在运行过程中不断接受高压、冲击、摩擦、振动、冲撞，会发生变形、损伤或断裂，如车辆燃轴、断轴、车底架变形、轮对破损、车钩破损、制动管破损和部件脱落。

1. 列车运行

列车运行是铁路技术部门和人员相互协作的产物，各部门和人员存在着密切联系，具有很强的时间性、准确性和严密性。随着铁路运输的发展和行车组织方法的改进，对各行车岗位人员在协作水平、信息传递、反应速度、应变能力等方面提出了更高的要求，这种严密性和高要求的协作链不允许出现差错。

2. 货物因素

货物因素也是造成列车运行事故的主要因素。货物因素对列车运行安全的影响，主要表现在以下两个方面：

1）货物在外力作用下发生位移、倒塌、窜动、坠落而引发铁路事故。车辆上装载的货物，在列车运行中，由于受到外力的影响，可能发生位移、倒塌、窜动和坠落，造成货物或行车事故。特别是装在敞车类货车上的集重、超长、超限、原木及易窜货物在运行中受到纵向惯性力、横向力、垂直惯性力及风力的作用，更容易发生上述危害行车安全的问题。这些作用于货物的外力与列车运行状态有着直接的联系，特别是包装成件货物、木材、圆柱状或球形货物等。成件货物在车辆运行过程中受各种外力的作用，若外力超过了货物间的摩擦力，就容易发生窜动、坠落。特别是轻浮货物，由于超出了侧板高度，更易发生事故。圆柱形、球形货物的特点是在列车运行中受外力作用后，容易发生滚动和窜动，使重心偏移，造成偏载等问题。

2）特殊条件运输的货物发生超载、偏载、起火、爆炸等事故。特殊条件运输的货物包括集重货物、超长货物、危险货物等。集重货物重量大、支重面小。经铁路运输的重工业品，如各种重型机械、蒸汽锅炉、大型变压器、水电设备等工业设备大都属于这类货物。由于装车后车底板单位面积受力较大，如超过容许载荷，就可能引起车底架变形或折断，导致列车破损和发生颠覆事故。超长货物两端伸出，由于车辆本身的振动而产生垂直惯性力，使转向架所负担的重量相应增大，容易发生超载问题；同时，超载超长非均重货物，由于重心不在车辆横中心线上，超过货车最大装载量的可能性较大。危险货物具有易燃烧、易爆炸、腐蚀、毒害、放射线等性质。因此与列车运行安全有着密切的关系。经由铁路运输的危险货物，虽然运量不大，但品种繁多，性质复杂。如果在运输过程中处理不当，就可能引起各类严重的事故。

3. 路外因素

路外因素对铁路行车的影响也是客观存在的。行人在线路上行走、坐卧、休息、睡觉、玩耍或不顾来往列车横越线路，有时会造成耽误列车或路外人员的伤亡事故。另外，在线路两侧放牧、损坏铁路技术设备（如挖断电缆、损坏路基、拆毁车辆配件）等，都是引发铁路事故的客观因素。在铁路交通事故中，因为人的原因导致事故，主要原因包括未执行标准化作业、存在侥幸和麻痹心理、责任心不够强、心理压力过大或身体过度疲劳等。技术素质不良可能是导致铁路交通事故形成的又一个因素。技术素质是工作人员在业务知识、理论水平、实际操作、文化基础等方面的综合反映。技术素质不良是人员因素上的另一个重要方面，提高技术素质因工种不同，具体要求也各异。

7.2.4 铁路交通事故的分类与分级

1. 铁路交通事故的分类

依据《中华人民共和国铁路法》（2015 年 4 月 24 日修正版）以及我国铁路交通事故统计惯例，铁路交通事故包括"路外伤亡事故""铁路旅客伤亡事故"和"铁路职工责任伤亡事故"三大部分。路外伤亡事故，是指铁路列车运行和调车作业中，发生火车撞轧行人，与其他车辆碰撞等情况，导致人员伤亡或车辆破损的事故。铁路旅客伤亡事故，是指在铁路运营过程中，在铁路责任期间发生的致使持有有效乘车凭证者及其他法律法规规定人员发生人身伤亡、财产损失的交通事故。铁路职工责任伤亡事故，是指由于铁路职工的责任所引发的人身伤亡、设施设备毁损的事故。

2. 铁路交通事故等级划分

依据《铁路交通事故应急救援和调查处理条例》（2012 年修正本）和《铁路交通事故调查处理规则》（铁道部令第 30 号）规定，铁路交通事故等级根据事故造成的人员伤亡、直接经济损失、列车脱轨辆数、中断铁路行车时间等情形分为特别重大事故、重大事故、较大事故和一般事故四个等级，其构成条件具体如下所示。

（1）特别重大事故

有下列情形之一的，为特别重大事故：

1）造成 30 人以上死亡。

2）造成 100 人以上重伤（包括急性工业中毒，下同）。

3）造成 1 亿元以上直接经济损失。

4）繁忙干线客运列车脱轨 18 辆以上，并中断铁路行车 48h 以上。

5）繁忙干线货运列车脱轨 60 辆以上，并中断铁路行车 48h 以上。

（2）重大事故

有下列情形之一的，为重大事故：

1）造成 10 人以上 30 人以下死亡。

2）造成 50 人以上 100 人以下重伤。

3）造成 5000 万元以上 1 亿元以下直接经济损失。

4）客运列车脱轨 18 辆以上。

5）货运列车脱轨 60 辆以上。

6）客运列车脱轨 2 辆以上 18 辆以下，并中断繁忙干线铁路行车 24h 以上或者中断其他线路铁路行车 48h 以上。

7）货运列车脱轨 6 辆以上 60 辆以下，并中断繁忙干线铁路行车 24h 以上或者中断其他线路铁路行车 48h 以上。

（3）较大事故

有下列情形之一的，为较大事故：

1）造成 3 人以上 10 人以下死亡。

2）造成 10 人以上 50 人以下重伤。

3）造成 1000 万元以上 5000 万元以下直接经济损失。

4）客运列车脱轨 2 辆以上 18 辆以下。

5）货运列车脱轨 6 辆以上 60 辆以下。

6）中断繁忙干线铁路行车 6h 以上。

7）中断其他线路铁路行车 10h 以上。

（4）一般事故

造成 3 人以下死亡，或者 10 人以下重伤，或者 1000 万元以下直接经济损失的，为一般事故。《铁路交通事故调查处理规则》将一般事故又做出补充划分，将一般事故分为一般 A 类事故、一般 B 类事故、一般 C 类事故、一般 D 类事故。

7.2.5 铁路交通事故的统计分析

事故统计分析就是根据统计学原理，对大量的事故资料、数据进行加工整理和综合分析，从中揭示出事故发生的某些必然规律和事故的分布特征。它是安全管理工作的一项重要内容。科学准确的统计分析结果，可以为各级管理人员及有关部门制定工作计划、政策法规和指导安全生产提供依据。通过数据比较各行各业的安全生产水平，考核各企业的安全工作情况，并同国外进行比较，可促进安全工作的现代化。同时，事故的科学统计分析可为安全教育培训及科学研究提供准确的数据，为安全工作者掌握情况、明确问题、解决问题提供方便，特别是对分析系统中事故原因的内在联系和事故分析的量化起着至关重要的作用。

1. 事故统计分析的内容和作用

事故统计分析可以概括为两个方面：一是对过去的事故资料、数据进行整理、分析，称为事故描述性统计分析；二是对已有的事故资料、数据进行总体推测，称为推理性统计分析。

无论哪种统计分析，都要经过统计调查、归纳整理和综合分析三个步骤才能取得结果。事故统计调查是采用各种有效的手段，收集事故资料，将大量零星的事故原始资料，按照事故统计分析的要求集中起来。全面完整地将统计范围内应当收集的资料、数据收集起来，是保证统计分析结果准确、可靠的基础。

统计调查，首先要确定调查方案，包括以下内容。

（1）确定调查目的 统计调查是为一定的统计分析任务服务的。因此，制订方案的首要任务是明确调查目的，收集调查资料。

（2）确定调查对象 调查对象就是调查统计研究现象的总体，它是客观存在的，由若干个别现象共同特征上综合起来的集合，如某一行业在某一时期发生的所有伤亡事故。

（3）确定调查项目 它是总体所具有的特征的名称，如事故发生的时间、地点、直接原因及间接原因，事故对象的性别、年龄、工种、文化程度、伤害部位等。确定调查项目时：一是要考虑需要和可能，凡是调查目的需要又可以取得的，要充分满足；二是项目表达应明确，如数字式、是否式、文字式等；三是项目之间应尽可能相互联系，以便于对照和检查。调查项目要以表格形式列出。调查表分单一表和一览表两种形式，把调查项目分类设置成各种调查表格，以便登记和汇总处理。为了使填表无误，应附以简明易懂的填表说明。事故统计分析方法，是以研究工伤事故统计为基础的分析方法。在事故统计分析中，为了直观地展示同时期伤亡事故指标和事故发生的趋势，研究分析事故的发生规律，有针对性地采取预防对策，不仅要对每一起工伤事故进行调查分析，而且还要对已发生的事故，应用事故统计分析方法进行统计分析。

事故统计分析对铁路运输安全具有重要作用，统计分析的结果，可以作为各级铁路运输部门安全生产情况的考核标准，检验安全政策和措施的落实情况和实际效果。为铁路各级部门安全管理提供统计资料，为制定铁路运输法规、政策和运输安全措施提供依据；同时，也为铁路安全教育和安全研究提供资料。

2. 常用事故统计方法

铁路运输事故统计分析是对铁路运输事故总体进行的调查研究活动，目的是查明事故总体的分布状况、发展动向及各种影响因素对事故总体的作用和相互关系，以便从宏观上定量地认识事故现象的本质和内在的规律性，事故统计与分析必须是总体性的，而且需要有明确的数量概念。

3. 铁路交通事故考核指标

铁路交通安全是保证铁路正常运输的重要条件，是铁路运输管理水平和各项工作质量的综合反映，是铁路运输质量的重要指标。

铁路交通安全考核的主要指标：铁路行车安全是保证铁路正常运输的重要条件，因而，行车安全是铁路运输质量的主要指标。基于行车安全的重要性，各国铁路无一例外地把搞好铁路行车安全工作放在十分突出的重要地位，几乎所有国家都把行车安全的好坏作为衡量铁路运输工作的重要质量指标，我国也不例外。

铁路运输安全的好坏是用事故发生概率来反映的。事故发生概率低，说明安全情况好；反之，特别是特别重大、重大事故频发，说明安全情况不好。目前，全路行车安全考核指标有事故件数、安全天数、百万机车走行公里行车事故件数（即事故率）。凡在行车工作中，因违反规章制度、违反劳动纪律、技术设备不良及其他原因，造成人员伤亡、设备损坏、影响正常行车或危及行车安全的，均构成行车事故。按照事故性质、损失及对行车造成的影响，分为特别重大事故、重大事故、较大事故和一般事故。

（1）事故件数　在一定时期内（一旬、一月、一季、半年、全年），各站段、铁路局或全路行车所发生的特别重大、重大、较大事故和一般事故的总件数，由铁路各级安全监察部门负责进行统计。事故总件数可以是全部铁路交通事故的总件数，也可以按事故等级或事故种类分别统计。

（2）安全天数　安全天数是指站段、铁路局连续安全行车生产无事故天数。站段与铁路局要求不同，站段无事故天数是指无一般行车事故的连续天数；铁路局是以无特别重大、重大、较大事故来计算的连续安全天数。各铁路单位通常以100天为统计单位，开展百日安全无事故活动。

（3）事故率　事故件数和安全天数与铁路繁忙程度没有直接关系，较难反映一个单位在一定时期内运输生产的质量和交通安全管理的水平，而事故率是站段、铁路局或全路在一定时期内每百万机车走行公里平均发生的铁路交通事故件数，相对来说，能比较客观地反映一个单位的交通安全状态和管理水平。

其计算公式为

$$R_{\mathrm{T}} = \frac{F}{T} \times 10^6$$

式中，T 为定时期发生的铁路交通事故件数，包括特别重大事故、重大事故、较大事故和一般事故，也可按四种事故的件数分别计算事故率；F 为同期完成的机车走行公里。

（4）死亡率　死亡率是一个铁路交通安全的相关指标，指在一定时期内，站段、铁路局或全路每百万公里所发生的人员死亡总数。

7.3　铁路运输安全影响因素

依据"人-机-环境"系统工程的思想和方法，运用风险管理方法提出的风险项点分析方法，从人员、基础设施和技术装备、沿线环境三个方面分析影响铁路运营安全的因素，是铁路运营安全管理的基本出发点，是安全监控、预警、管控的基础。

7.3.1　影响铁路运营安全的因素概况

铁路运营体系是一个复杂的动态大系统，由多个子系统组成，包括线路、机车、车辆、供电、通信信号、故障检测和维修等领域。任何一个子系统出现问题，都可能导致整个系统的劣化或失败。因此，需要基于系统工程的原理和方法，对各子系统的形成与运行过程进行有效控制，确保铁路运营系统的高质量与高可靠性运行。

人员是铁路系统的核心因素，既是管理的主体，也是管理的对象。工作人员的安全管理至关重要，需要通过教育培训、安全法规执行和作业标准管理等手段提升安全水平。同时，旅客、货主及沿线居民等路外人员的安全素质也直接影响铁路安全，需通过宣传教育增强其铁路安全意识。

铁路基础设施和技术装备是系统安全运行的重要物质保障。基础设施须具备高平顺性和耐久性，以在高强度运营条件下保持状态良好；技术装备则需要高性能与高可靠性，覆盖工务、电务、供电等各专业领域。此外，沿线的自然和社会环境同样是影响铁路运营安全的关键因素，需要加强对自然条件的监测和不当社会活动的综合治理。

为实现安全高效的铁路运营，应加强救援、设备维护及环境治理等多方面管理，注重人员、设施设备、环境及管理的有机结合，通过全面协调和动态优化，不断提升铁路系统的安全性和可靠性。

7.3.2　人员安全分析

在铁路系统中，人既是事故的肇事者又是受害者，绝大多数事故的发生均与人的不安全行为有关，人员对安全的影响十分突出。因此，要降低铁路事故发生的概率，必须对铁路运营过程中涉及的人员加强管理。

1. 工作人员

铁路系统的每个作业环节都需要人的参与、操作、管理、监督和完成，虽然大量的信息采集、处理、判断等工作可以由机器代替人来完成，但是，一旦遇到一些机器本身不能处理的突发事件时，就要求相关人员在最短的时间内确定系统的状态和故障所在，然后加以排除。因此，实质上人机结合的工作模式对人员素质的要求更加严格。

从某种意义上说，铁路系统的安全依赖于人。安全问题又渗透到铁路的各个阶段、各个部门、专业和工种。铁路建设、运营和管理的各个环节，从勘测、设计、施工、新技术的研究开发、设备的生产制造到运营管理和日常维护监测等都直接或间接与安全有关。因此，人在铁路安全中起着巨大的作用。

2. 路外人员

除了铁路系统内的工作人员，旅客、托运人以及其他路外人员的不安全行为也可能会导致事故的发生。

（1）**旅客的不安全行为**　铁路运输人流量大、出行集中，如果旅客缺乏安全意识，违反铁路相关规定，就会影响铁路安全的正常运营。例如，从列车上抛扔杂物，在动车组列车上吸烟或者在其他列车的禁烟区域吸烟，强行登乘或者以拒绝下车等方式强占列车，冲击、堵塞、占用进出站通道或者候车区、站台等行为都会严重危害铁路安全。违法携带、夹带违禁物品也属于严重影响铁路安全的不安全行为。

（2）**托运人的不安全行为**　托运人在托运货物、行李、包裹时匿报、谎报货物品名、性质、重量，装车、装箱超过规定重量等属于托运人的不安全行为。此外，托运人在运输危险货物过程中，应当按照法律法规和国家其他有关规定使用专用的设施设备，配备必要的押运人员和应急处理器材、设备以及防护用品，并使危险货物始终处于押运人员的监管之下。危险货物发生被盗、丢失、泄漏等情况时，应当按照国家有关规定及时向有关部门报告。托运人配备的押运人员应当掌握危险货物的性质、危害特性、包装容器的使用特性和发生意外的应急措施。

（3）**其他路外人员的不安全行为**　铁路安全管理目标的实现不仅需要铁路监管部门和铁路运输企业依法作为，做出努力，更需要全体社会成员的关注并履行相应的义务。近年来，在铁路沿线及铁路车站中，仍存在一些社会公众实施危害铁路安全的行为，如非法拦截列车、阻断铁路运输，扰乱铁路运输指挥调度机构以及车站、列车的正常秩序，在铁路线路上放置、遗弃障碍物，击打列车，拆盗、损毁或者擅自移动铁路设施设备、机车车辆配件、标桩、防护设施和安全标志，在铁路线路上行走、坐卧或者在未设道口、人行通道的铁路线路上通过，擅自进入铁路线路的封闭区域或者在未设置行人通道的铁路桥梁、隧道通行等。

7.3.3　设备安全分析

铁路的基础设施是影响铁路运营安全的重要因素之一，也是运输生产的物质基础和运输安全的重要保证。运输安全有关的设备类型包括两大类：运输基础设备和安全监控系统。

7.3.3.1　运输基础设备

（1）**固定设备**　线路（轨道，桥梁、隧道）、信号设备（铁路信号、联锁设备、闭塞设备）、供电设备（接触网、变电所等）等。

（2）**移动设备**　机车（内燃、电力）、车辆（客车、货车）、动车组、通信设备（各种业务电话、列车预确报电报）等。

1. 线路设施安全因素

线路设施安全因素主要可分为轨道、桥梁和隧道三个方面。

（1）**轨道**　轨道是行车的基础，它的作用是引导机车车辆的运行方向，它直接承受来自列车的各种力并传至路基或者桥隧建筑物上。轨道结构也是由钢轨、轨枕、扣件、道床、道岔等部分组成，这些不同材料力学性质的部件承受列车荷载，它们的工作紧密相关，任何一个轨道部件的结构、性能、强度的变化都会影响其他部件的正常工作，对铁路的正常行车

产生影响。因此，要求轨道应具有足够的强度、稳定性和耐久性才能保证列车安全、平稳、不间断地运行。根据影响轨道安全状态的不同设备类型，影响轨道安全状态的因素分为轨道几何病害、钢轨病害、轨枕病害、轨道板病害、路基沉降和其他病害。

（2）桥梁 桥梁是铁路基础设施的又一重要组成部分，我国铁路线路中桥梁所占比例很大的现状表明，桥梁是促进我国铁路发展的重中之重。桥梁存在的病害分为混凝土梁桥常见病害与梁式桥典型病害。

（3）隧道 隧道是铁路基础设施的另一重要组成部分。随着铁路的发展，隧道在铁路线路上大量出现，这就要求铁路隧道在勘测、设计、施工与养护维修、防排水标准、防灾救援和耐久性等方面也有较高的要求。隧道常见病害包括隧道口仰坡落石，隧道拱顶衬砌松动、空响，隧道渗漏水，隧道衬砌裂缝。

2. 信号设备安全因素

维护信号与控制系统的正常运行，保证信号正常显示以及维护转辙器及使道岔扳动正常，是保障行车安全、提高运输效率的核心，信号设备的先进性及安全性也是标志一个国家轨道交通技术装备现代化水准的重要组成部分。信号与控制系统常见的故障类型包括道岔无标识、线路红光带、信号灯故障、列车占用丢失、CTC 设备故障、应答器故障、ATP 故障、其他道岔故障等，且大多会造成行车延误。

3. 供电设备安全因素

在铁路中，牵引供电系统是电力机车/动车组的唯一动力来源，它从电力系统接受电能，通过变压、变相或变频后，经由牵引电能传输线路，向机车或动车组提供符合一定电压、频率制式的电能，其健康高效地服役是保障铁路安全、可靠、经济运行的关键。牵引供电系统主要故障类型主要包括接触网跳闸、馈线跳闸、接触网受损、继电器跳闸、网压异常、变电所跳闸、电源线失压、供电停电单元跳闸等。

4. 移动设备安全因素

铁路机车车辆是运送旅客/货物的移动设备，其检修质量和性能状态直接影响着旅客的人身和财产安全。例如，车厢使用的材料、车辆内安全装置是否充足有效等，对轨道交通的安全管理起着重要的作用。同时，车辆是否符合运行要求、车辆技术状况的好与坏，都会直接影响轨道交通的运行安全。

7.3.3.2 安全监控系统

安全监控包括监控铁路沿线运行环境、铁路交通基础设施以及列车运行状态是否正常、车站及列车内旅客行为是否正常，一旦发生异常现象可及时发出警报。

安全监控系统主要包括沿线环境的监控、车站基础设施及车内设备状态监控、电力设施监控、列车运行状态监控和旅客行为监控。

1）沿线环境的监控负责监控自然环境灾害、塌方落石、沿线异物侵限、周界入侵等。

2）车站基础设施及车内设备状态监控负责对全线各个车站的通风空调系统设备、给排水设备、自动扶梯、电梯、车站公共区域照明、广告照明、车站事故照明电源等车站设备及列车车门、车窗、车内报警设备等进行全面、有效的自动化监控，确保设备处于高效、节能、可靠的运行状态。

3）电力设施监控负责监控沿线变电所的供电设施是否正常运行。

4）列车运行状态监控负责监控列车运行速度等运行指标是否正常，如轴温探测装置、轨道检测车、钢轨探伤车等。

5）旅客行为监控主要负责监控车站及列车内旅客是否有故意破坏设施的行为或其他异常行为。

7.3.4 沿线环境安全分析

铁路设施设备置于公共场合之中，不可避免地会受到沿线环境的影响，且沿线环境的安全问题对铁路运营安全的影响日益突出。为了全面分析沿线环境的安全因素，依据风险管理方法风险项点的分析方法，可以进一步将沿线环境分为自然环境和社会环境两方面，对沿线环境的安全分析则是对自然环境和社会环境的安全因素进行分析。

1. 自然环境

自然环境是影响铁路运输安全的重要因素之一，自然灾害和恶劣天气均会对铁路的正常运输生产产生影响和造成危害。因此，要安全顺畅地保证铁路的运营，必须注重恶劣气候条件的影响。

（1）大风 铁路运行受强风影响而造成的降速、停运情况屡见不鲜，所以对铁路大风灾害进行分析，探究解决对策，对提高铁路运行的安全性，维护人民的生命和财产安全，促进社会和谐稳定发展具有重要意义。我国西北及东南沿海地区受强风灾害影响较大，对铁路运行及人身安全带来了很大隐患。另外，受路外环境因素的影响，如因大风刮起的轻型材料建（构）筑物等导致的紧急停车也比较频繁。

（2）水害 铁路遭受的主要水害有暴雨洪水、风暴潮、泥石流、塌方滑坡、冰凌等。其中以暴雨洪水最为突出，中断运输时间长，毁坏范围广，所造成的财产损失大。大部分地质灾害是由暴雨洪水所引发。

（3）雪灾 雪灾是导致交通事故频发的一个重要因素，它会引起铁路供电中断、导致线路受阻，严重影响铁路的运输能力和运输安全。2008 年，我国在南方发生的大规模雪灾导致铁路供电中断、轨面结冰轮轨黏着力减小，道岔结冰扳动困难，甚至大雪淹没铁轨，造成大面积交通瘫痪，严重影响了如春运的运输能力和运输安全，造成旅客大规模滞留。

（4）地震 车轮间的横向力和列车速度的平方成正比关系，因此对于运行速度较低的列车而言，地震的危害性较小，当列车的运行速度超过 200km/h 时，即便是很小的地震，都有可能引发脱轨等重大事故。

（5）雷电 每年在自然界中会发生上百万次的闪电。联合国"国际减轻自然灾害十年"中将雷电列为造成后果最严重的自然灾害之一。根据最新公布的统计数据，雷电灾害已经在所有的自然灾害位列第三。每年全世界因雷电灾害造成的各类事故不计其数。

2. 社会环境

社会环境主要指社会政治和经济形势、安定团结的局面、社会治安管理等。良好的社会环境能够对铁路安全起着良好的促进和保障作用。随着铁路沿线经济的发展、城乡居民数量的增多，在铁路沿线违规圈占铁路用地、经营性采矿、设立危险品生产工厂等情况时有发生，挖埋管线、鱼塘等施工也成为影响铁路运营的安全隐患。对于影响铁路沿线环境的社会因素，《铁路安全管理条例》（国务院令第 639 号，2014 年 1 月 1 日实施）中对相关安全因素进行规定，这里不再赘述。

7.3.5　管理安全分析

铁路安全管理是充分组织、协调、控制的人-机-环境各个元素所组成系统的过程，因此，管理的疏忽和失误通常是造成事故的根本原因。管理主要包括对轨道交通行车人员、设备、行车组织的管理。包括编制有关安全的规章、制度、条例、细则、方法和行车组织方法等，并监督其贯彻执行以及进行行车事故救援和路内外联防等的安全管理。

管理对铁路安全的重要性主要体现在下述三个方面：

1）有效的管理有助于提高运输系统内人员、设备和环境的安全性，如进行人员教育和培训等。

2）有效的管理具有协调运输系统内人、机、环境之间关系的功能，包括人-人、人-机、人-环境、机-机、机-环境、环境-环境和人-机-环境关系。

3）有效的管理具有优化运输系统内人-机-环境整体安全功能的能力，即管理具有运筹、组合、优化的作用。影响铁路安全管理的因素较多，主要有安全组织、安全法规、安全技术、安全教育、安全信息、安全资金等。

7.4　铁路事故救援和事故调查处理

铁路事故救援和事故调查处理是降低事故带来的伤亡及损失、减少衍生事故发生的重要手段。

7.4.1　铁路事故救援

铁路事故救援是指遇到铁路突发事故时应当采取的正确的救援方法。铁路按照《铁路交通事故应急救援规则》（铁道部令第32号，2007年9月1日施行）实施事故救援。

7.4.1.1　事故救援的一般要求

事故救援工作应当遵循"以人为本、逐级负责、应急有备、处置高效"的原则，事故救援的目标是通过有效的应急救援行动，最大限度地降低事故的后果，包括人员伤亡、财产损失和环境破坏等。

事故救援的一般要求包括下述四个方面：

1）立即组织营救受害人员，采取措施保护危害区域内的其他人员。抢救受害人员是应急救援的首要任务，在应急救援行动中，快速、有序、有效地实施现场急救与安全转送伤员是降低伤亡率，减少事故损失的关键。由于重大事故发生突然、扩散迅速、涉及范围广、危害大，应及时指导和组织员工采取各种措施进行自身防护，必要时迅速撤离危险区或可能受到危害的区域。在撤离过程中，应积极组织员工开展自救和互救工作。

2）迅速控制事态，并对事故造成的危害进行检测、监测，测定事故的危害区域、危害性质及危害程度。及时控制住造成事故的危险源是应急救援工作的重要任务，只有及时控制住危险源，防止事故继续扩展，才能及时有效地进行救援。应尽快组织工程抢险队与事故单位技术人员一起及时控制事故扩展。

3）消除危害后果，做好现场恢复。针对事故对人体、动植物、土壤、空气等造成的现实危害和可能的危害，迅速采取封闭、隔离、洗消、监测等措施，防止对人的继续危害和对环境的污染，及时清理废墟和恢复基本设施，将事故现场恢复至相对稳定的基本状态。

4）查清事故原因，评估危害程度，事故发生后应及时调查事故发生原因和事故性质，评估出事故的危害范围和程度，查明人员伤亡情况，做好事故调查。

7.4.1.2 事故救援的基本步骤

事故救援的主要工作包括救援报告、紧急处置、救援响应、现场救援、善后处理等。

1. 救援报告

事故应急救援实行逐级报告制度。铁路运输企业应当明确报告程序、方式和时限，公布接收报告的各级事故应急救援部门及电话。事故发生后，有关单位、部门应当按规定程序向上级单位和部门报告。

事故发生后，现场铁路工作人员或者其他有关人员应当立即向邻近铁路车站、列车调度员、公安机关或者相关单位负责人报告。接到报告的单位、部门应当根据需要立即通知救援队和救援列车。遇有人员伤亡或者发生火灾、爆炸、危险货物泄漏等事故时，接到报告的单位、部门应当根据需要采取防护措施，并立即通知当地急救、医疗卫生部门或者公安消防、环境保护等部门。

铁路运输企业列车调度员接到事故报告后，应当立即按规定程序报告本企业负责人，并向本区域的安全监管部门和列车调度员报告。列车调度员接到事故报告后，应当立即按规定程序上报。发生特别重大事故时，中国国家铁路集团有限公司（国铁集团）应当立即向国务院报告。

救援报告的主要内容：

1）事故发生的时间、地点（站名）、区间（线名、公里、米）、线路条件、事故相关单位和人员。

2）发生事故的列车种类、车次、机车型号、部位、牵引辆数、吨数、计长及运行速度。

3）旅客人数，伤亡人数、性别、年龄以及救助情况，是否涉及境外人员伤亡。

4）货物品名、装载情况，易燃、易爆等危险货物情况。

5）机车车辆脱轨数量及型号、线路设备损坏程度等情况。

6）对铁路行车的影响情况。

7）事故原因的初步判断，事故发生后采取的措施及事故控制情况。

8）需要应急救援的其他事项。

事故应急救援过程中，当人员伤亡、脱轨辆数、设备损坏等情况发生变化时，应及时补报。事故应急救援情况需要向社会通报时，由宣传部门统一负责。

2. 紧急处置

事故发生后，列车司机或者列车长等现场工作人员应当立即采取停车措施，并按规定对列车进行安全防护。遇有人员伤亡时，应当向邻近车站或者列车调度员请求施救，并将伤亡人员移出线路、做好标记，有能力的应当对伤员进行紧急施救。为保障铁路旅客安全或者因特殊运输需要不宜停车的，可以不停车。但是，列车司机或者列车长等现场工作人员应当立即将事故情况报告邻近站、列车调度员，接到报告的邻近车站、列车调度员应当立即组织处置。

客运列车发生事故造成车内人员伤亡或者危及人员安全时，列车长应当立即组织车上人

员进行紧急施救，稳定人员情绪，维护现场秩序，并向邻近车站或者列车调度员请求施救。

救援队接到事故救援通知后，救援队长应当召集救援队员以最快的速度赶赴事故现场。到达事故现场后，应当立即组织紧急抢救伤员，利用既有设备起复脱轨的机车车辆，清除各种障碍，搭设必要的设备设施，为进一步实施救援创造条件。发生列车火灾、爆炸、危险货物泄漏等事故时，现场铁路工作人员应当尽快组织疏散现场人员并采取必要的防护措施。事故发生后影响本线或者邻线行车安全时，现场铁路工作人员应当立即按规定采取紧急防护措施。

3. 救援响应

接到事故救援报告后，应当根据事故严重程度和影响范围，按特别重大、重大、较大、一般四个等级由相应单位、部门做出应急救援响应，启动应急预案。

（1）特别重大事故的应急救援 特别重大事故的应急救援，由国铁集团报请国务院启动，或者由国务院授权的部门启动。国铁集团在国务院事故应急救援领导小组的领导下开展工作，开通与国务院有关部门、事发地省级事故应急救援指挥机构以及现场事故救援指挥部的应急通信系统，征求有关专家建议以及国务院有关部门意见，提出事故应急救援方案，经国务院事故应急救援领导小组确定后组织实施，并派出专家和有关人员赶赴现场参加救援。

（2）重大事故的应急救援 重大事故的应急救援，由国铁集团启动。国铁集团事故应急救援工作机构应当组建现场事故应急救援指挥部（以下简称现场指挥部），并根据事故具体情况设立医疗救护、事故起复、后勤保障、应急调度、治安保卫、善后处理等工作组，开通与事发地铁路运输企业和现场指挥部的应急通信系统，咨询有关专家，确定事故应急救援具体实施方案，立即派出有关人员赶赴现场，调集各种应急救援资源，组织指挥应急救援工作。必要时，协调请求事发地人民政府、当地驻军、武装警察部队提供支援。遇有超出本级应急救援处置能力时，及时向国务院报告。

（3）较大事故、一般事故的应急救援 较大事故、一般事故的应急救援，由安全监管局启动或者督促铁路运输企业事故应急救援工作机构启动，组织成立现场指挥部，并根据事故具体情况设立医疗救护、事故起复、后勤保障、应急调度、治安保卫、善后处理等工作组，开通与现场指挥部的应急通信系统，咨询有关专家，确定事故应急救援具体实施方案。有关负责人和专业人员应当立即赶赴现场，调集各种应急救援资源，组织指挥应急救援工作。必要时，由安全监管局协调事发地人民政府、当地驻军、武装警察部队提供支援。遇有超出本级应急救援处置能力时，及时向国铁集团报告。

4. 现场救援

现场救援工作实行总指挥负责制，按照事故应急救援响应等级，由相应负责人担任总指挥，或者视情况由上级事故应急救援工作机构指定人员担任临时总指挥，统一指挥现场救援工作。各工作组及参加事故应急救援的单位、部门应当确定负责人。救援列车进行起复作业时，由救援列车负责人或者指定人员统一指挥。现场总指挥以及参加事故应急救援的各工作组负责人、各单位和部门负责人、作业人员应当区别佩戴明显标志。

现场指挥部应当在全面了解人员伤亡以及机车车辆、线路、接触网、通信信号等行车设备损坏、地形环境等情况后，确定人员施救、现场保护、调查配合、货物处置、救援保障、起复救援、设备抢修等应急救援方案，并迅速组织实施。在实施救援过程中，各单位、部门应当严格执行作业规范和标准，防止发生事故。

事故发生后，调度部门应当根据需要及时发布各类救援调度命令。重点安排救援列车出动和救援物资运输。需要其他铁路运输企业出动救援列车时，由国铁集团发布调度命令。事故造成列车大量晚点、造成人员伤亡、涉及货运列车、需要出动救援列车、需要通信保障、造成铁路设备设施损坏、遇有装载危险货物车辆等具体情形时，现场指挥部应当根据应急预案和现场需要迅速调集装备设施、物资材料、交通工具、食宿用品、药品器械等救援物资。铁路运输企业各单位、部门必须无条件支持配合，不得以各种理由推诿拒绝，不得延误救援工作。物资调用超出铁路运输企业自身能力时，可以向有关单位、部门或者个人借用。

事故应急救援过程中，有关单位和个人应当妥善保护事故现场以及相关证据，并及时移交事故调查组。因应急救援需要改变事故现场时，应当做出标记、绘制现场示意图、制作现场视听资料，并作出书面记录。任何单位和个人不得破坏事故现场，不得伪造、隐匿或者毁灭相关证据。

事故救援完毕后，现场指挥部应当组织救援人员对现场进行全面检查清理，进一步确认无伤亡人员遗留，拆除、回收、移送救援设备设施，清除障碍物，确认具备开通条件后，立即通知有关人员按规定办理手续，由列车调度员发布调度命令开通线路，尽快恢复正常行车。

5. 善后处理

事故善后处理工作组应当依法进行事故的善后处理，组织妥善做好现场遇险滞留人员的食宿、转移和旅客改签、退票等服务工作，以及伤亡人员亲属的通知、接待、抚恤丧葬、经济补偿等处置工作，负责收取伤亡人员医疗档案资料，核定救治费用。

对事故造成的伤亡人员，现场指挥部应当在积极组织施救的同时，负责协调落实伤亡人员的救治、丧葬等临时费用，待事故责任认定后，由事故责任方承担。

事故造成境外来华人员死亡的，事故善后处理工作组应当通知死者亲属或者所属国家驻华使（领）馆，尸体处置事宜按照我国有关规定办理。

对事故现场遗留的财物，事故善后处理工作组或者公安部门应当进行清点、登记并妥善保管。对事故造成的人员伤亡、财产损失以及事故应急救援费用等应当进行统计。借用有关单位和个人的设备设施和其他物资，使用完毕后应当及时归还并适当支付费用，丢失或者损坏的应当合理赔偿。

对事故造成的人员伤亡和财产损失，按照国家有关法律法规和《铁路交通事故应急救援和调查处理条例》规定给予赔偿。事故当事人对损害赔偿有争议时，可以协商解决，或者请求组织事故调查组的机构进行调解，也可以直接提起民事诉讼。属于肇事方责任给铁路运输企业造成损失的，应当按照事故认定书由肇事方赔偿。因设备质量或者施工质量造成事故损失的，铁路运输企业有权依据事故认定书向有关责任方追偿损失。

事故应急救援工作结束后，现场指挥部应当对事故应急救援工作进行总结，于5日内形成书面报告，并附事故应急救援有关证据材料，按事故等级报国铁集团事故应急救援领导小组或者安全监管局备案。由国铁集团事故应急救援领导小组或者安全监管局组织全面总结分析，对事故应急救援的组织工作进行评价认定，总结经验教训，制定整改措施，修改完善应急预案及有关制度办法。

7.4.2 事故的调查与处理

铁路按照《铁路交通事故调查处理规则》（铁道部令第 30 号，2007 年 9 月 1 日施行）实施事故的调查与处理。在铁路安全管理工作中，事故调查与处理是确认事故经过、查找事故原因的过程，是铁路安全管理工作的一项关键内容，是制定最佳事故预防对策的前提。

7.4.2.1 事故调查与处理的基本内涵

事故调查是在事故发生后，为获取有关事故发生原因的全面资料，找出事故的根本原因，防止类似事故的发生而进行的调查。

概括起来，事故调查工作对于安全管理的重要性可归纳为以下几个方面：

（1）事故调查工作是一种最有效的事故预防方法 事故的发生既有它的偶然性，也有必然性，即如果事故隐患存在，则什么时候发生事故是偶然的，但发生事故是必然的。因而，通过事故调查的方法，可以发现事故隐患，包括发现事故的直接和间接原因，找出其发生发展的过程，防止类似事故的发生。

（2）为制定安全措施提供依据 事故的发生是有因果性和规律性的，事故调查是找出这种因果关系和事故规律的最有效的方法，掌握了这种因果关系和规律性，就能有针对性地制定出相应的安全措施，包括技术和管理手段，达到最佳的事故控制效果。

（3）揭示新的或未被人注意的危险 任何系统，特别是具有新设备、新工艺、新产品、新材料、新技术的系统，都在一定程度上存在着某些尚未了解、掌握或被忽视的潜在危险。事故的发生给了人们认识这类危险的机会。事故调查是人们抓住这一机会的最主要的途径，只有充分认识了这类危险，才有可能防止其产生。

（4）可以确认管理系统的缺陷 事故是管理不佳的表现形式，而管理系统缺陷的存在也会直接影响到企业的经济效益。通过事故调查发现管理系统存在的问题，加以改进后，就可以一举多得，既能够控制事故，又能够改进管理水平，提高企业经济效益。

（5）事故调查工作是高效的安全管理系统的重要组成部分 安全管理工作主要是事故预防、应急措施和保险补偿手段的有机结合，且事故预防和应急措施更为重要。事故调查的结果对于事故预防和应急计划的制定均有重要价值。

事故调查的目的：必须首先明确的是，无论什么样的事故，一个科学的事故调查过程的主要目的就是防止事故的再发生。也就是说，根据事故调查的结果提出整改措施，控制事故或消除此类事故。事实证明，只有通过深入的调查分析，查出导致事故发生的深层次原因，特别是管理系统的缺陷，才有可能达到事故调查的首要目的，即防止事故的再发生。

同时，对于重大、特大事故，包括重伤事故，甚至死亡事故，事故调查还是满足法律要求、提供违反有关安全法规的资料，是司法机关正确执法的主要手段。这里当然也包括确定事故的相关责任，但这与以确定事故责任为目的的调查过程存在本质上的区别。后者仅仅以确定责任为目的，不可能控制事故的再发生；前者则要分析探讨深层次的原因、如管理系统的缺陷等，为控制此类事故奠定良好的基础。

此外，通过事故调查还可以描述事故的发生过程，鉴别事故的直接原因与间接原因，从而积累事故资料，为事故的统计分析及类似系统、产品的设计与管理提供信息，为企业或政府有关部门安全工作的宏观决策提供依据。

7.4.2.2　事故调查与处理的基本步骤

铁路事故发生后，应按照"四不放过"的原则进行调查处理。对于事故责任者的处理，应坚持"思想教育从严、行政处理从宽"的原则。但是对于情节特别恶劣，后果特别严重，构成犯罪的事故责任者，要坚决依法惩处。处理铁路交通事故是铁路各个管理机关的主要职责之一。

遵循统一的事故处理程序，是事故处理人员在处理事故中，正确执行国家法律和其他铁路有关法律、明确职责权限、提高办案效率的前提和保证。各级行车安全监察机构是铁路行车事故调查处理的主管部门。国铁集团安全监察特派员办事处根据《事规》参与所辖区域发生的行车特别重大、重大事故调查，并提出定性、定责建议。

1. 事故调查

特别重大事故由国务院或国务院授权的部门组织事故调查组进行调查。重大事故由国铁集团组织事故调查组进行调查，调查组组长由国铁集团负责人或指定人员担任，国家铁路局、国铁集团、安全监察司、运输局、公安局等部门和国铁集团派出机构、相关安全监管部门等派员参加。较大事故和一般事故由事故发生地安全监管局组织事故调查组进行调查，调查组组长由安全监管局负责人或指定人员担任，安全监管部门、公安机关等部门派员参加。国铁集团认为必要时，可以参与或直接组织对较大事故和一般事故进行调查。根据事故的具体情况，事故调查组还可由工会、监察机关有关人员以及有关地方人民政府、公安机关、安全监管部门等单位派人组成，并应当邀请人民检察院派人参加。事故调查组认为必要时，可以聘请有关专家参与事故调查。

发生一般 B 类以上、重大以下事故（不含相撞的事故），涉及其他地区安全监管部门辖区时，事故发生地安全监管局应当在事故发生后 12h 内发出电报，通知相关地区安全监管部门。相关地区安全监管部门接到电报后，应当立即派员参加事故调查组。自事故发生之日起 7 天（7d）内，因事故伤亡人数变化导致事故等级发生变化，依照《铁路交通事故应急救援和调查处理条例》规定由上级机关调查的，原事故调查组应当及时报告上级机关。

事故调查组履行下列职责：

1) 查明事故发生的经过、原因、人员伤亡情况及直接经济损失。
2) 认定事故的性质和事故责任。
3) 提出对事故责任者的处理建议。
4) 总结事故教训，提出防范和整改措施建议。
5) 提交事故调查报告。

事故调查组在事故发生后应当及时通知相关单位和人员；一般 B 类以上、重大以下的事故（不含相撞的事故）发生后，应当在 12h 内通知相关单位，接受调查。

事故调查组到达现场前，组织事故调查组的机关可指定临时调查组组长，组成临时调查组，勘查现场，掌握人员伤亡、机车车辆脱轨、设备损坏等情况，保存痕迹和物证，查找事故线索及原因，做好调查记录，及时向事故调查组报告。

事故调查组到达后，发生事故的有关单位必须主动汇报事故现场的真实情况，并为事故调查提供便利条件。事故发生单位的负责人和有关人员在事故调查期间应当随时接受事故调查组的询问，如实提供有关资料和物证。事故调查组有权向有关单位和个人了解与事故有关的情况，并要求其提供相关文件、资料，有关单位和个人不得拒绝。事故调查组根据需要，

可组建若干专业小组，进行调查取证。

1）搜集事故现场物证、痕迹，测量并按专业绘制事故现场示意图，标注现场设备、设施、遗留物的名称、尺寸、位置、特征等。需要搬动伤亡者、移动现场物体的，应做出标记，妥善保存现场的重要痕迹、物证；暂时无法移动的，应予守护，并设立明显标志。

2）询问事故当事人及相关人员，收取口述、笔述、笔录、证照、档案，并复制、拍照。不能书写书面材料的，由事故调查组指定人员代笔记录并经本人签认。无见证人或者当事人、相关人员拒绝签字的，应当记录在案。

3）对事故现场全貌、方位、有关建筑物、相关设备设施、配件、机动车、遗留物、致害物、痕迹、尸体、伤害部位等进行拍照、摄像。及时转储、收存安全监控、监测、录音、录像等设备的记录。

4）收取伤亡人员伤害程度诊断报告、病理分析、病程救治记录、死亡证明、既往病历和健康档案资料等。

5）对有涂改、灭失可能或以后难以取得的相关证据进行登记封存。

6）查阅有关规章制度、技术文件、操作规程、调度命令、作业记录、台账、会议记录、安全教育培训记录、上岗证书、资质证书、承（发）包合同、营业执照、安全技术交底资料等，必要时将原件或复印件附在调查记录内。

7）对有关设备、设施、配件、机动车、器具、起因物、致害物、痕迹、现场遗留物等进行技术分析、检测和试验，组织笔迹鉴定，必要时组织法医进行尸表检验或尸体解剖，并写出专题报告。

8）脱轨事故发生后，在全面调查的基础上，必要时应对事故地点前后一定长度范围内的线路设备进行检查测量，并调阅近期内该段线路质量检测情况；对事故地点前方（列车运行相反方向）一定长度的线路范围内，有无机车车辆配件脱落、刮碰行车设备的痕迹等进行检查，对脱轨列车中有关的机车车辆进行检查测量，并调阅脱轨机车车辆近期内运行情况监测记录。

事故调查中需要对相关的铁路设备、设施进行技术鉴定或者对财产损失状况以及中断铁路行车造成的直接经济损失进行评估的，事故调查组应当委托具有国家规定资质的机构进行技术鉴定或者评估。技术鉴定或者评估所需时间不计入事故调查期限。各专业小组应按调查组组长的要求，及时提交专业小组调查报告。调查组组长应组织审议专业小组调查报告，并研究形成《铁路交通事故调查报告》，由调查组所有成员签字。调查组成员意见不一致时，应在事故报告中分别进行表述，报组织调查的机关审议、裁定。事故调查中发现涉嫌犯罪的，事故调查组应当及时将有关证据、材料移交司法机关。

《铁路交通事故调查报告》应包括下列内容：

1）事故概况。

2）事故造成的人员伤亡和直接经济损失。

3）事故发生的原因和事故性质。

4）事故责任的认定以及对事故责任者的处理建议。

5）事故防范和整改措施建议。

6）与事故有关的证明材料。

事故调查组应在下列期限内向组织事故调查组的机关提交《铁路交通事故调查报告》：

1）特别重大事故的调查期限为 60 天（60d）。

2）重大事故的调查期限为 30 天（30d）。

3）较大事故的调查期限为 20 天（20d）。

4）一般事故的调查期限为 10 天（10d）。

事故调查期限自事故发生之日起计算。

事故调查组形成《铁路交通事故调查报告》，报组织事故调查的机关同意后，事故调查组的工作即宣告结束。国铁集团、安全监管部门应在事故调查组工作结束后 15 天（15d）之内，根据事故报告，制作《铁路交通事故认定书》，经批准后，送达相关单位。一般 B 类以上、重大以下事故（相撞事故为较大事故）的档案材料，应报国铁集团备案（3 份）。国铁集团发现事故认定不准确时，应予以纠正。必要时，可另行组织调查。

事故调查组成员在事故调查工作中应诚信公正、恪尽职守，遵守事故调查组的纪律，保守事故调查的秘密。未经事故调查组组长允许，调查组成员不得擅自发布有关事故的调查信息。调查事故应配备必要的调查设备和装备，保证调查工作顺利进行。调查设备和装备包括通信设备、摄影摄像设备、录音设备、绘图制图设备、便携电脑以及其他必要的装备。《铁路交通事故认定书》是事故赔偿、事故处理以及事故责任追究的依据。

《铁路交通事故认定书》应按照国铁集团规定的统一格式制作，内容包括：

1）事故发生的原因和事故性质。

2）事故造成的人员伤亡和直接经济损失。

3）事故责任的认定。

4）对有关责任单位及人员的处理决定或建议。

事故责任单位接到《铁路交通事故认定书》后，于 7 天（7d）内填写《铁路交通事故处理报告表》（安监报 2），按规定报送《铁路交通事故认定书》制作机关，并存档。

2. 事故责任的判定

事故分为责任事故和非责任事故。事故责任分为全部责任、主要责任、重要责任、次要责任和同等责任。

铁路运输企业或相关单位发布的文电，违反法律法规、国铁集团规章或铁路相关技术标准和作业标准等，直接导致事故发生的，定发文电单位责任。

因设备管理不善造成的事故，定设备管理单位责任。

因产品质量不良造成事故，属设计、制造、采购、检修等单位责任的，定相关单位责任；应采用经行政许可或强制认证的产品而采用其他产品的，追究采用单位责任；采购不合格或不达标产品的，追究采购单位责任。

自然灾害原因导致的事故，因防范措施不到位，定责任事故。确属不可抗力原因导致的事故，定非责任事故。

营业线施工中发生责任事故，属工程建设、设计、监理、施工等原因造成的，定上述相关单位责任；同时追究设备管理单位责任。已经竣工验收的设备，因质量问题发生责任事故，却属工程建设、设计、施工、监理等单位责任的，定上述相关单位责任；属设备管理不善的，定设备管理单位责任。

涉嫌人为破坏造成的事故，在公安机关确认前，定发生单位责任事故；经公安机关确认属人为破坏原因造成的，定发生单位非责任事故。

凡经国铁集团批准或铁路运输企业批准并报国铁集团核备后的技术革新项目、科研项目在运营线上试验时，在限定的试验期限内确因试验项目本身原因发生的事故，不定责任事故；但由于违反操作规程以及其他人为因素造成的事故，定责任事故。

事故发生后，因发生单位未如实提供情况，导致不能查明事故原因和判定责任的，定发生单位责任。

事故涉及两个以上单位管理的相关设备，设备质量均未超过临修或技术限度时，按事故因果关系进行推断，确定责任单位。

事故调查组未及时通知有关单位接受事故调查，不得定有关单位责任。有关单位接到通知后，应派员而未派员接受事故调查的，事故调查组可以直接定责。

铁路作业人员在从事与行车相关的作业过程中，不论作业人员是否在其本职岗位，由于违反操作规程、作业纪律，或铁路运输生产设备设施、劳动条件、作业环境不良，或安全管理不善等造成伤亡，定责任事故。

3. 事故损失认定

事故相关单位要如实统计、申报事故直接经济损失，制作明细表，经事故调查组确认后，在《铁路交通事故认定书》中认定。

下列费用列入事故直接经济损失：

1）铁路机车车辆、线路、桥隧、通信、信号、供电、信息、安全、给水等设备设施的损失费用。报废设备按报废设备账面净值计算，或按照市场重置价计算；破损设备设施按修复费用计算。

2）铁路运输企业承运的行包、货物的损失费用。

3）事故中死亡和受伤人员的处理、处置、医治等费用（不含人身保险赔偿费用）。

4）被撞机动车、非机动车、牲畜等财产物资，造成的报废或修复费用。

5）行车中断的损失费用。

6）事故应急处置和救援费用。

7）其他与事故直接有关的费用。

有作业人员伤亡的，直接经济损失统计范围、计算方法等按《企业职工伤亡事故经济损失统计标准》（GB/T 6721—1986）执行。负有事故全部责任的，承担事故直接经济损失费用的100%；负有主要责任的，承担损失费用的50%以上；负有重要责任的，承担损失费用的30%以上、50%以下；负有次要责任的，承担损失费用的30%以下。有同等责任、涉及多家责任单位承担损失费用时，由事故调查组根据责任程度依次确定损失的承担比例。负同等责任的单位，承担相同比例的损失费用。

4. 事故统计、分析

国家铁路局、国铁集团、铁路局及基层单位应按照本规则规定，建立事故统计分析制度，健全统计分析资料，并按规定及时报送。各级安全监察部门负责事故统计分析报告的日常工作，并负责监督指导有关部门（单位）做好事故统计分析报告工作。

事故的统计报告应当坚持及时、准确、真实、完整的原则。事故的统计应按照事故类别、等级、性质、原因、部门、责任等项目分别进行统计。每日事故的统计时间，由上一日18：00至当日18：00止。但填报事故发生时间时，应以实际时间为准，即填报零点改变日期。

责任事故件数统计在负全部责任、主要责任的单位，非责任事故和待定责事故件数统计在发生单位，相撞事故统计在发生单位。负同等责任或追究同等责任的，在总数中不重复统计件数。一起事故同时符合两个以上事故等级的，以最高事故等级进行统计。

发生人员伤亡的事故应按以下规定统计：

1）人员在事故中失踪，至事故结案时仍未找到的，按死亡统计。

2）事故受伤人员因正常手术治疗而加重伤害程度的，按手术后的伤害程度统计。

3）事故受伤人员经救治无效，在 7 天（7d）内死亡，按死亡统计；经医疗事故鉴定委员会确认为医疗事故的，或 7 天（7d）后死亡的，按原伤害程度统计。

4）事故受伤人员在 7 天（7d）内由轻伤发展成重伤的，按重伤统计。

5）未经医疗事故鉴定委员会确认为医疗事故的伤亡，按责任事故统计。

6）相撞事故发生后，经调查确认为自杀、他杀的，不在伤亡人数中统计。

铁路各级安全监察部门应建立《铁路交通事故登记簿》（安监统 1）、《铁路交通事故统计簿》（安监统 2）、《铁路运输企业安全天数登记簿》（安监统 3）、《铁路作业人员伤亡登记簿》（安监统 4）和《铁路交通事故分析会记录簿》。铁路运输企业专业部门、各基层站段应分别填记《铁路交通事故登记簿》（安监统 1），并建立《铁路交通事故分析会记录簿》，以上台账长期保存。

企业内部各业务部门须按月、半年、年度，对本系统统计的事故进行分析总结，向上级主管部门报告，并抄送安全监管部门。合资铁路、地方铁路、专用铁路须按月、半年、年度，对本单位事故进行分析，并报安全监管部门。

7.5 铁路应急管理技术

铁路运营安全管理以预防为主，尽可能消除所有的安全隐患。但在实际运营过程中，不安全因素随时存在，安全隐患不可能完全消除，突发事件是不可避免的。突发事件或事故实施精准应急管理方法和技术，对消除突发事件可能带来的事故或减少事故的损失具有重大意义。

7.5.1 铁路应急管理概述

铁路采用了大量的新技术、新设备，在高速度、高密度的运营下，会伴随着高风险的产生。风险一旦转化为突发事件，造成的后果十分严重，甚至会产生巨大的社会影响。高速铁路运输系统是一个复杂的动态系统，任何环节出现细小的疏漏都有可能导致突发事件的发生。因此，必须加强高速铁路应急管理工作，提高突发事件应对能力。

快速救援处置、控制事态发展、减轻损失的关键在于铁路应急管理，它是应对突发事件的核心管理与指挥体系，具有全面负责突发事件预警、应急处置和善后的职能。

1. 铁路应急管理的内涵

铁路应急管理是在应对铁路突发事件的过程中，为了降低铁路突发事件的危害，达到优化决策的目的，基于对铁路突发事件的原因、过程及后果进行分析，有效集成铁路内外部各方面的相关资源，对铁路突发事件进行有效预警、控制和处理的过程。从实质来讲，铁路应急管理包括对整个铁路突发事件生命周期的管理。总体来说，铁路应急管理是对铁路突发事

件发生前、发生中和发生后的全部过程进行管理和监督。包括设置在国铁集团、铁路局、站段三级的应急管理组织机构；针对各种突发事件制定的国铁集团、铁路局、站段三级应急预案；应急管理中的信息处理、应急预警、应急响应、应急后期处置和各种保障措施；以及各类有关应急的宣传、培训和教育等，这些都属于铁路应急管理的范畴。

应急管理是安全管理的一部分，关注着事故发生后的处置管理。随着学科变化，应急管理从安全管理当中脱离出来，并关注于事故发生前的预防和控制管理。应急管理与安全管理的主要区别在于，安全管理是一个大的管理体系，应急管理是针对突发事件进行的事前、事中和事后的管理。虽然应急管理也逐渐关注事故发生之前的风险和预防管理，但总的来说相对于安全管理，应急管理的重心更倾向于事故发生过程中的各类应急措施。

2. 铁路应急管理的基本阶段

按照突发事件的发生、发展规律，完整的铁路应急管理阶段应包括预防、准备、响应、恢复四个阶段，预防与准备阶段属于事前管理，重点是尽可能地防止和减少突发事件的发生；响应和恢复阶段属于事中和事后管理，重点是控制和减少突发事件造成的影响。

（1）预防（Prevention） 也有专家将预防称为缓解（Mitigation）、减轻（Reduction），预防即指在突发事件发生之前，为了消除其出现的机会或者为了减轻事件造成的损害所做的各种预防性工作。突发事件多种多样，有些是可以预防的，有些是无法避免的，但可以通过各种预防性措施减轻其危害，从这个角度讲，预防是最好的应对行动。该阶段主要业务活动包括：铁路运输安全的潜在风险分析，铁路突发事件信息的接报处理和应急值守管理的信息化等。

（2）准备（Preparedness） 准备是指针对特定的或者潜在的突发事件所做的各种应对准备工作，从而达到有备无患的目的。准备工作做得越充分，突发事件发生时，现场应急处置工作会越科学、高效。准备阶段主要包括建立危机预警机制，制定应急预案并根据需要开展演练，做好组织、人力、财政、应急物资和设备等准备工作。该阶段主要业务活动包括统筹应急物资储备，进行突发事件应急演练，集成各类固定设施、移动设备、自然灾害监测系统的信息进行综合预警，配置应急救援设备等。

（3）响应（Response） 响应是指针对可能或已经发生的突发事件，以风险指标或实际发生的突发事件等级为依据，启动应急预案，并按预案开展的各种紧急处置和救援等活动。应急指挥程序按过程可分为接警、应急响应级别确定、应急启动、救援行动、应急恢复和应急结束等。该阶段主要业务活动包括：①应急指挥，及时掌握与突发事件相关的动态信息、监控应急资源使用状况，提供对各类应急资源（人、财、物）的调度功能，并实现与列车、电务、工务、供电等路内各部门以及与地方政府、公安、武警、消防、医疗等部门的联动指挥；②决策支持，为铁路应急救援指挥小组提供决策所需的信息、图样、图像等各类技术资料，辅助确定决策目标和问题识别，建立或调整决策模型，提供各种应急方案，并对各方案进行评价和优选；③过程记录，将应急指挥全过程的语音、视频和数据信息记录下来，用于事件总结、查证和监督。

（4）恢复（Recovery） 恢复是指在突发事件得到有效控制之后，为了恢复正常的状态和秩序，依据相关应急预案进行的各种善后工作。突发事件处置完成后，突发事件的处置和调查结果将反馈给预防阶段，作为制定或修改安全措施和技术手段的依据。该阶段主要业务活动包括突发事件回放、应急处置方案评估、历史数据库管理、案例库和知识库完善等。

上述四个环节紧密联系，互相贯通，形成了铁路应急管理的全过程综合管理运作模式。应急管理应针对四个不同阶段，采取不同的应对措施，对各类突发事件进行综合性管理和处置。

3. 铁路应急管理的机制

铁路应急管理机制涵盖了铁路突发事件"预防、准备、响应、恢复"等阶段中的各种系统化、程序化、规范化的方法和措施，具体包括以下几个方面：

（1）预防与准备机制 预防与准备机制是铁路常态应急管理工作中的重要内容，主要包括应急预案管理、应急培训演练、应急宣传教育、应急值守管理、应急知识管理、应急评估及决策、应急资源配置等内容，目的是提高铁路应急基础能力建设。

（2）监测与预警机制 监测与预警机制主要是对影响铁路运输安全的各类风险源、隐患进行动态管理，包括对危险源、隐患的排查、监测、分析，预警信息发布及通告等内容，目的是有效预防各类突发事件的发生，或在突发事件发生或可能发生时，能够及时发布预警信息，以便快速进行各项预防和应对处置工作。

（3）信息报告及通报机制 铁路信息报告及通报机制是铁路应急管理机制的重要环节，主要是实现路内部门之间以及与路外部门之间的信息互报。根据事件级别不同，报送范围有所不同，包括路内和路外信息报送两部分。建立完善的信息报告及通报机制可以为应急工作的快速开展赢得宝贵时间，从而争取最大限度地降低人员伤亡和财产损失。

（4）应急响应机制 应急响应机制是为应对突发事件而制定的一系列应急响应制度和处置程序，注重时效性。目的是在突发事件发生时能尽快采取有效措施，有效降低人员伤亡和财产损失，一般根据突发事件类型、级别不同，分别启动不同的应急响应程序。

（5）协调联动机制 协调联动机制狭义上是指在突发事件发生后，铁路系统内部以及铁路系统外部相关部门之间密切配合，协同开展突发事件应急处置，以提高突发事件应急处置效率；广义上是指在铁路突发事件的整个生命周期中，各部门间建立协作制度，规范协作程序，共同做好突发事件的预防和处置工作。

（6）恢复与重建机制 恢复与重建机制短期内是尽快消除突发事件造成的危害和损失，恢复铁路正常的运营秩序，安抚人员情绪，维护社会秩序稳定；长期是对突发事件影响而不能恢复的设施进行重新建设，同时从精神抚慰、经济补偿等方面对受影响人员进行善后处理。

（7）应急保障机制 应急保障机制是对铁路应急管理全过程中的人、财、物、信息和技术等资源进行科学统筹、合理配置的规范性程序。铁路应急管理的正常开展以及突发事件的高效处置离不开完备的应急保障体系和规范的应急保障机制。

（8）调查评估机制 调查评估机制是对突发事件的起因、性质、影响、损失、责任、处置过程、经验教训和恢复重建等问题进行调查评估，对完善铁路应急管理体系建设具有重要的指导意义。

7.5.2 铁路突发事件

1. 铁路突发事件定义

依据《国家突发事件总体应急预案》，铁路突发事件定义为在铁路运营过程中，由于事故、自然灾害，人为破坏等因素，影响正常的运输秩序甚至导致运营中断，威胁或者可能威

胁人民生命财产安全，必须通过一定的措施才能恢复秩序以应对的事件。

《中华人民共和国突发事件应对法》《国家突发事件总体应急预案》对我国突发事件的分类分级进行了规定，按照突发公共事件的发生过程、性质和机理，将突发公共事件分为自然灾害、事故灾难、公共卫生事件以及社会安全事件四类，按照各类突发公共事件的危害程度、影响范围等因素，将突发事件分为四级：Ⅰ级（特别重大）、Ⅱ级（重大）、Ⅲ级（较大）和Ⅳ级（一般），铁路突发事件的分类分级也是参照此规定制定的。

铁路突发事件分类如图7-1所示。根据铁路各类事故造成的人员伤亡、直接经济损失、列车脱轨辆数、中断铁路行车时间等情形，铁路突发事件等级分为Ⅰ级（特别重大）、Ⅱ级（重大）、Ⅲ级（较大）和Ⅳ级（一般），具体可参考《铁路交通事故应急救援和调查处理条例》（国务院令第501号，2007年9月1日施行）。

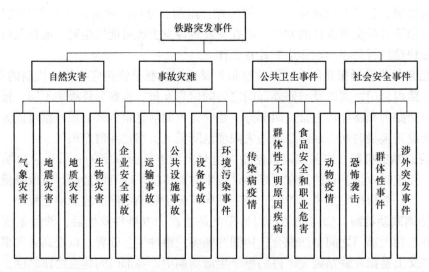

图7-1　铁路突发事件分类

洪水淹没铁路、冲垮路堤、地震、地质灾害事故等属于自然灾害事件。铁路交通事故、铁路施工安全事故等属于灾难事件。在铁路运输生产过程中发生的不明原因疾病和传染性疾病等属于公共卫生事件。影响到高速铁路正常运营的恐怖袭击、群体性事件等属于社会安全事件。

2. 铁路突发事件的特点

（1）**不确定性**　由于铁路系统的复杂性以及众多风险影响因素，导致无法预测铁路突发事件会在何时、何地发生，一旦发生铁路突发事件，突发事件的类型、级别、危害后果也很难在短时间内予以判定，再加上现场信息的不确定性，使得应急处置工作困难很大，因此，铁路突发事件具有很大的不确定性。

（2）**紧迫性**　铁路突发事件一旦发生，如果没有采取有效措施予以应对，突发事件会进一步演变、恶化，引发次生和衍生事件，从而造成更大的危害。因此，铁路突发事件的应急处置具有紧迫性，需要在短时间内迅速掌握现场信息、并快速做出判断，以控制事态发展，减少人员伤亡和财产损失。

（3）**危害性**　铁路作为重要的交通工具，影响范围广泛，涉及人员众多。铁路突发事件往往会伴随着巨大的人员伤亡和财产损失，以及难以抚平的精神伤害；同时，随着互联网技术以及"微博""微信""抖音"等新媒体技术的不断涌现，使得网络舆情极大地影响着社会舆论导向，如一旦铁路发生公共危机，就会影响社会安定。

（4）动态性　铁路突发事件发生后，并不是一成不变的，而是处在一个不断动态演变的过程中。铁路突发事件会受到时间、环境，以及应急救援行动等相关因素影响而不断演变，如果采取的应急处置措施不力，会使得事态危害性进一步升级，从而造成更多的人员伤亡和更大的财产损失。因此，铁路突发事件具有很大的动态性，这也决定了铁路应急决策也处在一个动态环境中，需要决策者及时掌握事态演化信息，及时调整应急方案，提高应急处置效率。

（5）社会性　铁路与人民群众的生活息息相关，对社会方方面面产生影响，具有广泛的社会性。铁路突发事件不仅会造成极大的人员伤亡和财产损失，影响整个社会运输系统的正常秩序，具有广泛的社会危害性；同时，铁路突发事件的应急处置也离不开社会力量、资源支持，应急处置过程也具有社会性。

7.5.3　铁路应急预案

应急预案是应急管理工作的核心内容，它是针对可能的重大事件或灾害，为保证迅速、有序、有效地开展应急与救援行动、降低事件损失而预先制定的有关计划或者方案。它是在辨识和评估潜在重大危险、事件类型、发生的可能性及发生过程、突发事件后果及影响严重程度的基础上，对应急机构职责、人员、技术、装备、设施、物资、救援行动及其指挥与协调等方面预先做出的具体安排。应急预案是应急管理工作的具体反映。

7.5.3.1　铁路应急预案定义及分类

铁路应急预案是针对可能发生的各类铁路突发事件而预先制定的行动方案和计划，是在对各类铁路突发事件的演变规律进行深入分析的基础上而形成的科学处置方案，其明确了突发事件的事前、事发、事中、事后各阶段的应急工作任务，是铁路突发事件应急处置的参考准则。

铁路应急预案的内容是为了减轻铁路突发事件对运输秩序的影响和对运输设备造成的损害，提高事件发生后处置能力，有效恢复正常运输秩序而规定了处置各类突发事件的工作原则、组织体系、现场指挥部门的职责、应急响应行动、应急处置和救援流程及各类应急保障制度。铁路应急预案是铁路各级职能部门针对各类突发事件事先制定的一套迅速、有效、有序解决问题的措施方法与行动计划。通过编制应急预案，可以明确在发生突发事件的事前、事中、事后各阶段，什么人、用什么方法、调用哪些应急资源等因素。

铁路应急预案分类方式有多种形式，从突发事件类型来说，可分为自然灾害类、事故灾难类、公共卫生类和社会安全事件类；从预案针对性来说，可分为综合预案、专项预案、现场处置预案、岗位应急处置办法。铁路应急预案包括综合预案、专项预案和现场处置预案。

1. 综合预案

综合预案也称总体预案，是各单位应急预案体系的总纲，是组织应对突发事件的总体制度安排。通过综合预案可以很清晰地了解铁路内应急体系的基本架构及预案的文件体系，图7-2所示为某铁路局综合应急预案框架。从图7-2中可以看到，综合预案主要规定了突发事件应对的基本原则、组织机构及职责、预测与预警、应急处置、事后恢复与重建、应急保障、宣传培训和演练、责任与奖惩等多项内容。综合预案是铁路各级组织应急预案编制的基础。

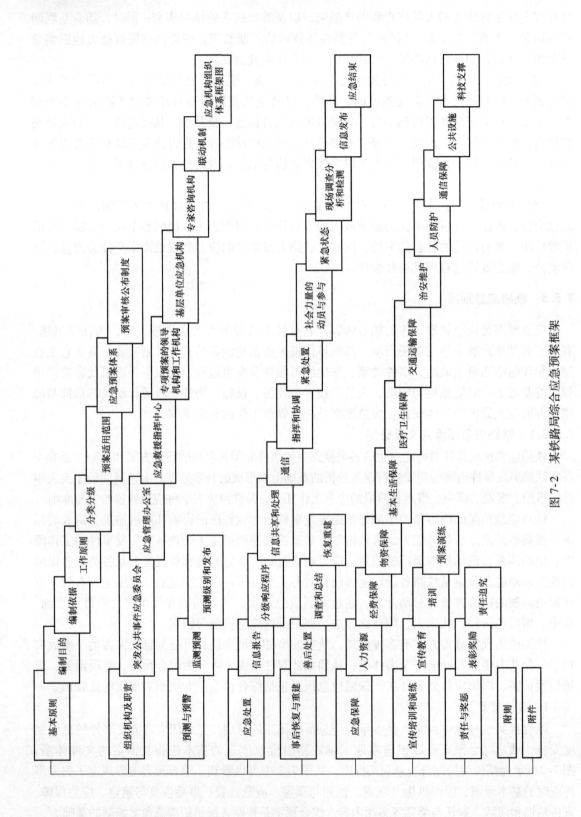

图 7-2 某铁路局综合应急预案框架

2. 专项预案

专项预案是在总体预案的基础上专门为了应对某一类型或某几种类型突发事件，而预先制定的涉及多个部门职责的工作方案。如铁路防洪应急预案，铁路火灾应急预案，铁路地质灾害应急预案等都是专项应急预案。在特定事故发生的情况下，采取专项应急预案可以起到很好的救援效果。专项预案是在针对特定突发事件的发展演化规律和情景分析基础上编制的，对涉及该类突发事件的应急组织机构、应急措施、应急保障等内容提出了更为具体的要求，操作性较强。

3. 现场处置预案

现场处置预案是铁路局相关应急部门及下属基层组织针对各类突发事件而制定的更为详细的处置计划，是在专项预案的基础上，针对各类突发事件的组织指挥、情景演变、风险评估、监测预警、信息报告、应急处置措施、队伍物资保障及调动程序等各项应急任务做出更为具体、细致的计划方案。一般来说，车间、班组的现场工作方案，侧重明确应急响应责任人、应急队伍分工、风险隐患监测、预警信息传播、不同情况下的应对措施、组织先期处置和自救互救、信息收集报告、人员疏散撤离组织和路线、人员临时安置、应急装备保障和自我保障、可调用或可请求援助的应急资源情况及如何实施以及相关联络人员和电话等内容，体现自救互救、信息报告和先期处置的特点。因此，现场处置预案要求具有更强的针对性和可操作性。

7.5.3.2 应急预案管理

对铁路应急预案的管理包括应急预案的编制、应急预案的演练、应急预案的评价等内容。

1. 应急预案的编制原则

铁路应急预案编制是一项涉及面广、专业性强的工作。编制应急预案需要遵守下列原则：

1）统一领导原则。制定的预案应该明确概括和总结铁路应急领导组织对应急救援工作的领导作用和责任。

2）层次分明原则。铁路各级单位只做本单位的应急预案，并对下级单位的编制提出指导，不为下级单位编写具体预案。

3）分工负责原则。应急预案中涉及的有关预防、预警、应急响应、应急保障、应急结束等环节，需按各部门职能明确分工划分。

4）综合协调原则。在制定预案过程中，如果涉及工作职能空档，要明确综合协调的职能机构和人员，做到职能间的相互衔接。

5）宏观与实际操作相结合原则。国铁集团、各铁路局制定的预案需要从宏观角度出发总揽全局，把涉及的各类突发事件都包括进来，形成工作总纲。国铁集团与铁路局预案一般要对下级单位制定预案提出要求，不对具体操作环节进行规定；站段预案要在上述原则的基础上，明确针对突发事件，体现可操作性。

6）突出重点原则。应急预案需围绕高速铁路应急工作业务特点及突发事件的特点，突出细化实际应急工作各个环节的相关内容。

2. 应急预案的编制程序和要求

（1）编制准备 编制铁路应急预案应做好以下准备工作：

1）全面分析本单位危险因素、可能发生的突发事件类型及其危害程度。

2）排查突发事件隐患的种类、数量和分布情况，并在隐患治理的基础上，预测可能发生的突发事件类型及其危害程度。

3）确定突发事件风险源，进行风险评估。

4）针对突发事件风险源和存在的问题，确定相应的防范措施。

5）客观评价本单位应急能力。

6）充分借鉴国内外同行业突发事件教训及应急工作经验。

（2）编制程序　编制程序包括：

1）成立应急预案编制工作组。结合本单位部门职能分工，成立以单位主要负责人为领导的应急预案编制工作组，明确编制任务、职责分工，制定工作计划。

2）资料收集。收集应急预案编制所需的各种资料（相关法律法规、技术标准、国内外同行业突发事件案例分析、本单位技术资料等）。

3）风险源与风险分析。在危险因素分析及突发事件隐患排查、治理的基础上，确定本单位的风险源、可能发生突发事件的类型和后果，进行风险分析，并指出可能产生的次生、衍生事件，形成分析报告，分析结果作为应急预案的编制依据。

4）应急能力评估。对本单位应急装备、应急队伍等应急能力进行评估，并结合本单位实际，加强应急能力建设。

5）应急预案编制。针对可能发生的高速铁路突发事件，按照有关规定和要求编制应急预案。预案编制过程中，应注重全体人员的参与和培训，使所有与应急有关的人员均掌握风险源的危险性、应急处置方案和技能。应急预案应充分利用社会应急资源，与地方政府预案、上级主管单位以及相关部门的预案相衔接。

6）应急预案评审与发布。应急预案编制完成后，应进行评审。评审由本单位主要负责人组织有关部门和人员进行。同时组织上级主管部门或社会相关专家进行外部评审。评审后，报上级有关部门批准和备案，并进行发布。

铁路应急预案编制流程如图 7-3 所示。

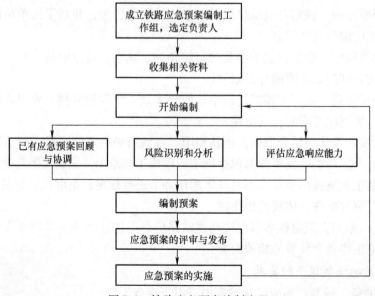

图 7-3　铁路应急预案编制流程

（3）**编制要求**　应急预案编制的格式应做到：

1）结构合理。合理的预案章节结构，可以方便不同使用者迅速找到各自所需的信息。在修改单个部分时，避免对整个应急预案做较大的改动。

2）内容衔接。保证应急预案每个章节及其组成部分在内容上的相互衔接。

3）表述一致。保证应急预案中的各个章节内容都采用相似的逻辑结构来组织，使读者不用重新去适应每个章节的内容编排。

4）格式兼容。应急预案的格式应尽量沿用上级机构所采取的格式，以便各级应急预案能更好地协调和应对。

7.5.3.3　应急预案的演练

1. 应急演练的意义

铁路应急预案只有通过演练才能促进所有相关部门的工作人员、社会公众了解和掌握，才能更好地发挥作用。

应急演练是指国铁集团、铁路局和站段等各级单位和部门，组织相关单位及人员，依据有关高速铁路应急预案，模拟应对突发事件的活动。应急演练可以更好地验证铁路应急预案的可操作性，使应急管理和应急救援人员得到实际训练，也有利于检验和提高相关部门和人员的协调配合能力。因此，铁路企业应充分重视应急演练的重要作用，定期或不定期地组织相关方进行各项演练活动。

2. 应急演练的目的

铁路应急演练是加强高速铁路突发事件应对能力的一项重要活动，通过应急演练，可以达到检验预案、完善准备、锻炼队伍、磨合机制、科普宣教等多项目的。

1）检验铁路应急预案。通过开展高速铁路应急演练，有利于查找现有铁路应急预案中存在的各类问题，进一步完善预案，提高预案的实用性和可操作性。

2）完善铁路应急准备工作。通过开展铁路应急演练，有利于检查应对突发事件所需应急队伍、物资、装备、技术等方面的准备情况，以便发现应急处置中的不足，并及时予以调整补充，做好铁路应急准备工作。

3）锻炼铁路应急队伍。通过开展铁路应急演练，有利于增强演练组织单位、参与单位和人员对应急预案的熟悉程度，提高应急处置能力。

4）磨合铁路应急机制。通过开展铁路应急演练，有利于进一步明确相关单位和人员的职责任务，理顺工作关系，完善应急机制。

5）科普宣教。通过开展铁路应急演练，有利于普及应急知识，提高铁路员工风险防范意识和自救互救等突发事件应对能力。

3. 应急演练的分类

（1）**按演练形式划分**　铁路应急演练可分为桌面演练和实战演练。

1）桌面演练。桌面演练是在室内讨论和模拟式的应急演练活动。由相关参演单位人员，按照应急预案的内容，在预设应急状态下，采取讨论和模拟方式进行应急演练。主要检验参演人员应急职责、处置程序的执行情况等方面的能力。

2）实战演练。实战演练是在仿真模拟突发事件真实场景条件下的应急演练活动。由相关参演单位和人员，按照应急预案的内容，运用真实装备，采取实际行动进行应急演练。主

要检验应急队伍、抢险装备的调动效率和现场组织能力。实战演练通常要在特定场所完成。

（2）按演练内容划分　铁路应急演练可分为专项应急演练和综合应急演练。

1）专项应急演练。由单一系统（如电务系统、工务系统等）或单位（国铁集团、铁路局、站段）牵头，针对制定的铁路应急预案以及其他应急预案中涉及自身职责组织开展的高速铁路应急演练。重点检验铁路专项应急预案。

2）综合应急演练。由多个系统（如电务系统、工务系统等）或单位（铁路局、站段）参与，共同针对相关的铁路应急预案组织开展的应急演练。重点检验多个环节和不同部门之间的应急联动机制。

（3）按目的与作用划分　铁路应急演练可分为程序性演练、考核性演练和检验性演练。

1）程序性演练。主办单位事先制定应急演练工作方案或脚本。参演人员根据脚本，结合各自职能分工，逐条分项推演，熟悉突发事件的应急处置工作流程，并在演练过程中进行验证。

2）考核性演练。主办单位事先制定多场景的高速铁路应急演练工作方案或脚本，演练时，由指挥组随机调整应急演练场景的个别或部分信息指令。重点考核参演人员对变化信息指令的自主响应能力和应对事件的处置能力。

3）检验性演练。主办单位事先制定应急演练工作方案，但不编制脚本。应急演练的时间、地点、场景等由指挥组随机控制。演练前，参演人员只是了解预设事件的情景梗概，并根据指挥组下达的信息指令进行自主响应。重点检验参演单位及人员的自主应对能力。

不同类型的演练相互组合，可以形成单项桌面演练、综合桌面演练、单项实战演练、综合实战演练、示范性专项演练、示范性综合演练等。

4. 应急演练的流程

铁路应急演练是由多个机构和部门共同参与的一系列行为和活动，因此应急演练的组织与实施是一项非常复杂的任务，应急演练过程可以划分为演练准备、演练实施和演练总结三个阶段。铁路应急演练流程如图7-4所示。

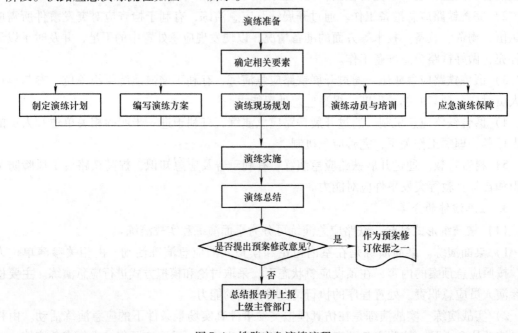

图7-4　铁路应急演练流程

7.5.3.4 应急预案的评价

铁路应急预案对铁路突发事件应急处置起着重要的指导作用，其质量的优劣，直接影响到应急救援的效果和效率。对高速铁路应急预案进行评价有助于高速铁路部门提前预知预案的使用效果，有利于事先查出预案中的不足以便及时修改。铁路应急预案的评价有定性和定量两种形式。定性的评价主要采用评价表法，定量评价主要借助于数学模型和算法进行。

下面重点介绍应急预案综合评价方法。根据铁路应急预案的内容和作用，首先需建立铁路应急预案评价指标体系，再运用评价方法对应急预案进行研究，力争科学、易行、全面地对应急预案的各方面进行系统分析和评价。为铁路应急预案编制的合理性、实施的可操作性以及救援成本的经济性评价提供理论依据。

应急预案评估方法主要有模糊综合评价法、折衷排序法（VIKOR）、理想系数法（TOP-SIS）等多种方法。其中模糊综合评价法是应急预案前评估的常用方法，主要是因为该方法具有以下优势：①可以将评价过程中的主观因素对结果的影响控制在比较小的限制范围之内，使得对预案的评价客观可信；②模糊综合评价法适用于多主体对多层次指标评价信息的整合评估。

建立评价指标体系是评估的基础。建立铁路应急预案评价指标体系，应以目的性、全面性、可行性为原则，要在充分认识铁路应急预案的内容以及发挥的作用上，归纳罗列评价指标，全面覆盖铁路应急预案的各方面。铁路应急预案综合评价指标体系结构如图7-5所示。

7.5.4 铁路应急保障

铁路应急保障体系是整个应急管理体系的重要支撑，主要功能是借助科学技术手段、教育培训方式、应急资源、应急资金，保障各项应急工作能够科学、高效、快速地开展，以提高应急能力和水平。铁路应急保障体系包括应急资源、应急资金、技术支撑、应急培训演练等内容。

1. 应急资源

应急资源是铁路应急管理中不可或缺的重要组成部分，是有效应对突发事件的重要保障。铁路应急资源不仅包括与救援相关的优势资源，如物资、设备、器械、人员等，还包括应急处置过程中的各类信息资源。因此，应急资源是为了满足铁路突发事件的预防和处置需求而专门配置的各种人力、物资、设备设施以及信息资源的总称。

铁路突发事件的应急处置过程是一个多部门联动共同协作的过程，应急处置工作不仅需要铁路系统内部车、机、工、电、供等多个部门的共同参与，同时还可能需要铁路以外的社会资源的配合和支援，如事发地附近医院、消防以及当地驻军和部队等。因此，可将铁路应急过程使用到的资源分为铁路专业应急资源（内部资源）和社会资源（外部资源），如图7-6所示。

2. 应急资金

铁路应急资金主要用于日常和突发事件时的经费使用。铁路应急资金主要来自两部分，一部分是铁路总公司用以支持应急管理的专项应急经费，主要用于专门、综合的大型应急演练以及洪水、冰冻雨雪天气等各类突发事件；另一部分是各铁路局业务处室用于专门业务的专项资金支持，如铁路局工务部门用于工务设备采购、维护和专业演练的经费。

交通安全工程

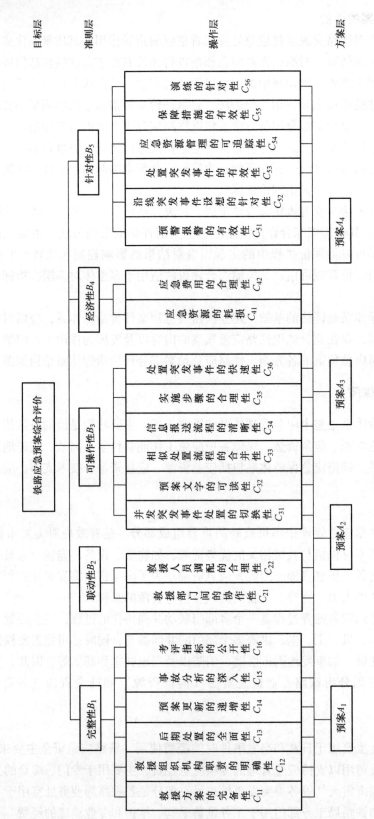

图 7-5 铁路应急预案综合评价指标体系结构

目标层　　　准则层　　　　　　操作层　　　　　　方案层

铁路应急预案综合评价

完整性 B_1
救援方案的完备性 C_{11}
救援组织机构职责的明确性 C_{12}
后期处置的全面性 C_{13}
预案更新的递增性 C_{14}
事故分析的深入性 C_{15}
考评指标的公开性 C_{16}

联动性 B_2
救援部门间的协作性 C_{21}
救援人员调配的合理性 C_{22}

可操作性 B_3
并发突发事件处置的切换性 C_{31}
预案文字的可读性 C_{32}
相似处置流程的合并性 C_{33}
信息报送流程的清晰性 C_{34}
实施步骤的合理性 C_{35}
处置突发事件的快速性 C_{36}

经济性 B_4
应急资源的耗损 C_{41}
应急费用的合理性 C_{42}

针对性 B_5
预警报警的有效性 C_{51}
沿线突发事件设想的针对性 C_{52}
处置突发事件的有效性 C_{53}
应急资源管理的可追踪性 C_{54}
保障措施的有效性 C_{55}
演练的针对性 C_{56}

预案 A_1
预案 A_2
预案 A_3
预案 A_4

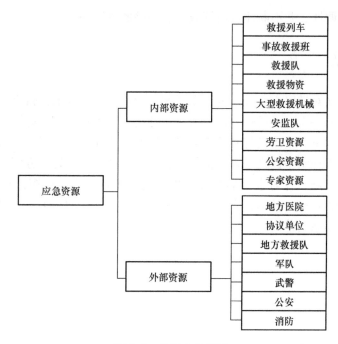

图 7-6　铁路应急资源

3. 技术支撑

技术支撑包括监测预警、决策指挥和应急处置所需的各种监测、监控技术装备、应急及安全管理系统、通信系统、科技支撑等内容。铁路监测、监控技术装备分为三类：固定设施诊断与监控、移动设备诊断与监控、防灾安全监控。由于铁路突发事件种类繁多，监测、监控技术装备的涵盖范围和数据来源非常广泛。应急安全管理信息系统主要包括铁路应急管理平台、铁路应急指挥系统、各专业安全生产管理系统等。通信系统包括各种固定、移动、手持通信设备。科技支撑包括监测、预测、预警、预防和应急处置技术等方面的科学研究和技术开发等内容。铁路总公司、铁路局、站段各级单位都十分重视科学研究，通过政策、资金等方面的支持，不断加大铁路公共安全及应急相关领域的科学研究和技术开发投入，引导和扶持科研机构、企业对应急技术的开发，不断推出新的应急系统和应急产品，改进整个铁路应急体系的技术装备，不断将新的技术应用到铁路安全运输工作中，提高铁路整体应急能力。

4. 应急培训演练

应急培训演练是应急管理中一项重要的基础性工作，可锻炼应急队伍的综合业务素质和提高应急能力，提升铁路应急管理整体水平。通过应急培训演练，促使应急人员熟悉和掌握应急知识和处置程序，从思想上认识到应急管理工作的重要性，增强责任意识，安全意识；检验应急预案在应急处置中存在的问题，完善应急预案；增进各级应急管理部门和业务部门之间的协调联动性，为应急管理工作的顺利开展创造有利条件。应急培训要采取多模式，多手段，注重不同对象的差异性，对于各类专业应急人员，重点是培训应急专业技能以及应急知识；对于应急指挥人员和决策人员，在培训掌握专业应急知识的同时，还要求具备紧急情况下的抗压能力、不确定条件下的快速决策能力以及沟通协调能力。应急演练要注重演练实

效性，针对性和协调性，并不断注重演练效果和经验的总结评估。

7.6 本章小结

本章从多个方面对铁路交通安全进行了系统的阐述，并明确了铁路交通事故的概念，分析了铁路交通事故的特点、形成过程以及事故的分类与分级；在铁路运输安全影响因素的分析中，重点剖析了人员、基础设施和技术装备，以及沿线环境等因素对铁路运营安全产生的影响，为提高安全管理水平提供了理论依据；在事故救援与调查处理方面，详细阐述了铁路事故救援的组织与实施，并对事故的调查和处理流程进行了说明；探讨了铁路应急管理技术，介绍了铁路应急管理的基本概念、铁路突发事件的分类、铁路应急预案的制定与评估，以及铁路应急保障体系的建设。

知识测评

一、选择题

1. 铁路运输安全工作的特点主要体现为（   ）。
A. 严重性、动态性、开放性、复杂性、高风险性和系统性
B. 连续性、严重性、反复性、伴随性、高风险性和系统性
C. 连续性、动态性、伴随性、高风险性、开放性和系统性
D. 动态性、严重性、反复性、复杂性、高风险性和系统性
2. 有下列哪种情形为特别重大事故（   ）。
A. 造成 30 人以上死亡
B. 造成 50 人以上 100 人以下重伤
C. 造成 1000 万元以上 5000 万元以下直接经济损失
D. 客运列车脱轨 18 辆以上
3. 洪水淹没铁路、冲垮路堤、地震、地质灾害事故等属于（   ）。
A. 社会安全事件　　　B. 公共卫生事件　　　C. 灾难事件　　　　　D. 自然灾害事件
4. 铁路事故救援的首要任务是（   ）。
A. 恢复铁路运输秩序　　　　　　　　　B. 救治受伤人员
C. 清理事故现场　　　　　　　　　　　D. 调查事故原因

二、填空题

1. 铁路机车车辆在运行过程中与行人、机动车、非机动车、牲畜及其他障碍物相撞的事故，均为_____。
2. 由于铁路运输系统本身所具有的行车速度高、作业环节多、昼夜连续运转、运行控制自由度小等特点，铁路运输事故具有以下特点：事故的动态性、_____、反复性和_____。
3. _____就是根据统计学原理，对大量的事故资料、数据进行加工整理和综合分析，

从中揭示出事故发生的某些必然规律和事故的分布特征。

4. _____和_____是降低事故带来的伤亡及损失、减少衍生事故发生的重要手段。

5. _____是在应对铁路突发事件的过程中，为了降低铁路突发事件的危害，达到优化决策的目的，基于对铁路突发事件的原因、过程及后果进行分析，有效集成铁路内外部各方面的相关资源，对铁路突发事件进行有效预警、控制和处理的过程。

三、判断题

1. 铁路运输生产的根本任务就是把旅客和货物安全及时地运送到目的地。　　（　　）

2. 铁路事故描述性统计和推理性统计，不需要经过统计调查、归纳整理和综合分析三个步骤就能取得结果。　　（　　）

3. 在铁路系统中，人既是事故的肇事者又是受害者，绝大多数事故的发生均与人的不安全行为有关，人员对安全的影响十分突出。　　（　　）

4. 依据"人-机-环境"系统工程的思想和方法，运用风险管理方法提出的风险项点分析方法，从人员、基础设施和技术装备、沿线环境三个方面分析影响铁路运营安全的因素，是铁路运营安全管理的基本出发点，是安全监控、预警、管控的基础。　　（　　）

5. 事故救援工作应当遵循"以人为本、逐级负责、应急有备、处置高效"的原则。（　　）

复习思考题

1. 铁路运输安全的特点有哪些？这些特点如何影响铁路交通安全管理？

2. 如何定义铁路交通事故？铁路交通事故与其他类型交通事故有何异同？

3. 简述铁路交通事故的形成过程，并分析其主要影响因素。

4. 铁路交通事故的分类和分级标准是什么？

5. 铁路交通事故的统计分析有哪些主要方法？这些方法如何为事故预防提供支持？

6. 铁路运输管理中存在哪些安全隐患？应采取哪些措施加强安全管理？

7. 结合技术与政策，为铁路沿线环境安全管理设计一个改进方案。

8. 简述铁路应急预案的基本框架。如何针对不同类型的突发事件设计应急预案策略？

9. 铁路应急预案的制定需要考虑哪些关键因素？如何评估和优化应急预案的效果？

10. 铁路事故救援的一般流程是什么？有哪些环节需要特别关注？

参 考 文 献

[1] 肖贵平，朱晓宁. 交通安全工程 [M]. 3 版. 北京：中国铁道出版社，2021.

[2] 徐志胜. 安全系统工程 [M]. 3 版. 北京：机械工业出版社，2019.

[3] 教育部高等学校安全工程学科教学指导委员会. 交通运输安全技术 [M]. 北京：中国劳动社会保障出版社，2012.

[4] 刘志强，赵艳萍，倪捷，等. 道路交通安全与事故预防 [M]. 北京：机械工业出版社，2022.

[5] 王燕. 交通运输安全系统 [M]. 长沙：中南大学出版社，2014.

[6] 《铁路运输安全要素》编写组. 铁路运输安全要素 [M]. 北京：北京交通大学出版社，2021.

[7] 房曰荣，沈斐敏. 道路交通安全 [M]. 2 版. 北京：机械工业出版社，2019.

[8] 曹庆贵. 安全系统工程 [M]. 北京：煤炭工业出版社，2010.

[9] 鲁光泉，王云鹏. 道路交通安全 [M]. 北京：人民交通出版社，2024.

[10] 王海星，陈同喜. 铁路安全体系建构与实施评价研究 [M]. 北京：中国铁道出版社，2021.

[11] 朱令起. 安全系统工程 [M]. 北京：冶金工业出版社，2022.

[12] 沈斐敏. 安全系统工程 [M]. 北京：机械工业出版社，2022.

[13] 黄智勇，金国锋，高敏娜. 系统安全工程 [M]. 西安：西北工业大学出版社，2023.

[14] 张景林. 安全系统工程 [M]. 北京：煤炭工业出版社，2019.

[15] 赵江平. 安全人机工程学 [M]. 2 版. 西安：电子科技大学出版社，2023.

[16] 姜伟，周建凯，武宗豪，等. 事故致因模型及其应用 [M]. 北京：应急管理出版社，2022.

[17] 张开冉，张南. 铁路运输安全管理 [M]. 成都：西南交通大学出版社，2014.

[18] 国家安全生产应急救援指挥中心. 交通运输安全生产应急管理 [M]. 北京：煤炭工业出版社，2010.

[19] 罗云. 企业员工安全生产应急知识手册 [M]. 2 版. 北京：应急管理出版社，2023.

[20] 邱云亮，戴晓明. 道路交通事故检验鉴定与赔偿实务全书：上册 [M]. 北京：中国法制出版社，2021.

[21] 邵祖峰，尹晨. 公安交通安全管理教程 [M]. 北京：中国人民大学出版社，2020.

[22] 马社强. 交通事故处理教程 [M]. 北京：中国人民大学出版社，2005.

[23] 孙亚平. 交通工程学 [M]. 北京：北京理工大学出版社，2020.

[24] 谢振华. 安全系统工程 [M]. 北京：冶金工业出版社，2010.

[25] 赵峻，唐强. 铁路车务安全管理技术与方法 [M]. 北京：中国铁道出版社，2016.

[26] 吕品，彭伟. 安全系统工程 [M]. 2 版. 徐州：中国矿业大学出版社，2021.

[27] 俞素平，肖冰. 交通土建工程安全风险评估与控制 [M]. 2 版. 厦门：厦门大学出版社，2022.

[28] 林柏泉，周延，刘贞堂. 安全系统工程 [M]. 徐州：中国矿业大学出版社，2017.

[29] 曲思源. 高速铁路运营安全保障体系及应用 [M]. 北京：中国铁道出版社，2018.

[30] 李树刚，成连华，林海飞. 安全科学原理 [M]. 2 版. 西安：西北工业大学出版社，2014.

[31] 景国勋，施式亮. 系统安全评价与预测 [M]. 徐州：中国矿业大学出版社，2016.

[32] 广东省安全生产科学技术研究院. 应急预案编制与实战演练 [M]. 广州：暨南大学出版社，2021.

[33] 卢荡，王楠，汪涛. 道路交通事故责任认定与理赔处理 [M]. 北京：北京理工大学出版社，2016.

[34] 吴建清，栗剑，周鹏，等. 交通安全 [M]. 济南：山东大学出版社，2022.

[35] 惠生武. 道路交通管理学 [M]. 武汉：武汉大学出版社，2018.

[36] 王雷，赵秋红，王欣. 应急管理技术与方法 [M]. 北京：北京航空航天大学出版社，2016.

[37] 李文权，陈茜. 道路交通安全管理规划方法及应用 [M]. 南京：东南大学出版社，2013.

［38］张力，胡鸿．大型复杂人-机-环境系统中的人因可靠性［M］．北京：国防工业出版社，2024.

［39］魏丽英．城市交通调查［M］．2 版．北京：北京交通大学出版社，2022.

［40］王武宏，郭宏伟，郭伟伟．交通行为分析与安全评价［M］．北京：北京理工大学出版社，2013.

［41］朱晓宁，秦勇．高速铁路运营安全管理［M］．北京：中国铁道出版社有限公司，2021.

［42］刘晓琴．铁路应急管理辅助决策方法研究［D］．北京：中国铁道科学研究院，2017.

［43］李正风，丛杭青，王前．工程伦理［M］．2 版．北京：清华大学出版社，2019.

［44］赵江平．安全人机工程学［M］．2 版．西安：西安电子科技大学出版社，2023.

［45］郭亚军．综合评价理论、方法与拓展［M］．北京：科学出版社，2012.